LES
ÉTABLISSEMENTS
DE
SAINT LOUIS

ACCOMPAGNÉS DES TEXTES PRIMITIFS ET DE TEXTES DÉRIVÉS
AVEC UNE INTRODUCTION ET DES NOTES

PUBLIÉS

POUR LA SOCIÉTÉ DE L'HISTOIRE DE FRANCE

PAR PAUL VIOLLET

TOME QUATRIÈME

NOTES (suite et fin). — TABLE-GLOSSAIRE.

A PARIS
LIBRAIRIE RENOUARD
H. LAURENS, SUCCESSEUR
LIBRAIRE DE LA SOCIÉTÉ DE L'HISTOIRE DE FRANCE
RUE DE TOURNON, N° 6

M DCCC LXXXVI

LES

ÉTABLISSEMENTS

DE

SAINT LOUIS

IMPRIMERIE DAUPELEY-GOUVERNEUR,

A NOGENT-LE-ROTROU.

LES
ÉTABLISSEMENTS
DE
SAINT LOUIS

ACCOMPAGNÉS DES TEXTES PRIMITIFS ET DE TEXTES DÉRIVÉS

AVEC UNE INTRODUCTION ET DES NOTES

PUBLIÉS

POUR LA SOCIÉTÉ DE L'HISTOIRE DE FRANCE

PAR Paul VIOLLET

TOME QUATRIÈME

NOTES (suite et fin). — TABLE-GLOSSAIRE.

A PARIS
LIBRAIRIE RENOUARD
H. LAURENS, SUCCESSEUR
LIBRAIRE DE LA SOCIÉTÉ DE L'HISTOIRE DE FRANCE
RUE DE TOURNON, N° 6

M DCCC LXXXVI

EXTRAIT DU RÈGLEMENT.

Art. 14. — Le Conseil désigne les ouvrages à publier, et choisit les personnes les plus capables d'en préparer et d'en suivre la publication.

Il nomme, pour chaque ouvrage à publier, un Commissaire responsable, chargé d'en surveiller l'exécution.

Le nom de l'éditeur sera placé à la tête de chaque volume.

Aucun volume ne pourra paraître sous le nom de la Société sans l'autorisation du Conseil, et s'il n'est accompagné d'une déclaration du Commissaire responsable, portant que le travail lui a paru mériter d'être publié.

Le Commissaire responsable soussigné déclare que le tome IV et dernier des Établissements de saint Louis, *préparé par* M. Paul Viollet, *lui a paru digne d'être publié par la* Société de l'Histoire de France.

Fait à Paris, le 30 mars 1886.

Signé : H. BORDIER.

Certifié :

Le Secrétaire de la Société de l'Histoire de France,

A. DE BOISLISLE.

NOTES DES PRÉCÉDENTS ÉDITEURS

ET NOTES NOUVELLES.

(SUITE ET FIN.)

---

73. *Notes sur les Établissements, liv. Ier, ch.* 72

(ci-dessus t. II, pp. 115-119).

Textes dérivés : *Livre des droiz,* 447 ; *Abrégé champen.,* 111.
Rapprochez *Cout. dite de* 1411, art. 57, dans Beautemps-Beaupré, 1re partie, t. Ier, pp. 417, 418.

T. II, p. 116, ligne 2. *par home qui foi li doie.* — O^I porte : *par home qui faire le doie* (*faire* est dû au réviseur ; entre *faire* et *le*, le mot *foi* a été exponctué).

« Par ses pairs : car les vassaux d'un seigneur ne pouvoient
« estre semons, ou ajournez, que par leurs pairs, c'est-à-dire les
« autres vassaux du même seigneur. » (Du Cange.)

« Voyez ce que j'ay remarqué sur la regle de Loisel : *sergent*
« *à roy est pair à comte*, liv. Ier, tit. Ier ; la Coûtume d'Anjou,
« art. 68 ; le ch. 71 cy-aprés (prés. édit., liv. Ier, ch. 76), et
« *Quoniam attachiamenta*, c. 67. » (Laurière.)

T. II, p. 116, ligne 3. *et se il ne l'a, par aucun preudome soufisant.* — « C'est-à-dire, ce semble, par un gentilhomme.
« Ancienement dans les procés où il estoit question de fiefs, on
« n'employoit que le ministere des gentilshomes, ce qui paroist
« par l'art. 152 de l'anciene Coûtume de Bretagne qui decide
« que *nul roturier ne doit estre reçeû en temoignage pour fait*
« *de noblesse de personnes, ni des fiefs, s'il n'est prestre, ou*

« *d'estat de justice.* Par sentence du 28 de nov. 1616 renduë
« au Chastelet, entre le s^r de Blemur et le seigneur du fief
« Charles de Montmorency à Domont, il fut jugé que le mot
« *preud'hommes* dans l'art. 47 de la Coûtume de Paris, devoit
« s'entendre de *gentilshommes.*

« Dans le Beauvoisis et autres lieux, le seigneur, au lieu de
« *prud'homes* devoit emprunter, dans le cas marqué cy-dessus,
« un home de fief de son seigneur superieur; voicy comme
« Beaumanoir s'explique sur ce sujet dans le ch. 2 de ses Coû-
« tumes de Beauvoisis, p. 17 : *Puis que li sires veut semondre
« son gentilhomme par la raison de che que il tient de luy fief,
« il doit penre deux de ses hommes qui soient pers à celuy que
« il veut semondre, et se il n'a nul homme il les doit emprun-
« ter à son seigneur, et li sires li est tenu à prester,* etc. »
(Laurière.)

T. II, p. 146, ligne 6. *le tierz.* — « Voyez les deux cha-
« pitres precedens. Aujourd'huy toute cette procedure est abolie.
« Joignez l'art. 65 de la Coûtume de Paris avec la conference
« et l'art. 103 de la Coûtume d'Anjou. » (Laurière.)

T. II, p. 146, ligne 8. *ou par III serjanz souffisanz.* —
« Voyez la regle de Loisel citée cy-dessus, *sergent à roy est
« pair à comte.* » (Laurière.)

T. II, p. 147, lignes 2, 3. *et doit estre li termes de VII jorz
et VII nuiz.* — Ce court passage nous prouve que la règle suivante du *Livre des droiz et commandemens* ne vaut pas pour la
Touraine et l'Anjou : *Tout terme en* (lisez *o*) *jugement doit
estre de quinzenne; et s'il est de moins, il ne vaut pas par la
coustume*[1].

T. II, p. 147, ligne 7. *par droit.* — « Les mots *par droit* se
« doivent rapporter au mot *pris.* » (Laurière.)

T. II, p. 148, lignes 6, 7. *terme de XL jors et de XL nuiz.* —
Cf. *Coutume glosée,* dans Beautemps-Beaupré, 1re partie, t. Ier,
p. 293.

T. II, p. 149, lignes 3, 4. *li sires li puet bien esgarder par
jugement que il a le fié perdu.* — « ... Aujourd'hui le seigneur
« féodal ne peut prescrire contre son vassal le fief sur lui saisi

---

1. *Livre des droiz et commandemens,* art. 29.

« par faute d'homme, droits et devoirs, non faits, ou dénom-
« brement non baillé, ni le vassal la foi qu'il doit à son seigneur,
« pour quelque tems qu'il en ait joui, encore que ce fût par
« cent ans et plus; toutefois les profits des fiefs échus se pres-
« crivent par trente ans, s'il n'y a saisie ou instance pour raison
« d'iceux. *Cout. de Paris*, art. 12. » (Abbé DE SAINT-MARTIN.)
Cf. *Cout. de Paris*, art. 65.

T. II, p. 119, ligne 5. *remaint au seignor li fiez*. — « Toute
« cette procedure n'est plus en usage comme on l'a dit cy-dessus.
« Voyez l'art. 65 de la Coûtume de Paris avec la conference de
« Guenois sur le mesme article. » (LAURIÈRE.)

74. *Notes sur les Établissements, liv. I*er*, ch. 73.*
(ci-dessus t. II, pp. 119-122).

Rapprochez : *Compil.*, 10; *Règles cout.*, 1re série, art. 46.

T. II, p. 120, lignes 1, 2. *jor avenant*. — ε ζ η portent : *à
avoir* au lieu de *avenant*. La leçon de ε ζ η est peut-être
préférable.

T. II, p. 120, ligne 9. η porte : *rendre la debte* au lieu de
randre. (Beautemps-Beaupré, 1re partie, t. Ier, p. 294.)

T. II, p. 121, ligne 1. *creüz*. — « Le sens de ce chapitre est
« que celuy qui s'est reconnu debiteur doit au terme de huit
« jours et de huit nuits payer la dete à vüe de justice, afin que
« dans la suite il ne soit pas mescru quand il dira qu'il aura
« payé, ni le creancier crû en cas qu'il soûtienne qu'il n'ait pas
« esté payé. » (LAURIÈRE.)

T. II, p. 121, ligne 2. *esgarderoit*. — « Voyez la note sur le
« ch. 39 [1] (présente édition, liv. Ier, ch. 43). » (LAURIÈRE.)

T. II, p. 121, lignes 6, 7, 8. *quant les choses qui sont mueblanz sont mostrées en cort, eles valent autretant come s'eles
estoient mostrées en jugemant*. — η porte : *declarées en court*
au lieu de *mostrées en cort*, et supprime à la fin les mots : *en
jugemant* [2].

---

1. Ci-dessus t. III, p. 313.
2. Voyez Beautemps-Beaupré, *Coutumes et institutions*, 1re partie,
t. Ier, p. 294.

Rapprochez : *Comp.*, 10 ; *Livre des droiz*, 70 ; *Ét.*, liv. Ier, ch. 70, 71 in fine, 74, 75, 123.

Ce passage, qui paraît difficile, s'explique par *Comp.*, 10, qui est ainsi conçu : *Il est usaige que toutes les choses qui sont motées en cort et demandées et ne sont deffendues sont queneüs*. Ainsi les choses mueblanz *mostrées en court* (corrigez peut-être *motées*, c'est-à-dire *déclarées, nommées*) sont assimilées aux choses *mostrées en jugement :* en d'autres termes, *moter, désigner* son meuble en cour quand le défendeur fait défaut produit le même effet qu'une montre contradictoire (mostrées en jugement). Or, nous avons vu que le profit du défaut est adjugé quand l'objet du litige a été *mostré en jugement*[1]. Il le sera aussi lorsque l'objet du litige un meuble, ici une dette, aura été déclaré en cour, le défendeur faisant défaut.

On voit que le but désiré, à savoir une condamnation par défaut, est atteint indirectement par une série de fictions : ainsi l'esprit humain dans sa marche lente n'innove pas par bonds : il commence par se donner une satisfaction platonique en déclarant que ce qu'on avait accoutumé de faire est réputé réalisé, c'est là sa marche ordinaire.

T. II, p. 121, lignes 13, 14. *soufisant recors.* — « ... Depuis « l'établissement du contrôle des exploits, le ministère des « records n'est plus nécessaire que dans certains exploits de « rigueur, tels que dans les saisies réelles et les emprisonne- « mens. » (Abbé DE SAINT-MARTIN.)

T. II, p. 121, ligne 15 ; p. 122, ligne 1. *termes, li sires*, etc. — *O*^{1} porte : *termes, il doivent tant prendre des*. *L*^{1} porte : *termes, il doivent tant prandre à celui*. η porte : *termes, ilz doivent tant prendre des choses que*[2].

T. II, p. 122, ligne 4. *je ne li doi riens.* — « Voyez l'art. 471 « de la Coûtume d'Anjou. » (LAURIÈRE.)

T. II, p. 122, lignes 5, 6. η porte : *mais la justice doit touzjours faire enteriner ce qui est jugié avant ; et se il dit*[3].

---

1. *Ét.*, liv. Ier, ch. 70 (ci-dessus t. II, pp. 110, 111), et note de Laurière, ci-dessus t. III, p. 372.

2. Beautemps-Beaupré, 1re partie, t. Ier, p. 295.

3. Beautemps-Beaupré, *Ibid.*, p. 295.

T. II, p. 122, ligne 10. η porte : *sermens*[1] au lieu de *jugemenz*. — « Voyez l'art. 471 de la Coût. d'Anjou. » (LAURIÈRE.)

T. II, p. 122, ligne 12. η porte : *nyé*[2] au lieu de *veé*. — « Voyez l'art. 509 de la Coutume d'Anjou. » (LAURIÈRE.)

75. *Notes sur les Établissements, liv. Ier, ch. 74*
(ci-dessus t. II, pp. 123).

T. II, p. 123, ligne 1. *S' aucuns se plaint.* — « Voyez cy-
« dessus le ch. 66 et le ch. 68 (présente édition, liv. Ier, ch. 71,
« 73). » (LAURIÈRE.)

76. *Notes sur les Établissements, liv. Ier, ch. 75*
(ci-dessus t. II, pp. 123-124).

Voyez ci-dessus t. Ier, p. 345 ; p. 68 note 1. Ce chapitre, comme l'a déjà remarqué Laurière, est une répétition du ch. 71 au liv. Ier.

Textes dérivés : *Anc. usages d'Artois*, III, 20-29, 32 ; *Livre des droiz*, 4, 35.

Rapprochez : *Somme rural*, 1re partie, tit. v, édit. de Paris, 1624, p. 27 ; édit. de Lyon, 1624, p. 45 ; *Livre des droiz*, 27 ; *Très anc. Cout. de Champagne*, art. 48 ; *Très anc. Cout. de Bretagne*, VIe partie, ch. 192, 195 ; du Breuil, édit. Lot, pp. 74, 75 ; Beaumanoir, ch. 11, 18, édit. Beugnot, t. Ier, p. 52 ; *Ét.*, liv. Ier, ch. 70 *in fine*, 71 *in fine*, 73, 123 ; liv. II, ch. 11.

T. II, p. 124, lignes 4, 5. *gueaigniée sa droiture.* — Laurière, dont le texte porte : *gaaingnié la chose*, met en note : « *la chose*, « c'est-à-dire *la propriété*. Ce chapitre n'est plus en usage. »

77. *Notes sur les Établissements, liv. Ier, ch. 76*
(ci-dessus t. II, pp. 124-125).

La rubrique est dans *E* : *De baron qui veut estre jugié par ses pers.*

Voyez ci-dessus t. Ier, pp. 19, 457.

1. Beautemps-Beaupré, *Ibid.*, p. 295.
2. Beautemps-Beaupré, *Ibid.*, p. 295.

Textes dérivés : *Livre des droiz*, 448; *Abrégé champ.*, 112.

Rapprochez : *Comp.*, 66; *Liber practicus de consuetudine remensi* dans Varin, *Archives législ. de Reims*, 1re partie, *Coutumes*, p. 327; *Grandes chroniques de France*, édit. Paulin Paris, t. IV, pp. 350-353; *Jostice et plet*, édit. Rapetti, pp. 70, 71, 264; Gibert dans les *Mém. de l'Académie des inscriptions*, t. XXX, p. 599, note *z*; Boutaric, *Actes du Parlement*, t. Ier, p. cccIII.

T. II, p. 124, lignes 10, 11. *L*ⁱ porte : *je ne vueil mie estre jugiez par mes pers, adont.* — *O*ⁱ porte : *je ne vueil pas estre jugiez de ceste chose fors par mes pers de ceste chose.* Les mots *de ceste chose fors* entre *jugiez* et *par* sont ajoutés dans *O*ⁱ par le réviseur. η porte : *je ne vueil estre de ceste chosse jugié se par mes pers non.* (Beautemps-Beaupré, 1re partie, t. Ier, p. 296.)

« Philippes de Beaumanoir, ch. 1er, dit que *li home ne doivent
« pas jugier lor seigneur, mais il doivent jugier l'un l'autre,
« et les querelles du commun pueple.* De sorte que la justice
« des pairs est la justice du seigneur qui pouvoit se trouver au
« jugement de ses vassaux. Tous les vassaux toutefois n'es-
« toient toujours pairs, car dans les grands fiefs qui en avoient
« un grand nombre, il n'y en avoit que les plus qualifiez qui
« avoient ce titre et qui en cette qualité estoient tenus de se
« trouver aux jugemens de leur seigneur; par exemple, les
« comtes de Champagne avoient sept pairs, sçavoir les comtes
« de Joigny, de Rethel, de Brienne, de Roucy, de Brenne, de
« Grandpré et de Bar-sur-Seine. En une lettre du roi Charles VI
« du 4 de mars 1403 au Reg. du Parlement *Olim*, fol. 176, il
« est dit que le comte de Joigny est le doyen des sept pairs de
« Champagne, et a seance auprès du comte de Champagne
« *quand il tient son estat és Grands Jours.* Un arrest du dernier
« avril 1351 nous apprend que le comte de Vermandois en
« avoit six, entre lesquels estoit le seigneur de Ham. Le titre
« de la commune de Saint-Quentin de l'an 1195 les qualifie
« *grands pairs*, et Hemeré dit que le doyen de Saint-Quentin
« en estoit l'un in *Augusta Verom.*, p. 152. Du Tillet parle des
« quatre pairs de l'abbé de Saint-Amand, et des quatre autres
« pairs du château de la Ferté-Milon. Vinchant dit que les comtes

« de Hainaut avoient pour pairs les seigneurs de Chimay,
« d'Avesnes, de Barbançon, de Lens, de Silly, de Warlaincourt,
« de Longueville et de Bandoul. Nos rois, qui avoient un grand
« nombre de vassaux et de barons, reduisirent leurs pairs à
« douze, et probablement ce fut à leur exemple que quelques
« seigneurs reduisirent les leurs à un pareil nombre. Lambert
« d'Ardres en attribue autant au comte de Flandres, pp. 156,
« 157. *Unde et Flandrensis comes ei (Arnoldo Ardensi domino)*
« *concessit ut hæreditario jure cum 12 Flandrensis curiæ pari-*
« *bus et baronibus sedeat et judicet*[1]. Philippes de L'Espinoy,
« au liv. Ier de la *Noblesse de Flandres*, ch. 32, en a donné les
« noms. Les comtes de Guines avoient pareillement douze pairs,
« ainsi que nous apprenons de M. du Chesne en l'Histoire de
« ces comtes, comme aussi les seigneurs d'Ardres, qui furent
« instituez par Arnoul Ier du nom, seigneur d'Ardres, suivant
« le même Lambert, p. 149. Cecy regarde les seigneurs qui
« avoient un grand nombre de vassaux : mais s'ils en avoient
« peu, telle estoit la jurisprudence de ce temps-là, suivant ce
« qu'écrit Philippes de Beaumanoir, ch. 61 et 67, qu'un pair
« ou homme de fief ne pouvoit seul faire jugement, mais il en
« faloit deux au moins, sans compter le seigneur. Et s'il arri-
« voit qu'un seigneur n'eust aucun pair ou qu'il n'en eust pas
« un nombre suffisant pour rendre la justice, le seigneur ne
« perdoit pas pour cela sa justice, mais il devoit et pouvoit
« emprunter de son chef-seigneur de ses hommes à ses dépens
« pour faire le jugement. Que s'il estoit si pauvre qu'il ne les
« pût emprunter ou si le seigneur ne les vouloit pas prêter, les
« parties s'adressoient en la justice du chef-seigneur, selon le
« même auteur, ch. 62 et 67. D'autre part, si les pairs dilaioient
« ou refusoient de se rendre en la cour du seigneur pour juger,
« il pouvoit les y obliger par saisie de leurs fiefs et par établis-
« sement de gardes, ainsi qu'il est écrit au ch. 65. Il remarque
« encore qu'en la Coûtume de Beauvaisis le seigneur ne pou-

---

1. Complétez ainsi la citation de du Cange : Du Chesne, *Preuves de l'hist. des maisons de Guines, d'Ardres et de Coucy*. Paris, 1631, p. 156. Ce passage se retrouve dans *Lamberti chronicon*, édition Godefroy-Ménilglaise, Parisiis, 1855, p. 275 (rapprochez p. 251).

« voit pas assister aux jugemens des pairs, et que dans les
« lieux où ils avoient droit de s'y trouver ils ne pouvoient y
« assister lorsqu'ils estoient partie. Nos coûtumes parlent sou-
« vent des pairs, comme aussi nos histoires, mais je me suis
« contenté d'avoir ici effleuré cette matiere. » (Du Cange.)

« Ancienement la justice se rendoit en France ou par pairs,
« ou par baillis. *Il y a aucuns lieux*, dit Beaumanoir, *là où li*
« *baillis fet les jugemens, et autres lieux là où li hommes du*
« *fief au seigneur les font... En la comté de Clermont doivent*
« *tout le jugement estre fait par li hommes dou fief*, etc.

« Cela estoit ainsi dans les justices subalternes, mais en
« court le roy, c'est-à-dire dans les justices royales les bers ou
« vassaux n'estoient pas jugez par leurs pers à moins qu'ils
« ne le demandassent, et au lieu que dans les justices subal-
« ternes ils devoient estre ajournez par leurs pairs en court le
« roy, ils n'estoient ajournez que par les sergens royaux, d'où
« est venu le proverbe : *Sergent à roy est pair à comte*. Voyez
« les *Institutes* de Loisel, livre Ier, titre Ier, regle 32 avec mes
« notes. » (Laurière.)

A propos des jugements par les pairs, l'abbé de Saint-Martin
dit : « ..... Nous voyons encore un reste de cet ancien usage
« parmi les ducs et pairs qui doivent être jugés par les pairs,
« conjointement avec les présidens et conseillers de Grande
« Chambre. »

T. II, p. 125, ligne 1. *les barons.* — « Les pairs, ces mots
« sont synonymes en cét endroit : car les barons sont ceux qui
« relevent immediatement du prince. Le livre intitulé *Les loix*
« *communes d'Angleterre* :

« *Barons nous appelons les piers del realme.*

« La chronique de Bertrand du Guesclin :

« *Et les lyons ce sont les barons et li per* [1].

« L'arrest rendu contre l'evesque de Châlons l'an 1267 : *Pro-*
« *posuit pars alia quod de hoc tenebatur in hac curiâ respon-*

---

1. Cuvelier, *Chronique de Bertrand Du Guesclin*, édit. Charrière, t. II, 1839, p. 246, v. 20511.

« *dere dictus episcopus cùm sit baro et par Franciæ et homo*
« *ligius domini regis*[1]. » (Du Cange.)

T. II, p. 125, ligne 1. *les barons semondre.* — « C'est-à-dire
« les barons pairs au baron appellé en la court le roy. »
(Laurière.)

T. II, p. 125, ligne 2. *à tout le moins jusques à trois.* —
« Voyez Pierre de Fontaines, ch. 21. » (Du Cange.)

« Selon Beaumanoir, ch. 67, p. 336, il en falloit semondre
« jusques à quatre : *Uns home seul en sa personne ne puet*
« *jugier, ainchois en convient ou deux ou trois ou quatre, au*
« *meins, autres que le seigneur.* Voyez des Fontaines, ch. 21,
« art. 9. » (Laurière.)

T. II, p. 125, ligne 3. *o ces et o autres chevaliers.* — « C'est-
« à-dire avec ces trois barons pairs et les autres chevaliers qui
« se trouveront au jugement. Ce chapitre n'est plus en usage. »
(Laurière.)

78. *Notes sur les Établissements, liv. I*ᵉʳ*, ch.* 77
(ci-dessus t. II, p. 125).

Texte dérivé : *Livre des droiz*, 449.

Rapprochez : *Comp.*, 66; acte du 24 nov. 1260 où l'on voit une décision ajournée jusqu'au moment où l'intéressé sera chevalier dans *Inv. chr. des chartes de la ville d'Arras*, p. 35.

T. II, p. 125, lignes 6, 7. *et il ne soit pas encore chevaliers.*
— « Du temps que ces *Establissemens* furent faits, la majorité
« des nobles estoit à vingt-un an, qui estoit l'âge auquel ils
« pouvoient porter les armes et desservir leurs fiefs, et les
« roturiers estoient majeurs à quatorze ans, qui estoit l'âge
« auquel ils pouvoient faire quelque negoce. Voyez cy-après les
« ch. 73 et 140 (présente édit., liv. Iᵉʳ, ch. 78, 146). Ceux qui
« possedoient des fiefs de hautbert estoient obligez de se faire
« chevaliers dés qu'ils estoient majeurs, mais à l'égard des
« autres gentilshommes, ils se faisoient chevaliers quand ils
« pouvoient. Ce chapitre doit estre entendu des *chevaliers bache-*
« *liers*, qui estoient ordinairement pauvres, et non des *chevaliers*

---

1. Voyez le texte complet dans *Olim,* édit. Beugnot, t. Iᵉʳ, p. 666.

« *bannerets*, qui estoient riches. Voyez mon *Glossaire* sur *Bache-*
« *lier.* » (LAURIÈRE.)

T. II, p. 125, lignes 8, 9. *mais je demant l'atente d'estre chevaliers*. — « Cette attente estoit un petit respit qui estoit
« accordé aux chevaliers à cause de la depense extraordinaire
« qu'ils estoient obligez de faire quand ils recevoient l'*accolade*
« et outre cela ils levoient les *loyaux aydes*. Voyez le ch. 42
« cy-dessus (présente édition, liv. Ier, ch. 46) et ce qu'on y a
« remarqué, le ch. 73 de l'anciene Coûtume d'Anjou, avec la
« neufvieme dissertation de M. du Cange sur sire de Joinville,
« p. 189. » (LAURIÈRE.)

T. II, p. 125, ligne 10. *il avra l'atente 1 an et 1 jor*. — Ceci prouve que le gentilhomme même majeur de vingt et un ans a droit à ce délai : il suffit qu'il ne soit pas chevalier pour qu'il oppose cette exception. S'il est mineur de vingt et un ans, il a un délai beaucoup plus long : il peut attendre ses vingt et un ans. (*Ét.*, liv. Ier, ch. 78.)

79. *Notes sur les Établissements, liv. Ier, ch. 78*

(ci-dessus t. II, pp. 126-129).

Voyez ci-dessus t. Ier, pp. 157-160; 204-207.

Textes dérivés : *Anciens usages d'Artois*, III, 16, 17, XXIX, 1-4; Prét. *Ordonnance de Jean II*, duc de Bretagne, 15, 36; *Livre des droiz*, 450.

Rapprochez : Lettre de Louis, fils de Philippe-Auguste, à Jean de Brienne, roi de Jérusalem (1214), dans Laferrière, *Hist. du droit franç.*, IV, 577; Chantereau le Febvre, *Traité des fiefs, Preuves*, p. 48; Beaumanoir, ch. 16, § 6; *Somme rural*, part. I, tit. 93; *Abrégé champenois*, 77; *Ét.*, liv. Ier, ch. 144, 146; *Jostice et plet*, p. 131; Boutaric, *Actes du Parlement de Paris*, t. II, p. 60, n° 3623; Beugnot, *Olim*, t. Ier, pp. 490, 491; Delisle, *Recueil des jugements de l'Échiquier*, Paris, 1864, p. 34; G. du Breuil, édit. Lot, pp. 33, 34; *Comp.*, 54, 99; Pierre de Fontaines, *Conseil*, édit. Marnier, pp. 83, 84; Laurière, *Glossaire*, t. II, p. 68; Loisel, *Instit.*, I, IV, 12 (187), édit. Dupin et Laboulaye, t. Ier, pp. 214, 215.

L'usage de suspendre jusqu'à la majorité tout procès en cause réelle contre des mineurs fut aboli en 1330[1].

T. II, p. 126, ligne 3. *gentis hom n'a aage de soi combatre.*
— « Tel estoit l'ancien droit de la France, comme il se void
« encore par la decision 249 de Jean des Mares[2] qui doit estre
« jointe à ce chapitre : *Enfans de poste sont aagiez à quatorze
« ans puis qu'ils sont mâles et les pucelles sont agiées à douze
« ans. Mais ceux qui sont nobles sont agiez à vingt-un an,
« quant és choses nobles et feodataires, et quant à celles qui
« sont tenuës en villenage, à quatorze ans.* Voyez le ch. 140[3]
« cy-aprés (prés. édit., liv. Ier, ch. 146), et l'autheur du *Grand
« Coûtumier*, liv. II, ch. 42.

« De là vient que la garde noble dans plusieurs de nos Coû-
« tumes dure aux mâles jusques à vingt ans accomplis, et aux
« femelles jusques à quinze ans, et la garde bourgeoise aux
« mâles jusques à quatorze ans et aux femelles jusques à
« douze ans. Voyez ce que j'ay remarqué sur le titre *De la
« garde noble et bourgeoise* de la Coûtume de Paris, et sur la
« regle 34 du premier livre des *Institutes* de Loisel. » (Laurière.)

T. II, p. 126, lignes 5, 6. *se l'en ne l'avoit dessesi.* — « C'est-
« à-dire que quand le mineur avoit esté dessaisi, luy ou son
« tuteur pouvoient agir pour rentrer dans la possession de son
« bien. Voyez cy-dessus le ch. 85[4] avec la note (présente édit.,
« liv. Ier, ch. 77, et plus haut, pp. 9, 10). »

T. II, p. 126, ligne 6. *il avroit response.* — « La *reponce* se
« dit du deffendeur, et la *voix* du demandeur, mais ici la
« *reponse* est la mesme chose que la *voix.* » (Laurière.)

T. II, p. 126, ligne 8. *il ne pueent riens demander de lor
droitures*, etc. — « Tel estoit l'ancien droit de la France sous
« la seconde race de nos rois, et comme souvent les peres usur-

---

1. Isambert, *Recueil génér. des lois franç.*, t. IV, p. 385.

2. Il faudrait dire : *des Marès* (en latin, *de Mariscis*). Voyez Bourquelot, *Jean des Mares, avocat général au Parlement de Paris*, 1858, p. 1, note 1.

3. *Sic.* Ce numérotage est celui de du Cange : Laurière aurait dû renvoyer à son ch. 142.

4. *Sic.* Corrigez 72.

« poient injustement des biens et les cedoient à leurs enfans
« mineurs en fraude des proprietaires, Charlemagne[1] fit en 829
« le capit. suivant qui se trouve dans la loy des Lombards,
« lib. II, tit. 25, cap. 4, et qu'Yves, evesque de Chartres, a rap-
« porté dans son *Décret*, partie 16, cap. 342 : *Quicumque res
« alienas cuilibet homini vendiderit, et ipse homo easdem res
« alteri alicui dederit seu vendiderit, et ipse qui tunc easdem
« res comparatas habet, per malum ingenium proprio filio, aut
« alteri cuilibet necdum legitimos annos habenti, justiciæ
« tollendæ causa tradiderit, volumus atque firmiter præcipi-
« mus, ut si pater ejusdem parvuli vixerit, ipse intret in cau-
« sam rationem reddendi pro filio suo.*

« *Si autem pater mortuus est, tunc legitimus ejus propinquus
« qui juste et tutor, aut defensor esse videtur pro eo ipso ratio-
« nem reddere compellatur, similiter de aliis omnibus justiciis
« ad eam pertinentibus, exceptá suá legitimá hereditate, quæ ei
« per successionem parentum suorum legitime obvenire debuit.*

« *Quod si quis hanc nostram jussionem contempserit, vel
« neglexerit, sicut de cæteris contemptoribus ita de eo agatur.
« Is verò qui easdem res primus invaserit et injuste vendidit,
« necnon et emptores, exceptá solá personá parvuli, hoc quod
« fraudulenter admiserunt intra patriam emendare cogantur,
« et postea, sicut contemptores jussionis nostræ sub fidejusso-
« ribus ad nostram præsentiam venire compellantur.*

« En l'année 1330, Philippes de Valois abrogea cet ancien
« droit. Et afin que les baillistres, les baux ou gardiens ne
« negligeassent pas les affaires de leurs mineurs en n'entre-
« prenant pas pour eux des procés necessaires, dans la crainte
« d'en payer les frais, il ordonna qu'en cas de garde il seroit
« pourvû aux mineurs de tuteurs ou de curateurs.

« En l'année 1498, il y eût arrest en la maison de Saint-
« Theran, par lequel il fut jugé suivant cette ordonnance, que
« le gardien noble ne pourroit point agir pour son mineur,

---

1. *Sic.* Corrigez bien entendu : *Louis le Débonnaire.* Il s'agit du
§ 4 d'un des capitulaires de 829, publié dans Pertz, *Leges*, t. Ier,
p. 353. Voyez sur ce capitulaire Boretius, *Die capitularien im Lango-
bardenreich,* Halle, 1864, p. 148.

« mais que l'on feroit creer à cet effect au mineur un tuteur ou
« un curateur. Et c'est sur cette ordonance et cet arrest que
« l'art. 270 de la Coûtume de Paris, suivi dans nos autres Coû-
« tumes, a esté fait. » (LAURIÈRE.)

T. II, p. 128, ligne 3. *en parole de prevoire.* — « De prêtre.
« V. Pierre de Fontaines, ch. 14. Robert Bourron : *Merlin vit*
« *che duel et les prouvoires et les clercs qui chantoient.* Le
« *Roman de Garin :*

« *Et les prevoires escorcent il tout vis*[1].

« Ailleurs :

« *La veissiez maint prevoire ordené*
« *Tost revestu pardevant son autel*[2]. »

(DU CANGE.)

Le diroit en parole de prevoire. — L'expression *parole de prevoire* est exclusive du serment proprement dit; mais ce sens primitif s'est oblitéré et on trouve, en approchant des temps modernes, les expressions contradictoires *serment* et *parole de prêtre* accolées l'une à l'autre et désignant le même acte : *Par devant les conseillers du roi notaires en la ville et sénéchaussée de Clermont-Ferrand... soussignés ont comparu les RR. PP.* (suivent les noms de 26 Jésuites), *lesquels ont tous unanimement et chacun en particulier dit et déclaré et affirmé sous serment, lesdits prêtres la main mise sur la poitrine et en paroles de prêtres, qu'ils ont toujours,* etc. (Acte du 20 oct. 1764 publié par M. A. Gazier dans *Revue historique* de juillet-août 1880, p. 310.)

Dès le XVe siècle, certains textes, loin d'exempter le prêtre du serment, lui en imposent un plus solennel :

Et si prelat ou homme d'Eglise doit ledit hommaige, il doit mectre la main dextre sur le livre et l'autre à la poitrine, et

---

1. *Garin le Loherain,* édit. Paulin Paris, t. Ier, 1833, p. 5. Sur Robert de Borron voyez Hucher, *Le Saint-Graal,* tom. Ier, pp. 48, 49 et *passim.*

2. Je ne retrouve pas ces deux vers dans l'édition *Garin* : on sait que la troisième chanson n'y est pas publiée *in extenso.*

le faire jurez à Dieu et aux sainctes ordres de prestrise, etc., *avecques les autres seremens dessuz diz*[1].

T. II, p. 128, ligne 11; p. 129, ligne 1. *il ne devroit pas prandre les homages de sa terre, jusques il soit en la foi au seignor*. — « Voilà la preuve qu'ancienement celuy qui posse-
« doit un fief ne pouvoit pas recevoir les homages de ses vas-
« saux avant qu'il fut en foy envers son seigneur. L'art. 79 de
« la Coûtume de Clermont en Beauvoisis en a une disposition
« expresse. Mais il faut remarquer que dans le temps de ces
« *Establissemens*, la maxime *Tant que le seigneur dort le vassal
« veille* n'estoit pas encore connüe. Voyez ma note sur Duples-
« sis, liv. Ier, *Des fiefs*, ch. 5, p. 25 de l'edition de 1709. »
(LAURIÈRE.)

80. *Notes sur les Établissements, liv.* Ier, *ch.* 79
(ci-dessus t. II, pp. 129-131).

Voyez, sur ce chapitre, ci-dessus t. Ier, pp. 125, 126, 146.
Texte dérivé : *Livre des droiz*, 451.

T. II, p. 125, ligne 5. *avoit longuement tenu en parage*. —
« La tenure en parage est une espece de jeu de fief par lequel
« le fief, quoyque divisé entre les freres, est toujours entier par
« rapport au seigneur dominant, auquel l'ainé seul porte la foy
« et garantit ses freres et sœurs puinez sous son hommage. Et
« parce que tant que cette tenure dure, les puinez tiennent en
« *parité* avec leur ainé, elle a esté nommée *parage*. » (LAURIÈRE.)

T. II, p. 129, ligne 6. *je ne veuil que*, etc. — « On a remar-
« qué sur le ch. 22 et le 44 cy-dessus (présente édit., liv. Ier,
« ch. 24, 48) que le parage ne duroit que tant que le lignage
« duroit, et que les descendans des ainez qui garantissoient et
« les descendans des puinez garantis ne se pouvoient marier
« ensemble.

« Avant l'année 1216, le lignage duroit jusques au sixieme
« degré inclusivement, et jusques au septieme exclusivement,
« canone *Ad sedem*, Causa 35, Quæstione 5; en sorte que le
« parage duroit jusques au septieme degré exclusivement.

1. Beautemps-Beaupré, *Cout. et instit. de l'Anjou et du Maine*,
t. IV, p. 178.

« Mais le concile de Latran, de l'an 1216, ayant permis les
« mariages au delà du quatrieme degré de consanguinité, capit.
« *Non debet*, *Extra*, *De consanguinitate et affinitate*, le parage
« a esté restraint dans ces degrez. Voyez Beaumanoir, p. 303,
« ligne 12.

« Cependant en Normandie le parage duroit jusques au
« sixieme degré, comme il se void par ce qui suit du ch. 35, à
« la fin : *Les aînez font les hommages aux chiefs seigneurs, et
« les puinez tiennent d'eux par parage, sans hommage. Par la
« main des aînez payeront les autres les reliefs, les aydes et
« toutes les autres redevances aux chiefs seigneurs et par eux
« doivent estre faites toutes les semonces aux puinez. Quand le
« lignage sera allé jusques au sixte degré, les hoirs aux puinez
« seront tenus à faire feauté aux hoirs de l'aîné, et quand il
« sera allé jusqu'au septieme degré, ils seront tenus à leur
« faire hommage, pour ce que le septieme degré est du tout
« hors du lignage.*

« Il n'est pas là parlé de mariage, ce qui pourroit donner
« lieu de croire qu'en Normandie le parage duroit tant que les
« descendans des freres se pouvoient succeder. Voyez l'art. 129
« de la nouvelle Coûtume et l'art. 41 et 42 du Reglement. »
(Laurière.)

T. II, p. 129, ligne 8. *conter lignage.* — « Voyez cy-aprés
« le ch. 75 (présente édition, liv. Ier, ch. 82), l'art. 217 de
« la Coûtume d'Anjou et ce que j'ay écrit des parages en la
« Dissertation 3. » (Du Cange.)

T. II, p. 131, lignes 1, 2. *li sires ne li puet asseoir que
I roncin.* — « Voyez le ch. suivant et les 42, 43, 44 cy-dessus
« (présente édit., liv. Ier, ch. 46, 47, 48). » (Laurière.)

81. *Notes sur les Établissements, liv. Ier, ch.* 80
(ci-dessus t. II, pp. 131, 132).

Textes dérivés : *Abrégé champenois*, 113 ; *Regles coutum.*,
2e série, 5.

Rapprochez : *Ét.*, liv. Ier, ch. 120.

Voyez liv. Ier, ch. 48, 81.

« Ce chapitre est obscur. Pour l'entendre, il faut sçavoir que

« le roussin de service est dû et à mutation de seigneur et à
« mutation de vassal. *Cheval de service*, dit la Coûtume d'Anjou
« dans l'art. 132, *se paye ordinairement par ceux qui tiennent
« terres sujettes à chevaux de service, à mutation par mort de
« sujet et de chacun d'eux. Et combien que les foy et homage
« ne soient pas faits, toutesfois peut-on avoir et demander
« ledit cheval de service, qui est dû pour raison de la mutation,
« non pas pour raison de l'homage.*

« Le sens de ce chapitre est donc que tant que le vassal est
« en foy, il ne doit point de cheval de service, et qu'il doit le
« cheval de service lorsqu'il est departi, ou degagé de sa foy
« par le deceds de son seigneur, ou lorsqu'il a porté sa foy à
« celuy qui a acheté du seigneur le fief dominant.

« Que l'on suppose qu'un seigneur qui a esté payé de son
« cheval de service ait donné son fief à son fils. Le vassal qui
« a payé le cheval de service au pere sera-t-il obligé de le payer
« encore au fils. Et si le vassal se depart de la foy qu'il a faite
« au pere, en faisant nouvellement l'homage au fils, il est indu-
« bitable qu'il sera obligé de donner au fils un cheval de service.

« Mais si le vassal dit au pere : *Je ne me departiray pas de
« la foy que je vous ay promise*, c'est-à-dire *je ne cesseray pas
« de vous reconnoistre pour mon seigneur et je ne me recon-
« noistray point vassal de vostre fils en luy portant la foy, si
« je ne me departs de vostre foy, comme de fief servi, puisque
« je vous ai payé le cheval qui vous estoit dû*. Dans ce cas, le
« vassal, de droit, ne se departira pas de la foy du pere, à moins
« que le pere ne le fasse decharger par son fils du cheval de
« service, ou à moins que le fils ne luy promette qu'il n'exigera
« de luy le cheval de service que quand son pere sera mort. »
(Laurière.)

La pensée de ce ch. 80 et du commentaire de Laurière est
fort bien rendue par l'auteur de *Jostice et plet : Et tant comme
les dui persones vivent cil qui a pris le servise et cil qui a servi,
et la chose soit en lor main, service n'en sera levez*[1]. Voici une
application de cette règle : Jean, comte de Bourgogne, a donné à
son fils, Hugues, le fief que le seigneur de Choiseul tient de lui ; il

---

1. *Jostice et plet*, p. 238.

écrit au seigneur de Choiseul : *Se vos mandons et comandons qué vos, après nostre deçois, lou repregnés doudit Hugue, et en faites à lui à tel homaige et à tel foiatey con vos en davés à nos*[1]. Ainsi, c'est seulement à la mort du comte Jean que le seigneur de Choiseul aura à rendre hommage et service à son nouveau suzerain.

T. II, p. 131, ligne 4. *roncin de servise.* — « Voyez cy-aprés « le ch. 129 (prés. édit., liv. Ier, ch. 135), la Coust. d'Anjou, « art. 131, 132, 133, celles du Poitou, du Perche, de Meaux, de « Chartres. Et les autres qui parlent du cheval de service. Et « Chopin, liv. Ier, in Cons. And., c. 47, § 9. » (Du Cange.)

Plusieurs fiefs grevés du *roncin de servise à muance de seigneur* figurent dans le *Cartulaire de l'archevêché de Tours*. Ex. : *Reverant pere, monseigneur l'arcevesque de Tours, ce sont les chouses que je, Peronelle, jadis fame feu Pierre Bonart, tient de vous, c'est assavoir....., lesquelles chouses sont assises près la chapelle de Azay et les tiens de vous à foy et à homage, et un roncin de servige, ou pris de cinquante souls, à muance de seigneur*[2].

T. II, p. 131, ligne 9. *et ses sires le vousist doner.* — Dans le style du moyen âge, on vend, on donne non seulement un serf, mais un homme libre, un bourgeois, un seigneur, un chevalier, c'est-à-dire qu'on transporte à un acheteur ou à un donataire les droits et profits attachés au genre de domination, quel qu'il soit, qui vous appartient sur tel ou tel homme. A cet égard les textes abondent : *Rogo de Chaleim, cum assensu Rainaldi filii sui et uxoris suæ dat ecclesiæ sanctæ Mariæ Nidiavis feodum quod habebat Bulliaci cum omnibus militibus quos ibi tenebat*[3]..... Au XIIe s., Bouchard, comte de Vendôme, fait don à l'abbaye de Fontaines-les-Blanches d'un

---

1. J. de Laborde, *Layettes du trésor des chartes*, t. III, p. 509, n° 4587.

2. *Cartulaire de l'archevêché de Tours*, copie de D. Betencourt, p. 357, transcrite par Salmon dans le ms. 1267 de la bibliothèque de Tours, à la fin du volume. Cf. même ms. de Salmon, pp. 327 et *passim*.

3. Bibl. nat., Collect. D. Housseau, t. IV, acte n° 1167.

bourgeois de Vendôme[1] : au XIe s., un certain Beuves, chevalier, est donné avec son fief : *concedo... Bovonem militem cum suo fevo*[2].

T. II, p. 131, lignes 11, 12. *come de foi servie*. — Laurière préfère la leçon *comme de fié servi* : cette dernière expression, qui figure dans ε ζ η, est certainement très bonne, bien que l'autre soit aussi acceptable, ce me semble.

82. *Notes sur les Établissements, liv. Ier, ch. 81*
(ci-dessus t. II, p. 132).

Voyez ci-dessus t. Ier, pp. 125, 126.

Rapprochez : *Comp.*, 80; *Livre des droiz*, 402.

« Ce chapitre est expliqué sur le 42 et le 43 (présente édition, liv. Ier, ch. 46, 47). Voyez l'art. 218 de la Coûtume d'Anjou. » (Laurière.)

T. II, p. 132, ligne 9. *loiaus aïdes*. — « Qui sont intro-
« duits par la loi et se paient ordinairement en trois cas au
« seigneur, sçavoir lorsqu'il fait son fils aîné chevalier, lorsqu'il
« marie sa fille aînée, et pour le rachat de sa prison. Ils sont
« ainsi appellez dans les Coûtumes de Poitou, de Tours, de Lodu-
« nois, etc., etc., dans un titre d'Edoüard Ier, roy d'Angleterre,
« dans Selden, au livre des *Titres d'honneur*, 2e part., ch. 5,
« § 36. *Legitimæ talliæ*, dans un titre de Guill. du Plessis au
« Cartul. de l'abb. de la Roüe : *Et propter legitimas tallias,
« videlicet de militia primogeniti filii*, etc. *Aydes Coustu-
« mieres*, en la Coûtume de Normandie, ch. 34, parce qu'ils sont
« introduits par la Coûtume. *Rationabilia auxilia* in *Charta
« libertatum Angliæ* apud Math. Paris, an. 1215, p. 178, in

---

1. De Pétigny, *Hist. archéol. du Vendomois*, p. 298; cf. p. 302, note 3. Voyez encore Collection D. Housseau, t. IV, n° 1533; Bibl. nat., ms. lat. 5474, pp. 7, 16, 17, 33; *Mém. de l'Institut national des sciences et arts, sciences morales et politiques*, t. V, p. 271; Joinville, ch. 20, édit. N. de Wailly, 1867, p. 62; d'Espinay, *Les Cart. angevins*, 1864, p. 95.

2. Cart. de Saint-Père de Chartres, t. Ier, p. 214; citation et bon commentaire par P. F. dans *Revue des questions histor.*, 1er janvier 1883, p. 330.

« *Regiam majest.*, liv. II, c. 73, § 1, apud Bractonum, lib. *De*
« *aquirendo rer. domin.*, tract. I, c. 16, n. 8, et in *Monast.*
« *anglic.*, t. 1ᵉʳ, p. 374, t. II, p. 663. *Aides chevels* en la Coû-
« tume de Normandie parce qu'ils sont deus au chef seigneur.
« Ces *aydes* differoient des *aides gracieuses* qui se payoient au
« seigneur dans les necessitez urgentes par les vassaux, de pure
« grace, que Mathieu Paris, en l'an 1244, p. 374, appelle *liberum*
« *adjutorium; subside gratieux*, dans un titre de Philippes de
« Valois du 17 Fevr. 1349, in *Reg. memorabilium Cameræ*
« *Comput. Paris.*, signato C, fol. 64. Un autre titre de l'an 1310
« au Reg. d'Anjou en la Chambre des Comptes de Paris, fol. 60,
« remarque encore la difference entre les aydes et les tailles en
« ces termes : *Tailles ne sont mie aides, ne de nom, ne leur*
« *semblent ; car tailles sont levées pour cas de necessité et de*
« *volenté de prince : mais celles aides nul ne peut lever, si ce*
« *n'est û cas pour quoi elles sont deuës.* Mais la difference qu'il
« y a entre les tailles et les aides gracieuses est que les tailles se
« levoient sur les roturiers et les aides gracieuses sur les vas-
« saux nobles. » (Du Cange.)

Il faut ajouter que cette distinction entre les mots *taille* et
aïdes ou *aides* est assez récente, et que primitivement le mot
taille s'employait fort bien au sens d'*aide*, témoin ce texte latin
du xiᵉ ou du xiiᵉ s. où le mot *talliata* a évidemment le sens
d'*aide* : *Quidam miles Goffredus, cognomento Jarnegodus, qui*
consuetudinem suam per singulos annos de hac terra recipiebat
totam illam consuetudinem elemosinario in perpetuum reliquit,
nichil retinens nisi proprium censum scilicet iiiiᵒʳ *denarios, et*
totidem talleatæ, quam tamen talliatam exigere non potest,
nisi : aut pro carcerali redemptione proprii corporis, vel filii
sui, vel pro nuptiali copulatione filiæ suæ aut militari instruc-
tione filii sui, vel pro districtione talliatæ domini sui[1]. Les
quattuor rectæ ou *legales talleiæ* (les *loiaus aïdes*) figurent dans
des actes angevins de l'année 1111[2].

M. Vuitry a déjà remarqué très justement qu'à l'origine le

---

1. *Cart. de Saint-Florent de Saumur*, fol. 38, 39, d'après la Collection D. Housseau, t. IV, acte nᵒ 1107.

2. G. d'Espinay, *Les Cart. angevins*, 1864, p. 334, pièce nᵒ X.

mot *taille* se prend au sens qu'aura plus tard le mot *aide*[1].

Sur les *loiaus aides* en Anjou, voyez encore aux Archives nat., Reg. JJ 583, p. 137 recto; J 178ᵇ, rouleau n° 61; Marchegay, *Archives d'Anjou*, t. II, p. 207; Coutume dite de 1411, 3ᵉ partie, t. Iᵉʳ, p. 424 (ici encore l'aide est appelée *taille*).

Rapprochez, pour le Perche, Brussel, t. Iᵉʳ, p. 414; pour Montferrand, en 1291, *Ord.*, t. XIV, pp. 221, 222; pour le Berry, Thaumas de la Thaumassière, *Cout. génér. de Berry*, p. 104; *Très anc. Cout. de Bretagne*, vIIIᵉ partie, art. 259; Cout. de Bretagne de 1580, art. 82 et suiv.; Cout. de Loudunois de 1517, ch. 8.

83. *Notes sur les Établissements, liv. Iᵉʳ, ch. 82*
(ci-dessus t. II, p. 132, 133, 134).

Voyez ci-dessus t. Iᵉʳ, pp. 125, 126.

Texte dérivé : *Livre des droiz*, 452.

T. II, p. 133, ligne 2. *et li sires li die.* — « Par ce mot il ne « faut point entendre icy le seigneur dominant du fief appartenant à l'enfant qui est en bail, mais l'aîné, ou celuy qui le « represente, qui ne veut plus garentir l'enfant en franc parage « sous son homage. » (Laurière.)

T. II, p. 133, ligne 3. *K* porte : *je ne veil pas.*

T. II, p. 134, ligne 4. *L*¹ porte : *come li sires tenoit.* — Sur la variante *come li heritagiers* de *E* Laurière dit : « heritagiers, c'est-à-dire celuy qui a delaissé l'heritage, et qui « l'avoit tenu avant que il mourut. »

« La raison de ce chapitre, c'est que le bail qui n'est qu'un « simple usufruitier ne peut changer l'estat du bien de son « mineur. Voyez la note sur le ch. 74 (prés. édition, liv. Iᵉʳ, « ch. 79). » (Laurière.)

84. *Notes sur les Établissements, liv. Iᵉʳ, ch. 83*
(ci-dessus t. II, pp. 134-135).

Voyez, en général, sur ce ch., ci-dessus t. Iᵉʳ, pp. 217-224.

Textes dérivés : *Livre des droiz*, 972; *Abrégé champ.*, 114.

---

1. Vuitry, *Études sur le régime financier de la France*, p. 269.

LIVRE Iᵉʳ, CHAPITRE 83.

Rapprochez : *Ét.*, liv. Iᵉʳ, ch. 1-7, 85, 86, 142; liv. II, ch. 16; *Très anc. Cout. de Champagne*, art. 39, 43.

T. II, p. 137, ligne 7. *Nuns gentis hom ne puet.* — « Par
« le droit romain il y avoit trois voyes pour se pourvoir entre
« les sentences.

« La *premiere* estoit l'*appel* qui estoit la voye la plus
« ordinaire.

« La *seconde* estoit la restitution en entier, lege *Cum et mino-*
« *res, Code, Si adversus rem judicatam.*

« Et la *troisiéme* estoit la *supplication* qui differoit princi-
« palement de l'*appel* en ce que l'*appel* portoit l'appel devant
« le juge superieur, au lieu que la *supplication* se faisoit au
« juge mesme qui avoit rendu la sentence, à qui l'on en deman-
« doit la reformation ou l'amendement. *Appellatio*, dit Olden-
« dorpius, *trahit causam ad superiorem judicem, supplicatio*
« *ad eundem qui judicavit. Ratio diversitatis est quia appel-*
« *latio præsupponit iniquitatem sententiæ, de quâ ejusdem*
« *judicis cognitio esset suspecta. Supplicatio misericordiam*
« *implorat ideoque nihil prohibet eundem judicem de eo*
« *cognoscere et statuere.* L'appellation suspendoit l'execution du
« jugement. La supplication ne le suspendoit pas, etc. Ce qui
« est expliqué avec exactitude par Oldendorpius, tract. *De re*
« *judicatâ*, tit. *De remediis adversus iniquam sententiam judi-*
« *cis*, p. 517, edit. Basileensis, anni 1559.

« Suivant ce chapitre, *nus gentis hons*, etc., et suivant le
« ch. 146[1] (présente édition, liv. Iᵉʳ, ch. 112), *nul homme coû-*
« *tumier ne pouvoit demander amendement de jugement* en
« cour subalterne et non royale, parce que les seigneurs ou
« leurs juges ne pouvoient corriger leur sentence. Mais, au lieu
« de demander *amendement*, il falloit *fausser* de la maniere
« qu'on l'a expliqué cy-dessus, sur le ch. 6 » (présente édition,
liv. Iᵉʳ, ch. 7 ; cf. ci-dessus, t. III, p. 249). (LAURIÈRE.)

T. II, p. 134, lignes 7, 8. *amendement de jugement.* —

---

1. *Sic* dans Laurière : 146 doit être une faute d'impression pour 136 ; 136 est le ch. de du Cange (Laurière, 138) où il est question du coutumier et de l'amendement de jugement : 146 n'a trait à l'amendement ni dans du Cange, ni dans Laurière.

« Voyez cy-aprés le ch. 78 (présente édition, liv. Ier, ch. 85),
« et Pierre de Fontaines, ch. 22. » (Du Cange.)

T. II, p. 134, ligne 9 ; p. 135, ligne 12. *se ce n'est en la
cort le roi; car illuec pueent demander toutes genz amandement de jugemant.* — « Les parties demandoient cet amende-
« ment en proposant qu'il y avoit erreur de fait dans le juge-
« ment. Vide Rebuffum, ad constitutiones regias, tract. *De
« supplicationibus et errorum propositionibus,* p. 300. Par
« l'ordonance de 1667, au titre *Des requestes civiles,* art. 42,
« ces propositions d'erreur ont esté abolies. » (Laurière.)

T. II, p. 135, lignes 5, 6. *il ne le puent pas fauser; car il ne
troveroient qui lor en feïst droit.* — A première vue on ne
saisit pas clairement la raison de cette décision : pourquoi le
perdant ne pourrait-il pas fausser le jugement d'un bailli royal,
d'une cour le roi ? Qu'on lise attentivement le ch. 86, au liv. Ier
des *Établissements,* et les *Assises de Jérusalem*[1], et on aura la clef
de cette difficulté : ces textes nous apprennent que l'appelant (au
sens technique du mot), c'est-à-dire celui qui a faussé le jugement
de son seigneur doit semondre ce dernier en la cour du suzerain :
vainqueur, il échappe pour l'avenir à la juridiction du seigneur
dont il a appelé : *il ne tendra jamais riens de lui* (ci-dessus
t. II, p. 142) ; il deviendra l'homme du suzerain devant lequel
il a interjeté appel. Dans cette conception, il faut, de toute
nécessité, deux degrés de suzeraineté, deux puissances différentes pour que l'appel féodal proprement dit, le faussement de
jugement puisse avoir lieu ; le jurisconsulte, sous l'empire de
ces préoccupations, déclare donc très logiquement qu'on ne peut
fausser une cour royale, car le roi n'a pas de suzerain et l'appelant ne pourrait suivre la procédure ; vainqueur, il ne pourrait jouir du bénéfice de sa victoire, passer de son suzerain au
seigneur féodal supérieur.

En fait, on fit, dès le XIIIe s., appel d'un bailli royal, mais
appel au sens moderne, sans duel judiciaire. (Voyez ci-dessus
t. Ier, p. 217.)

---

1. *Assises, Haute Cour,* Jean d'Ibelin, c. 110 (édit. Beugnot,
t. Ier, p. 179). Cf. Marcel Fournier, *Essai sur l'histoire du droit
d'appel,* 1881, pp. 150, 151.

T. II, p. 135, lignes 6, 7. *li rois ne tient de nului fors de Dieu et de lui.* — Rapprochez : *Ét.*, liv. II, ch. 14, 20 (ci-dessus t. II, pp. 370, 405), *Jostice et plet*, p. 67 ; Bracton en un passage magistral qui veut être lu et médité, édit. Travers Twiss, t. Ier, pp. 38, 268 ; Loisel, *Instit. Coutum.*, liv. Ier, tit. 1er, règle 2 (édit. Eus. de Laurière, t. Ier, p. 2) ; Pocquet de Livonnière, *Règles de droit*, section première, I.

Innocent III exprime dans une décrétale célèbre la même pensée : *Cum rex superiorem in temporalibus minime recognoscat.* (*Décrétales de Grégoire IX*, IV, xvii, 13.)

Voyez : « Brodeau sur l'art. 60 de la Coûtume de Paris. » (Laurière.)

A lire : *The Academy*, année 1879, p. 209.

85. Notes sur les Établissements, liv. Ier, ch. 84

(ci-dessus t. II, pp. 135-137).

Voyez, en général, sur ce chapitre, ci-dessus t. Ier, pp. 212-215.

Rapprochez : *Comp.*, 1, 40 ; *Ét.*, liv. II, ch. 23 ; *Jostice et plet*, pp. 98, 317 ; Marnier, *Établ. et Cout. de l'Échiquier de Normandie*, 1839, p. 57.

Aux textes que j'ai cités dans le t. Ier et qui sont favorables aux origines germaniques de la *jurée du pays*, il faut joindre *Reccaredi Wisig. regis antiqua legum collectio*, édit. Blume, 1847, p. 3 ; un passage du texte appelé les *Lois d'Édouard*, cité par J. Steenstrup, *Danelag*, 1882, p. 75 ; un passage très important sur la *jurée du pays* en Hollande dans Trotz, *Jus agrarium fœderati Belgii*, 1754, pp. 144, 145 ; l'exposé des usages islandais d'après les *Grágas*, par M. Dareste, *Les anciennes lois de l'Islande*, p. 7. (Extrait du *Journal des savants*, août 1881.) On trouvera une jurée célèbre de l'année 893 dans *Schriften des Vereins für Geschichte des Bodensee's und seiner Umgebung*, livr. 6, Lindau, 1875, p. 75 ; une jurée fort intéressante de l'année 1180 dans Chevalier, *Cartulaire de Noyers*, p. 651, pièce n° 615. L'expression *jurée* vient évidemment de ce que les témoins ou *jurés* attestent avec serment *cum juramento et fide.* On trouve aussi l'expression *patria* pour désigner la *jurée du pays : obtulit verificare per patriam quod Henricus pater prædicti Willelmi bastardus fuit* [1].

Les rois d'Angleterre, bien moins populaires que les rois de France, paraissent avoir vu avec défiance les jurées du pays statuer sur les questions litigieuses où ils étaient intéressés : c'est ce qui semble résulter de ce passage du jurisconsulte Britton : *Et si les tenantz se voillent mettre en enqueste en fourme de graunt assise, à ceo ne soint point receüz sauntz le assent de nous et de noster conseyl, si nos attournez en tel cas ne sachent les verditz passer par nous : car nous sumus tenuz de repeler les dreitz de nostre coroune à tort alienez* [2].

T. II, p. 135, ligne 8. *à marchir au roi*. — « Ce terme se « rencontre encore au liv. II, ch. 3, 19 (présente édition, liv. II, « ch. 3, 20), ci-dessus t. II, p. 333 et p. 400, note 37). » (Du Cange.)

T. II, p. 135, note 33, *à marchir*. — « *Marchir* ou *marchier* « vient de *marc* ou *march*, qui signifie *borne*, de sorte que « *marchier* ou *marchir* n'est autre chose que *borner* ou *mettre* « *des bornes*, ou terminer à ce sujet quelque different. » (Laurière.)

Rapprochez de la leçon : *comant li rois esgarde droit à lui et à autrui* la même expression dans *Ét.*, liv. II, ch. 3, 4, 20, 23, et les observations faites ci-dessus t. Ier, p. 334.

T. II, p. 136, lignes 4, 5. Au lieu de *croire l'anqueste jurée*, O¹ porte : *d'atendre l'enqueste et la jurée;* L¹ porte : *de querre l'enqueste et la jurée.*

T. II, p. 137, ligne 1. *et les prochiens chevaliers*. — « Voyez « l'anciene Coûtume de Normandie au titre *De vüe* et de *Record* « *de vüe.* » (Laurière.)

T. II, p. 137, ligne 2. *sergenz fievez*. — « Voyez mon *Glos-* « *saire* sur *Sergent feodé* ou *du fief*, sur *Sergenteries*, et Loiseau « dans son *Traité des offices*, liv. II, ch. 2, num. 49, p. 152 « de l'édition de 1660. » (Laurière.)

---

1. *Placitorum in domo capit. Westm. asservatorum abbreviatio*, 1811, p. 195.
2. Britton, édit. Nichols, t. Ier, pp. 72, 73.

T. II, p. 137, ligne 3. *se la querele est granz.* — « C'est-à-
« dire s'il s'agit de fiefs ou de *grands fiefs.* Voyez les chapitres
« de l'anciene Coûtume de Normandie que l'on vient de citer,
« et ce que j'ay remarqué cy-dessus sur le ch. 67 (présente édi-
« tion, liv. Ier, ch. 72, présent volume, pp. 1, 2). »

T. II, p. 137, ligne 5. *droiture le roi.* — « C'est-à-dire la
« seigneurie ou le domaine du roy, ou la chose qui de droit luy
« appartient. » (Laurière.)

T. II, p. 137, ligne 6. *H J K T P Q R S O^1 L^1 ε ζ* ont :
garantist au lieu de *dit.* J'aurais dû peut-être adopter la leçon
garantist.

T. II, p. 137, lignes 6, 7. η porte : *sa droiture en la court
le roy.*

86. Notes sur les *Établissements,* liv. Ier, ch. 85
(ci-dessus t. II, p. 137-140).

Voyez, en général, sur ce chapitre, ci-dessus t. Ier, pp. 217-
221; 278, 279.

Texte dérivé : *Livre des droiz,* 972.

Rapprochez : *Ét.,* liv. Ier, ch. 7, 83, 142; liv. II, ch. 16;
Jostice et plet, pp. 16, 331, 332; Wiarda, *Wilküren der Brock-
mænner eines freyen friesischen Volkes,* Berlin, 1820, pp. 21,
22; ord. du 20 avril 1311 sur les appels en Anjou, publiée
dans *Ord.,* t. II, p. 162 (texte ms. à la Bibl. nat. dans ms. fr.,
14538, fol. 23 verso et suiv.).

T. II, p. 137, ligne 10. *ne puet demander amandemant.* —
« Voyez ce que j'ay remarqué sur les ch. 6 et 78 cy-dessus
« (prés. édit., liv. Ier, ch. 7, 83) et sur le ch. 8 de l'ord. de
« 1260 qui a aboli les batailles. (Cf. ci-dessus t. III, pp. 249-
« 251; présent volume, p. 22.) » (Laurière.)

T. II, p. 137, ligne 11. *se ce n'est le jor meïsmes.* — « Cecy
« est tiré du droit romain.

« En la cour le roy toute personne pouvoit demander, comme
« on l'a dit cy-dessus, *amendement de jugement,* non par *appel,*
« mais *en suppliant.* Ce qui est bien remarqué dans le ch. 15
« du second livre de ces *Establissemens* (présente édition, liv. II,
« ch. 16).

« Or, suivant le droit romain, la supplication par laquelle on
« demandoit *amendement de jugement* se faisoit par écrit, quand
« il y avoit du temps que le jugement avoit esté rendu, mais, si
« celuy qui s'en plaignoit le jugeoit à propos, il pouvoit le
« mesme jour supplier de vive voix, et aprés le jour il n'y estoit
« plus receû, ainsi que Oldendorpius l'a remarqué dans son
« traité *De re judicata*, tit. *De remediis adversus iniquam sen-*
« *tentiam judicis*, p. 549 de l'edit. de Basle de l'an 1559 : *Hanc*
« *supplicationem exhibere oportet vel intra decem dies, vel*
« *intra biennium, diversis tamen effectibus. Rursus ordo sup-*
« *plicandi requirit ut preces ex scripto porrigantur, ad instar*
« *appellationis. Quod verum est, cum ex intervallo supplica-*
« *tur. Sed eodem die quo sententia lata est, permittitur victo*
« *vivâ voce supplicare, ut in appellatione constituitur, lege 1*
« *in fine et lege sequenti, Dig., De appellationibus.*

« Quand les appellations eurent esté introduites, l'usage fut
« qu'elles seroient faites incontinent aprés le jugement rendu,
« comme il se void par l'art. 18 de l'ordonance de Charles VII
« de Montil-les-Tours, au mois d'avril de l'an 1453 [1]..... »
(LAURIÈRE.)

En pays coutumier, lisons-nous dans un autre texte, *il convient appeler illico tempore noticie sentencie date vel gravaminis illati; mais en pays de droit escript, il convient et souffit appeler dedans huit jours* [2]. Joignez du Breuil, édit. Lot, p. 3, manchette 5 ; charte de Morville-sur-Seille dans *Bulletin du Comité de la langue, de l'histoire et des arts de la France*, année 1853, n° 2, p. 126 ; *Cout. d'Anjou et du Maine selon les rubriches de Code*, art. 929, 988 dans Beautemps-Beaupré, *Cout. et instit.*, 1re partie, t. II, pp. 332, 359 ; *Stille de Touraine*, rédigé à Langeais le 14 mars 1460 (a. s.), édit. gothique, Bibl. de Tours, vol. n° 133.

T. II, p. 137, ligne 12. *car l'en doit maintenant apeler selonc l'usage de la cort laie*. — « Remarquez que l'usage des
« appellations n'a esté receû que tard en France en court laie. »
(LAURIÈRE.)

1. Voir le texte dans Isambert, t. IX, p. 212.
2. Bibl. nat., ms. fr. 4515, fol. 201 recto.

T. II, p. 139, ligne 9. *cil en gage ses muebles.* — « Voyez
« le ch. 19 du second livre au commencement (présente édit.,
« liv. II, ch. 20). » (Laurière.)

87. *Notes sur les Établissements, liv. Ier, ch. 86*
(ci-dessus t. II, p. 140-143).

Voyez, en général, sur ce chapitre, ci-dessus t. Ier, pp. 217-221, 278, 279. Cf. ci-dessus présent volume, p. 22.

Rapprochez : *Ét.*, liv. Ier, ch. 142; Pierre de Fontaines, ch. 13, § 8, édit. Marnier, p. 75; *Confesseur de la reine Marguerite*, ch. 18, édit. de 1761, p. 384; Mlle de Lezardière, *Théorie des lois polit.*, t. IV, 1844, p. 291 ; accord de 1231 entre saint Louis et Pierre Mauclerc, duc de Bretagne, cité par Thaumas de la Thaumassière, *Assises du royaume de Jérusalem, ensemble les Coutumes de Beauvoisis*, p. 412.

T. II, p. 141, lignes 2, 3. *cist jugemanz est faus.* — Voyez Beaumanoir, *Cout. de Beauvoisis*, ch. 61 ; *Des appiaus*, édit. Th. de la Thaum., p. 311, à la fin ; édit. Beugnot, t. II, p. 387: *Quiconque vieut son seigneur*, etc.

« Voyez le ch. 43 des Loix de Thibaud, comte de Champagne [1].

« Selon Beaumanoir, ch. 67, p. 337, à la fin, *il estoit deux*
« *manieres de fausser jugement, desquels li uns des apiaux se*
« *devoit demener par gages, et si estoit quand on ajoûtoit avec*
« *l'appel villain cas, en disant : vous avez fait jugement faus*
« *et mauvais, comme mauvais que vous estes, ou par loyer ou*
« *par promesse, ou par autre mauvaise cause. L'autre se devoit*
« *demener par errement, seur quoy li jugement* [2] *fut faits*, etc. »
(Laurière.)

T. II, p. 141, ligne 4. *il s'an doit clamer en la cort le roi.*
— « Les seigneurs supportoient ces appels avec peine et usoient
« souvent de rigueur envers ceux qui les avoient interjettez; en
« voicy un bel exemple tiré de la vie de saint Loüis : *Aliquando*
« *motâ quæstione inter dominum Karolum fratrem ejusdem*
« *regis tunc comitem Andegaviæ et quemdam alium militem*

---

1. Laurière appelle ainsi la *Très anc. Cout. de Champagne.*
2. Il faudrait *jugemens* et plus loin *fais*; mais je ne corrige pas l'orthographe des citations.

« *super quodam castro, latâque sententiâ in curiâ prædicti*
« *comitis contra militem præfatum, miles prædictus appellans*
« *ad regis curiam, jubente comite, in carcere detinetur : qui-*
« *bus compertis, sanctus rex æquitatis viâ regiâ incedens, ad*
« *sinistram vel ad dextram non declinans, comitem præcepit*
« *ad se evocari, quem in sui præsentiâ constitutum, eo quod*
« *militem appellantem in carcere detineret multum redarguit,*
« *dicens ei quod unus rex debebat esse in Franciâ et quod non*
« *crederet, quod quia frater ejus erat, parceret sibi in aliquo*
« *contra justitiam, præcipiensque ei ut militem liberaret, ut*
« *appellationem suam posset libere prosequi coram eo. Miles*
« *vero regis præcepto liberatus, ministratis consiliariis eidem*
« *militi a domino rege, quos et fecit jurare quod fidele consi-*
« *lium prædicto militi darent. Tandem vero illatâ causâ contra*
« *militis cassatam sententiam pro se obtinuit in curiâ justi*
« *regis, etc.* » (LAURIÈRE.)

T. II, p. 141, lignes 5, 6. *ou en la cort à celui de qui il tendroit.* — « Beaumanoir explique cecy dans le ch. 64 : *Des*
« *appiaus*[1], p. 317 : *chil qui appelle soit de defaute de droit*
« *ou de faux jugement doit appeller devant le seigneur de qui*
« *l'en tient le court, etc.* » (LAURIÈRE.)

T. II, p. 141, lignes 9, 10. *par laquele raison je ne viau plus tenir de lui.* — Cf. au liv. Ier des *Ét.*, ch. 56, d'autres cas entrainant la rupture du lien féodal.

T. II, p. 142, ligne 2. *je sui touz prez dou mostrer.* — « Beau-
« manoir explique cecy dans le ch. 64 de ses Coûtumes du
« Beauvoisis, p. 314 : *Quant aucun appelle nicement*, etc. »
(LAURIÈRE.)

T. II, p. 142, ligne 6. *et se cil qui*, etc. — « C'est-à-dire que,
« si celuy qui appelle vainc le champion du seigneur, il ne
« tiendra jamais rien du seigneur qu'il a appellé avec raison,
« mais il tiendra à l'avenir du seigneur superieur. » (LAURIÈRE.)

T. II, p. 142, lignes 8, 9. *et se il estoit vaincuz, il perdroit le fié.* — « Quand le vassal vouloit ainsi accuser son seigneur
« de vilain cas, il devoit commencer par renoncer à son homage,
« et declarer qu'il ne le recounoissoit plus pour seigneur, car,

---

1. Laurière a laissé imprimer par erreur : *Des aveux.*

« comme dit Beaumanoir, ch. 67, p. 337 : *Il loist bien à l'houme*
« *à soi deffendre contre son seigneur... Mais se li homs accu-*
« *soit son seigneur de mauvaistié, il convenroit que il li rendist*
« *son hommage.* Et de là vient que le vassal qui avoit mal
« appellé son seigneur de faux et mauvais jugement perdoit son
« fief. » (LAURIÈRE.)

T. II, p. 142, ligne 9 ; p. 143, ligne 1. *Et sachez que nus
jugemanz* [1]. — « Cela est vray quand le juge pris à partie n'est
« pas accusé de vilain cas. Vide leg. 13, § 1, *Dig.*, De appella-
« *tionibus.* » (LAURIÈRE.)

88. *Notes sur les Établissements, liv. Ier, ch. 87*
(ci-dessus, t. II, pp. 143, 144).

Textes dérivés : Prét. ord. de Jean II, duc de Bretagne, art. 15 (al. 16) ; *Livre des droiz*, 352.

Rapprochez : *Anciens usages d'Artois*, XLI, 8 ; Beaumanoir, ch. 64, §§ 7, 8, 9 ; ch. 64, §§ 2, 3 (édit. Beugnot, t. II, pp. 378, 431) ; *Abrégé champ.*, rubrique 140.

« Philippes de Beaumanoir, ch. 64. *Se un gentix homs apele*
« *gentil home, et li uns et li autres est chevaliers, il se com-*
« *battent à ceval, armé de toutes armeures, tel come il lor*
« *plest, excepté coutel à pointe et mache d'armes molues, ne*
« *doit cascuns avoir que deux espées, et une glaive. Se*
« *chevaliers ou escuiers appelle home de poesté, il se combat à*
« *pié, armés à guise de campion, aussi come li homs de poesté.*
« *Car por ce qu'il s'abaisse à appeler si basse personne, se*
« *dignités est ramenée en tel cas à tex armeures, come cil qui*
« *est appelés a de son droit, et seroit cruel cose, se le gentix*
« *home appelloit un home de poesté, et il avoit l'avantage du*
« *ceval et des armes. Se li home de poesté appelle le gentil*
« *home, il se combat a pié à guise de campion et li gentix à*
« *ceval armés de totes armes ; car en aus defendant, il est bien*
« *apenant qu'il usent de lor aventage. Se home de poesté appele*
« *home de poesté, il se combat à pié : et de tote tele condition*

---

[1]. Laurière admet la mauvaise leçon *juge* au lieu de *jugemenz*; ce qui jette ici quelque confusion dans son esprit.

« *est li campions à le gentil feme, s'ele appelle ou est appellée,*
« *come il est devisé par cy-dessus.* — Au ch. 63[1] il resout que,
« si un gentil homme ayant appellé un homme de poesté ou
« roturier se presente à cheval, armé comme il appartient à un
« chevalier, et que le roturier se presente à pied comme cham-
« pion, le chevalier doit être desarmé en pure chemise, ses
« armes confisquées au profit du seigneur et obligé de combattre
« sans armeure, sans escu et sans bâton, et ajoute qu'il fut
« ainsi jugé de son temps à Crespy. Les *Assises du royaume de*
« *Hierusalem*, ch. 66[2] : *Se home qui n'est chevalier porte garan-*
« *tie contre chevalier et le chevalier le veaut torner de la garan-*
« *tie et lever com esparjur, et combattre sen*[3] *à lui, il se com-*
« *battra à lui à pié come sargent porce que l'appelloir*[4] *doit*
« *suivre le defendoir en sa loi. En quoi le chevalier en cest cas*
« *est l'appelloir, et le sargent defendoir.* » (Du Cange.)

T. II, p. 144, ligne 6. *qu'il se combattissent à pié.* — Voyez
l'histoire d'un duel *cum scuto et baculo* dans un des mss.
Baluze à la Bibl. nat., t. 77, p. 296 ; sur les champions et la
longueur de leurs bâtons, voyez un texte du xiiie s. dans Thaumas de la Thaumassière, *Assises et bons usages du roy. de
Jérusalem*, p. 452.

T. II, p. 144, ligne 8. *Et cil qui seroit vaincuz seroit panduz.*
— « Ainsi alors, les gentilshommes estoient punis comme les
« roturiers. Voyez le ch. 91 de ce livre, à la fin (présente édit.,
« liv. Ier, ch. 95), et la note. Tout ce droit n'est plus en usage. »
(Laurière.)

89. Notes sur les Établissements, liv. Ier, ch. 88
(ci-dessus, t. II, p. 144, 145).

Voyez, en général, sur ce chapitre, ci-dessus t. Ier, p. 251.

Textes dérivés : *Livre des droiz*, 333 ; *Abrégé champen.*, 131.

1. Ch. 64 de l'édit. Beugnot (t. II, p. 431).
2. Jean d'Ibelin, ch. 75. (*Assises*, édit. Beugnot, t. Ier, p. 123.)
3. *Sic.* Corrigez : *s'en.*
4. Cette forme et la suivante, *defendoir*, sont utiles à conserver pour identifier le ms. dont s'est servi du Cange : Beugnot a mieux : *apeleor, defendeor.*

Rapprochez : *Coutume dite de* 1411, art. 89, dans Beautemps-Beaupré, 1re partie, t. Ier, p. 436 ; *Anc. Cout. de Picardie*, édit. Marnier, pp. 2, 3, 32 ; *Très anc. Cout. de Champagne*, art. 31, in fine ; Beaumanoir, ch. 30, § 13 ; ch. 39, § 15.

T. II, p. 144, ligne 10. *Se aucuns*, etc. — « Ce chapitre est
« pris de la loy premiere, *Dig.*, *De effractoribus*, où le jurisconsulte dit la mesme chose : *De his qui carcere effracto eva-*
« *serunt*, etc.

« Mais Imbert, dans sa *Pratique*, liv. III, ch. 3, dit que
« cette loy n'est pas pratiquée en France, ce que l'on peut prou-
« ver par les art. 24 et 25 de l'ordonnance de 1670, au titre *Des*
« *defauts et coutumaces*, qui portent que *si l'accusé s'évade des*
« *prisons depuis son interrogatoire, il ne sera ni adjourné, ni*
« *proclamé à cry public. Que le juge ordonnera que les témoins*
« *seront oüis, que ceux qui l'auront esté seront recollez, que le*
« *recollement vaudra confrontation, et que le procés sera aussi*
« *fait à l'accusé pour le crime de bris de prisons par defaut et*
« *coutumace.* Si celuy qui est prisonnier pour un crime en
« estoit convaincu par le bris de prison, il suffiroit de le con-
« damner pour un seul de ces crimes, et cependant l'ordonnance
« dit que son procés lui sera fait et parfait pour l'un et pour
« l'autre. Voyez Imbert, au lieu marqué cy-dessus, et ce que
« j'ay remarqué sur les *Institutions* de Loisel, liv. VI, tit. Ier,
« regle 11. L'art. 31 des Loix de Thibaud, comte de Champagne,
« est conforme à cet article : *Item, se uns homs est mis en pri-*
« *son fermé, pour quelconques fait que ce soit, et il brise la*
« *prison et s'en va, et il est prouvez, il est tenu, et le doit l'en*
« *punir selon le fait pour quoy il aura esté mis en prison, et*
« *ainsi en use l'en generalement.* Voyez Beaumanoir, ch. 30,
« p. 149, vers le milieu, et l'autheur du *Grand Coûtumier*,
« liv. IV, *Des peines*, p. 545, ligne 14, où il dit que ce chapitre
« n'a lieu que pour cas civil. Joignez Papon, liv. XXII, tit. 2,
« et l'ordonnance de Charles, regent, fils du roy, de l'an 1356. »
(LAURIÈRE.)

90. *Notes sur les Établissements, liv. Ier, ch.* 89
(ci-dessus t. II, pp. 145-147).

Texte dérivé : *Livre des droiz*, 254.

Rapprochez : un acte de Philippe-Auguste contenant des principes analogues publié par Laurière, *Ord.*, t. Ier, p. 43, et reproduit par Brewer, *Geschichte der französischen Gerichts-Verfassung*, Düsseldorf, 1835, Appendice, pp. LXVI, LXVII; Beaumanoir, ch. 11, § 43-45, édit. Beugnot, t. Ier, pp. 173-175; *Abrégé champenois*, rubrique 141.

T. II, p. 145, ligne 7. *li cuens*. — « Voyez ce que j'ay remar-
« qué sur les comtes dans mes notes sur les *Institutes* de Loi-
« sel, liv. Ier, tit. 1er, regle 32. » (LAURIÈRE.)

T. II, p. 145, ligne 8. *croisié*. — « Les papes ont accordé de
« temps en temps plusieurs privileges à ceux qui entreprenoient
« ces longs et fâcheux voyages pour la conquête et la conserva-
« tion de la Terre Sainte, dont le principal estoit qu'ils les pre-
« noient et leurs biens en leur sauvegarde, et du Saint-Siege, et
« des archeveques et evesques, comme on peut voir dans
« Guillaume de Tyr, liv. Ier, ch. 15; Guillaume de Neubourg,
« liv. III, ch. 23; Rigord, en l'an 1188; Simeon de Dukelm,
« p. 249, et Hoveden, p. 639; Mathieu Paris, en l'an 1245,
« p. 454; Othon de Frisingen, liv. Ier, *De Gest. Frider.*, c. 35,
« et autres. Aussi n'estoit-il pas juste que, durant de si longues
« absences, ils fussent exposez aux injures et aux poursuites de
« leurs ennemis et de leurs creanciers : *Perviæ sunt enim sem-*
« *per injuriis facultates absentium, et quodammodo videtur*
« *occasio homines in delictum trahere, quæ non potest animum*
« *pervadentis de resultatione terrere*, comme parle Cassiodore
« au liv. Ier, ep. 15. S. Louys fut le premier qui leur donna et
« à leurs cautions, temps de trois ans pour payer leurs detes,
« par son ordonnance expediée à Pontoise au mois d'octobre
« l'an 1245, ce que l'auteur de l'*Histoire de France*, ms.[1] qui
« est en la bibliotheque de M. de Mesmes, en cette année
« improuve en ces termes : *Une chose fist saint Louys que les*
« *aucuns ne tindrent pas à grant bien; car il se accorda aux*
« *respits des détes, que devoient les plusieurs qui estoient croi-*
« *siez pour aler au dit voiage. Si ne fist pas ainsi Godefroi de*
« *Boüillon qui vendi sa propre terre, et ala au saint voiage*

---

1. Je n'identifie ni ce manuscrit ni cette chronique que du Cange cite plusieurs fois.

« *du sien propre, et n'emporta riens de l'autrui, et pour ce lui*
« *vint il bien de ce voiage.* Les evesques et les gens d'Eglise,
« qui en ce temps-là ne cherchoient que les occasions d'ac-
« croître leurs jurisdictions, prirent sujet de cette protection que
« les papes accorderent aux croisés, pour attirer à leurs jus-
« tices les causes de ceux qui avoient pris la croix, comme il
« est icy remarqué, duquel ressort il est parlé dans l'epitre 173
« d'Ives, evesque de Chartres, et dans l'epître 197 de celles
« d'Innocent III, livre XV. Mais saint Louys et ses officiers recla-
« merent contre cette usurpation, et le roy s'en plaignit au pape
« Alexandre IV, en l'an 1267, qui décida l'affaire en sa faveur,
« ayant dit que *Crucesignatos à jurisdictione dominorum ipso-*
« *rum indulgentia prædicta non eximit, nisi forte consuetudo*
« *legitimè præscripta defendat eosdem, ut aliàs privilegio seu*
« *indulgentiâ speciali, vel jure alio sint muniti.* La bulle est
« inserée entiere in *Gallia Christ. Sammarth.* in *Archiep.*
« *Rothom.*, n. 59, et se trouve encore au 31. Reg. du Trésor
« des Chartes du roy, fol. 7, 8, avec une autre du même pape
« donnée à Anagnie, le 2 des kalend. de fevr., l'an 6 de son
« pontificat, adressée aux prelats de France, par laquelle il leur
« enjoint de laisser la jurisdiction entiere aux officiers du roy
« sur les crimes des croisés laïcs qui meritent peine de sang.
« Voyez *Stabilimentum crucesignatorum*, anno 1214, t. VI.
« *Spicileg. Acheriani*, p. 466. Pour les autres privileges des
« croisez, voyez Pierre de Fontaines, ch. 17, §§ 7, 14; Chopin,
« liv. III, *De sacra polit.*, tit. 4, § 15, et Petr. Mathæus in
« *Constit. pontif.*, p. 5, 633. » (Du Cange.)

« Le croisé estoit celuy qui s'estoit engagé de faire le voyage
« d'outre-mer, en prenant la croix, et qui estoit par cette raison
« sous la protection de Sainte Eglise. » (Laurière.)

Voyez ord. de 1214 sur les croisés dans *Ord.*, t. Ier, p. 32 et suiv.

T. II, p. 145, ligne 8; p. 146, ligne 1. *ou aucun home de religion.* — « Vide concilium Parisiense, Causa 2, Qu. I,
« canone 2; titulum *De clericis conjugatis*, in *Sexto*, lib. III,
« tit. II; Anastasium Germonium et Cironium ad titulum,
« *Extra, De clericis conjugatis; Concil. Tridentinum*, ses-
« sione 23, *De reformatione*, cap. 6. » (Laurière.)

T. II, p. 146, ligne 1. *tout fust il lais.* — C'est qu'en effet l'*home de religion*, le religieux est laïque, s'il n'est pas tonsuré. C'est par la tonsure qu'on entre dans la cléricature : d'ailleurs la tonsure par elle-même n'est pas un ordre ecclésiastique. Voyez à cet égard une communication de *Laicus* dans *Revue critique d'histoire et de littérature* du 14 juin 1880, p. 481.

T. II, p. 146, lignes 1, 2. *l'en le doit rendre à Saint Eglise.* — « Ainsi du temps de ces *Establissemens*, on ne distinguoit « pas les *delicts ecclesiastiques* des *delicts communs*, et les *cas* « *privilegiez* estoient inconnus. Voyez Fevret, dans son traité « *De l'abus*, liv. VIII, ch. 1er, nombre 3, et ce que j'ay remar- « qué sur les *Institutes* de Loisel, liv. VI, tit. 1er, regle 16. » (LAURIÈRE.)

T. II, p. 146, ligne 4. *et il ne porte querone*[1]. — « Cecy est « expliqué par le ch. 25 des Statuts synodaux françois de « M. Ameil, archevesque de Tours, de l'an 1396, t. IV du « Tresor d'anecdotes de D. Martene, col. 1184 : *Tous clercs* « *mariez qui peuvent joüir de privilege, nous ammonestons* « *que portent habit et tonsure, autrement il ne joüiront point* « *du privilege de clerc.* Vide tractatum *De re vestiariâ homi-* « *nis sacri*, cap. 8, et les autoritez rapportées sur ce chapitre « en la note ci-dessus (cf. p. 33)... La glose sur l'anciene « Coûtume d'Anjou cite à ce sujet le ch. *Super quibusdam*, 26, « *Extra, De verborum significatione*, mais le lecteur verra mieux « le chapitre unique *De clericis conjugatis* in *Sexto* et ibi Joan- « nem Monachum et Joannem Andreæ. En France, les clercs « mariés ne joüissent plus d'aucun privilege. *Clerici sæcularis* « *status*, dit du Molin, *nullo gaudent privilegio clericali*, ad « tit. *De cleric. conjug.* Voyez Fevret, *De l'abus*, t. Ier, liv. IV, « ch. 4, n. 1. » (LAURIÈRE.)

T. II, p. 146, ligne 6. *et soit letrez.* — C'est-à-dire *connaisse les lettres de l'alphabet*; un passage des anciens registres du Châtelet aide à préciser ce sens (Duplès-Agier, *Reg. crim. du Châtelet de Paris*, t. Ier, pp. 76, 77).

1. Sur ce mot *couronne* et sa valeur symbolique, voyez saint Jérôme dans Gratien, *Decretum*, Secunda Pars, Causa XII, Quæstio I, c. 7.

LIVRE Ier, CHAPITRES 89, 90. 35

Cette condition n'était pas, ce semble, requise pour l'homme de religion, pour le moine; car *habit fet moine* [1].

91. *Notes sur les Établissements*, liv. Ier, ch. 90
(ci-dessus t. II, pp. 147, 148).

Voyez ci-dessus t. Ier, pp. 61, 62, 252-254.

Textes dérivés : *Livre des droiz*, 255 ; *Liger*, 1365.

Rapprochez : *Ét.*, liv. Ier, ch. 217; *Jostice et plet*, p. 12; Beaumanoir, édit. Beugnot, t. Ier, pp. 158, 413; *Très anc. Cout. de Bretagne*, 4e partie, art. 142; un cas de bestialité dans ms. Baluze, t. 77, vers le fol. 421 ; *Abrégé champenois*, rubr. 142.

Sur le mot *herites*, de la rubrique, du Cange dit : « here-« tiques [2]; *hereges* dans Guil. Guiart, en l'an 1207 et ailleurs. « Voy. Chifflet, *De linteis sepulch.*, p. 64. »

T. II, p. 147, ligne 5. *Se aucuns est soupeçoneus de bougrerie.* — « Voy. le ch. 121 (prés. édit., liv. Ier, ch. 127). Les *Bougres* « sont les heretiques Albigeois dont le nombre estoit grand en « ce temps-là en France, qu'ailleurs on nommoit *Paterins*, « *Cathares, Populicans*, et d'autres noms comme j'ay remar-« qué en mes observations sur Ville-Hardoüin, n. 208. Mathieu « Paris, en l'an 1238, parlant de Robert, de l'ordre des Freres « Prêcheurs, qui fut surnommé *Bougre*, parce qu'il faisoit vive-« ment la guerre aux *Bougres* en qualité d'inquisiteur : *ipsos* « *autem nomine vulgari Bugaros appellavit, sive essent Paterini,* « *sive Joviniani vel Albigenses, vel aliis hæresibus maculati.* « Philippes Mouskes, parlant de ce Robert :

« *Si estoient Bougre nommé*
« *De fausse loy pris et prouvé.*

« Le Moine d'Auxerre en l'an 1201 : *Ervaudus, miles hæresis* « *illius, quam Bulgarorum vocant, coram legato arguitur.* Il en « parle encore en l'an 1206 et 1207, où il fait assez voir que « les Bougres estoient les mêmes que les Albigeois. L'Hist. de

---

1. *Jostice et plet*, p. 193. Comment en est-on arrivé au proverbe inverse : *L'habit ne fait pas le moine ?*

2. J'ai proposé de traduire ce mot par *sodomites* (ci-dessus t. Ier, p. 254).

« France manuscrite de la bibl. de M. de Mesmes, en l'an 1223,
« parlant de Philippes Auguste : *envoie son fils en Albigeois*
« *pour destruire l'heresie des Bougres du pays*. Une autre
« Chronique ms. qui finit en l'an 1322, en l'an 1225 : *En cest*
« *an fist ardoir les Bougres freres Jehans, qui estoit de l'ordre*
« *des Freres Prescheurs.*

« Alberic, en l'an 1239, dit que ces heretiques tiroient leur
« origine des Manicheans, rapportant qu'en cette année on en
« fit brûler un grand nombre en Champagne, qui estoit le sup-
« plice qu'on faisoit souffrir en ce temps-là à ces heretiques,
« comme il paroit encore par ce chapitre des *Etablissemens.*
« Ils furent ainsi nommez, pource qu'ils passerent de Bulgarie,
« où estoit leur patriarche, dans l'Italie et dans la France, ce
« qui est disertement remarqué dans l'epitre de L'evesque de
« Port, qui se lit dans Mathieu Paris en l'an 1223, et Raynerus
« *Lib. contra Valdenses*, ch. 6, racontant les eglises des
« Cathares, qui sont les mêmes que les Albigeois, fait mention
« de celle des Bulgares. Quelques auteurs donnent encore ce
« nom aux usuriers, comme Mathieu Paris, en l'an 1255 : *Ipsi*
« *usurarii, quos Franci Bugeros vulgariter appellant*. Un rôle
« de la Chambre des Comptes de Paris de l'an 1233 : *Pro*
« *rebus saisiendis Caorsini capti propter Brogrisiam*, vii *lib.*,
« etc. » (Du Cange.)

« Geofroy de Villehardoüin, dans son *Histoire de la Con-*
« *queste de Constantinople*, n. 45, écrit que *li Grex d'Andri-*
« *nople requistrent l'empereur Baudoüins qu'il leur laissast la*
« *ville garnie por Joan le Roy de Blakie et de Bougrie qui*
« *guerre lor faisoit souvent*. Ce Jean estoit roy de Valachie et
« de Bulgarie. Ainsi, voilà la preuve que, par *Bougrie*, on
« entendoit anciennement la *Bulgarie*, et par *B...* les *Bulgares.*

« Comme ces peuples estoient heretiques Manichéens, les
« Albigeois, qui le furent comme eux, furent par cette raison
« nommés *B...*, et c'est peut-estre de ces heretiques, dont
« tout le royaume fut anciennement infecté, qu'il est parlé dans
« ce chapitre, ce qui semble neanmoins contredit par le mot
« *herite* qui suit. Voyez l'histoire du Moine des Vaux de Cernay.

« Ce nom fut ensuite donné aux usuriers et à ceux qui commet-
« toient un crime, qu'il n'est pas permis de nommer, et c'est

« peut-estre de ces derniers que le mot B... devroit estre
« entendu. » (LAURIÈRE.)

T. II, p. 147, lignes 5, 6. *la joutise le doit prandre*. — C'est
la poursuite d'office : elle est formellement décrétée par Frédéric II contre les hérétiques : *Nemine etiam deferente, diligenter investigare volumus hujusmodi scelerum patratores*[1].

T. II, p. 147, lignes 5, 6. *et envoier à l'evesque*. — « Parce
« que l'evesque est le seul juge en matiere de foy et de religion,
« lege 1, *Cod. Theodos.*, *De religione*, lib. XVI, tit. II, t. VI,
« paginâ 298. Vide Farinacium *De hæresi, quæstione* 86, § 1,
« n. 5, 6, etc., et Clarum, § *Hæresis*, num. 5, paginâ 162.
« L'evesque connoissoit aussi alors du crime contre nature, ce
« qui a esté aboli. Voyez Fevret, *De l'abus*, t. II, liv. VIII,
« ch. 2, n. 14. »

« Lorsque celui qui avoit esté soupsonné d'heresie en avoit
« esté convaincu en court de Chrestienté, il estoit livré au bras
« seculier, qui le faisoit brûler. » (LAURIÈRE.)

T. II, p. 148, ligne 1. *au baron ou au prince*. — « Ainsi, en
« ce temps, l'heresie n'estoit pas un crime royal, comme il l'est
« aujourd'huy. Voyez l'ordonnance de 1670, au titre *De la
« competence des juges*, art. 11. » (LAURIÈRE.)

T. II, p. 148, ligne 3. *Super quibusdam*. — « C'est le cha« pitre 36, *Extra*, *De verborum significatione* de l'an 1215, qui
« est d'Innocent III, adressé au comte de Tholose. » (LAURIÈRE.)

92. Notes sur les *Établissements*, liv. Ier, ch. 91

(ci-dessus t. II, pp. 148, 149).

Voyez, en général, sur ce chapitre, ci-dessus tome Ier,
pp. 255, 256.

Textes dérivés : *Regles Cout. bret.* 1re série, art. 52 ; *Livre
des droiz*, 453 ; *Abrégé champenois*, 89.

Rapprochez : ord. de 1254 à la suite de *Jostice et plet*,
p. 342 ; *Ord.*, t. Ier, p. 299, note *d*, pp. 508, 509 ; *Compilatio*,
21 ; *Abrégé champenois*, 89 ; Marnier, *Établ. et coutumes de*

---

[1]. Frédéric II, *Const. regni Siciliæ* dans Huillard-Breholles,
Hist dipl. Frid. secundi, t. IV, pars I, p. 7.

l'Échiquier de Normandie, 1839, p. 34 ; ms. lat. 4763, fol. 94 recto, fol. 103 recto.

« On void par ce chapitre que, du temps de ces *Esta-« blissemens*, le crime d'usure estoit *mixti fori*, c'est-à-dire « que la connoissance en appartenoit au juge seculier et au « juge ecclesiastique, contre l'opinion de la glose sur le cha- « pitre premier, *De officio ordinarii*, et sur la Clementine « *Dispendiosam, De Judiciis* et de presque tous les interpretes « du droit canon sur le chapitre *Cum sit generale, Extra, De* « *foro competenti*, qui ont soûtenu que le crime d'usure estoit « purement ecclesiastique. Vide Leotardum *De usuris*, Quæs- « tione 100, n. 78 et Merendam, lib. XV, cap. 17, n. 7.

« Lors que l'usurier avoit esté condamné en cour laïque, et « que ses meubles y avoient esté confisquez, on le renvoyoit « alors en cour d'Église, où on lui imposoit une peine cano- « nique pour son peché. Voyez Beaumanoir, ch. 68, p. 345 à « la fin.

« L'*Enqueste des droitures des roys d'Angleterre envers* « *Sainte Eglise* en Normandie que Philippe-Auguste fit faire et « qui se trouve au feüillet 9 du registre Saint-Just de la « Chambre des Comptes peut servir à illustrer ce chapitre : « *Nous deimes par nostre serement, que des choses as usuriers,* « *tant comme l'usurier sera el lict de sa maladie, se il distribue* « *les choses de sa main propre, ce sera chose ferme et estable ;* « *et se il ne le fait ainsi, toutes ses choses aprés sa mort seront* « *à nostre sire le roy, pour tant que il soit prouvé que en chel* « *an, el quel il mourut, il ait presté à usure.*

« Chopin remarque que ce crime est encore *mixti fori* en ces « termes : *Crimen usurarum fori est Pontificii, si de eo accu-* « *satio instituatur adversus clericum, et profani si adversùs* « *laicum.* (*De sacra politia*, lib. II, cap. 3, num. 16 et 17.) « Joignez Fevret dans son *Traité de l'abus*, liv. VIII, ch. 2, « nombre 6. » (Laurière.)

« ... Par l'ordonnance de Blois, art. 202, les usuriers doivent « être condamnés, pour la première fois, à l'amende honorable, « au bannissement et en de grosses amendes, dont le quart « sera adjugé au dénonciateur : pour la seconde fois, ils doivent « être punis par confiscation de corps et de biens. Aujourd'hui,

« on ne poursuit criminellement, comme usuriers, que ceux
« qui reçoivent de grosses usures, comme au denier dix, au
« denier huit, etc., et ceux qui sont accoutumés de prêter à
« usure. » (Abbé DE SAINT-MARTIN.)

« On donnoit ancienement aux usuriers le mesme nom qu'aux
« heretiques Albigeois, comme on l'a remarqué sur le chapitre
« precedent... » (LAURIÈRE.)

93. *Notes sur les Établissements, liv. Ier, ch. 92*
(ci-dessus t. II, pp. 149-150).

Textes dérivés : *Livre des droiz*, 354 (dérivé du second § de ce chapitre); *Abrégé champenois*, 17.

Rapprochez : *Comp.* 22; *Bibl. de l'École des chartes*, C, II, 486; d'Espinay, *La féodalité et le droit civil français*, p. 92; acte de l'année 1130 environ relatif aux aubains à Cormery dans Bourrassé, *Cartulaire de Cormery*, p. 121 (cf. d'Espinay, *Les cartul. angevins*, p. 91; Teulet, *Layettes*, t. II, pp. 13, 61); coutume d'Issoudun dans Thaumas de la Thaumassière, *Cout. locales de Berry*, 1679, p. 369; *Abrégé champenois*, rubrique 143.

DU CANGE sur le mot *estrange* de la rubrique : « *Aubain, advena.* »

T. II, p. 149, ligne 6. *Se aucuns hom qui ne soit pas de la vile vient, etc.* η porte : *Si aucun home de hors vient demourer en la chastellerie au baron et il ne soit pas de l'eveschié et il ne face seignorie dedanz*[1]. — « L'homme estrange est icy
« celuy qui est d'un autre *diocese* ou d'un autre *crême*. Car,
« suivant l'ancien usage de l'Eglise, on a toûjours reputé
« *etranger* celuy qui estoit d'un autre diocese que celuy où il
« demeuroit. *Peregrinus*, dit M. de l'Aubépine, *vocabatur apud*
« *antiquos qui natus erat in aliâ diœcesi, qui multos annos in*
« *unâ moratus esset civitate, vel etiam quamvis ipsius civitatis*
« *factus esset episcopus, peregrinus adhuc censebatur.* (*Ad*
« *Optatum*, paginâ 6, col. 1, littera *M. N.*) On voit des restes
« de cet ancien usage dans les chapitres 154 et 157 de ce livre
« (présente édit., liv. Ier, ch. 161, 164), dans les anciennes Coû-

1. Beautemps-Beaupré, *Cout. et inst.*, 1re partie, t. Ier, p. 305.

« tumes de Bourges, partie premiere, page 161, art. 10, p. 178,
« ligne 5, p. 185, ligne 26, p. 234, art. 18, p. 369, art. 1ᵉʳ.

« La Coûtume de Saint-Cyran-en-Brenne, locale de Touraine,
« est précise à ce sujet, car elle porte en termes exprés que *le
« droit d'aubainage se prend par ledit seigneur de Saint-Cyran
« en chacune juridiction dependante de sa chastellenie, tel
« qu'il est introduit par la Coûtume generale, si le decedant
« n'est du crême de Bourges, parce que ladite chastellenie est
« en la spiritualité de Berry et en la temporalité de Touraine.*

« La Coûtume du Loudunois a retenu cet ancien droit,
« comme il se void au titre *De moyenne justice*, art. 5, où il y
« a que, *quand aucuns forains qui ne sont du diocese decedent
« en sa justice, il a droit d'avoir l'aubainage c'est à savoir une
« bource neuve et quatre deniers dedans,* etc. Dans l'art. 43 de
« la Coûtume de Touraine, au lieu de *diocese*, on a mal mis
« *baillage.* » (LAURIÈRE.)

T. II, p. 149, ligne 7. *en chastelerie au baron.* — « C'est
« ainsi que l'on nommoit le territoire du bers ou du baron.
« Voyez Beaumanoir, ch. 60, p. 304, ligne 9. » (LAURIÈRE.)

T. II, p. 149, ligne 7. *et il ne face seignorage dedanz l'an et
le jor.* — « Celuy qui estoit né dans un evesché et qui venoit
« en un autre evesché, se domicilier dans la chastellerie d'un
« baron, devoit faire aveu, et se reconnoistre bourgeois, ou du
« baron, ou de l'un de ses vavassors, et s'il ne le faisoit, il en
« estoit exploitable, et amendable envers le baron. Mais, selon
« l'usage d'Orleans et de Sologne, l'aubain, ainsi que le bastard,
« ne pouvoit faire autre seigneur que le roy. Voyez le cha-
« pitre 30 du second livre de ces *Establissemens* (prés. édit.,
« liv. II, ch. 31, ci-dessus t. II, p. 428). Suivant l'art. 58 de
« l'ancien Coûtumier de Champagne, *quand aucuns albins venoit
« demeurer en la justice d'aucun seigneur et li sires sous qui il
« venoit ne prenoit le service dedans l'an et le jour, si les
« gens du roy le sçavoient, ils en prenoient le service, et il
« estoit acquis au roy.* Voyez ce qu'on a observé sur le ch. 30
« du liv. II. » (Prés. édit., liv. II, ch. 31.) (LAURIÈRE.)

T. II, p. 149, ligne 9. *et se aventure estoit que il morust.* —
« C'est en partie de ce chapitre que l'on a pris l'art. 5 de la
« Coûtume du Loudunois au titre *De moyenne justice*. On dit

« *en partie* parce que cette Coûtume donne le droit d'aubainage
« au moyen justicier, au lieu que, dans le temps de ces *Esta-*
« *blissemens*, il appartenoit au baron. Et au lieu que le baron
« confisquoit les meubles de l'aubain, quand il n'avoit pas esté
« payé de ses quatre deniers, le moyen justicier ne leve dans ce
« cas qu'une amende de soixante sols : *Quand aucuns forains*
» *qui ne sont du diocese decedent en sa justice, il a le droit*
« *d'avoir l'aubainage, c'est à sçavoir une bource neuve et*
« *quatre deniers dedans. Et doit estre payé ledit aubainage*
« *au seignor, son receveur, ou en son absence autre son offi-*
« *cier, avant que le corps du decedé soit mis hors de la maison,*
« *où il est trepassé, et en defaut de payer ledit aubainage,*
« *ledit seigneur peut prendre et lever soixante sols d'amende*
« *sur les heritiers et biens dudit deffunct, ensemble sondit*
« *aubainage*. » (LAURIÈRE.)

T. II, p. 150, lignes 3, 4. *Et se einsinc avenoit que aucuns se pandist.* — Voyez sur le suicide Vincent de Beauvais, *Spec. doctr.*, liv. X, ch. 18, *De his qui sibi manus injiciunt ;* Bourquelot, *Recherches sur les opinions et la législation en matière de mort volontaire depuis Justinien jusqu'au XVI*^{e} *siècle* dans *Bibl. de l'École des chartes*, 1re série, t. III, 539 ; t. IV, 242, 456.

En 1254, le roi abandonne aux héritiers naturels les biens d'une femme qui, à la vérité, s'était suicidée, mais qui était folle (Beugnot, *Olim*, t. Ier, p. 431 ; Boutaric, *Actes du Parlement*, t. Ier, n° 28).

Puisque nous commentons un texte tourangeau sur le suicide, rappelons cette espèce célèbre en droit canon d'une jeune fille qui, poursuivie par le seigneur de l'Ile-Bouchard, se jeta (ou tomba?) du haut d'un pont et se tua. Question de savoir si la sépulture ecclésiastique pouvait lui être accordée? Innocent III, consulté, paraît avoir éludé plutôt que résolu la difficulté, en supposant un accident[1]. Peut-être ceux qui le consultaient donnèrent-ils eux-mêmes cette tournure à la question, afin d'obtenir plus sûrement la réponse désirée. Voyez encore une affaire de suicide et de longs débats à ce sujet à l'assise de la Flèche en 1395 et en 1396 dans Ms. Cheltenham 3680, fol. 157 v° et 158 recto ; fol. 225 v° et 226 recto.

1. *Decret. Greg. IX*, III, XXVIII, 11.

T. II, p. 150, lignes 4, 5. *tuit si mueble seroient au baron.*
— « Aujourd'huy tous ses biens seroient confisquez. Voyez
« l'ordonance criminelle de 1670, au tit. 22 : *De la maniere de*
« *faire le procés au cadavre.* » (Laurière.)

T. II, p. 150, ligne 5. *Et de la fame ausinc.* — « Bacquet,
« qui traite de la matiere de ce chapitre dans le chapitre 7 de
« ses droits de justice, n. 17, dit que *quelquefois quand on void*
« *qu'une pauvre femme, par necessité, indigence et pauvreté,*
« *s'est penduë, on n'use pas à la rigueur, mais qu'on dit que le*
« *corps mort de la defunte sera privé de sepulture en terre*
« *sainte, et qu'il sera mis en terre profane pour les causes men-*
« *tionées au procez.* » (Laurière.)

94. *Notes sur les Établissements, liv. I*er, *ch.* 93
(ci-dessus t. II, pp. 150, 152).

Voyez, en général, sur ce chapitre, ci-dessus t. I*er*, pp. 128-130.

Rapprochez : *Abrégé champenois*, 90 ; Reg. JJ 274, aux Archives nationales, p. 65 ; *Jostice et plet*, pp. 224, 225 ; charte de Louis VIII de 1224 sur les intestats à Bourges dans *Ord.*, t. XI, p. 321 ; *Liger*, art. 1436.

T. II, p. 151, ligne 1. *Se aucuns hom*, etc. — « Ceux qui mou-
« roient sans confession et sans recevoir le Sacré Viatique es-
« toient dits mourir ἀσύντακτοι chez les Grecs, comme on recueille
« de la vie de sainte Eusebie, vierge, ch. III, n. 12, dans Bolandus.
« C'est ce que les Latins disent : mourir *inordinatus*, sans avoir
« donné ordre à ses affaires, comme dans le IX. concile de
« Tolede, ch. 4, les *Loix des Wisigoths*, liv. V, tit. VII, § 14 :
« *Si inordinatus, moriens filios legitimos non reliquerit*, etc.
« Un traité des Venitiens rapporté par Guill. de Tyr, liv. XII,
« ch. 25 : *Ubi Veneticus ordinatus, vel inordinatus quod nos*
« *sine linguâ dicimus, obierit*, etc. De sorte que mourir *inor-*
« *dinatus* c'est mourir *sans avoir fait de testament*, et il
« semble que *mourir desconfés* est la même chose dans ces
« *Etablissemens*, veu que dans la suite il est dit que, si le mort
« avoit fait son testament, on est obligé de le tenir. D'ailleurs,
« ce qui est dit que les meubles de celui qui meurt *desconfés*

« appartiennent au baron est conçu dans ces termes dans
« *Regiam Majestatem*, liv. II, ch. 53 : *Cùm quis intestatus*
« *decedit, omnia catella domini sui erunt*. Mais, parce que
« Skenæus, qui a donné les loix d'Escosse, n'a pas sceu ce que
« cette loy vouloit dire, j'expliqueray icy, en peu de mots, ce
« qui se pratiquoit alors à cet égard. Les seigneurs n'ont pas
« laissé d'occasion de s'emparer des biens de leurs sujets, colo-
« rans toûjours leurs usurpations de quelques pretextes spe-
« cieux. Et, comme c'estoit une espece de crime de mourir sans
« recevoir le Sacré Viatique et sans avoir fait son testament,
« ils prenoient sujet de là de s'appliquer les biens de ceux qui
« mouroient de la sorte, comme ils auroient fait de ceux des
« criminels. Le *Monasticum Anglic.*, t. I, p. 297 : *Non decet*
« *ecclesiam nostram coinquinari munere ejus qui decessit intes-*
« *tatus*. C'est pour cela que les prêtres estoient obligez d'exhor-
« ter les malades qu'ils alloient visiter, de se confesser et de
« faire leurs testamens dans le synode de Sodore, en l'isle de
« Man, ch. 1. De sorte que cet abus s'enracina si fort avec le
« temps que l'escheoite des biens de ceux qui mouroient intes-
« tats au profit des seigneurs passa pour un droit seigneurial.
« D'où vient que nous lisons ces mots dans un titre original de
« Hugues de Belpin, chevalier, de l'an 1238, par lequel il vend
« à Gaucerand de Pinos le lieu de Pi en Cerdaigne : *Et ostem*
« *et calvacatas, et seguis, et cucucias, et exorquias, et homi-*
« *cidia, et intestationes, et arsinas,* etc. — Et dans un autre
« de Roger, comte de Foix, du 13 des kal. de may 1250 :
« *Exfranquimus omnes et singulos homines et fœminas de valle*
« *de Meranges et eorum proles in perpetuum de exorquia,*
« *intestia, arsina et cugucia — et de questis — justiciis,*
« *monetaticis, exceptis exercitibus et cavalcatis*, etc. Ce même
« abus passa à un tel point que les seigneurs refusoient de
« paier les détes de ces intestats. — C'est une plainte, que
« firent autrefois les evesques d'Angleterre, qui se lit aux addi-
« tions à Mathieu Paris, p. 131 : *Mortuo laico intestato, domi-*
« *nus rex et cæteri domini feodorum bona defuncti sibi appli-*
« *cantes, non permittunt de ipsis debita solvi, nec residuum in*
« *usum liberorum et proximorum suorum et alios pios usus,*
« *per loci ordinarium, quorum interest aliqua converti*. Ce qui

« fait voir que ce droit estoit une pure usurpation de la part
« des seigneurs. Et ce qui est ajoûté à la fin de cet article que
« les ordinaires et les evesques devoient regler la disposition
« des biens de ceux qui mouroient intestats, fut introduit pour
« corriger cet abus, ainsi qu'on peut voir dans les Statuts de
« Guillaume, roy d'Escosse, ch. 22 et 30, lequel veut encore
« que l'ordinaire dispose de ces biens, en sorte qu'ils ayent
« soin de faire paier les détes auparavant; ce qui est aussi
« ordonné dans le synode de Sodore, ch. 6. Les ecclesiastiques
« se sont pareillement arrogé ce droit, comme on peut remar-
« quer en l'epître 559, de celles qui sont inserées au 4ᵉ vol.
« des *Historiens de France*. Et Mathieu Paris, en l'an 1181,
« raconte que Roger, archevesque d'York, obtint du pape
« Alexandre le privilege, *ut si clericus suæ jurisdictioni suppo-*
« *situs, agens in extremis, testamentum conficeret et propriis*
« *manibus bona sua moriens non distribueret, archiepiscopus*
« *haberet facultatem injiciendi manus in bona defuncti.* Le
« pape croioit en cette occasion pouvoir ordonner des biens des
« clercs, parce que les conciles veulent qu'ils retournent après
« leur mort à l'Eglise, des revenus de laquelle ils semblent
« avoir esté acquis. C'est sur ce fondement que les rois ont
« estimé avoir droit sur les biens meubles des evesques dece-
« dez intestats, parce qu'ils avoient esté epargnez des revenus
« des regales, c'est-à-dire des biens qui avoient esté donnez par
« les rois aux eglises. Louys VII, en un titre de l'an 1158, qui
« se lit au reg. de Philippes Auguste, qui appartient à M. d'He-
« rouval, expedié en faveur de maitre Gautier de Mortagne,
« evesque de Laon, porte ces mots : *In hoc autem memoriali*
« *regio, et pro evidentiâ rerum in posterum et pro con-*
« *servando ejusdem libertatis statu inserere dignum duxi-*
« *mus, quod decedens episcopus, sicut testatus fuerit, ratum*
« *erit : et si decesserit intestatus, quod absit, regii juris*
« *erit aurum ejus et argentum totum, annona tota, exceptâ*
« *illâ quam custodes granchiarum, magistri carrucarum reti-*
« *nebunt ad seminandos agros et ad sufficienter sustentandum*
« *se et servientes necessarios sibi et animalia sua. Similiter*
« *vinum ab intestato episcopo remanens, totum regii juris erit,*
« *excepto vino illo quod de vineis acquisitis, vel plantatis à*

« *præfato episcopo fuerit : quod sane vinum nostrum non erit :*
« *sed inde præoccupati episcopi solventur debita. Et si nulla*
« *sint, reservabitur vinum successori.* Ainsi, nous voions la
« raison pourquoy, dans Mathieu Paris et Raoul de Dicet,
« Richard, roy d'Angleterre, en l'an 1188, s'empara de tout
« l'argent que Geoffroy, evesque d'Ely, avoit laissé après sa
« mort, parce qu'il estoit decedé intestat. L'evesque de Madaure,
« en l'Hist. des evesques de Mets, p. 488, remarque encore que
« les puissances temporelles prétendoient ce droit sur tous les
« ecclesiastiques. L'on a mémes reproché aux papes de s'estre
« approprié la disposition des biens des intestats au préjudice
« des droits des seigneurs. Mathieu de Westminster en l'an 1246 :
« *Misit etiam dominus papa manum ad ulteriora, ut scilicet*
« *bona sine testamento decedentium, non sine principum inju-*
« *riá et jacturá, in gremio suæ avaritiæ amplecteretur; etiam*
« *si infirmus propter imbecillitatem non potens, vel nolens loqui*
« (ces mots expliquent ceux de *mori sine linguá*) *pro se relin-*
« *queret testatorem, quæ injuria et leges dicitur contraire.* Et,
« en un autre endroit, parlant du pape, p. 334 : *Adjuncto eo*
« *quòd vellet sibi bona intestatorem usurpare.* Mais Mathieu
« Paris, p. 485, écrit que les cardinaux obligerent le pape, l'an-
« née suivante, de se départir de cette injustice. Quelques
« princes l'ont aussi reconnuë et ont fait leurs efforts pour
« l'abolir et l'éteindre. Canut, roy d'Angleterre, en ses loix,
« ch. 68, ordonna que, *sive quis incuriá, sive morte repentiná*
« *fuerit intestato mortuus, dominus tamen nullam suarum*
« *rerum partem (præter eam quæ jure debetur heresti nomine),*
« *sibi assumeret : verùm eas judicio suo uxori, liberis, et*
« *cognatione proximis distribueret.* Et dans la patente des
« libertés d'Angleterre du roy Henry Ier, dans Mathieu Paris,
« p. 38, il est porté que, si aucun des barons ou des vassaux
« du roy dispose de ses biens, que cette disposition aura lieu :
« *Quòd si ipse præventus, vel annis, vel infirmitate pecuniam*
« *suam nec dederit, nec dare disposuerit, uxor sua, sive liberi*
« *aut parentes et legitimi homines sui pro animá ejus eam*
« *dividant, sicut eis melius visum fuerit.* Mais dans celle du
« roy Jean, qui se lit dans le même auteur, p. 179, il est porté
« que ce partage se doit faire par les parens et les amis, *per*

« *visum Ecclesiæ*, c'est-à-dire en y appellant l'ordinaire. Voyez
« cy-aprés le ch. 120 (présente édition, liv. Ier, ch. 126). Je me
« suis un peu étendu sur cette matiere, parce qu'elle n'est
« pas commune. » (Du Cange.)

T. II, p. 151, ligne 1. *Se aucuns hom*, etc. — « Saint
« Estienne, roy de Hongrie, qui mourut en l'an 1038, fit une
« pareille loy rapportée dans le tome II des Loix de Hongrie,
« p. 7, ch. 11, en ces termes : *Si quis tam obstinatus (quod*
« *absit ab omni Christiano) ut nolit confiteri sua facinora*
« *secundum suasum presbyteri, hic sine omni divino officio et*
« *eleemosynis jaceat, quemadmodum infidelis. Si autem*
« *parentes et proximi neglexerint vacare presbyteros, et ita*
« *subjaceat absque confessione morti, ditetur orationibus et*
« *consuletur eleemosynis, sed parentes negligentiam luant*
« *jejuniis, secundum arbitrium presbyterorum,* etc. »

« On trouve sur ce sujet une pareille disposition dans le
« ch. 21 de l'anciene Coûtume de Normandie latine, dont les
« termes meritent d'estre icy transcrits : *Desperati autem*
« *moriuntur, qui per novem dies vel amplius gravi ægritudine*
« *et periculosâ oppressi, confessionem et communionem sibi*
« *oblatam recusant ac differunt et in hoc moriuntur, terris*
« *tamen propter hoc heredes non privantur, sed eorum catalla*
« *debent in manu principis remanere*. Ce qui a esté pris d'une
« anciene enqueste que le roy Philippe Auguste fit faire, aprés
« la conqueste de la Normandie, pour sçavoir quelles y estoient
« les droitures des roys d'Angleterre envers Sainte Eglise, qui
« est au registre de Saint Just de la Chambre des Comptes de
« Paris, feüillet 9, en ces termes : *Nous deismes de celuy qui*
« *muert intestat, se il gist en son lict par trois jours, ou par*
« *quatre, tous ses biens meubles doivent estre nostre sire le roy,*
« *ou à cheli, en quelle terre, ou en quelle jurisdiction il est, et*
« *tout est-il de chaux qui ochient eux-mesmes de leur propre*
« *volonté*.

« En l'année 1686, le 9 avril, Louis XIV a renouvellé et
« augmenté en quelque maniere cet ancien droit, en statuant
« *que ses sujets de l'un et l'autre sexe, qui auront fait abjura-*
« *tion, et qui venans à tomber malades refuseront de recevoir*
« *les sacremens de l'Eglise, leur procés leur sera fait et par-*
« *fait, et au cas qu'ils recouvrent la santé, les hommes con-*

« dannez aux galères avec confiscation de biens et les femmes
« et filles à l'amende honorable avec confiscation et à estre
« renfermées. Et en cas qu'ils en decedent, que le procés sera
« fait aux cadavres, et leurs biens confisquez, etc.

« M. du Cange, dans ses notes sur ce chapitre et sur le mot
« *Intestatio* de son *Glossaire*, a esté d'avis que le *deconfés*
« n'est icy autre chose que l'*intestat*, c'est-à-dire celuy qui
« avoit voulu mourir sans léguer une partie de ses biens aux
« pauvres et à l'Église, et à qui par cette raison on avoit refusé
« la *confession* et le *viatique*, ce qu'il prouve par une charte
« accordée aux habitans de La Rochelle par Alphonse, comté de
« Poitou, en 1227, et rapportée par Besly dans ses preuves de
« l'histoire des comtes de Poitou, p. 500, d'où ce qui suit est
« extrait : *Noverint universi, quod ego dedi et concessi in per-*
« *petuum omnibus hominibus qui manent Rochellæ, vel etiam*
« *mansuri sunt in perpetuum, quod quicumque ex illâ sive*
« *testatus, sive intestatus, id est sive confessus, sive non, morie-*
« *tur, omnes res ejus et possessiones integre et quiete remaneant*
« *heredibus suis, et generi suo. Illius autem qui testatus sive*
« *confessus morietur, præcipio quod testamentum stet juxta*
« *ejus divisionem, nec volo quod aliquis illud violare præsu-*
« *mat. Si vero quispiam intestatus et sine herede et genere*
« *morietur, ejus possessio nostra erit*, etc.

« A quoy l'on peut joindre l'autorité qui suit, tirée de l'His-
« toire des Normands de Duchesne, fol. 1052, 1060, que le
« mesme M. du Cange a employé dans son *Glossaire* : *Item*
« *diximus de illo qui moritur intestatus, si jacuerit in lecto*
« *ægritudinis per tres dies, vel quatuor, omnia mobilia ipsius*
« *domini regis debent esse aut illius in cujus feodo terra est, et*
« *sicut de illo qui se interfecit spontaneus*, etc. Voyez ce qui
« vient d'estre rapporté de l'enqueste de Philippe Auguste. »

« En joignant ces deux passages, on void que, dans ces
« temps-là, mourir *deconfés* ou *intestat* n'estoit qu'une mesme
« chose, et qu'on ne mouroit *deconfez* que parce qu'on ne
« vouloit pas *tester*. Voyez ce que j'ay remarqué sur ce sujet
« dans mon *Glossaire* sur *Executeurs testamentaires*, p. 439,
« col. 2, et p. 440. Joignez le ch. 122 cy-après (prés. édit.,
« liv. Ier, ch. 126), *Regiam Majestatem*, lib. II, cap. 53, 54. »
(LAURIÈRE.)

T. II, p. 151, ligne 2. Au lieu de *viii jorz et viii nuiz* ε ζ ont : *vii jorz*; η porte : *sept jours et sept nuiz.* — *vii* est peut-être préférable à *viii*; car on voit ailleurs, dans les textes qui paraissent primitifs, le délai de sept jours et de sept nuits au lieu du délai de huit jours et huit nuits.

T. II, p. 151, ligne 4. *Mais se il moroit desconfès de mort soubite, la joutise n'i avroit riens.* — « On a remarqué ailleurs,
« qu'ancienement en Orient, ceux qui mouroient estoient obli-
« gez de laisser quelques legs à l'Eglise ou aux pauvres, et
« qu'au rapport de Balzamon, patriarche d'Antioche, Constantin
« Porphyrogenete fit une constitution, par laquelle il ordonna
« que la troisiéme partie des biens des *Intestats* seroit employée
« en œuvres pieuses, quand ils n'auroient pas laissé d'enfans.
« Balzamo, *Ad canonem 84 concilii Carthaginensis.* Vide
« *constitutionem Constantini* inter *Constitutiones imperatorias*,
« *Canon. Nicephori* IV, t. IV *Monumentorum Ecclesiæ græcæ*,
« p. 445, et *Jus Græco Romanum*, t. I, p. 196.

« Les ecclesiastiques d'Occident, qui regarderent les morts
« subites comme des châtiments de Dieu, à l'imitation des
« Églises d'Orient, se firent un droit sur les biens des intestats
« ou decedez *sans langue*, au prejudice de leurs heritiers. Cet
« abus fut frequent en Espagne et Alphonse IX y remedia par
« la loy qui suit : *Finando alguno sin lengua, de manera que
« non fiziesse testamento, la Eglesia, onde fuesse parrochiano,
« non ha rason de demandar ninguna cosa de su aver fueras
« ende si lo oviessen per costumbre en aquella tierra de deman-
« dar alguna cosa,* etc. (*Las siette Partidas*, partida primera,
« tit. 13, leg. 6.)

« En Ecosse, les seigneurs feodaux confisquerent les biens
« meubles des *deconfez* ou *intestats,* comme il paroist par les
« deux articles qui suivent, tirez de *Regiam Majestatem* au
« titre 53, *De intestato decedente,* liv. II : *Ejus qui intestatus
« decedit omnia catalla sua domini sui erunt; si vero plures
« habuerit dominos, quilibet illorum catalla recuperabit quæ
« in suo reperiet dominio.* Vide Glanvillam, lib. VII, cap. 16.

« En Angleterre, les seigneurs se rendirent maistres de tous
« les biens de ceux qui estoient ainsi decedez, comme il paroist,
« ce semble, par l'autorité suivante, tirée de Prynn, p. 20 :

« *Mortuo laico intestato, dominus rex et cæteri domini feodorum*
« *bona defuncti sibi applicantes, non permittunt de ipsis debita*
« *solvi, nec residuum in usum liberorum et proximorum suo-*
« *rum et alios pios usus, per loci ordinarium aliqua converti,*
« etc. Et les prelats, sous pretexte de s'opposer à ce desordre,
« ayant voulu se rendre maîtres de ces biens, leur entreprise
« fut reprimée : *Provide super bonis decedentium ab intestato*
« *provisionem quæ olim a prælatis regni Angliæ, cum appro-*
« *batione regis et baronum, dicitur emanasse, firmiter appro-*
« *bantes, districte inhibemus ne prælati vel alii quicumque*
« *bona intestatorum hujusmodi, quocumque modo recipiant,*
« *vel occupent, contra provisionem prædictam.*

« L'on void, par ce chapitre et par le chapitre de l'anciene
« Coûtume de Normandie rapporté cy-dessus, qu'en France les
« seigneurs ne prirent ou ne confisquerent que les meubles des
« *intestats* ou *deconfez*. Mais, comme ce pretendu droit n'avoit
« aucun fondement à l'esgard de ceux qui estoient morts subi-
« tement, saint Loüis[1] l'abolit avec justice, et l'on ne void pas
« que, depuis ces *Establissemens*, les seigneurs l'ayent levé. »
(LAURIÈRE.)

T. II, p. 151, ligne 6. *Et se ceste meniere avenoit en la terre
à aucuns qui eüssent toutes joutises.* — « Ainsi, les meubles
« du deconfez n'appartenoient au baron que dans sa chastellerie
« ou chastelenie, et, si le cas arrivoit dans la haute justice d'un
« seigneur, ces meubles estoient à luy quoyqu'il ne fut pas
« baron. » (LAURIÈRE.)

T. II, p. 152, ligne 2, L^i porte : *le doit enteriner* au lieu
de : *le devroit garder.*

« Suivant ce chapitre, la justice et la seigneurie n'ont rien
« en cas de mort subite, et, par consequent, lorsqu'il est dit
« icy que, *si le mort avoit fait son testament, il devoit estre*
« *gardé*, cela ne peut estre entendu du testament de celuy qui
« avoit esté malade pendant huit jours et qui estoit mort sans
« vouloir se confesser ni recevoir ses sacremens, ce qui pour-

---

1. On sait que saint Louis n'est pour rien dans le document juridique (Coutume de Touraine-Anjou) que Laurière commente ici.

« roit donner lieu de soûtenir, contre l'opinion de M. du Cange,
« que mourir *desconfés* et *intestat* n'estoit pas une mesme
« chose. Mais[1] il faut dire, ce semble, que tout *intestat* estoit
« *deconfés*, et que tout *deconfés* n'estoit pas *intestat*, parce
« qu'il pouvoit arriver qu'un homme, qui avoit eû la précaution
« de faire son testament, n'eut pas voulu recevoir ses sacre-
« mens. Il semble, dans ce dernier cas, que le testament ne
« devoit pas valoir, comme il n'auroit pas valu, si le testateur
« avoit esté homicide de luy-mesme; mais ce chapitre decide
« tres bien qu'il devoit estre executé, si ce n'estoit, ce semble,
« quant aux meubles du deconfez qui avoit esté malade pendant
« huict jours, que le baron ou le haut justicier confisquoient. »

« Anciennement on regarda aussi les usuriers comme des
« desesperez, et on leur refusa par cette raison le viatique et
« la sepulture. »

« Et ceux qui mouroient excommuniez, pour n'avoir pas
« payé leurs dettes, estoient traitez de mesme maniere. On
« n'offroit pas pour eux le sacrifice de la messe et ils estoient
« privez des prieres publiques. En 1357, Pierre de Bourbon,
« ayant par cette raison esté excommunié à la poursuite de ses
« creanciers, Loüis de Bourbon son fils le fit absoudre après sa
« mort, afin de faire prier Dieu pour luy, et le Pape Inno-
« cent VI ne leva l'excommunication, que sur l'obligation du
« fils, qui promit de payer les dettes de son pere.

« Voicy l'acte de 1357 que j'ay extrait du petit livre *De la*
« *restitution des grands*[2], page 25 :

---

1. La difficulté que se pose ici Laurière n'existe pas, et par suite ses explications sont sans grand intérêt : le passage qui le préoccupe est dû au compilateur des *Établissements;* il n'appartient pas au texte primitif, et, s'il s'y soude difficilement, c'est que le compilateur, dont l'œuvre est fort grossière, n'a pas vu un moment le trouble qu'il jetait dans ce chap. Il était question dans la Coutume de Touraine-Anjou du *desconfés* ou *intestat*, ce qui a tourné l'esprit du compilateur vers les testaments; voilà pourquoi il a ajouté, sans y chercher malice, le passage qui tourmente Laurière.

2. Le titre exact est : *Traité des restitutions des grands préc. d'une lettre touchant quelques points de la morale chrestienne* (A la sphère, Amsterd., Dan. Elzevier), 1665, petit in-12. Cet ouvrage

« *Franciscus, miseratione divinâ,* etc., *sancti Marci presby-*
« *ter cardinalis discretis viris Bituricensi, Claromontensi,*
« *Lemovicensi, Nivernensi, Eduensi, Parisiensi et Belvacensi*
« *officialibus, vel eorum loca tenentibus salutem in Domino.*
« *Ex parte nobilis et egregii viri Ludovici, ducis Borbonesii,*
« *filii primogeniti quondam domini Petri ducis Borbonesii*
« *nobis oblata petitio continebat quod ipse dominus Petrus,*
« *dum vitam duceret in humanis, olim fuit et adhuc est per*
« *domini nostri Papæ Cameræ auditorem, ad instantiam quo-*
« *rumdam creditorum suorum pluribus excommunicationum*
« *sententiis innodatus. Et antequam super hoc absolutionis*
« *beneficium obtinuisset, in bello domini regis Franciæ expi-*
« *ravit.* Verum cum *circa finem vitæ suæ signa contritionis et*
« *pœnitentiæ apparuerint in eodem, ejusque corpus sit tradi-*
« *tum ecclesiasticæ sepulturæ, dictusque Ludovicus filius pro*
« *dicto patre suo defuncto ipsis creditoribus et aliis, si quibus*
« *dum vivebat obnoxius tenebatur, satisfacere sit paratus, sup-*
« *plicari fecit humiliter eidem defuncto de oportuno remedio*
« *super hoc per Sedem Apostolicam misericorditer provideri.*
« *Nos igitur, auctoritate domini Papæ cujus primarie ad præ-*
« *sens curam gerimus, vobis et cuilibet vestrum in solidum*
« *committimus, et mandamus, quatenus, si est ita, prædicto*
« *filio adimplente quod promittit, faciatis animam ipsius patris*
« *defuncti, debitâ absolutione prævia, suffragiis fidelium adju-*
« *vari. Datum Avenioni, XII kal. Aprilis, Pontificatus Domini*
« *Innocentii pape VI, anno V.* Voyez le ch. 40 aux *Decretales,*
« *De appellationibus,* liv. II, tit. 28 ; le ch. *Odoardus,* 3, *De*
« *solutionibus,* liv. III, tit. 23, et le ch. *Alma* de Boniface VIII,
« *De sententiâ excommunicationis* in *Sexto,* liv. V, tit. 2. »
(Laurière.)

T. II, p. 152, ligne 3. *car nule chose n'est si granz come d'acomplir le volenté au mort.* — Cf. *Jostice et plet,* p. 225 : *et*

a été attribué à Claude Joly : Nicolas Clément, dans le catalogue manuscrit de la Bibl. Nat., indique un autre auteur, Armand de Bourbon-Conti. Cette dernière attribution donne prise à quelques difficultés ; mais l'ouvrage pourrait fort bien avoir été écrit à l'intention d'Armand de Bourbon-Conti.

l'en doit mout la volenté du mort acomplir. Joignez ci-dessus t. II, p. 152, note 28.

95. *Notes sur les Établissements, liv. Ier, ch. 94*
(ci-dessus t. II, pp. 152, 153, 154).

Textes dérivés : *Anc. usages d'Artois*, XI, 13, 14, 15 ; *Abrégé champenois*, 91 ; *Très anc. cout. de Bretagne*, 4e partie, art. 153 [1] ; *Regles coutum. bretonnes*, 1re série, art. 37 ; *Livre des droiz*, 454 ; *Somme rural*, édit. de Paris, 1621, p. 900 (par l'intermédiaire des *Anciens usages d'Artois*, XI, 14?).

Rapprochez une affaire de l'année 1224 racontée par Le Nain de Tillemont, *Vie de saint Louis*, t. Ier, p. 326 ; un arrêt de 1259 dans Beugnot, *Olim*, t. Ier, p. 452 ; une ordonnance de 1306 dans *Ord.*, t. Ier, p. 443 ; *Liger*, 1439, 1440 ; cette règle tirée d'un ms. du xve s. : *Item a le roy la congnoissance de congnoistre et applicquer à lui la fortune et treuve d'or en son royaulme* [2]; cette règle de Loisel dérivée de la précédente : *Le roy applique à soy la fortune et treuvé d'or* [3]; Pocquet de Livonniere, *Règles du droit français*, liv. II, tit. 5, ch. iv, regles 4, 5, édit de 1768, pp. 133, 134.

A lire : Thomas-Latour, *De l'invention des trésors* dans *Revue Wolowski*, t. XLIV, p. 40 et suiv. ; t. XLVI, p. 277 et suiv.

T. II, p. 152, ligne 8. « *Nuns n'a fortune d'or*, etc. Voyez
« la Coût. d'Anjou art. 61 et ce que Chopin a écrit sur le
« même art. et au liv. II du *Dom.*, tit. 5, §§ 9, 10, 11. Le car-
« tulaire de l'abbaye de N.-D. de Saintes, fol. 25 : *Si Santonis*
« *fuerit inventum aurum vel argentum, aut fortuna, comes*
« *habet inde medietatem, et qui invenerit aliam*. Un titre de
« l'an 1080, au cartul. de Vendôme, n. 370 : *Vicaria autem et*
« *forsfactorum omnium emendationes et fortunæ, nostræ erunt*

---

1. La doctrine de la *Très anc. Cout. de Bretagne* n'est pas la même que celle des *Ét.*; je crois néanmoins les deux textes apparentés.
2. Compilation du xve s. sur le Parlement de Paris, Bibl. nat., ms. fr. 4515, fol. 146 v°.
3. Loisel, livre II, titre ii, règle 50.

« omnes. Le *Monast. Anglic.*, t. I, p. 298 : *Cùm terris, pratis,*
« .... *redditibus, fortunis,* etc., etc. » (Du Cange.)

« Nous apprenons de la fin de ce chapitre, que la fortune
« d'or est l'or trouvé par hasard dans la terre lorsqu'on y
« foüille : *Fortune si est quand elle est trouvée dans terre et*
« *terre en est effondrée.* Ceux qui ont redigé la coûtume d'An-
« jou sous René de Sicile, et ceux qui ont reformé cette coû-
« tume en 1508, ignorans ce que c'estoit que *fortune* ont mal
« mis *fortune d'or en mine*[1]. Voy. l'art. 46. de la nouvelle
« Coûtume de Bretagne, l'art. 53. de l'anciene, le 16. des ancienes
« Coûtumes de Bourges publiées par M. de la Thaumassière, et
« les art. 60, 150, et 151 de la Coûtume d'Anjou.

« En l'année 1296[2], peu de temps après ces *Establissemens,*
« un lingot d'or ayant esté trouvé à Aubervilliers, les Religieux
« de Saint-Denis qui y ont haute et basse justice, s'estant
« appropriez ce lingot, le prevost de Paris le revendiqua pour
« le roy, et l'affaire ayant esté portée au Parlement, il y eut à
« la Toussains l'arrest qui suit :

« *Cum apud Alberti*[3]*-Villare, in quodam loco in quo Reli-*
« *giosi viri et Conventus sancti Dionisii habebant omnimodum*
« *justiciam altam et bassam, quædam petia auri fuisset*
« *inventa, dictique abbas et Conventus essent in possessione*
« *dicti auri, præpositus Parisiensis dicebat pro nobis dictum*
« *aurum quasi thesaurum ad nos pertinere, et abbatem et*
« *Conventum dessaisierat dicto auro. Quare petebat procurator*
« *dicti abbatis pro ipso et Religiosorum nomine eos dicto auro*
« *resaisiri, maxime cum dictum aurum non debeat dici the-*
« *saurus, sed quædam res inventa. Tandem, multis hinc inde*
« *propositis, pronuntiatum fuit, dictum aurum dictis Religio-*

---

1. Il ne me paraît pas prouvé que la Cout. de 1508 contienne un contre-sens ; en tout cas l'interprétation au sens de *mine* date du commencement du xve s. et non du roi René ; car la Cout. dite de 1411 porte déjà : *La fortune d'or trouvée en mine appartient au roy* (Beautemps-Beaupré, *Cout. et instit. de l'Anjou et du Maine,* 1re partie, t. Ier, pp. 389, 390). Voyez ci-après à la p. 55 ce que je dis des mines.

2. On lit dans Laurière par erreur : 1295.

3. On lit dans Laurière : *Albertum,* au lieu de *Alberti* ou *Auberti.*

« sis debere restitui, non tamquam thesaurum, sed tamquam
« rem inventam. Reg. Olim¹, fol. 116, verso. »

« Bracton, De legibus Angliæ, lib. III, tractatu II, De corona,
« cap. 3, § 4, p. 120 edit. anni 1569 : Est thesaurus quæ-
« dam vetus depositio pecuniæ, vel alterius metalli, cujus non
« extat modo memoria, ut jam dominum non habeat. Et sic
« de jure naturali, fit ejus qui invenerit, ut non alterius sit.
« ... Thesaurus fortunæ donum creditur et nemo servorum
« operâ thesaurum quærere debet, nec propter thesaurum ter-
« ram fodere, sed si alterius rei tunc operam sumebat et for-
« tuna aliud dedit. Cum igitur thesaurus in nullius bonis sit,
« et antiquitus de jure naturali esset inventoris, nunc de jure
« gentium efficitur ipsius domini regis, etc. Vide Cowellum,
« lib. II Institut., tit. I, § 38; Fletam, lib. I, cap. 43, et
« Hovedenum in Henrico II, p. 604.

« Il faut icy remarquer que la *fortune d'or*, dont il est parlé
« dans ce chapitre, et que ce qui est appelé *tresor* dans l'arrest
« que l'on vient de rapporter ne sont qu'une mesme chose, en
« sorte que si ce lingot d'or qui fut adjugé aux Religieux comme
« chose simplement trouvée avoit esté *fortune et trésor* ou
« trouvée en foüillant la terre, il auroit esté adjugé au roy,
« suivant ce chapitre. »

« Bacquet, dans son traité *Des droits de justice*, ch. 32, rap-
« porte quelques jugemens qui ont partagé la fortune d'or par
« tiers, entre celuy qui l'avoit trouvée, le proprietaire du fond
« et le seigneur haut justicier, mais si la question se presen-
« toit, il faudroit suivre ce chapitre, et l'arrest qui vient d'estre
« rapporté. » (LAURIÈRE.)

L'attribution de l'or au roi ou au chef principal est une vieille
idée familière aux Germains : elle apparaît déjà dans les lois
légendaires de Frode III le Pacifique : *Ducibus vero quibus in
acie signa anteferri solerent, dignitatis causa captivum concessit aurum*². Le Hirdskraa de Magnus Haakonsson, ch. 38,

---

1. *Olim,* édit. Beugnot, t. II, p. 412.
2. Saxo Grammaticus cité dans Steenstrup, *Études prélim. pour
servir à l'hist. des Normands et de leurs invasions,* Paris, 1881,
p. 170.

dit que le roi a le droit de préférence entre l'or et les autres objets précieux mis en vente [1].

La loi de Valdemar porte : *Si quis invenerit aurum vel argentum in campo vel in collibus vel subtus aratrum suum, hoc debet rex habere, et si negaverit se invenisse, defendat se juramento cognatorum suorum* [2].

Même idée en Angleterre dans le recueil dit des *Lois d'Édouard* : *Thesauri de terra domini regis sunt, nisi in ecclesia vel in cœmeterio inveniantur : et licet ibi inveniantur, aurum regis est, et medietas argenti et medietas Ecclesiæ ubi inventum fuerit, quæcumque ipsa fuerit vel dives, vel pauper* [3].

Par application de la même idée, le roi d'Angleterre, Henri III, revendiqua, en 1262, toutes les mines de cuivre et d'or de son royaume : *ad dignitatem nostram et non ad alium hujusmodi fodinæ in regno nostro debeant pertinere.* La reine Elisabeth se réserva exclusivement les minerais d'or et d'argent : et de nos jours encore le principe subsiste : les mines d'or et d'argent sont les seules réservées à la couronne en Angleterre; mais il n'y en a plus aucune (au moins exploitée) de ce genre et, par suite, la couronne ne se trouve avoir en fait aucun droit sur les mines en Angleterre : il ne lui reste que le droit théorique sur les mines d'or et d'argent [4].

En Anjou, les droits du roi n'ont pas toujours été en pleine vigueur : c'est ce que prouve notamment une anecdote du XIe siècle publiée par Marchegay et Mabille [5]. La question était, à Bourges, l'objet de distinctions et de contestations : *L'en garde que se aulcun treuve en son fons monnoye d'or ou d'argent ou noire qui soit monnoye, elle est à luy ; et se il treuve*

---

1. Steenstrup, *Ibid.*, p. 176.

2. Loi de Valdemar, liv. II, c. 113, édit. Kolderup-Rosenvinge, 1837, p. 290.

3. Schmid, *Die Gesetze der Angelsachsen*, Leipzig, 1858, p. 499 ; cf. la table de cet ouvrage, v° *Thesaurus*.

4. *Jahrbücher für nat.-OEkonomie und Statistik*, neue Folge, t. II, p. 183.

5. *Historia sancti Florentii Salmurensis* dans Marchegay et Mabille, *Chroniques des églises d'Anjou*, p. 287.

or ou argent en masse, les gens du roy veulent dire qu'elle est au roy [1].

T. II, p. 152, ligne 8 ; p. 153, ligne 1. *Et les fortunes d'argent si sunt aus barons.* — « Chopin sur l'art. 64 de la Coû-
« tume d'Anjou, p. 543, nombre 2, rapporte un extrait des
« anciens Usages d'Anjou, qui dit la mesme chose en ces
« termes : *Le comte et le baron ont l'épave en leur seigneurie*
« *d'argent trouvé sous la terre, du faucon et du destrier : c'est*
« *à sçavoir que ce qui est trouvé sous terre est appelé fortune,*
« *et celle d'autre metal que d'argent est à celuy qui la trouve* [2]
« etc. Voyez ce que j'ay remarqué sur les *Institutes* de Loisel,
« liv. II, tit. II, regle 52, 53. » (LAURIÈRE.)

T. II, p. 153, lignes 4, 5. *ele seroit au vavasor.* — « Ainsi,
« suivant ce chapitre, tout ce qui est trouvé en foüillant la
« terre à l'exception de l'or et de l'argent appartient au vavas-
« seur. » (LAURIÈRE.)

C'est à ce droit que font allusion ces phrases d'aveux touran-
geaux : *Inventiones debent ei* (à *Guillelmus de Artenna*) *reddi,
doncc veniat qui probet rem esse suam; venditiones et inventiones suæ* (il s'agit de *Petrus, major de Artena, serviens*)
sunt [3].

96. *Notes sur les Établissements, liv.* Ier, *ch.* 95

(ci-dessus t. II, pp. 154-160).

Voyez, en général, sur ce chapitre ci-dessus t. Ier, pp. 184, 188-194, 204-208, 325.

Textes dérivés : *Livre des droiz*, 109 ; *Abrégé champenois*, 134.

---

1. *Cout. de la ville et de la Septene de Bourges*, art. 16, dans Bourdot de Richebourg, t. III, p. 877.

2. Je ne retrouve pas textuellement ce passage dans les Coûtumes d'Anjou publiées par M. Beautemps-Beaupré; le texte le plus voisin est celui qui figure au t. II, p. 518. Rapprochez t. Ier, pp. 389, 390.

3. *Feoda domini archiepiscopi Turonensis*, copie dans Salmon, *Archevêché de Tours*, t. IV, fol. 71. (Bibliothèque de Tours, Manuscrits.)

Rapprochez : *Livre des droiz*, 54 ; *Très anc. Cout. de Bretagne*, 4ᵉ part., art. 144, 148 ; *Ét.*, liv. II, ch. 13, 18 ; Britton, édit. Nichols, t. Iᵉʳ, pp. 57, 58.

T. II, p. 155, lignes 4, 5. *et cil qui l'avroit achetée, si avroit son argent perdu.* « C'est la decision de la loy seconde au *Code*,
« *De furtis et servo corrupto*, libro VI, tit. II. *Incivilem rem
« desideratis, ut agnitas res furtivas non priùs reddatis quam
« pretium fuerit solutum a dominis. Curate igitur cautius
« negotiari, ne non tantum in damna hujusmodi, sed etiam
« in criminis suspicionem incidatis.* La mesme decision se
« trouve dans la loy 23 au *Code, De rei vindicatione.* Voyez
« Godefroy, dans ses notes sur ces loix.

« La mesme disposition se trouve dans les *Institutes*
« d'Edoüard roy d'Angleterre, composées par Briton, evesque
« d'Herefort, decedé en 1275, au rapport de Mathieu West-
« munster, ch. 15[1]. *De larcyns*, nombre 49, 50. *Si le tiers eyt
« garaunt en nostre terre, adonques se purra deffendre par
« vocher. Et se il vouche* (c'est-à-dire appelle) *à garant aukun*[2]
« *qi*[3] *luy donna la chose, ou vendi, ou autrement lessa, si luy
« soit jour donné de aver son garaunt, se aver le pusse ; si
« adonques ne soit present, et se il ne le pusse aver, si li face
« l'en venir*[4], *par eyde de nostre court. Quel jour se il defaute
« de aver son garaunt que il avera*[5] *voché sauns eide de nostre
« court, si soit mys en autre respon ou à sa penaünce. Et la
« chose soit delivrée au*[6] *chalangeur*, etc. *Fleta*, lib. I, cap. 38[7],
« § 7 : *Si quis autem latrocinium emerit quod crediderit esse
« legale, et insecutus fuerit ab aliquo qui rem vindicaverit, et
« talis emptor rem publico emerit in foro vel in nundinis coram
« baillivis et fide dignis, qui inde sibi legale testimonium per-*

---

1. Cap. 16, § 3, dans l'édit. Nichols, t. Iᵉʳ, pp. 57, 58.
2. Laurière a imprimé : *ascun*.
3. Laurière : *que*.
4. Laurière : *vener*.
5. Laurière : *aver*. Cf. un meilleur texte ici dans Nichols.
6. Laurière : *as*.
7. Cap. 36 dans Houard, *Traités sur les coutumes anglo-normandes*, t. III, pp. 120, 121.

« *hibuerunt et quod tolnetum dederit et consuetudinem, consi-*
« *derandum erit quod emptor quietus recedat, et quod rem*
« *vero domino petenti restituat, et quod proinde pacaverit*
« *amittat, qui si non testificetur, prout dictum est, nec waran-*
« *tum habuerit, in periculo erit vitæ amissionis*, etc. Voyez
« l'anciene Coûtume de Normandie, ch. 71. » (Laurière.)

T. II, p. 155, ligne 6. *et si li convendroit jurer*. — « Ce ser-
« ment estoit necessaire à l'acheteur pour se purger de la sus-
« picion de vol, *lege* 5, *Codice, De furtis.* » (Laurière.)

T. II, p. 155, ligne 10; p. 156, ligne 1. *il leveroit lou cri
après lui*. — « Voyez mon *Glossaire* sur *Cry* et sur *Haro*. »
(Laurière.)

L'obligation de courir sus au voleur quand le cri est levé
existe aussi dans l'Inde [1].

T. II, p. 156, lignes 1, 2. *Et s'il avenoit que il deïst :
« ceste chose sai je bien de cui je l'ai achetée* etc. » — « Celuy
« qui parloit ainsi se mettoit à couvert de la suspicion de vol.
« Vide Gothofredum ad legem 5, *Cod.*, *De Furtis;* l'art. 146
« et 420 de la Coûtume d'Anjou, Briton et *Fleta*, aux lieux
« marquez cy-dessus. »

« Aujourd'huy il n'y a pas de jurisprudence certaine à cet
« égard dans les Parlemens du royaume. Car il y en a où l'on
« ordonne que celuy qui possede la chose volée, sera payé du
« prix par le proprietaire qui la revendique, lorsqu'il l'a acquise
« publiquement et en plein marché, et il y en a d'autres où
« sans distinction, on ordonne que l'acquereur de bonne foy
« sera rembourcé du prix. Voyez Bardet dans ses *Arrests*, t. I,
« liv. Ier, ch. 15 ; Soefve, t. I, centurie 2, ch. 96 ; Boniface,
« t. II, liv. Ier, tit. v, p. 312 ; Papon, liv. Ier, tit. v, n. 38 ;
« Bouvot dans son *Recüeil d'Arrests*, t. II, sur le mot *Revendi-*
« *cation;* Despeisses, t. III, *Des causes criminelles*, partie pre-
« miere, tit. xii, section 2, art. 6 ; Taisand sur la Coûtume de
« Bourgogne, tit. i, art. 5, n. 8. » (Laurière.)

T. II, p. 157, ligne 3. *li autres doit estre quites dou plait.*

---

[1]. Madura-Kandasvami-Pulavar, professeur au collège de
Madras, *Vyavahara-Sara-Sangraha, d'après la Smriti-Tchandreka,*
trad. Sicé, ch. xviii, Pondichéry, 1857, p. 230.

— « Voyez l'art. 9 de l'ordonance de 1667 au titre *Des garants*. »
(LAURIÈRE.)

T. II, p. 157, lignes 4, 5, 6. O^i porte : *car tout perdist il la chose, si rendroit il l'argent à celui qui l'avroit achetée. Et tout.* Voyez ci-dessus t. III, p. 53, Coutume de Touraine-Anjou, § 84, et note 16.

T. II, p. 158, l. 4. *et si puet bien d'aus deus jugier une bataille.* « La raison estoit que la bataille avoit lieu necessaire-
« ment dans les cas où la justice manquoit de preuves pour
« decider. Voyez des Fontaines, dans son *Conseil*, ch. 15,
« art. 28, et le ch. 27 cy-dessus. » (Prés. édit., liv. Ier, ch. 30.)
(LAURIÈRE.)

T. II, p. 158, ligne 9 ; p. 159, lignes 1, 2. Rapprochez une formule analogue à Abbeville, *Livre rouge*, fol. 29 recto, publiée par Louandre, *Revue des soc. savantes*, t. II, 1857, p. 57 ; une formule analogue dans Marchegay, *Cartul. du Ronceray*, p. 157 ; dans du Breuil, édit. Lot, pp. 30, 31 ; dans Britton, édit. Nichols, t. Ier, pp. 105, 106. Cf. ci-dessus t. Ier, p. 184, note 5. Rapprochez encore *Gaydon*, v. 1364, 1365 :

> Li dus s'avance, par le poing le retint
> Puis li a dit : tu as ta foi menti.

T. II, p. 160, lignes 2, 3. *Cil qui sera vaincuz si ne perdra ja ne vie, ne mambre*, etc. Dans le ch. 87, au liv. Ier, le vaincu, au contraire, est pendu, parce que c'est un duel, en cas de meurtre, trahison ou roberie. Cf. Beaumanoir, ch. 64, édit. Thaumas de la Thaumassière, p. 345.

T. II, p. 160, l. 6. *son champion tout quanque il avra conté.*
— Sur les frais du champion voyez Le Glay, *Analectes hist.*, p. 107.

T. II, p. 160, ligne 7, *les conteors.* — Sur le rôle des conteors, c'est-à-dire des *avocats* dans les duels judiciaires, voyez Lamothe, *Cout. du ressort du Parlement de Guienne*, t. II, 1769, pp. 413, 414, 417, 418 ; du Breuil, édit. Lot, pp. 27, 28. Du mot *conteor* on peut rapprocher l'expression latine *narratio* employée pour désigner l'exposé des prétentions d'une partie (Acte de 1104 dans Guérard, *Polypt. d'Irminon, Appendix*, p. 374).

97. *Notes sur les Établissements*, liv. Ier, ch. 96

(ci-dessus t. II, pp. 161-164).

Sur ce chapitre, en général, voyez ci-dessus, t. Ier, pp. 209, 210, 215-217.

Texte dérivé : *Livre des droiz*, 73, 110.

Rapprochez : *Comp*. 13 ; Delisle, *Restitution d'un vol. des Olim* à la suite de Boutaric, *Actes du parlement de Paris*, t. Ier, p. 338, acte n° 241 ; cette décision de Jean le Coq : *Mense Februarii, anno prædicto, fuit facta ordinatio regia in magno consilio, et in eodem mense publicata in Parlamento, per quam rex ordinat quod habeant locum expensæ et earum condemnatio in partibus Turoniæ, in casibus in quibus antea non habebant locum. Et fuit facta consequenter ad ordinationem regis Philippi*[1] ; *Cout*. dite de 1411, dans Beautemps-Beaupré, 1re partie, t. Ier, p. 368 ; *Liger*, 315. « Voyez l'art. 29 de l'or-
« donance de 1254. » (LAURIÈRE.)

T. II, p. 161, lignes 4, 5. *de batailles vaincues*. — « Comme
« à la fin du chapitre precedent qui est la preuve de ce qui est
« dit icy. » (LAURIÈRE.)

T. II, p. 162, lignes 1, 2, 3. *avant ne* manque dans L^1 — *ne après* manque dans O^i ; — η porte[2] : *prouvées avant veüe, c'est-à-dire avant montrée, se il vient partie ; et les coustz à gentil home L. s.* — Laurière rejette les mots *ne après* qui, dit-il, sont
« mal mis, comme il se void par ce qui suit du ch. 66 cy-dessus
« (prés. édit., liv. Ier, ch. 74) : *Et*[3] *se il n'ose faire le sairement,*
« *si randra au gentil home por chascune defaute LX s.; mais il*
« *jurra que tant li avra couté en son consoil et en ses pledeors*
« *loier ; et à la joutise si paiera por chascune defaute lou gage*

---

1. J. Gallus, *Quæstiones*, quæstio 275, édit. du Molin, à la suite du *Stilus antiquus*, Paris, 1558, p. 321. Cette *quæstio* paraît se référer à l'année 1392 (a. s.). Joignez Choppin, *Sur les Coust. d'Anjou*, Avant-propos, partie I, quæstio IV.

2. Beautemps-Beaupré, *Cout. et instit. de l'Anjou et du Maine*, 1re partie, t. Ier, p. 308.

3. Je reprends ici le texte de mon édit. ci-dessus, t. II, pp. 114, 115.

« *de sa loi. Et ainsinc a l'en de chascune defaute provée et* « *queneüe et jugiée au gentil home* LX *s.*, *soit vilains, soit* « *gentis home, por coi les defautes fusent faites avant veüe;* « *car cil qui defaut emprès veüe si pert la saisine des choses* « *que l'en li a mostrées, quant il est provez des defautes.* » — Ce passage ne me paraît pas prouver ce que Laurière veut établir : au contraire, il résulte de ce passage que le défaillant après vue ou monstrée est moins bien traité quant au fond que le défaillant avant vue, puisqu'il perd la saisine : comment donc sa position serait-elle plus favorable quant aux frais du procès, comme le voudrait Laurière ? Cette solution est évidemment inacceptable : il faut s'en tenir à la leçon *avant ne après veüe.*

T. II, p. 162, ligne 4. L^1 porte : *serjanz* au lieu de *sairemenz.* « Voyez le ch. 66 cy-dessus (prés. édit., liv. Ier, ch. 71) et ce « qui vient d'en estre rapporté en la note ci-dessus. » (Laurière.)

T. II, p. 162, lignes 5, 6. *Et se ainsinc estoit qu'il feïst paiz par devant la joutise de chose jugiée,* etc. — « C'est-à-dire, et « s'ils s'accordoient ou faisoient paix, ou s'ils transigeoient « avant que la chose fût jugée. » (Laurière.) Cf. ci-dessus t. Ier, pp. 209, 210.

Au texte cité ci-dessus t. Ier, p. 210, note 1, joignez ce passage d'une charte qui concerne les religieuses du Ronceray et un certain Goffridus Pulcherrimus qui avaient un différend : *statutum est placitum, et, facto judicio inter utrosque, fecerunt pacem inter se*[1]. Cf. *Ét.*, liv. II, ch. 16 (ci-dessus t. II, p. 377).

T. II, p. 163, ligne 11. *Et se ainsinc avenoit,* etc. — « On a « veû trois choses pour lesquelles les couts et dépens devoient « estre rendus suivant ces *Establissemens:*

« La *premiere, de bataille vaincue.* »

« La *seconde, de deffautes, quand elles estoient prouvées* « *avant vüe et non après*[2]. »

« La *troisième,* quand *celuy qui avoit esté condamné,* ou « *qui avoit acquiescé, en faisant paix avant le jugement, reve-*

---

1. Marchegay, *Cartulaire du Ronceray,* p. 99.
2. Suivant moi : *avant ou après vue.* Voyez ci-dessus p. 60.

« noit contre le jugement qui l'avoit condamné, ou contre sa
« transaction.

« Et la *quatriéme* dont il est ici question, quand il y avoit
« *complainte de dessaisine.* » (Laurière.)

98. *Notes sur les Établissements, liv. I*^{er}, *ch.* 97

(ci-dessus t. Ier, pp. 165-167).

Rapprochez *Compilatio* 26, 82; *Abrégé champenois,* 16; *Ét.,*
liv. Ier, ch. 159.

« La *saisine brisée* est icy la mesme chose que *l'infraction*
« *de la saisine du seigneur*, soit *la feodale* dont il est parlé
« dans l'art. 29 de la Coûtume de Paris, ou autre. Voyez Bro-
« deau en cet endroit, nombre I. »

« L'art. 28 des Loix de Thibaud, comte de Champagne, peut
« contribüer à l'intelligence de ce chapitre. En voicy les termes :
« *Encore use l'en en Champagne que se aucuns a justice et il y*
« *a sergenz jurez establis en icelle justice que chacun fait*
« *ygaument et li sergent fait aucune saisine, sus aucun qui est*
« *justiciables à son seigneur, d'aucuns de ses biens que il treuve*
« *en la justice de son seigneur et en brise la saisine et il en est*
« *atains, il doit* LX s. *d'amende.* » (Laurière.)

Voyez encore Beaumanoir (dont Laurière reproduit ici le
texte) ch. 30, *Des meffects,* édit. Thaumas de la Thaumassière,
p. 57, ligne 37; édit. Beugnot, t. Ier, pp. 420, 438; *Coutume
de Paris*, art. 29.

T. II, p. 165, ligne 4. *et les nomera.* — « Voyez l'art. 7 de
« l'ordonance de 1667, au titre *Des saisies.* » (Laurière.)

T. II, p. 165, ligne 6. *mais je ne savoie mie.* — « C'est pour
« prevenir ces sortes de deffences qu'il a esté introduit que les
« saisies tant feodales qu'autres seroient notifiées aux parties
« saisies. Voyez l'art. 3 de la Coûtume de Paris, du Molin sur
« l'art. 109 et 112 de la Coûtume de Tours, et l'ordonance de
« 1667 au titre *Des saisies*, art. 7 et 8. » (Laurière.)

T. II, p. 165, lignes 7, 8. *E* porte : *je devoi par droit,
atant l'em puet l'en esgarder.*

T. II, p. 167, ligne 2. *il perdra ses meubles.* « Voyez Bro-
« deau au lieu marqué cy-dessus. Voilà un cas dont il n'est

« rien dit dans l'art. 50 cy-dessus intitulé : *De quel meffect li*
« *gentis hons perd ses muebles* (présente édit., liv. Ier, ch. 54).
« Toute cette procédure est abolie. » (LAURIÈRE.)
Voyez une décision analogue, *Ét.*, liv. Ier, ch. 107 *in fine*
(ci-dessus t. II, pp. 186, 187).

99. *Notes sur les Établissements, liv. Ier, ch. 98*
(ci-dessus t. II, pp. 167, 168).

Textes dérivés : *prét. ord. de Jean II, duc de Bret.*, art. 17;
Livre des droiz, 455 ; *Abrégé champenois*, 123.

L'étang et le moulin sont les accessoires obligés d'une installation féodale : une décrétale de l'an 1208, qu'on lira avec intérêt, le fait bien sentir [1].

Nous constatons que, dès le xiie siècle, les principes que devait poser plus tard la Coutume de Touraine-Anjou étaient appliqués en Touraine : voir notamment une affaire entre Guillaume de la Guerche et les Religieux de Marmoutier [2].

Plusieurs Coutumes du moyen âge contiennent des dispositions analogues sur ce point à celle de Touraine-Anjou : je renvoie notamment à une charte pour Saint-Palais de 1279 [3]. Enfin nous pouvons citer un bon nombre d'indemnités pour expropriation au xiiie et au xive siècle [4].

---

1. *Decret. de Greg. IX*, I, xxix, 32.
2. Collection D. Housseau, t. IV, n° 1101 (d'après les Archives de Marmoutier, layette de Pouencé).
3. Thaumas de la Thaumassière, *Cout. loc.*, p. 116. Joignez charte de 1255 dans *Collect. Duchesne* à la Bibl. nat., t. LXXVIII, p. 245 ; Coutume de Montfaucon citée par B. de Lagrèze, *Hist. du droit dans les Pyrénées*, Paris, 1867, p. 178.
4. Indemnités accordées par saint Louis en 1232 par suite des travaux entrepris pour fortifier le château d'Angers (Marchegay, *Archives d'Anjou*, t. II, pp. 160, 245 et suiv.); accord de 1291 (n. s.) entre l'abbaye de Marmoutier et Gui de Laval au sujet du nouvel étang que ce seigneur devait établir *ad locum qui dicitur Guernandel* (Bibl. de Tours, ms. 1375, pièce n° 11) ; terrains concédés en 1298 à Galeran, concierge du palais, en compensation de maisons prises pour l'agrandissement du Palais (Vuitry, *Le gouvernement royal et l'adm. des finances sous Philippe le Bel et ses*

On connaît l'histoire d'une contestation entre Charles d'Anjou et un propriétaire à qui ce seigneur voulait prendre ou avait pris de force une terre que celui-ci n'entendait ni vendre, ni échanger. L'affaire arriva jusqu'à saint Louis qui donna gain de cause au propriétaire[1]. Le pieux monarque fut-il amené à prendre cette décision parce qu'il ne s'agissait ni d'herbergement à construire, ni de moulin, ni d'étang à établir? Peut-être.

Gautier Mapes nous apprend que l'excellent Louis VII était d'une extrême délicatesse au sujet des expropriations. Qu'on en juge par ce trait relatif à l'histoire de la fondation de Fontainebleau : *Idem cum Fontem Blaudi jussisset excoli, cingique muris locum maximum, montes et valles, fontes et nemora, quatinus ibi mansionem suis faceret delitiis, constructis jam domibus, vivariis factis et muris, fossis et aquæductibus, rusticus incola vicini soli quæstus est aliquam agri sui partem regiis occupatam muris et domibus. Quod cum innotuisset regi, jussit domos dejici murosque solvi, tanti faciens querelam modicam, ut magis a pluribus fatuitatis argueretur, quam ex misericordia meritas laudes acciperet. Nec destitit donec rusticus mutuum longe melius peteret et petito susciperet utilius*[2].

T. II, p. 167, ligne 7. *Se gentis hom.* « Voyez la Coûtume « de Touraine, art. 37; celle d'*Anjou*, art. 29; celle du Maine, « art. 34; celle du Nivernois, titre XVI, *Des eaües et rivieres*, « art. 4; Troyes, art. 180; La Marche, 308; Guy Pape, *Qu.*

trois fils, p. 35, note 4); expropriation en 1313 pour agrandissement du Palais (Vuitry, *Ibid.*).

1. *Confesseur de la reine Marguerite*, ch. XVIII, édit. de 1761, p. 381 ; *Rec. des hist. de France*, t. XX, p. 115. Si on songe à une autre histoire angevine, mais du XVIIe s., celle de Charnacé délogeant un roturier dont la maison l'offusque, pendant que ce dernier lui fabrique une livrée, et si on remarque que le pauvre tailleur ne trouva pas de juge, on sera bien tenté de déclarer que la propriété roturière était moins protégée au XVIIe siècle qu'au moyen âge. (Cf. Chéruel dans *Revue contempor.* du 15 déc. 1857, p. 55.)

2. Gualterius Mapes, *De nugis curial. distinctiones quinque*, édit. Thomas Wright, printed for the Camden Society, 1850, p. 218.

« 91 ; Boer., *Consil.* 33 et joignez les commentateurs. Ce cha-
« pitre n'est plus en usage. » (Laurière.)

100. *Notes sur les Établissements, liv. Ier, ch.* 99
(ci-dessus t. Ier, pp. 168, 169).

Textes dérivés : *Livre des droiz,* 456 ; *Abregé champenois,*
124.

T. II, p. 168, lignes 6, 7. *qui soit taillable.* — « Du temps
« de saint Loüis, et mesme avant son regne, on levoit des
« tailles en France pour le besoin de l'Estat, et, comme ce
« prince voulut qu'elles fussent imposées avec justice, il fit le
« reglement suivant qui a esté extrait du *Memorial de Saint-*
« *Just* de la Chambre des comptes de Paris, fol. 4 verso :

« *Comment l'en doit asseoir tailles és villes nostre sire le*
« *roi :* — *Soient eslus 30 hommes ou 40, ou plus ou moins, bons*
« *et loiaux, par le conseil des prestres, et de leurs paroisses et*
« *des autres hommes de Religion, et ensement des bourgeois et*
« *des autres prud'homes, selon la quantité et la grandeur des*
« *villes, et ceux qui seront en telle maniere eslus jureront sur*
« *les saints Evangiles que icheux d'entre eux meïsmes ou*
« *d'autres prud'homes d'ichelles villes meïsmes esliront jusques*
« *à douze homes d'iceux, qui seront les meilleurs à*[1] *ichelle*
« *taille asseer. Et les autres douze hommes nommez jureront*
« *sur les saints Evangiles que bien et leaument, il asseiront*
« *ladite taille et n'epargneront nul, ne il ne graveront nul,*
« *par haine, ou par amour, ou par priere, ou par criente, ou en*
« *quelqu'autre maniere que ce soit, il asserront ladite taillée à*
« *leur volenté, la livre égaument, et la valeur des choses*
« *meubles en l'assise devant ladite taillée. Et ensement o les*
« *12 homes dessuz nommez seront eslus quatre bons homes ; et*
« *soient escrits les noms segrement, et soit fait si sagement que*
« *leur election ne soit conüe à âme qui vive, ains soit gardée*
« *comme chose segrée, de si atant que ichels douze homes aient*
« *la taille assise dessus dite, si comme nous avons dit par*
« *dessus, laquelle chose fete devant que ladite taillée soit peu-*

1. Je supplée : *à,* qui manque dans Laurière.

« *plée par escriptures et fete, les quatre hommes qui sont eslûs
« des douze pour la taille faire loiaument, il ne doivent mot
« dire que si à tant que les douze homes leur aient fet faire
« serement par devant la justice, que il, par leur serement,
« bien et loialment asserront la taillée dessus dite en la forme
« et en la maniere que les devant dits douze homes auront
« ordené et fet selon l'ordenance que nous avons dite par
« devant* [1]. Cette ordonance est rapportée en latin dans le *Spi-*
« *cilege* de dom Luc Dachery, t. XII, p. 168, piece 44. Voyez
« cy-dessus la note sur le ch. 45 (prés. édit.; liv. Ier, ch. 49)
« au mot *toleres* (ci-dessus, t. III, p. 322).

« Quand le roy levoit la taille dans les villes, les barons qui
« estoient obligez de servir le roy dans ses urgentes necessitez,
« la levoient pareillement dans les villes dont ils estoient sei-
« gneurs, et ils la devoient faire asseoir le plus justement qu'il
« leur estoit possible, ainsi que le dit Beaumanoir dans le
« ch. 50 de ses Coûtumes de Beauvoisis, page 269, vers la fin.
« Voyez encore *Ibid.*, ch. 30, p. 150.

« Que l'on suppose à present qu'il fut eschu à un gentil-
« home une maison dans les terres du roy, ou des barons : ce
« gentilhome devoit-il estre mis à la taille pour cette maison ?
« Et il y avoit, ce semble, raison de l'y mettre, puisqu'un rotu-
« rier auroit esté imposé à raison de cette maison, si elle luy
« estoit eschüe.

« Ce chapitre distingue : ou le gentilhome *fera estage*[2],
« c'est-à-dire *occupera sa maison*, ou *il ne l'occupera pas*.

« S'il occupe sa maison, il n'en payera pas la taille, parce
« que tout gentilhomme en est exempt.

« Mais s'il l'accence, la donne à cens, ou la donne à ferme,
« alors celuy qui l'occupera en payera la taille....... »

« Touchant l'exemption de la taille accordée aux ecclésias-
« tiques, voyez Durant, *Question* 93 ; Fevret, *De l'abus*, t. Ier,
« liv. IV, ch. 4, n. 9, p. 367 ; ma dissertation sur le droit

---

1. Voyez la table du *Reg. Saint-Just* dans *Mém. de la Soc. des Antiq. de Norm.*, t. XVIII, 1851, pp. II-VII.
2. Sur ce sens de *domicile, résidence* voy. du Cange, *Glossar.*, édit. Didot, t. III, p. 102.

« d'amortissement, pp. *44, 45*; les *Memoires du clergé*, t. III,
« partie IV, p. 26, 40, et dans l'addition en la partie XL, p. 377,
« partie V, p. 59, t. III, partie IV, p. 59, et aux additions à la
« 4ᵉ partie, p. 379, t. III, part. IV, pp. 40, 77 et 81. Quand les
« tailles estoient reelles et serviles, les personnes franches, ni
« les gentilshommes ne pouvoient, ce semble, se dispenser de
« les payer par les raisons rapportées par des Fontaines,
« ch. 3, art. 6 et 7. Mais comme les tailles ne pouvoient estre
« exigées des personnes franches comme des serves, de là vient
« que les franches estoient obligées dans l'an de mettre hors
« de leurs mains les heritages qui en estoient chargez. Et de là
« vient en partie que dans la Coûtume du duché de Bourgogne,
« ou suivant l'art. 1ᵉʳ du titre IX, il n'y a nuls serfs de corps,
« *l'homme de main morte* suivant l'art. 10 du mesme titre, *ne*
« *peut vendre son heritage assis en lieu de main-morte, à*
« *homme de franche condition, si ce n'est du consentement des*
« *seigneurs de la main-morte.* Voyez la Coûtume du Bourbon-
« nois, art. 201, 345, celle du Nivernois, ch. 8, art. 19 ; la
« Coutume de Château-neuf en Berry, art. 17 ; Loisel dans ses
« *Institutes*, liv. 1ᵉʳ, regle 12 ; mon *Glossaire*, sur *Taillables*
« *haut et bas*, et la note sur l'article qui suit livre[1] 5. » (LAU-
RIÈRE.)

On trouvera dans les *Olim* un refus de taille fondé sur ce motif que l'intéressé habite *super libero feodo suo*[2]. Autre plainte en Touraine : c'est un chevalier qui déclare que *aliquis non potest facere de jure assisiam*[3] *super feodis ipsius sine ejus assensu*[4]. A l'inverse, nous voyons une terre vendue à Raoul d'Oiré, chevalier[5], et payant la taille (1235) : c'est évi-

1. *Sic.* Faute d'impression singulière : Laurière renvoie probablement à la dernière de ses notes sur le chapitre suivant (ci-après, p. 69).
2. *Olim,* t. Iᵉʳ, p. 458.
3. *Sic.* Corrigez peut-être *talliam* : en tout cas, comprenez *asseoir taille* : le contexte ne laisse aucun doute.
4. Archives nationales, JJ 274, fol. 7 recto.
5. Mabille, *Catal. analyt. des diplômes, chartes et actes relatifs à l'hist. de Touraine contenus dans la collection D. Housseau,* Tours, 1863, p. 334, n° 2792. (*Soc. archéol. de Touraine,* t. XIV.)

demment une terre taillable sur laquelle le nouvel acquéreur n'est pas domicilié. Tous ces faits s'harmonisent parfaitement avec notre ch. 99.

T. II, p. 169, ligne 2. *ou ostage por lui.* L'hôte qui habite au nom du propriétaire jouit de la même immunité : dans une charte de l'année 1263, l'abbaye de la Pelice est dotée d'une maison par Bernard et Jeanne sa femme : les donateurs disent expressément que celui qui habitera la maison, qui sera hôte au nom de l'abbaye, jouira de l'exemption des charges : ainsi l'abbaye aura *ostage pour elle* dans cette maison :

... Celui, quicumques sera et dou que qu'il vienge, qui ladite meison o les apartenances, ou non doudit abbé et doudit covent, porserra ou habitera en iceile, soit franc et quite de totes les chouses et les exactions dessus dites; ja soit ce que celui qui ilec demorrait ou habiterait ne ne fust pas par devant ou n'eust pas esté des borjais audit sengnor de la ville de La Ferté, et, tant cum il demorra en ladite meison ou sera houste, *sait franc et quite en ladite ville de La Ferté et par tote la terre audit sengnor et à ladite sa femme de totes les chouses devant dites. Et si ceus religions meus voulaient avoir* houstes *ou* habitoor *en ladite meison de la vile de La Ferté ou essere d'iceile vile, icelui que ils voudront avoir de ladite vile sera franc et quite de totes les exactions et de totes les chouses devant dites, tant cum il porserra ou habitera ladite meison ou non ausdit religious* [1]*.......*

101. *Notes sur les Établissements, liv. I*er*, ch.* 100

(ci-dessus t. II, pp. 169, 170, 171).

Cf. *Et.,* liv. II, ch. 31.

T. II, p. 170, ligne 1. *Se gentis hom a home mesqueneü.* — η porte : *Se gentil homme a homes cuvers en sa terre*[2], « c'est-à-« dire serf. Et pour prouver que celuy qui est icy appellé *cuvert* « estoit un *serf,* on employe ce passage de Mathieu Paris sous l'an

---

1. Acte par lequel Bernard et Jeanne, sa femme, donnent à l'abbaye de la Pelice la maison de Mauanseil (Mauconseil?) dans L. et R. Charles, *Hist. de La Ferté-Bernard,* p. 231.

2. Cf. Beautemps-Beaupré, *Cout. et inst.,* 1re partie, t. Ier, p. 126.

« 1213 : *Et quod nullus remaneat qui arma portare possit sub
« nomine culvertagii et perpetuæ servitutis ..... his ergo literis
« per Angliam divulgatis, convenerunt ad maritima in locis
« diversis ..... nihil magis quam opprobrium culvertagii me-
« tuentes.* Quelques-uns pretendent que de *collibertus* on a fait
« *cuvert.* » (Laurière.)

T. II, p. 170, ligne 2. *se il servoit le gentil home* : « c'est-à-
« dire *s'il estoit serf*[1] du gentilhomme. Ces mots qui sont dans
« le manuscrit[2] de M. le Chancelier, prouvent qu'il s'agit dans
« ce chapitre de *serf* ou de *cuvert*, comme il est dit dans la
« Coûtume d'Anjou glosée. »

« Ces *Establissements* distinguent deux sortes de personnes
« *estranges* ou *aubains*. Sçavoir ceux qui ne sont pas nez dans
« le diocèse où ils se sont venus establir, dont il est parlé dans
« le ch. 87 cy-dessus (présente édit., liv. 1er, ch. 92) et les
« *mescruz* ou *mesconnus*, c'est-à-dire ceux qui estoient nez hors
« du royaume, ou qu'on ne pouvoit croire sur leur origine.

« Les premiers estoient des personnes *franches*, quoyqu'ils
« deussent un droit d'aubainage, mais pour les autres ils
« estoient *serfs*, ou *cuvers*, en plusieurs lieux, comme il se void
« par les autoritez suivantes[3] :

« Beaumanoir, ch. 45 : *Des aveux*, p. 254, ligne 22. « *Il y a
« de telles terres, quant un frans home qui n'est pas gentix-
« home de lignage i va manoir et i est resident un an et un
« jour, il devient, soit home soit femme, serf au seigneur sous
« qui il vient estre resident*, etc.

« La Coutume de Vitry, art. 72 : « *Par coûtume en noblesse*

---

1. Je doute beaucoup que le *mesqueneü* devienne ici, à proprement parler, *serf* : *servir* n'a pas toujours ce sens étroit; voyez *servist*, t. II, p. 171, l. 6. Voyez aussi la note suivante de Laurière.

2. Entendez les mss. L^i O^i.

3. J'ai contesté cette distinction continuellement reproduite depuis Laurière; voyez mon *Précis de l'histoire du droit français*, 1er fascicule, p. 313, note 3. Cette note constitue un petit commentaire des chapitres 92 et 100 au liv. Ier des *Établissements*. La citation de Beaumanoir que va faire Laurière vient confirmer mes observations et n'apporte aucun point d'appui à son opinion.

« ne git espavité, qui est à entendre que les nobles natifs et
« demeurans és pays d'Allemagne, Brabant, Loraine, Barrois
« ou ailleurs hors du royaume, succedent à leurs parens dece-
« dez, soit qu'ils fussent demeurans audit royaume, ou ailleurs,
« és biens delaissez par leur trépas, audit baillage, meubles ou
« immeubles, nobles ou roturiers. » (LAURIÈRE.)

« L'art. 58 des Coûtumes de Champagne : *Quant aucuns*
« *albins vient demeurer en la justice d'aucuns seigneurs et*
« *li sires dessous qui il vient, ne prend le service dedans l'an*
« *et le jour, si les gens du roy le sçavent, ils en pregnent le*
« *service et est acquis au roy.* Joignez l'enqueste touchant
« les aubains de Chauny dans mon *Glossaire* sur *Aubaine.*
« *Statuta Davidis, regis Scotiæ,* lib. II, cap. 3 : *Homo qui in*
« *terrá domini regis sine domino inventus fuerit, postquam*
« *breve lectum fuerit in curiá domini regis, habeat spatium*
« *quindecim dierum perquirendi sibi dominum. Et si ad*
« *proximum sibi terminum dominum sibi non invenerit, jus-*
« *ticiarius domini regis octo vaccas de eo capiat et hominem*
« *ad opus domini regis custodiat, donec dominum invenerit.*

« De-là est venu que l'art. 44 de la Coûtume d'Anjou donne
« encore le droit d'aubaine aux seigneurs, ce qui a esté nea-
« moins rejetté avec raison, parce que tous ces pretendus droits
« estoient des entreprises sur l'autorité souveraine. » (LAURIÈRE.)

« Le droit d'aubaine était alors un droit seigneurial; mais
« aujourd'hui il n'appartient qu'au roi, à l'exclusion des sei-
« gneurs hauts-justiciers. D'abord nos rois ordonnèrent à leurs
« officiers, dans les provinces de servitude personnelle, de
« prendre le service des aubains domiciliés dans les terres des
« seigneurs, lorsque les aubains y auraient demeuré pendant
« l'espace d'un an et d'un jour, sans que les seigneurs en
« eussent pris le service. Ils déclarèrent ensuite que les suc-
« cessions des aubains décédés sans héritiers avouables, leur
« appartiendraient à l'exclusion des seigneurs. Enfin, après
« avoir rendu le droit d'aubaine général dans toute l'étendue
« du royaume, et en avoir exclu tous les seigneurs, ils en ont
« fait un droit purement royal qui ne peut jamais appartenir
« qu'au roi. On ne peut nier que le droit d'aubaine, tel qu'il a
« existé long-tems en France, n'ait gêné alors extrêmement l'éta-

« blissement des étrangers dans le royaume. Il est juste que le
« souverain, plus intéressé au bien de l'État qu'aucun seigneur
« particulier, ayant seul le droit d'accorder aux aubains des
« lettres de naturalité, jouisse seul aussi de celui de leur suc-
« céder, au défaut d'enfans regnicoles et légitimes. » (Abbé DE
SAINT-MARTIN.)

T. II, p. 170, lignes 2, 3. *li gentis hom avroit la moitié de
ses muebles.* — « Cecy doit estre entendu quand l'*aubain* ou le
« *cuvert* laissoit des enfans. Voyez le ch. 127 (prés. édit., liv. Ier,
« ch. 133) et les 30 et 31 du second livre. (Prés. édit., liv. II,
« ch. 31.) » (LAURIÈRE.)

T. II, p. 170, lignes 4, 5. *toutes ces choses seroient au gentil
home.* — « Par droit de main-morte. » (LAURIÈRE.)

T. II, p. 170, ligne 6. *et si fera s'aumosne avenant.* —
« C'est-à-dire que le gentilhomme, succedant à son serf par
« droit de main-morte, payera non-seulement les dettes du serf,
« mais aussi les legs. Cependant l'ancien usage de la France
« estoit que les serfs ne pouvoient tester au prejudice de leurs
« seigneurs. Voyez ce que j'ay remarqué sur Loisel, livre I,
« tit. I, regle 74. » (LAURIÈRE.)

T. II, p. 170, ligne 6; p. 171, ligne 1. *Et se li mesqueneüz
avoit conquises,* etc. — « Le seigneur du serf succedoit ainsi à
« tous ses biens par droit de morte main, car anciennement en
« France on pratiquoit l'article qui suit de la Coûtume du
« Nivernois : *Les homes et femmes serfs taillables à volonté,
« abonnez, questables ou corveables, sont main-mortables, et
« au moyen du droit de main-morte, s'ils decedent sans hoirs
« communs, leur succession entierement de meubles et immeubles
« et autres especes de biens, quelque part qu'ils soient assis, soit
« en terre main-mortable ou autre, compete et appartient à
« leur seigneur qui s'en peut dire vestu et saisi, sinon que par
« privilege, convention ou prescription suffisante, ils soient
« exemptez de ladite main-morte.* L'art. 41 de la Coûtume
« d'Anjou qui a une decision contraire est contre ces principes.
« Voyez la Coûtume du Nivernois, ch. 8, art. 7. » (LAURIÈRE.)

T. II, p. 171, ligne 3. *Mais il ne prandroient pas dou seignor à celui les cens.* — L¹ porte : *Mais il ne perdroit pas de celui
les cens.* — O¹ porte : *Mais il n'en prendroit le cens, ne les cos-*

tumes du seignor; ainz.—Laurière accepte la leçon *ne prendroit pas* et commente ainsi : « Le sens est que le gentilhomme qui suc-
« cederoit ainsi à son cuvert par droit de main-morte, n'auroit
« pas les cens et les coûtumes dûs par les heritages que le
« cuvert auroit acquis dans d'autres seigneuries, mais qu'il
« conviendroit que ce seigneur donnât aux autres seigneurs des
« homes coûtumiers pour desservir ces heritages et en payer
« les redevances. Voyez la Coûtume du Nivernois, ch. 8,
« art. 19, et la note sur le chapitre precedent. Tout cela est
« aboli. » — Le sens est un peu différent avec le pluriel *prandroient* que j'ai cru devoir adopter : les seigneurs sur la circonscription desquels le *mesqueneüz* avait fait des acquisitions n'héritent pas de ces terres; c'est le seigneur du lieu où demeurait le *mesqueneuz* qui en devient propriétaire; mais ces terres restent chargées de cens et de coutumes dues aux seigneurs sur la circonscription desquels elles sont assises : qui les payera? Le seigneur héritier lui-même? Non; mais un homme coutumier qu'il établira sur ces terres pour les servir.

102. *Notes sur les Établissements, liv. I*er*, ch.* 101

(ci-dessus t. II, p. 172).

Textes dérivés : *Livre des Droiz*, 92[1]; *Regles coutumières bretonnes*, 1re série, art. 11, 12; *Abregé champenois*, 28.

Rapprochez : *Très anc. Cout. de Bretagne*, 8e part., art. 268; *Comp.* 72; *Et.*, liv. II, ch. 31; ord. de 1304 dans Laurière, *Glossaire*, t. Ier, p. 153.

A lire : *Ord.*, t. XV, preface, p. 27.

Il résulte probablement de notre ch. 101 que, dans la pensée du jurisconsulte, le bâtard n'hérite pas de sa mère, car, s'il en héritait, le lignage de la mère viendrait, ce semble, à la succession. Cette décision n'était pas unanimement acceptée[2]; le compilateur du *Livre des Droiz* déclare qu'en Anjou et

---

1. Ce § 92 emprunte aussi quelque chose à *Ét.*, liv. Ier, ch. 102.
2. A lire sur les bâtards : Boutaric, *Actes du Parlement*, t. Ier, no 564; Beugnot, *Olim*, t. Ier, p. 507; *Abrégé champenois*, art. 27. (Ci-dessus t. III, p. 150.)

en Poitou *les bastars sont hoirs es biens de leur mere* : il en conclut que, dans les mêmes pays, *les choses que les bastars auroient par devers leur mere vendroient au lignage de par la mere* [1]. La Coutume dite de 1411 [2] maintient le droit de notre ch. 101.

« Voyez l'art. 343 de la Coût. d'Anjou. » (Du Cange.)

« En plusieurs provinces du royaume, les bastards estoient
« serfs, et, par cette raison, ils ne pouvoient se marier sans la
« permission de leurs seigneurs. Ils ne pouvoient tester, et
« leurs successions appartenoient à leurs seigneurs par droit
« de main-morte. Voyez ce que j'ay remarqué à ce sujet dans
« mon *Glossaire* sur le mot *Bastard* et mes notes sur Loisel,
« livre Ier, titre Ier, règle 42. Mais du temps de ces *Establisse-*
« *mens*, les bastards estoient francs, suivant les usages de
« Paris [3], d'Orleans et d'Anjou, etc. » (Laurière.)

T. II, p. 172, ligne 3. *sunt à ses seignors*. — « Par droit de « bastardise, et non de main-morte. » (Laurière.)

T. II, p. 172, lignes 3, 4. *à chascun ce qui sera en son fié*. —
« Il n'en auroit pas esté ainsi, si le bastard avoit esté serf, car
« tous ses biens auroient appartenu à son seigneur par droit
« de main-morte, comme dans le chapitre precedent. Sous
« Charles VII [4], ce droit estoit changé, car l'autheur du *Grand*
« *Coûtumier*, liv. I, ch. 3, écrit que *au roy appartient la suc-*

1. *Livre des droiz*, 92.
2. Cout. dite de 1411 dans Beautemps-Beaupré, *Cout. et Inst.*, Ire partie, t. Ier, p. 393.
3. Paris ne vient ici sous la plume de Laurière qu'à cause de la formule *Paris et Orléans* qui a disparu dans la présente édit. Voyez ci-dessus t. Ier, p. 466.
4. Le *Grand Coutumier* est du xive s. (cf. L. Delisle dans *Mém. de la Soc. de l'Hist. de Paris*, t. VIII, p. 140 et s.); il est donc antérieur à Charles VII. Le passage cité appartient à l'œuvre primitive de Jacques d'Ableiges et y figure même deux fois, car il reparait au livre II, ch. *De coustume*, chapitre dont les éditions imprimées ne contiennent que le commencement (édit. Laboulaye et Dareste, p. 192). Cf. Bibl. Nat., ms. fr. 10816, fol. 21 v°, 168 v°; fr. nouv. acq. 3555, fol. 10 r°, 71 v°.

Je dois ces derniers renseignements à l'obligeance de mon

« *cession de tous bastards, soient clercs ou lais, que toutesfois
« aucuns justiciers en ont joüi, mais avant qu'ils ayent la suc-
« cession des bastards, il convient qu'il y ait trois choses :*
« *1° que les bastards ou bastardes soient nez en leurs terres ;*
« *2° qu'ils y soient demeurans ; 3° qu'ils y trepassent, aliàs*
« *non audientur. Et tel est l'usage.* » Voyez Bacquet, *Droit de
bastardise*, ch. 8, n. 4. (Laurière.)

T. II, p. 172, ligne 4. L^1 porte : *prandre de ses.* — « Ce droit de
« tester fut encore contesté aux bastards en 1329, mais il fut
« jugé qu'ils pouvoient disposer librement de leurs biens. Voyez
« la septième partie du *Stile* du Parlement, ch. 81, et ce que
« j'ai remarqué sur les *Institutes* de Loisel, livre I, titre i,
« regle 42. » (Laurière.)

T. II, p. 172, lignes 5, 6. *mais il retornera après sa mort
aus seignors.* — « Cela est vray, quand le doüaire n'avoit esté
« constitué à la femme qu'en usufruit, mais s'il luy avoit esté
« constitué en propriété, elle le gardoit, et les seigneurs n'y
« avoient rien. » (Laurière.)

103. *Notes sur les Établissements, liv. Ier, ch. 102*
(ci-dessus t. II, pp. 172-174).

Textes dérivés : *Regles cout. bret.* 1re série, art. 10, 47 ;
Livre des droiz, 92 [1].

Cf. Beaumanoir, ch. 18, édit. Beugnot, t. Ier, p. 290 ; Vuitry,
Études sur le régime financier de la France, 1re série, p. 297,
note 3.

« Ce chapitre est principalement pour les lieux où les bas-
« tards pouvoient vendre librement leurs biens, car, en plu-
« sieurs provinces du royaume, ils ne le pouvoient sans la
« permission du roy. En voicy la preuve que j'ay tirée du
« Registre du Tresor des Chartes, cotté Philippes-le-Bel pour
« les années 1303, 1304 et 1305, pièce 77 [2] :

« *Philippus, Dei gratia Francorum rex, notum facimus*

confrère, M. A. Guilhiermoz, qui prépare une nouvelle édition du
Grand Coutumier.

1. Ce § dérive aussi en grande partie de *Ét.*, liv. Ier, ch. 101.
2. La pièce citée ici par Laurière se trouve dans JJ 37, fol. 27 v°.

LIVRE Ier, CHAPITRE 102. 75

« *universis tam præsentibus quam futuris quod nos, pietatis*
« *intuitu, Petro Treguier nato Ancelini quondam dicti Tre-*
« *guier de Ocodelano*[1] *Laudunensis dyocesis humiliter suppli-*
« *canti, quod ipse Petrus, non obstante defectu natalium*
« *quem pati dicitur, de bonis suis tam mobilibus quam immo-*
« *bilibus que impresentiarum possidet, vel in futurum posside-*
« *bit, justo quocumque titulo, pro voluntate suâ ultimâ legare*[2],
« *et aliàs quomodolibet disponere possit, quodque heredes sui*
« *legitimi sibi succedere valeant in eisdem, ex certâ scientiâ,*
« *tenore presentium concedimus de gratiâ speciali ipsum, ad*
« *premissa, et ad omnes alios actus legitimos ydoneum et*
« *habilem, quantum in nobis est, reddentes, salvo in aliis jure*
« *nostro et in omnibus jure quolibet alieno. Quod ut firmum*
« *et stabile permaneat in futurum, presentibus literis nostrum*
« *fecimus apponi sigillum. Actum apud Athies super Orgiam,*
« *mense Junio, anno Domini M° CCC° quinto.* » Non seulement les
« bastards ne pouvoient vendre en plusieurs provinces, mais ils ne
« pouvoient mesme acquerir. En voicy la preuve tirée du *Tresor,*
« Registre de Philippe de Valois pour les années 1329, etc.,
« cotté 57[3], piece 40. *Philippes etc. A tous ceux etc. savoir*
« *faisons que nous, de certaine science et de grace especial, par*
« *contemplacion et à la requeste de nostre amé et feal cousin,*
« *le comte d'Armignac, avons octroié et octroions par la teneur*
« *de ces presentes lettres à Bertran et à Guillaume de Bordes,*

Je n'indique en note que les améliorations importantes fournies par la collation du texte.

1. Laurière : *Ecodelano. Ocodelanum, Oclaine,* hameau, commune de Montlevon (Aisne).

2. Ce mot principal *legare* manque dans Laurière. Cette omission a eu probablement quelque influence sur les conclusions générales que Laurière tire de cet acte : suivant lui, un bâtard ne pouvait vendre ses biens : cette pièce ne vise évidemment que les legs ou autres dispositions de dernière volonté.

3. Cette indication doit être inexacte dans Laurière, qui avait probablement sous les yeux une cote 67; il s'agit du registre du Trésor JJ 67 : la pièce est au fol. 13 verso. J'améliore pour divers détails le texte de Laurière et je n'indique en note que les corrections importantes.

« escuiers, freres, que, non contrestant ce qu'ils n'aient pas esté
« nez de loyal mariage, il puissent acquerre en nostre royaume
« de France, jusques à cent livrées[1] de terre à tenir[2] ensemble,
« ou par parties en justice haute, moyenne et basse, en fiez ou
« en arrere fiez, ou alleus, ou censives, ou que il leur plaira,
« par juste et loyal titre, et que les diz freres, leur hoirs et
« successeurs, ou ceux qui de euls ont ou auront cause pour le
« temps à venir, puissent perpetuelment et paisiblement avoir,
« tenir et posseoir les dites cens livrées[3] de terre ainssy acquises,
« sanz ce qu'il en soient contraint de nous, ou de noz succes-
« seurs roys de France les vendre ou mettre hors de leur
« mains, ou rendre, ou faire à nous, ou à noz diz successeurs
« pour lesdictes cent livrées de terre, aucune finance, quelle que
« elle soit, fors telle comme elle appartiendroit et pourroit appar-
« tenir à noble et de loyal mariage. Et est nostre entente que
« ou cas que les diz freres auroient esté ou soient usurier, cette
« presente grace soit de nule value et que ce soit etc., Donné à
« Biauvez, l'an dessus dit, ou moys de Juing.

« Corrigié en la Chambre des Comptes par Monseigneur de
« Biaumont, present vous, et Erart Dalemant par la condition
« que non contrestant ce qu'ils n'aient pas esté nez de loyal
« mariage. — Guichart. » (LAURIÈRE.)

T. II, p. 173, ligne 1. *heritages.* — « Par ce mot il ne faut
« pas entendre des *propres*, mais des *fonds*. Le bâtard ne peut
« exercer aucun retrait lignager par la raison de la loy derniere,
« *Codice, De naturalibus liberis : Quia nec genus nec gentem*
« *habent, præter patrem et matrem; et nulla sequentia potest*
« *esse ex illegitimo nascendi principio et radice coruptâ.* Et
« come ce chapitre est fondé en principes, il fait encores un
« droit general dans tout le royaume. Voyez Loisel dans ses
« *Institutes*, liv. III, titre *Des retraits*, regle 18, 19 avec mes
« notes. » (LAURIÈRE.)

T. II, p. 173, ligne 4. O^i porte : *moroient* comme ε ζ *L.*

---

1. Laurière : *livres.*
2. Laurière : *tournois.*
3. Laurière : *livres.*

104. *Notes sur les Établissements, liv. Ier, ch.* 103
(ci-dessus, t. II, p. 174, 175).

Textes dérivés : *Livre des droiz*, 457; *Abrégé champenois*, 21.
Rapprochez *Ét.*, liv. Ier, ch. 170.

T. II, p. 175, ligne 2. *L^i* porte : *tenissent de lui terres.* —
« C'est-à-dire, ce semble, qui tiennent des terres mouvantes de
« luy, et chargées de terrage envers des bâtards. » — (Laurière.)

T. II, p. 175, lignes 2, 3. *et ils n'en rendissent autres costumes que les terrages.* — « Le champart n'est seigneurial et
« n'emporte lots et vente, que quand il est dû au seigneur foncier et direct. L'autheur du *Grand Coûtumier*, ch. 26, liv. II,
« *Nota : par les usages et coûtumes des terres tenües à champart, le seigneur à qui est dû le champart ne doit avoir lots,
« ne ventes de terres qui luy doivent champart, quand elles
« sont vendües, si iceluy seigneur n'est chef seigneur, c'est-à-
« dire seigneur foncier, mais les aura le seigneur foncier. Et
« au cas qu'il n'y auroit autre chef seigneur, c'est-à-dire seigneur foncier, celuy à qui le champart est dû auroit les lots
« et ventes.* »

« Que l'on suppose à present que, dans une seigneurie, il y
« ait un homme qui tienne des terres à champart d'un bâtard,
« et qui n'en paye aucune redevance au seigneur direct : ce
« bâtard aura-t-il pû se faire ainsi seigneur direct de ces terres,
« au prejudice de son seigneur ? Il faut dire que non, et que le
« seigneur pourra, dans ce cas, mettre ces terres en sa main,
« jusques à ce que le bâtard les reprenne à la charge du cens.
« Ce qui est icy dit du bâtard convient à toute personne. »
(Laurière.)

« Le droit de champart ne pouvoit appartenir aux bâtards.
« Lorsqu'ils cédoient des terres à un vassal d'un gentilhomme,
« en se réservant le droit de terrage, le seigneur pouvoit les
« confisquer; mais il devoit les rendre au bâtard, à la charge,
« par celui-ci, de payer le cens et autres droits seigneuriaux. »
(Abbé de Saint-Martin.)

M. Morillot entend ce chapitre absolument comme l'abbé de

Saint-Martin[1] auquel il renvoie et dont il copie mot à mot le commentaire.

Laurière, l'abbé de Saint-Martin et M. Morillot ne me paraissent pas avoir parfaitement compris ce chapitre qui est difficile :

Pour en rendre compte, éliminons tout d'abord la présence d'un bâtard et supposons un cas plus simple : un seigneur ou plus exactement, ce semble, un propriétaire ayant comme tenancier un individu qui doit pour redevance un terrage, sans aucun mélange de redevance d'autre nature; ce tenancier peut toujours être congédié par le seigneur ou propriétaire foncier, à la condition toutefois que ce dernier ne lui substituera pas un autre tenancier, mais exploitera désormais lui-même (*prendre à son gueaignage*)[2]. Tel est le droit : le tenancier à terrage est donc à peu près dans la position d'un de nos fermiers modernes, exploitant sans bail.

Supposez maintenant trois personnes au lieu de deux, à savoir : 1° le tenancier qui doit le terrage ; 2° un bâtard à qui ce terrage est dû; 3° un seigneur de qui relève ce bâtard. Eh bien, la position du bâtard est très faible, très précaire, car le seigneur peut agir comme s'il n'existait pas et *prendre à son geaignage* la terre chargée de terrage, en expulsant le tenancier. Voilà toute l'économie du ch. 103 du liv. Ier. C'est ce que *Liger* a exprimé très clairement en ces termes : « *Si aucun « tenoit terres d'aucun seigneur à terraige sans autre devoir, « ou s'il les tenoit d'un bastard qui les tenist d'un seigneur, le « seigneur les pourroit prendre pour les mectre en son gai- « gnaige, et non pas pour bailler à autre*[3]. »

T. II, p. 175, ligne 4. *à son gueaignage*. — « C'est-à-dire à « *son profit*. En plusieurs lieux le seigneur direct confisquoit « l'alleu[4], qui estoit fait à son prejudice. Beaumanoir ch. 24, « p. 123... » — (Laurière.)

---

1. *Revue hist. de droit franç. et étranger*, t. XII, 1866, p. 369.

2. *Ét.*, liv. Ier, ch. 170 (ci-dessus t. II, pp. 312, 313). Cf. *Livre des droiz*, 457.

3. *Liger*, 1459, dans Beautemps-Beaupré, Ire partie, t. II, pp. 525, 526.

4. Cette observation de Laurière, exacte en elle-même, n'a

105. *Notes sur les Établissements*, liv. *I*er, ch. 104
(ci-dessus t. II, p. 175-177).

Textes dérivés : *Livre des droiz*, 458 ; *Abrégé champenois*, 22.
Sur la rubrique que du Cange établit ainsi : *De mesurer terres censives*, cette note du même auteur : « *teres censives*, terres « baillées à cens, *terra censalis* in *Capit. Caroli Magni*, liv. IV, « cap. 39, et in *Capit. Caroli Calvi*, tit. 32, c. 8 ; *terra cen-* « *sualis* in *Leg. Longob.*, liv. III, tit. viii, § 3. Hugo Flavi- « niac. in *Chron.*, an 1098 : *in terrâ censuali suâ scarritiones* « *firmaverunt et carnes reposuerunt.* » (Du Cange.)

T. II, p. 176, lignes 4, 5. *ce qu'il i avoit plus trové, li remaindroit.* — « On a agité la question dans le droit romain « de sçavoir si celuy qui possedoit un fond mesuré et limité, « comme de vingt ou trente arpens en une piece, pouvoit aug- « menter son fond, en prescrivant contre son voisin. La raison « de douter estoit que son propre titre repugnoit à la prescrip- « tion. Mais comme on pouvoit prescrire par trente années sans « titre il fut décidé que le possesseur du fond limité pouvoit « prescrire par trente années, lege *Quinque pedum* et lege « ultima, *Cod.*, *Finium regundorum*. Il pouvoit mesme arriver « qu'une telle prescription s'accomplist avec bonne foy, le pro- « prietaire du fond limité ayant crû que le fond prescrit en fai- « soit partie.

« Or personne ne doute que dans les cas où il ne s'agit ni de « foy, ni de reconnoissance de cens, le seigneur ne puisse « prescrire contre le vassal ou le tenancier, et le vassal ou le « tenancier contre le seigneur. Ainsi il ne seroit pas juste « qu'après une possession de trente années de la part de « l'homme ou du tenancier, le seigneur qui fait mesurer profi- « tast de ce qui se trouveroit au-delà de la mesure, quand « mesme le seigneur auroit ses terres voisines. Et c'est pour « cela que, dans l'art. 98 de la Coûtume d'Anjou glosée, la dis- « tinction qui est faite dans ce chapitre ne se trouve pas et

aucun rapport avec le présent chapitre dont Laurière n'avait pas bien pénétré le sens.

« qu'il y est dit seulement *que se il se trouvoit plus de terre,*
« *dont li hens ne rendissent leur cens, et icelle terre tenist à*
« *la soe,* c'est-à-dire à celle du seigneur, *il n'en pourroit pas*
« *faire son domaine, mais qu'il pourroit bien croître le cens,*
« *selon ce que il auroit plus trouvé,* etc.[1]. Vide Balbum, *De*
« *præscriptionibus,* parte IV, Quæstione 14, et Brodeau sur
« l'art. 42 de la Coûtume de Paris, n. 7, 8. » (LAURIÈRE.)

T. II, p. 176, ligne 7; p. 177, ligne 1. — *L*[i] porte : *reson de la terre du surplus qu'il i auroit trevé et de l'autre cens.*

T. II, p. 177, ligne 2. *L*[i] porte : *rendroit le cens des.*

T. II, p. 177, ligne 4. *et feroit le gage de sa loi.* — « Voyez
« le ch. 47 cy-dessus. » (Prés. édit., liv. Ier, ch. 54.) (LAURIÈRE.)

106. Notes sur les *Établissements*, liv. Ier, ch. 105

(ci-dessus t. II, pp. 177-180).

Textes dérivés : *Livre des droiz*, 459 ; *Abrégé champenois*, 115.

T. II, p. 179, ligne 3. *L*[i] *O*[i] portent, comme mon texte : *par soufraite de servise.* η porte : *pour deffautes de servige*[2].

T. II, p. 180, l. 12. *L*[i] porte : *estoit que il requeïst son seigneur avant que la chose fust rendue et il le trouvast en.* η porte : *estoit que l'omme tenist de luy à foy et requeïst à son seigneur, avant que il les eüst vendues, ne mises hors de sa main, il les devroit avoir o plege*[3], etc.

T. II, p. 180, ligne 5. *et le gage de sa loi.* — « Voyez le
« ch. 47 cy-dessus (prés. édit., liv. Ier, ch. 54). La Coûtume
« d'Anjou glosée ajoûte que *le seigneur pouroit bien les choses*
« *prendre sanz le faire asavoir à son homme, selon aucuns cas.*
« *Et se l'homme demouroit à venir, juques le seigneur eüst*
« *vendu les choses, le seigneur ne les restabliroit pas. Et se le*
« *seigneur prenoit le demoine à l'omme, et l'omme disoit, puis*
« *que son seigneur l'auroit dessaisi : vous ne tenez pas mon*
« *demaine pour souffraite de homme, car ge en sui vostre*

---

1. Conf. Beautemps-Beaupré, Ire part., t. Ier, p. 312.
2. Beautemps-Beaupré, Ire partie, t. Ier, p. 313.
3. Beautemps-Beaupré, *Ibid.*, pp. 313, 314.

« *homme, et vous en ay servi autre foiz, si pouroit le seigneur*
« *respondre : amy, je ne cuidoie pas que tu en fusses més mon*
« *homme par les deffautes que tu as faictes* [1]. »

« On voit par ce chapitre que les seigneurs feodaux avoient
« en ce temps des redevances anueles de gants et d'éperons,
« la [2] question ayant esté de sçavoir comment les seigneurs
« devoient se faire payer de ces redevances.

« Il est decidé icy que les seigneurs, pour rendre les vas-
« saux plus exacts, pouvoient leur faire payer le *gage de la loi*,
« ou qu'ils pouvoient faire saisir les bestes, ou les meubles
« de leurs vassaux, et les faire vendre. La Coûtume anciene
« d'Anjou glosée dit encore mieux, que les seigneurs pouvoient
« prendre les fiefs de leurs vassaux, et tel est aujourd'huy
« l'usage. Mais il faut remarquer que la saisie feodale qui est
« faite pour ces droits extraordinaires, et pendant qu'il y a des
« hommes, ou des vassaux qui sont en possession des fiefs,
« n'emporte pas perte de fruits, suivant cette remarque de du
« Molin : *Prehensio feudalis cum lucro fructuum habet tantum*
« *locum pro oneribus ordinariis et approbatis, non etiam pro*
« *juribus extraordinariis insolitis et a consuetudine incognitis,*
« *et generalis dispositio non refertur ad extraordinarias præ-*
« *stationes.* Molin. ad art. 33 *Consuet. Paris, Gloss.* 1, n. 125;
« Brodeau sur cet art., n. 12. Touchant les gants, voyez mon
« *Glossaire* et les autheurs que j'y ay citez; et touchant les
« esperons, voyez le ch. 130. » (Prés. édit., liv. Ier, ch. 134.)
— (LAURIÈRE.)

107. *Notes sur les Établissements, liv. Ier, ch.* 106

(ci-dessus t. II, pp. 181-184).

Texte dérivé : *Anc. usages d'Artois*, III, 6, 7, 8; *Livre des droiz*, 111; *Abrégé champenois*, 63.

Rapprochez : *Ét.*, liv. Ier, ch. 124; liv. II, ch. 9; *Très anc. Cout. de Bretagne*, 1re part., art. 22; *Code de Justinien*, II, XIII, 12; *Decret. de Greg.* IX, I, XXXVIII, 14.

---

1. Cf. Beautemps-Beaupré, Ire part., t. Ier, p. 314.
2. Laurière a imprimé : *et la.*

T. II, p. 182, ligne 2. Dans *O¹* le mot *derechief* a été substitué à *devant le roi*.

T. II, p. 182, ligne 8. *L¹* porte : *quant vous le connaissiez*.

T. II, p. 183, ligne 8. *avient li retors de la terre, i doit estre por lui*. — « On a déja remarqué en plusieurs endroits,
« que par l'ancien droit romain, on ne pouvoit agir par procu-
« reur, si ce n'estoit en trois cas. *Olim*, dit Justinien, *in usu*
« *erat alterius nomine agere non posse nisi pro populo, pro*
« *libertate, pro tutelá*. (*Instit., Per quos agere licet.*)

« On void par la formule 21 du second livre [1] de Marculphe
« que ce droit estoit pratiqué de son temps en France et cet
« usage continua long-temps sous la troisiéme race de nos
« roys. De là vient que Beaumanoir, dans le ch. 4 de ses Coû-
« tumes du Beauvoisis, p. 27, écrit qu'*en demandant nul n'est*
« *oïs par procureur*; et que l'autheur du *Grand Coutumier*
« écrit, liv. III, ch. 6, p. 335 qu'*au procureur du demandeur*
« *en pays coutumier faut grace*.

« Les choses estoient ainsi en demandant, mais en deffen-
« dant chacun pouvoit constituer procureur. Beaumanoir, ch. 4,
« p. 27 : *Chascun* [2] *par la coûtume de Beauvoisins en soy deffen-*
« *dant püet envoyer procureur et puet faire li procurieres, se*
« *il a bonne procuration, autant en la cause comme li sires*
« *feroit, se il estoit present*, et p. 31 : *Nous n'avons pas accous-*
« *tumé que hons de pooté fasse procureur en nus cas, mais gentix*
« *home religieux, clercs et femmes le püent faire en deffen-*
« *dant, etc.* Voyez l'autheur du *Grand Coûtumier*, pp. 335,
« 346; Bouteiller et Masuer, tit. *De contumacia*, § *Item procu-*
« *rator*. Tout ce droit fut aboli par Louis XII [3] aux estats tenus
« à Tours en 1483.

1. La formule en question, d'ailleurs très intéressante, ne vient pas très clairement à l'appui de la thèse historique de Laurière : elle aurait plutôt assez volontiers l'apparence d'un texte divergent; voy. Zeumer, *Formulæ*, pars I, p. 95.

2. Les citations de Laurière donnent souvent un texte un peu inférieur pour de petits détails à celui de Thaumas de la Thaumassière : je laisse subsister la citation de Laurière.

3. Corrigez bien entendu : *Charles VIII*. Voyez ici Picot, *Hist. des états généraux*, t. Ier, p. 448.

« Quand celuy qui avoit esté semons avoit juste raison pour
« ne pas comparoir, il faisoit proposer son essoine, et celuy
« qu'il en chargeoit *devoit*, selon Beaumanoir, *dire en cheste*
« *maniere à cheluy qui tenoit la cour : sires, P. se essoine tel*
« *jour comme il avoit à huy par devant vous, contre tous*
« *chaux à qui il avoit à faire, et quand il sera delivrés de son*
« *essoine, il le vous fera à sçavoir, si que vous le puissiez rad-*
« *journer, se il vous plest, ou se partie vous le requiert, et se*
« *aucune partie voulloit debatre l'essoinement, il le devoit*
« *debatre*, etc. » (Beaumanoir, ch. 3.)

« Quand l'essoinement estoit juste et que la partie averse ne
« le debatoit pas, l'affaire restoit en suspens. Mais lorsque la
« partie averse, ou celui qui avoit fait faire la semonce voyoit
« que l'essoinement pouvoit durer un long espace de temps,
« parce que le deffendeur estoit âgé et dans une infirmité qui
« pouvoit durer plusieurs années, on suivoit ce chapitre et l'on
« obligeoit celui qui avoit proposé l'essoine à constituer procu-
« reur. Voyez ce qu'a écrit Ayrault contre l'abus des essoines,
« liv. III, ch. 383, n. 7. Ce chapitre n'est plus en usage. »
(Laurière.)

108. *Notes sur les Établissements, liv. Ier, ch.* 107

(ci-dessus t. II, pp. 184-187).

Texte dérivé : *Abrégé champenois*, 92.

T. II, p. 184, ligne 4. *Se einsinc avenoit*, etc. — « Anciene-
« ment quand un homme en appelloit un autre en jugement
« pour crime, ou pour des sommes dont il demandoit le paye-
« ment, celuy qui estoit appellé avoit toûjours terme pour se
« préparer à sa deffense.

« Si pendant ce terme l'appellé meffaisoit à l'appellant, il en
« estoit puni, quand le meffait estoit prouvé, et la peine estoit
« qu'il perdoit au jour marqué sa response et ses meubles,
« avec domages et interest, s'il estoit gentilhome, et s'il estoit
« coûtumier, il payoit à la justice 60 s. d'amende. Tout cet
« ancien droit est aboli. » (Laurière.)

T. II, p. 186, ligne 8; p. 187, lignes 1, 2. *il en feroit
soixante sols d'amande à la joustise*, etc. — Rapprochez *Ét.*,
liv. Ier, ch. 97; *Comp.* 26; *Abrégé champenois*, 92.

109. *Notes sur les Établissements, liv. Iᵉʳ, ch. 108*

(ci-dessus t. Iᵉʳ, pp. 187-190).

Voyez, en général, sur ce chapitre, ci-dessus t. Iᵉʳ, pp. 199, 200; p. 285, note 2.

Textes dérivés : *Anc. usages d'Artois*, XLIII, 1, 2; *Livre des droiz*, 257; *Abrégé champenois*, 133.

Rapprochez : *Ét.*, liv. Iᵉʳ, ch. 122; liv. II, ch. 8, 21; *Anc. usages d'Artois*, XLIII, 3, 4; *Livre des droiz*, 793; *Très anc. Cout. de Bretagne*, 4ᵉ partie, art. 97, 104, 105; *Liger*, 1264, 1291; Guy Coquille, *Questions et responses sur les coustumes de France*, Paris, 1634, p. 57.

T. II, p. 188, lignes 3, 4. *la joutise doit tenir les cors d'aus deus en igal prison.* — Cf. ci-après les notes sur le ch. 21 du liv. II.

T. II, p. 188, ligne 4. *doit tenir les cors d'aus deus en igal prison.* — Suivant M. A. du Boys, l'accusateur n'était mis en prison que dans les procès entre coutumiers [1]. L'observation peut avoir quelque chose de fondé au point de vue du fait et de la pratique : le rédacteur des *Anciens usages d'Artois* nous apprend, en effet, que la recréance était souvent accordée aux puissants, même en cas d'appel de crime : *et c'est bien de raison et de droit que li prince et li noble qui ont non de dignité et de signorie soient mené autrement que chil de mains de dignité* [2]...

Olivier de la Marche nous fournit pour Valenciennes et l'année 1465 un exemple d'accusateur mis en prison avec l'accusé [3]. Aujourd'hui encore, à Saïgon, le plaignant peut quelquefois être mis en prison : *Le juge, recevant une plainte, peut, s'il le croit utile, s'assurer de la personne du plaignant, soit en l'em-*

---

1. A. du Boys, *Hist. du droit crim. des peuples modernes*, t. II, 1858, pp. 303, 304.
2. Bibl. nat., ms. fr. 5248, fol. 100 v°, 101 r°; cf. édit. Maillard, 1786, p. 45.
3. Olivier de la Marche, *Mémoires*, liv. Iᵉʳ, ch. 32, reproduit dans P. de Croos, *Hist. du droit pénal dans le comté de Flandres*, p. 205.

prisonnant, soit en exigeant caution responsable[1]. J'aurais besoin d'un supplément d'information pour apprécier l'utilité et l'équité d'un pareil règlement à Saïgon.

T. II, p. 188, lignes, 6, 7. *laissant aller l'un ors de prison par pleges.* — La mise en liberté sous caution, ou plus exactement l'exemption de la prison publique remplacée par la *custodia privata* ou *libera* chez le fidéjusseur, existe chez les Romains. Voyez[2] *Dig.*, XLVIII, III, 3. D'autre part, on trouve aussi la mise en liberté sous caution chez les Scandinaves[3] et deux formules de Marculf y font peut-être quelque allusion[4].

T. II, p. 188, ligne 7 ; p. 189, ligne 1. *et cil s'an foïst qu'il avroit delivré par pleges.* — « Il semble que du temps que
« ces *Establissemens* ont esté faits, le ministere des procu-
« reurs du roy et de ceux des seigneurs pour la punition
« des crimes, estoit inconnu, et l'on void manifestement
« qu'on usoit alors de recrimination, ce qui a esté rejetté
« avec raison, parce que, comme le remarque Ayraut dans
« son *Ordre judiciaire*, liv. III, ch. 32, *si on vouloit admettre
« ces deux accusations respectives toutes ensemble, ce seroit
« contre la regle de Celsus et d'Apollodorus qui disoient de
« uno reo consilium cogi dumtaxat ; c'est-à-dire qu'en un
« procez il ne doit y avoir qu'un accusé. Or, ce seroient deux
« accusations, deux procés, deux jugemens. Et quand cela se
« presente, dit Quintilien après eux, il faut par necessité pre-
« ferer l'une des accusations et surseoir à l'autre,* etc.

« On estoit alors obligé d'en user ainsi pour decouvrir les
« grands crimes et les punir. Et contre toutes les regles[5] du

---

1. *Règles de procédure tracées par les lois annamites, les décrets, arrêtés et circulaires en vigueur dans la colonie*, Saïgon, 1878, p. 9.
2. A. du Boys, *Histoire du Droit criminel des peuples anciens*, p. 471 ; E. Le Blant, *Les actes des martyrs. Supplément aux Acta sincera*, p. 59.
3. *Thord Degns Artikler*, XLIV (40) dans Kolderup-Rosenvinge, *Kong Valdemar den andens Jydske Lov og Thord Degns Artikler*, Kiöbenhavn, 1837, p. 470.
4. Liv. Ier, form. 37, 27 dans D. Bouquet, t. IV, pp. 482, 478.
5. Assertion inexacte : il y a ici des antécédents romains ; voyez ce que j'ai dit ci-dessus t. Ier, p. 199.

« droit ancien et nouveau, on commençoit par mettre en prison
« les accusateurs et les accusez pour les faire combattre, par le
« *deffaut de preuves*, car, comme dit des Fontaines dans son
« *Conseil*, ch. 15, art. 28, p. 100, *bataille n'a pas lieu où jus-*
« *tice amesure*. Joignez le ch. 27 cy-dessus. » (Prés. édit.,
liv. Ier, ch. 30.) (Laurière.)

T. II, p. 189, ligne 5. *de tel grant meffait*. Voyez dans
Beaumanoir la définition des mots *murdre, trahison, homicide,
femme efforciée* (ch. 30, édit. Thaumas de la Thaumassière,
p. 148).

T. II, p. 190, lignes 3, 4. *Et iceste amande si est apelée
reliez d'ome*. En effet, primitivement le plege se soumettait à la
peine même que l'accusé eût encourue[1] ; c'est ce qu'exprime
encore un texte de l'année 1344 : *Li baillis dit que il ne le
penroit mie en ostage et ne leveroit mie la main, se il n'avoit
ostage plus souffisant et qui se obligast corps pour corps et avoir
pour avoir, et à coper le poing, se lidiz Joaquins y estoit con-
dempnez*[2]. L'amende de 100 sols et 1 denier était donc un vrai
rachat, *un relief*. Voyez des textes fort importants dans l'une
des belles publications du Dr Kohler, *Nachwort zu Shakespeare
vor dem Forum der Jurisprudenz*, p. 10.

Voyez ci-après liv. Ier, ch. 125.

110. *Notes sur les Établissements, liv. Ier, ch.* 109
(ci-dessus t. II, pp. 190-192).

Voyez ci-dessus t. Ier, pp. 67, note 2 ; 210, 211.

Texte dérivé : *Livre des droiz*, 46 (Cf. 63, 105).

Rapprochez : Décision du Parlement de 1277 dans Beugnot,
Olim, t. II, p. 100 (Cf. Boutaric, *Actes du Parlement de Paris*,
t. Ier, p. 193, n° 2095) ; *Anc. usages de Bourgogne*, ch. 8 :
Quant li jugeour se descordent (édit. Marnier, p. 11) ; *Anc. Coutumier inédit de Picardie*, art. 1er, édit. Marnier, pp. 1, 2 ; Beau-

---

1. *Reg. de Saint-Martin-des-Champs*, édit. Tanon, pp. 4, 5, 6,
20, 127 ; *Livre des droiz*, édit. Beautemps-Beaupré, t. II, p. 214 ;
Barabé, *Recherches hist. sur le tabel. royal*, 1863, p. 112 et note 3.

2. Varin, *Archives admin. de la ville de Reims*, t. II, 2e partie,
p. 917, note.

manoir, ch. 65, § 1, 2, 3, 4, 9, 10, 11 ; édit. Beugnot, t. II, pp. 441, 442, 444, 446; Coutume de Montferrand (1294), art. 137 dans *Ord.*, t. XIV, p. 224 ; Cout. de Lorraine de 1519 résumée par Bonvalot, *Les plus princ. et gener. coust. du duché de Lorraine*, p. 20.

Le *jugement contendu* est à peu près ce qui s'appelle à Metz *jugement radraciet*. (*Revue de législat. anc. et mod.*, 1876, 1re livr., pp. 21, 22.)

T. II, p. 191, ligne 1. *Se aucuns se plaint.* — « Ce chapitre
« estoit pour les lieux, où la justice se rendoit par prevots ou
« baillis, et non pour les lieux où elle se rendoit par pairs ou
« par hommes de fief.

« Dans le temps que ces *Establissemens* avoient lieu, quand
« un homme se plaignoit à justice d'aucun meffect contre un
« autre, la justice au premier jour de leurs paroles, c'est-à-
« dire au premier jour qu'elle les avoit entendus, leur mettoit
« terme advenant. Quand ils venoient au jour marqué, ils
« disoient encore leurs raisons, et la justice, après les avoir
« encore entendus, leur donnoit un autre terme. Quand ils
« s'estoient rendus à ce terme, la justice, c'est-à-dire le juge, se
« levoit et appeloit *hommes suffisans*, c'est-à-dire ses *conseil-*
« *lers, assesseurs,* ou, comme il est dit dans le ch. 15 du second
« livre de ces *Establissements* (présente édit., liv. II, ch. 16),
« ses *hommes jugeurs,* qui ne devoient estre amis ni de l'une
« ni de l'autre partie. Il devoit retraire, c'est-à-dire faire rap-
« port aux jugeurs des paroles ou des raisons des deux parties,
« et les jugeurs, devoient dire leur avis et faire droit. Le juge
« retreioit ensuite aux parties presentes, ce qui avoit esté
« decidé par les jugeurs. Et, si l'une des parties n'estoit pas
« contente du jugement, elle devoit en appeller en presence du
« juge. Voilà l'explication de ce chapitre que l'on ne peut
« entendre que par le commencement du ch. 15 du second
« livre (prés. édit., liv. II, ch. 16) qu'il y faut joindre[1]. » (LAURIÈRE.)

1. Cette explication du ch. 109 n'est pas heureuse : Laurière n'a pas vu qu'il s'agit d'un cas tout particulier, celui où les jugeurs ne s'entendent pas sur la sentence à rendre (*li jugemanz contende*).

T. II, p. 191, lignes 7, 8. *et doit faire les paroles retraire*. — Sur l'importance décisive des paroles prononcées par les parties, voyez notamment Pierre de Fontaines, ch. 21, § 53, 54, édit. Marnier, pp. 273, 274. La procédure est différente en Poitou : *La coustume de Poitou des jugemens contenduz si est telle que les moz ne sont pas gardez ; ains reviennent arriere les parties pour plaidoier de nouvel ou point et en l'estat qu'elles estoient au temps du plaidoyé du jugement contendu.* (*Livre des droiz*, 63.)

Rapprochez le mot *parole* dans ce passage du Menestrel de Reims : *Et li conta Pierres Halos sa parole* [1].

T. II, p. 192, lignes 1, 2. *doit retraire ce qu'il avront jugié.* — Pour bien comprendre ce passage, il faut savoir que les parties sont déjà *reüsées* (retirées) au moment où les jugeurs s'entendent sur le jugement à prononcer. (Cf. *Ét.*, liv. II, ch. 16.)

T. II, p. 192, lignes 3, 4. *L*[i] porte : *lever jusques à tant que jugemenz est atenduz deus par.*

111. Notes sur les Établissements, liv. Ier, ch. 110

(ci-dessus t. II, pp. 192-195).

Voyez ci-dessus t. Ier, p. 20.

Textes dérivés : *Livre des droiz*, 113 ; *Abrégé champenois*, 93.

Rapprochez : *Livre des droiz*, 83, 108, dernier alinéa ; *Cout. de la ville et Septene de Bourges*, ch. 93 (Bourdot de Richebourg, t. III, p. 885) ; *Dig.*, X, II, 43 ; *Code civil*, art. 815.

Il paraît résulter du *Livre des droiz* que le principe posé par notre ch. 110 n'existait pas en Poitou : *Nul ne puet demander à autre freresche, s'il n'est cousin germain ou plus pres* [2].

T. II, p. 194, ligne 5. *plus de joutise*. — « Ce n'est pas, ce « semble, *plus de jurisdiction*, mais *plus de droits*. Ce mot

---

[1]. *Récits d'un menestrel de Reims*, édit. Nat. de Wailly, p. 244.
[2]. *Livre des droiz*, 108, dernier alinéa. Ce § 108 est probablement purement poitevin : ailleurs (113), le *Livre des droiz* n'est plus qu'une simple copie du droit angevin.

« pris en ce sens est fréquent dans une infinité de titres. Vide
« Cangium in *Glossario*. Cependant *justice* doit estre icy pris
« pour *jurisdiction*, ce qui paroist par les mots qui suivent : *je*
« *tiens le plait*. Par *plus de justice* il faut donc entendre icy
« *justice ou jurisdiction de plus.* » — (LAURIÈRE.)

T. II, p. 195, lignes 2, 3, 4. *et sont les rentes receües*, etc.
Cette situation est exactement celle des chanoines de Sainte-
Croix d'Orléans et de Raymond ou Raynaud de Craciaco[1]. Le
sergent de Sainte-Croix touche les rentes; mais le sergent de
Raymond ou Raynaud peut être présent : *Quarta consuetudo
est quod de porcis qui jacuerint in terra Sanctæ Crucis, et
cucurrerint per nemora Sanctæ Crucis et per nemora ipsius
Rainaudi sine occasione habebit medietatem pasnagii; ita quod
serviens Sanctæ Crucis recipiet illud in domo Sanctæ Crucis,
præsente serviente suo (cui medietas persolvetur)*[2].

Rapprochez encore cette convention de l'année 1235 (a. s.)
qui nous place en présence d'une situation analogue à celle que
vise ce passage : Baudouin des Prez, chevalier, déclare qu'après
débat entre Jeanne, comtesse de Flandre, et lui, sur ce qu'elle
prétendait pouvoir établir un sergent à Zomerghem, pour y
conserver ses droits, dans les plaids qui s'y tiennent, ce que
Baudoin refusait, il reconnait que la comtesse peut y établir un
sergent, mais qu'il a droit d'y tenir les plaids[3].

L'acte suivant, que je crois du xɪvᵉ s., est à rapprocher de
ce chapitre, parce qu'il suppose aussi une copropriété inégale-
ment répartie (l'avantage est à l'archevêque de Tours) :

*Monseigneur Pierre d'Avoir, chevalier, à cause de sa fame,
representent la personne feu Guillaume de Arthanne, diz-
outiesme ou livre Eschequete, home lige de Monseigneur l'arcevesque, de ses vignes, terres, prés, et hommes, et des cens que
il a et li sont deüz à Arthanne et à Thelose en sa baillie, et*

---

1. Probablement Crachy, ham., comm. de Ferrières-Gâtinais
(Loiret).

2. Acte de 1154 dans le *Cart. de Sainte-Croix d'Orléans*, Bibl.
Nat., collect. Baluze, t. LXXVIII, fol. 48 recto.

3. *Inventaire anal. et chron. des archives de la Chambre des
comptes à Lille*, t. Iᵉʳ, pp. 256, 257, acte n° 633.

doit cemondre et produire le charray, et doit avoir ses despens à lui et à son vallet en la grange quant il baille le blé, et quant il le rent à Tours, et doit recevoir avec le clerc de l'arcevesque les cens et coutumes et les rendre par escript. Les plez et les cris doivent estre traictiez davant lui, et se il ne puet mettre affin, il doit mener les parties plaidoiens devant les gens de l'arcevesque, et la justice d'iceulx pledoiens est soue jusques à sept souls six deniers; et au dessus l'arcevesque a les deux pars et lui la tierce partie; les ventes sont soues quittes. Si cenglier, ou cerf, ou autre beste sauvage est prise [en[1] sa] baillie, elle est soue, mes il envoiera à l'arcevesque la tete et les piés du cenglier, et du cerf les dainteis. Les chouses trouvées li doivent estre rendues jusques il vienge qui prouve la chouse estre soue. Item, il a en la grange de Tilose chacun an trois septiers de froment et trois septiers de seigle. Item, il doit à l'arcevesque tous les ans une procuration de deux mes de chars, à la volunté de l'arcevesque, en sa cuysine. Les terres gastes seront baillées de lui au profit de l'arcevesque selon les coustumes des autres terres. Les espandailles de la mine de l'avoine sont soues. (Tenet Radulphus de Monte Forti[2].)

On voit par divers paragraphes de cet acte que la vassalité de Pierre d'Avoir et de ses auteurs est mêlée, d'une manière très sensible, de copropriété; mais il est très évident aussi que cette copropriété n'est pas pure, n'est pas simple : l'élément de vassalité est présent et même plus important que celui de copropriété. Conformément à la doctrine des *Ét.*, liv. Ier, ch. 110, les seigneurs d'Arthanne n'auraient certainement pas pu obtenir le partage, la division de leurs intérêts d'avec ceux de l'archevêque de Tours.

T. II, p. 195, ligne 5. *Et se les costumes*, etc. — « La « question proposée est de sçavoir comment des terres ou « des vignes possedées en commun par deux personnes doivent « estre partagées, qui des deux doit faire les lots et qui doit

---

1. Les mots *en sa* manquent dans le ms.
2. *Cart. de l'archevêché de Tours*, copie de D. Bétencourt, p. 347-348. Transcription par Salmon, ms. 1267 de la bibl. de Tours, vers la fin.

« choisir. Et il est décidé dans ce chapitre que c'est le provo-
« quant ou le complaignant qui doit faire les lots et que l'autre
« doit choisir : *Cil qui se haste doit partir et partira et cil choi-
« sira* [1] ; et ce qui est icy decidé est devenu dans la suite le droit
« commun de presque toute la France, au temoignage de Jean
« Faber, ad titul. *Instit.*, *De actionibus*, § *Quædam*, num. 10,
« en ces termes : *Quæritur, quis tunc dividet : et quis eliget?*
« *Consuetudinarii dicunt quod provocans dividet et provocatus*
« *eliget, et ita scio servari in pluribus terris de facto. Quod*
« *si sint plures provocati, tunc videtur quod minor eligat. Cod.*,
« *De metatis*, lege 2, etc. Voyez Loisel dans ses *Institutes*,
« liv. II, tit. VI, regle 1.

« Les choses estoient ainsi quand il s'agissoit de fonds, mais,
« quand il estoit question de cens, de rentes et de droits sei-
« gneuriaux entre des personnes dont la justice appartenoit à
« une seule d'elles, alors celuy qui avoit la justice pouvoit
« s'opposer au partage et l'usage estoit qu'il devoit les recevoir
« seul, à la charge d'en faire raison aux autres. Vide Joannem
« Fabrum ad titulum *Institutionum*, *De actionibus*, § *Quædam*,
« numero 8, in principio.

« Celuy qui faisoit ainsi payer les rentes seigneuriales
« employoit son sergent à les lever et les sergents des autres
« pouvoient estre avec lui, pour informer leurs maistres de ce
« qui avoit esté payé. Et, quand il estoit question de proceder
« contre ceux qui ne payoient pas, ou qu'il s'élevoit à ce sujet
« quelque contestation, il estoit libre à tous les seigneurs d'as-
« sister au plait. » (Laurière.)

112. *Notes sur les Établissements*, liv. I*er*, ch. 111

(ci-dessus t. II, pp. 196-199).

Voyez, en général, sur ce chapitre ci-dessus t. I*er*, pp. 104-106, 394.

Textes dérivés : *Livre des droiz*, 460 ; Boutillier, *Somme*

---

1. Dans mon édit. : *cil qui se hastoit de partir si partiroit à l'autre et cil choisiroit.*

rural, édit. de 1624, pp. 903, 904[1] (par l'intermédiaire des *Anc. usages d'Artois*, XIII, 9, 10).

Rapprochez *Livre des droiz*, 994, 528; Choppin sur Anjou, liv. Ier, art. 14 *in fine;* Dufrementel, *Conférence de la rédaction de la Cout. de Touraine en 1460 et de ses deux réformations en 1507 et 1559*, pp. 542, 550, 552, 553.

T. II, p. 196, ligne 2. *vaarie.* — « Voyez l'art. 3 de la Coû« tume du Loudunois, au titre *De basse justice*, et l'art. 14 de « la Coûtume d'Anjou. » (LAURIÈRE.)

T. II, p. 196, ligne 3. *estagiers.* — « Voyez l'art. 14 de la « Coûtume d'Anjou, la note sur le ch. 53 cy-dessus (prés. édit., « liv. Ier, ch. 57), et mon *Glossaire* au mot *Estagiers.* » (LAURIÈRE.)

T. II, p. 196, ligne 4. *en la banliue.* — « L'art. 14 de la Coû« tume d'Anjou ajoute *dudit moulin*, et le 3. de la Coûtume du « Loudunois, au titre *De basse justice*, requiert que le moulin « *soit à eaüe*. Par l'art. 9 du mesme titre, la banlieüe est de « deux mille pas, chacun valant cinq pieds, et en Anjou de « mille tours de roüe, valant 15 pieds, art. 22. » (LAURIÈRE.)

Sur la banlieue bretonne, voyez *Très anc. Cout. de Bretagne*, 8ᵉ partie, art. 253.

T. II, p. 196, lignes 4, 5. *Et se aucuns en deffailloit, puis qu'il en seroit semons.* — « Dans le temps de ces *Establisse« mens*, celuy qui avoit moulin banal devoit commencer par faire « semondre ses estagiers d'y aller moudre. Sils n'obéïssoient « pas à la semonce, il devoit leur faire deffense de moudre « ailleurs, et, si les estagiers n'y obéïssoient pas, il pouvoit « confisquer les farines. Aujourd'huy ces precautions ne sont « plus requises. » (LAURIÈRE.)

T. II, p. 197, ligne 1. η porte : *le seigneur le puet bien faire gueter que il n'aille meuldre à autre moulin* [2].

T. II, p. 197, lignes 4, 5. *et li homs n'an doit autre amende.* — « Suivant les art. de la Coûtume d'Anjou et du Loudunois citez « cy-dessus, le seigneur qui a voirie ou basse justice ne con-

---

1. Boutillier utilise aussi les ch. 113, 114 du liv. Ier des *Établ.* Cf. ci-dessus t. Ier, p. 355, note.

2. Beautemps-Beaupré, 1ʳᵉ partie, t. Ier, p. 317.

« fisque les farines de ses estagiers, que quand elles sont sai-
« sies dans son fief, et les estagiers ne doivent autre amende.
« Mais, si les farines sont trouvées hors du fief, ou si le seigneur
« ne fait pas saisir les farines, il peut poursuivre son *amende*
« *de loy* en justice qui est de 7 sols 6 deniers, ainsi qu'il est
« dit dans le chapitre 104 de l'anciene Coûtume d'Anjou glosée [1].
« Voyez l'art. 4 de la Coûtume du Loudunois au titre *De basse*
« *justice*. »

« T. II, p. 198, lignes 6, 7. *et s'il i a moins, o sa foi*. — Trace du sentiment de respect et de crainte qu'inspirait le serment (voyez ci-dessus t. Ier, pp. 204-208) : on n'osait prêter serment pour une affaire sans importance.

T. II, p. 198, ligne 7. *Et einsinc doit l'en entendre*, etc. — C'est-à-dire « que le meunier ainsi poursuivi n'a point de def-
« fenses à opposer au moulant. » (Laurière.)

T. II, p. 198, ligne 7. Au lieu de *o sa foi*, η porte : *o sa fiance*.

T. II, p. 198, ligne 9. *Mais cil doit jurer ou fiancier*. — η glose ainsi ce passage : *Si l'homme moulant* [2] *mesure son blé, et il le aporte au dedanz du sueil du molin son seigneur pour mieuldre, et puis il viegne querre sa farine, et il la mesure aussi comme il fist le blé, et il ne trouve son compte, il en seré desdommagié sus le monnier du moulin; c'est à savoir que le monnier li parferoit ce que il en trouveroit mains, et ne appartient à ce que le serment de l'omme*.

Et se le varlet ou chambriere à l'omme, ou autre pour luy avoir mesuré le blé ou la farine, et l'homme en demandast

---

1. Au passage indiqué de la *Coutume glosée* je ne retrouve pas ce taux : il figure aux §§ 1427 et 1431 des *Coustumes d'Anjou et du Maine selon les rubriches de Code* (Beautemps-Beaupré, *Coutumes et inst. de l'Anjou et du Maine*, 1re partie, t. II, p. 514). Il faut ajouter que dans la Coutume de Touraine-Anjou et dans les *Établissements de saint Louis*, c'est-à-dire dans les textes commentés par Laurière, l'*amende de sa loi* est de *cinq sous* et non de *sept sous*. Voy. *Établ.*, liv. Ier, ch. 51 (ci-dessus t. II, pp. 73, 74) et ci-dessus t. Ier, p. 244.

2. Je substitue *moulant* à *monnant* accepté par M. Beautemps-Beaupré.

retour puis que fait d'autre y eüst, il n'en seroit pas creü à son serment; ainz convendroit ceulz qui aroient porté et mesuré le blé et rapportée la farine; et par les sermens de luy et de ceulx seroit desdommagié [1].

« Voyez l'art. 24 de la Coûtume d'Anjou. »

« Il faut observer que la disposition de ce chapitre n'est que
« pour les *estagiers*, c'est-à-dire pour les roturiers qui avoient
« leur estage ou domicile sur des terres en roture dans le fief
« du seigneur qui avoit *voirie*. Il n'en estoit pas de mesme, si le
« roturier avoit son estage ou son domicile sur son fief, suivant
« le ch. 104 de l'anciene Coûtume d'Anjou glosée (édit. Beau-
« temps-Beaupré, ch. 107) dont voicy les termes : *Mes tout*
« *home, combien que il soit coûtumier tenant son estage à foy,*
« *puet moudre et cuire où il voudra, pour la depense de luy et*
« *de sa famille.* Voyez l'art. 30 de la nouvelle Coûtume d'Anjou.

« Beaumanoir dans le ch. 30 de ses Coûtumes de Beauvoisis
« rend raison de ce droit en disant que, *si li home de poote*
« *maint en franc fief, il est demené, comme gentilhome, comme*
« *de ajournemens, et de commandemens, et puet user des fran-*
« *chises du fief*, p. 152. » (LAURIÈRE.)

143. *Notes sur les Établissements, liv. Ier, ch. 112*

(ci-dessus t. II, pp. 199-202).

Textes dérivés : *Très anc. Cout. de Bretagne*, 7e partie, art. 249; *Livre des droiz*, 114 ; *Abrégé champenois*, 64.

Rapprochez : transaction du xie siècle au sujet d'un moulin commun dans le cartul. de Saint-Florent de Saumur (Marchegay, *Archives d'Anjou*, t. Ier, p. 258, n° 68); acte de 1155 pour l'établissement de moulins qui appartiendront en commun à Saint-Martin-de-Tours et aux moines d'Asnières, dans Archives de Maine-et-Loire, titres de la terre de Bron, liasse 9, cote n° 2, d'après Salmon *Saint-Martin, copies et extraits*, t. VI, p. 267. (Mss. de la bibl. de Tours.)

T. II, p. 200, ligne 6. *afaitier.* — « *Affetier*, c'est *raccom-*
« *moder*, comme il se voit par ce qui suit de *Merlin* : *Et luy*

---

[1]. Beautemps-Beaupré, *Cout. et inst.*, 1re partie, t. Ier, p. 319.

« *demandez de ce cuir qu'il emporte, il vous dira qu'il en veut*
« *ses souliers affaitier, quand ils seront depiecez.* » (LAURIÈRE.)

T. II, p. 201, ligne 5. L^1 porte : *que cil avroit mis pour sa partie.* — O^1 porte : *qu'il li avroit coûté par parties et diroit par son sermentcombien et conteroit ce que il en avroit reçeü en paiement de la mouture.*

T. II, p. 202, ligne 1. L^1 porte : *avra receü de.*

T. II, p. 202, ligne 2. PO^1 portent : *li coustement ne monteroient.* — *O* porte : *li cous demenez* (sic) *ne maintenroient* (sic).

« L'art. 20 de la nouvelle Coûtume d'Anjou tirée de ce cha-
« pitre servira à le faire entendre : *Quand un moulin est com-*
« *mun ou personier entre deux ou plusieurs personnes, et il y*
« *faut mettre roüe, roüet, ou autre reparation, ou autre refec-*
« *tion necessaire, par quoy il ne puisse moudre, l'un des per-*
« *soniers peut sommer l'autre de contribuer à la reparation du*
« *moulin, et, ladite sommation faite, s'il ne veut, ou s'il delaie,*
« *l'autre personnier le peut faire reparer, et prendra, et fera*
« *siens tous les profits du moulin, jusques à ce que l'autre per-*
« *sonier ait payé sa part de la reparation. Mais s'il le faisoit*
« *reparer sans le sommer, l'autre personnier payeroit sa part*
« *de la reparation, et auroit sa part de ce que le moulin auroit*
« *gagné.* Voyez les commentateurs. » (LAURIÈRE.)

114. *Notes sur les Établissements, liv. Ier, ch.* 113

(ci-dessus t. II, pp. 202-204).

Voyez, en général, sur ce chapitre ci-dessus tome Ier, pp. 104-106.

Textes dérivés : *Anc. usages d'Artois*, XIII, 9, 10, 11 ; *Regles coutumières bretonnes*, 1re série, art. 42. Voyez en outre pour la *Somme rural* ci-dessus, p. 92, note 1.

Rapprochez Guy Pape, quæstio 298 ; Choppin sur Anjou, liv. Ier, art. 15, 23 ; *Liger*, 1464 ; acte de 1066 dans Marchegay, *Archives d'Anjou*, t. Ier, p. 333, n° XVII bis.

T. II, p. 203, lignes 1, 2. *se il n'a bourc où partie en bourc.*
— « La raison est qu'il n'est pas possible qu'un seigneur
« puisse tirer du profit d'un four banal, ni les estagiers de la
« commodité, s'il n'y a un si grand nombre d'estagiers pour

« porter leurs pastes au four, qu'il ne vaque pas. Voyez l'art. 23
« de la Coûtume d'Anjou, le 24. de la Coûtume du Maine, et
« Sainson sur l'art. 13 de l'ancienne Coûtume de Touraine. »
(LAURIÈRE.)

T. II, p. 204, ligne 4. *il ne seroient pas tenu à cuire à son four.* — « Il y a une disposition semblable à l'égard du moulin
« banal dans l'art. 107 cy-dessus à la fin. » (Prés. édit., liv. Ier,
ch. 111.) (LAURIÈRE.)

115. *Notes sur les Établissements, liv.* Ier, *ch.* 114

(ci-dessus t. II, pp. 204-206).

Voyez, en général, sur ce chapitre ci-dessus tome Ier, pp. 104-106.

Textes dérivés : *Livre des droiz*, 464, 696 (avec renvoi formel aux *Establissemens de France)*; pour la *Somme rural*, cf. ci-dessus, page 92, note 1.

Rapprochez un acte du XIe siècle dans Petigny, *Hist. archéol. du Vendômois*, 1849, p. 208.

T. II, p. 204, ligne 9; p. 205, ligne 1. *tuit si home costumier.* — « Quand les vavasseurs n'ont pas de moulin, les barons
« peuvent contraindre les estagiers des vavassors de venir
« moudre à leurs moulins, pourveû que les estagiers soient
« dans la banliüe. » (LAURIÈRE.)

T. II, p. 205, lignes 4, 5. *si come nos avons dit desus.* —
« Chap. 107. » (Prés. édit., liv. Ier, ch. 111.) (LAURIÈRE.)

T. II, p. 205, ligne 6. *chastelerie.* — « Au lieu de *chastellerie*
« qui est la justice du ber, il semble qu'il y auroit mieux *voierie*
« ou *voirie*, qui est la justice du vavasseur. Cette correction est
« autorisée par le commencement du ch. 107 (prés. édit., liv. Ier,
« ch. 111) qui est en ces termes : « *Se aucuns homme*, (c'est-à-
« dire *vavasseur*), *avoit moulin qui eüst voerie* (ou *voiere*) *en sa*
« *terre, et il ait homme en sa terre, ils doivent moudre à son*
« *moulin, tuit cil qui sont dedens la banlieue*[1], etc. »

« Le sens de ce chapitre est que ceux qui sont dans la voirie
« du vavasseur, qui n'a point de moulin, doivent moudre au

1. Voyez un texte plus correct, présente édit., t. II, p. 196.

« moulin du ber, pourveû qu'ils soient dans la banlieüe,
« mais que, si le vavasseur bâtit un moulin, il pourra con-
« traindre ses estagiers à laisser le moulin du ber pour venir
« moudre au sien, pourvû qu'ils soient dans la banlieüe de sa
« voirie, et, s'il est dans la banlieüe mais hors de sa voirie, il
« ne pourra les contraindre, n'ayant nul droit sur les estagiers
« qui tiennent nüement du ber, lequel ne doit pas perdre sa
« droiture.

« Par *sa chastellerie* on peut, ce semble, aussi entendre celle
« du ber ou du baron, dans laquelle est la *voirie* ou la *voyere*
« du vavasseur. » (LAURIÈRE.)

116. *Notes sur les Établissements, liv. I*er*, ch.* 115
(ci-dessus t. II, pp. 206-208).

Texte dérivé : *Livre des droiz*, 462.
Rapprochez *Liger*, 369.

T. II, p. 206, ligne 8. *Se li bers*, etc. Ces lignes supposent aussi clairement que possible un fief sans justice; l'ancien droit angevin n'était donc pas régi par le principe posé par Laurière pour cette province : *Dans la Coûtume d'Anjou*, écrit cet auteur, *du Maine et quelques autres, il n'y a point de fief sans justice, ni de justice sans fief*[1]. Pocquet de Livonnière dit plus exactement qu'en Anjou et Maine fief et justice ne se trouvent *presque jamais* séparés [2].

Le cas (exceptionnel en Anjou) que prévoit ce passage est la situation qui a inspiré la fameuse règle de Loisel : *Fief, ressort et justice n'ont rien de commun ensemble*[3]. Cette règle célèbre a donné lieu à de nombreux commentaires : on peut lire ici : Laurière sur Loisel; Dufrementel, *Conf. de la rédact. de la Cout. de Touraine en 1460 et de ses deux reformations*, Tours, 1786, p. 544; Championnière, *De la propriété des eaux courantes*, Paris, 1846, p. 156; Pardessus, *Essai historique sur l'organ. jud.*, pp. 321 et suiv.; Secretan, *Essai sur la féodalité*, Lau-

---

1. Laurière sur Loisel, liv. II, titre II, règle 44.
2. *Regles du droit françois*, livre Ier, tit. v, règle 3.
3. *Institutes*, liv. II, titre II, regle 44.

sanne, 1858, p. 458, note 1; Bardoux, *Les Légistes, leur influence*, p. 8.

Rapprochez aussi deux passages des *Établissements* où les idées de *justice* et de *seigneurie* paraissent bien distinguées (*Ét.*, liv. Ier, ch. 102; liv. II, ch. 20, ci-dessus t. II, pp. 173, 405).

« Voyez Chopin, liv. Ier, *De jurisd. Andeg.*, c. 47, § 4. » (Du Cange.)

T. II, p. 207, ligne 1. Au lieu de *en aucun fié*, η porte : *aucune foiz* [1].

« Le baron qui tient un fief avec simple voirie, dans la chas-
« tellerie d'un autre baron, n'est que vavasseur par rapport au
« baron dont il tient ce fief. Et il peut fort bien arriver qu'un
« vavasseur qui demeure sur son fief, le tienne à foy et homage
« d'un baron, qu'il soit en mesme temps dans la chastellerie
« d'un autre baron et qu'il tienne sa voirie et sa justice, non du
« baron dont il tient son fief à foy et homage, mais de l'autre
« baron en la chastellerie duquel il est, et ainsi l'on peut faire
« deux homages d'un mesme fief et à deux differens seigneurs,
« à l'un du fief, et à l'autre de la *voirie* ou *voiere*. » (Laurière.)

T. II, p. 207, lignes 5, 6. *Et en ceste meniere jet l'en bien d'un fié II homages.* — Cf. *Ét.*, liv. Ier, ch. 120. (Ci-dessus t. II, pp. 217-219.)

T. II, p. 207, ligne 7. O^1 porte : *fié et de la terre.*

T. II, p. 207, ligne 7. *dou fié* manque dans L^1 O^1.

T. II, p. 207, lignes 8, 9. — L^1 porte : *se plainsit de lui au baron de celui qui.* — O^1 porte : *se plainsist d'un autre à celui qui.* — η porte : *se plaignist de celuy qui tient le fond de la terre de luy.*

T. II, p. 207, ligne 9; p. 208, lignes 1, 2. — η porte : *terre de luy, celuy de qui seroit tenu le fons pourroit bien tenir le plait du fons de la terre davant soy jusques à la bataille* [2].

« Que l'on suppose que deux personnes soient domiciliées
« dans la *voirie* unie au fief possedé par un de ces barons, dans
« la chastellerie de l'autre; et que ces deux personnes ayent

---

1. Beautemps-Beaupré, 1re partie, t. Ier, p. 322.
2. Beautemps-Beaupré, *Cout. et inst.*, 1re partie, t. Ier, p. 322.

« procés ensemble. Qui est-ce qui en aura le plaid? Et il faut
« dire que ce sera le baron seigneur du fief auquel la voirie est
« unie. »

« Mais, si la contestation de ces deux personnes ne peut estre
« decidée que par le duel, qui en aura la connoissance? Ce ne
« sera pas le baron seigneur du fief, parce qu'il n'a pas telle
« justice, car le gage de bataille n'est pas de voirie, ou de basse
« justice, mais de haute. Et ainsi ce sera le baron dans la chas-
« tellerie duquel le fief est qui en connoistra. Voyez ce que j'ay
« remarqué sur la regle de Loisel, *Tableau de champions com-*
« *batant à l'audience est marque de haute justice*, liv. II, dans
« ses *Institutes*, ch. 47. » (LAURIÈRE.)

117. *Notes sur les Établissements, liv. Ier, ch.* 116

(ci-dessus, t. II, p. 208, 209).

Textes dérivés : *Livre des droiz*, 115 ; *Abrégé champenois*, 116.

Rapprochez : *Livre des droiz*, 380.

Notre texte reproduit ici un principe posé en 1177 par le roi Henri II d'Angleterre, à la requête des Bons-Hommes de Grammont : *Finito colloquio, Henricus, rex Anglie pater venit Vernolium, et ibidem intuitu divini amoris, et prece Bonorum Hominum de Grandimonte motus, statuit, coram Richardo Wintoniensi episcopo, et Henrico Baiocensi episcopo, et Egidio Ebroicensi episcopo, et Frogerio Sagiensi episcopo, et coram Simone, comite Ebroicensi, et Roberto comite Leicestrie, et coram multis aliis comitibus et baronibus regni sui, ne quis pro debito domini res hominis capere presumat, nisi homo ejusdem debiti debitor aut plegius extiterit; sed redditus quos homines reddere debent dominis suis, reddantur creditori dominorum suorum et non dominis. Ceteræ vero res hominum propriæ sint in pace, neque eas pro dominorum debitis liceat cuique naintire. Hoc statutum et consuetudinem hanc statuit dominus rex et teneri precepit in omnibus villis suis et ubique in potestate sua, scilicet in Normannia et Aquitania et Andegavia et Cenomannia et Turonica et Britannia generale et ratum. Et ut hoc statutum firmiter teneatur et ratum permaneat, scripto commendari et sigilli sui auctoritate confirmari fecit* [1].

T. II, p. 209, ligne 2. *fors que les redevances.* — « La rai-
« son est que les redevances, quand elles sont échües, sont
« entre les biens des barons. » — (LAURIÈRE.)

T. II, p. 209, lignes 3, 4. *mais il ne porroit pas prendre lor muebles par droit.* — « Il semble neamoins que le roy exerçant
« les droits du baron, pouvoit se faire payer comme le baron,
« qui pouvoit faire saisir les meubles de ses hommes, pour
« estre payé de ses redevances, par l'argument du chapitre 104
« cy-dessus (prés. édit., liv. Ier, ch. 105), qu'il faut joindre à
« celuy-cy. » (LAURIÈRE.)

T. II, p. 209, ligne 11. D^i porte : *fors si come li.* — *fors* manque dans O^i. — η porte : *autrement par droit* [2] (fin du chapitre).

118. Notes sur les Établissements, liv. Ier, ch. 117
(ci-dessus t. Ier, pp. 210, 212).

Textes dérivés : *Livre des droiz,* 115 ; *Abrégé champenois,* 65.

Rapprochez : *Comp.* 5 ; Beaum., ch. 13, § 19, édit. Beugnot, t. Ier, p. 224 ; *Somme rural,* liv. Ier, tit. 97, chap. *De fief donné au mary,* édit. de 1624, p. 534 ; *Sachsenspiegel,* III, 75, § 1 [3] ; *Coutume de la Septene de Bourges,* chap. Ier, art. 59 : *L'on garde en Berry par coustume que chateau jurable et rendable ne chiet pas en douaire ; car le chief seigneur le prend, quand il veut pour son besoing* [4].

A lire : Eckardt dans *Zeitschrifft für deutsches Recht,* t. X, p. 454.

T. II, p. 210, ligne 3, *se ainsinc avenoit.* — « Ainsi au

---

1. Roger de Hoveden *Annales* apud *Rerum Anglic. Script. post Bedam præcipui,* 1596, fol. 326 recto et verso ; cité par M. Léopold Delisle, *Études sur la condition de la classe agricole en Normandie,* p. 134, note 35.
2. Beautemps-Beaupré, Ire part., t. Ier, p. 323.
3. Édit. Sachsse, Heidelberg, 1848, p. 293.
4. Dans Bourdot de Richebourg, *Nouv. Cout. génér.,* t. III, p. 881.

« defaut d'hoirs, l'heritage devoit retourner au roy, où à ses
« successeurs. Vide Cujacium ad titulum *Codicis, De donatio-*
« *nibus sub modo.* » (Laurière.)

T. II, p. 211, lignes 1, 2. *il en* .....*mere* manque dans O^1.

T. II, p. 211, lignes 1, 2. *et partiz de sa mere.* — « C'est-à-
« dire hors de la tutele, ou plustost du bail de sa mere, car,
« tant qu'il estoit hors d'âge, sa mere joüissoit de son fief à
« titre de bail. » (Laurière.)

T. II, p. 211, lignes 3, 4. *dame, vos n'an devez point avoir,
car, si mes peres fust morz sans oir, vos n'an aüssiez point.* —
« Par le droit des Lombards, on ne pouvoit donner des fiefs en
« dot, ni constituer dessus des doüaires, parce qu'ils regar-
« doient les fiefs comme des usufruits, et les vassaux qui les
« possedoient comme de simples usufruitiers. Il y en a, au
« sujet des dots, une decision precise dans le second livre
« *Des fiefs*, titre ix : *Qualiter olim poterat feudum alienare.*
« § 1. *Donare autem, aut judicare pro animâ, vel in dotem
« pro filiâ dare nullius curiæ poterat consuetudine.* Vide Ardi-
« zonem, *De feudis*, cap. 130. Et touchant le doüaire vide
« Mathæum, *De afflictis*, ad dictum capitulum *Qualiter olim
« feudum*, n. 11, pag. 303 et *Constitution. Sicular.*, lib. III,
« tit. xiv, *De dotariis constituendis in feudis et castris.* Ces
« principes estoient suivis à Paris et à Orléans dans le temps
« de ces *Establissemens*, comme il se void par ce chapitre, et
« ils ont esté long-temps pratiquez en France depuis, à l'égard
« de certains fiefs.

« Beaumanoir, dans ses Coûtumes du Beauvoisis, au cha-
« pitre *Du doüaire*, p. 76 : *Li general coustumes des doüaires,
« de che que la femme emporte la moitié de che que hons i a,
« au jour que il l'epousa, ... si commenche par establissement le
« bon roy Phelippes roy de Franche lequel regnoit en l'an de
« grace 1214 : et chest establissement commanda il à tenir
« par tout le royaume de Franche, excepté la couronne et plu-
« riex baronies tenues dou royaume, lesquelles ne se partent
« point à moitié pour le doüaire. Ne n'enportent les dames en
« doüaire fors ce qui leur est convenancié, en fezant le mariage.
« Et devant chest establissement dou roy Phelippe, nulle fame
« n'avoit doüaire, fors tel coume il estoit convenancié au*

« marier. *Et bien appert que la coûtume estoit tele anciene-
« ment, par une parole, que li prestre fait dire à l'oume, quand
« il espouse le fame, car il li dit : dou doüaire, qui est devisé
« entre mes amis et les tiens te deu.* Voyez les *Institutes* de
« Loisel au titre *Des doüaires*, livre I, tit. III, regle 1 avec mes
« notes, et Odofredum in *Summa feudali*, p. 94, n. 26.

« Mais tout cet ancien droit a esté aboli, et avec justice, car
« de ce qu'un vassal ne peut constituer sur son fief, un doüaire
« au prejudice de son seigneur, en cas de reversion par le
« defaut d'hoirs, il ne s'ensuit pas qu'il ne le puisse constituer,
« à la charge de ses hoirs, et que ses hoirs, sous un tel pre-
« texte, se puissent dispenser de le payer à leur mere. D'ailleurs
« si suivant les loix romaines celuy qui a un simple usufruit,
« pour sa vie seulement, peut l'engager à ses creanciers, lege
« *Si is qui*, 11, § *Ususfructus, Digestis, De pignoribus*, l'on ne
« void pas pourquoy un usufruit accordé à un homme et à ses
« hoirs ne pouvoit pas estre obligé à leurs creanciers et à leurs
« femmes pour leurs doüaires, pourveû que le seigneur n'en
« souffrit pas. Et les biens mesmes subtituez ayant esté affectez
« aux doüaires, il s'ensuit à plus forte raison, dans l'espece
« presente, que les fiefs y doivent aussi estre affectez, ce qui
« ne fait plus de difficulté, les fiefs estant patrimoniaux parmi
« nous. Vide Marcum Aurelium Galvanum, *De usufructu*,
« cap. 39. » (LAURIÈRE.)

119. *Notes sur les Établissements, liv. Ier, ch.* 118

(ci-dessus t. II, p. 212, 213).

Voyez, sur ce chapitre, ci-dessus, t. Ier, pp. 149, 150.

Textes dérivés : *Livre des droiz*, 116 ; *Abrégé champ.*, 66.

Rapprochez *Coutume dite de* 1411, art. 226, 227 ; *Liger*, 760-766 ; *Ét.*, liv. Ier, ch. 68.

Bien des chartes pourraient servir à illustrer ce chapitre. Voici l'analyse de deux actes, l'un du XIIIe, l'autre du XIVe siècle : (1211) Guillaume Cresson, Juif nouvellement converti, sur le point de faire le pèlerinage de Jérusalem, abandonne à son épouse tous les biens dont il est seigneur : s'il vient à mourir, elle les possédera à perpétuité[1]. (1329) Don par le prédécédé au survivant de l'usufruit de tous ses biens, par acte passé devant l'official de Paris, ratifié par devant le garde de la prévôté de Paris[2].

T. II, p. 213, ligne 1. *heritage*. — « Le sens de ce chapitre est
« que la femme ne pouvoit faire aucune donation à son mary.
« Ce qui doit estre entendu du legs et de l'aumosne, ou de la
« donation purement gratuite, car par donation mutuelle elle
« le pouvoit. Voyez l'art. 328 de la Coûtume d'Anjou. Mais
« avant que de l'épouser, ou en mourant, elle luy pouvoit don-
« ner le tiers de son heritage, pourvû neamoins qu'elle n'eut
« pas d'enfans mâles, car si elle avoit un enfant mâle, comme
« elle n'avoit plus que le bail, ou le simple usufruit de son
« heritage, ainsi qu'il est dit dans le ch. 64 cy-dessus (prés.
« édit., liv. Ier, ch. 68), elle ne pouvoit rien donner à son
« mary. Voy. l'art. 321 de la Coûtume d'Anjou. » (LAURIÈRE.)

120. *Notes sur les Établissements, liv. Ier, ch.* 119
(ci-dessus t. II, pp. 213-217).

Textes dérivés : *Livre des droiz*, 464 ; *Regles coutumières*, 1re *série*, art. 54 ; *Somme rural*, liv. Ier, tit. 43, ch. *Des coustumes de Paris, Orléans et Anjou* (édit. de 1621, p. 326).

T. II, p. 213, ligne 7. *mostier*. — « De *monasterium* on a fait
« *monstier*, que l'on a employé pour signifier une eglise parois-
« siale. Voy. le ch. 11 cy-dessus (prés. édit., liv. Ier, ch. 13). »
(LAURIÈRE.)

T. II, p. 216, ligne 7. Au lieu de *lor remaindroit*, etc., L^1 porte : *li demorroit et li puisnez n'i avroit*. — O^1 porte : *lor remaindroit et li puisnez n'i avroit*.

T. II, p. 216, ligne 8 ; p. 217, lignes 1, 2. *li ainznez fiz dou darreien seignor i avroit les deus parz, et eles, la tierce*.
— « Ce chapitre doit estre joint avec le 113 (prés. édit., liv. Ier,

---

1. Bilard, *Analyse des doc. hist. conservés dans les archives du département de la Sarthe*, dans *Société française pour la conserv. des monum. hist., Archives hist. de la Sarthe*, Le Mans, 1848, p. 147, n° 8.
2. *Mém. de la Société de l'hist. de Paris*, t. Ier, p. 205.

« ch. 117), parce qu'ils sont l'un et l'autre fondez sur le mesme
« principe.

« Lorsqu'un pere marie sa fille, et qu'il luy donne sa terre,
« ou une partie de sa terre, et aux hoirs qu'elle aura de ce
« mariage, il la greve de substitution fidei-commissaire envers
« les enfans qu'elle aura de ce mesme mariage. Et si après la
« mort de son mary elle passe en secondes noces, les enfans du
« second lit, suivant ce chapitre, n'y auront rien, si ce n'est la
« legitime, car l'ayeul ne peut par une telle paction priver ses
« petits enfans de ce second lit de la legitime dans la succession
« de leur mere. Si c'estoit un fief que le pere eut donné en
« mariage à sa fille avec cette charge, et si la fille avoit un
« garçon de son premier mariage, il faudroit dire, en tempe-
« rant la rigueur de ce chapitre, que les enfans du second lict
« en auroient pour leur legitime, le tiers, ou en propriété, ou
« en usufruit, suivant les differens lieux.

« Que l'on suppose à present que cette fille ait eû de son
« premier mariage une fille, et du second un mâle. Comment
« le fief sera-t-il partagé ? Suivant ce chapitre, si la fille du pre-
« mier lict peut prouver que le fief ait esté donné à sa mere à
« cette charge, elle aura tout le fief comme substituée, et le fils
« n'y aura rien, et si elle ne peut prouver la charge, elle en
« aura les deux tiers et le fils le tiers. Mais ce droit ne seroit
« pas suivi aujourd'huy, et soit que la fille du premier lict
« prouvast la charge ou qu'elle ne la prouvast pas, le fils du
« second lict, comme aîné, auroit les deux tiers du fief avec le
« chezé, parce qu'on ne peut en ligne directe, par quelque sti-
« pulation que ce soit, priver un aîné de ses parts avantageuses.
« Voyez l'art. 226 de la Coûtume d'Anjou et l'art. 2 de la Coû-
« tume du Loudunois au titre *De donaisons de nobles*. Ainsi,
« dans ce dernier cas, ce sera l'enfant mâle du second lict, qui
« garantira sa sœur aînée *en franc parage* sous son homage.
« Et il faut remarquer qu'alors les pacts des mariages ne se
« prouvoient que par témoins. » (Laurière.)

121. *Notes sur les Établissements*, liv. Ier, ch. 120
(ci-dessus t. II, p. 217-219).

Voyez, sur ce chapitre, ci-dessus t. Ier, pp. 20, 21.

Textes dérivés : *Livre des droiz*, 465, 1ᵉʳ alinéa; *Abrégé champenois*, 117.

Rapprochez : *Liger*, 1238, 1470; *Et.*, liv. Iᵉʳ, ch. 80, 115; Pocquet de Livonnière, *Regles du droit français*, 1768, p. 116; ci-dessus, notes sur *Ét.*, liv. Iᵉʳ, ch. 80.

« Il est traité dans ce chapitre du *demembrement* et de *l'abre-
« gement* de fief qui ne pouvoit se faire au prejudice du sei-
« gneur superieur, comme on l'a montré dans la dissertation
« sur *l'origine du droit d'amortissement*, p. 44. » (LAURIÈRE.)

T. II, p. 217, ligne 6. *dus*. — « Pourquoy ni *duc*? Voyez
« ce que j'ay remarqué sur la regle de Loisel, *Sergent à roy est
« pair à comte*: Liv. Iᵉʳ, titre I. » (LAURIÈRE.)

T. II, p. 218, ligne 2. *Mais à ceus le puet il bien doner en
partie*. — « C'est-à-dire, *en partage*, comme il y a tres bien
« dans le ch. 113 de l'anciene Coûtume d'Anjou glosée[1].
« Ancienement on disoit *partir* pour *partager, diviser*, comme
« il se void par ce proverbe qui se dit par rapport aux serfs et
« main-mortables, qu'*un parti, tout est parti; et le chanteau
« part le villain*. Voyez Loisel dans ses *Institutes*, liv. Iᵉʳ,
« tit. 1, regle 75. On pouvoit donc, en divisant le fief entre
« coheritiers, diviser aussi les hommes de foy, ce qui ne se
« peut aujourd'huy, l'usage estant que l'on ne peut diviser par
« partage que les profits feodaux dûs par les vassaux. Voyez
« Brodeau sur la Coûtume de Paris, art. 51, nombre 31 ;
« M. Loüet, letre v, sommaire 10 avec les notes, et du Molin
« sur l'anciene Coûtume de Paris, § 1, glossâ 3, num. 29. »
(LAURIÈRE.)

T. II, p. 218, lignes 3, 4. *mais il ne le porroit pas donner à
I home estrange*, etc. — « Car, en donnant ainsi son homme de
« foy, il demembreroit son fief, ce que le seigneur dominant
« pourroit empescher. Voyez l'art. 51 de la Coûtume de Paris.
« D'ailleurs il faudroit aussi le consentement de l'homme de foy,
« car c'est une regle feodale que *dominus vassallos suos, sine
« eorum consensu, in alium transferre non potest*, capitulo
« *Imperialem*, § *Præterea ducatus* in fine, *De prohibitâ feudi*

---

1. Cf. Beautemps-Beaupré, 1ʳᵉ part., t. Iᵉʳ, p. 325, ch. 116.
2. *Libri feudorum*, II, LV, 1, § *Præterea ducatus*, II, XXXIV, 1.

« *alienatione per Fridericum* ; cap. unico, § *Ex eadem lege*,
« *De lege Conradi*. Vide Borcholten, *De feudis*, cap. 8,
« num. 136. » (LAURIÈRE.)

T. II, p. 218, lignes 5, 6. *se li bers le donoit à un de ses vavasors.* — « Le baron qui donne son homme de fief à un
« de ses vavasseurs, ou partage cet homme de foy, ou le
« donne sans en rien retenir.

« S'il le partage, cet homme qui devra la foy à l'un et à
« l'autre, sera en mesme temps vassal et arrière-vassal. Et
« comme le vavassor aura la moitié des droits feodaux en qua-
« lité de seigneur immédiat pour sa part, il se trouvera que le
« baron aura abregé, ou diminué son fief de cette moitié
« d'homme. Et de droit cette moitié d'homme estant devolüe
« au seigneur suzerain immédiat du baron, il se trouvera que
« le baron n'aura rien donné à son vavasseur. Il en sera de
« mesme s'il a donné au vavasseur son homme de foy, sans en
« rien retenir, parce que son fief se trouvant diminué de tout
« cet homme, qui de vassal seroit arrière-vassal, cet homme
« seroit tout entier devolu au seigneur immédiat du baron [1],
« comme on l'a fait voir dans la dissertation sur *l'origine du*
« *droit d'amortissement.* » (LAURIÈRE.)

T. II, p. 218, lignes 7, 8. *car il li en convenroit faire*
II *obeïssances.* — Ce qui serait contraire aux principes du droit
féodal : *non cogi vasallum pro uno feodo, duas fidelitates
facere*, écrit Jac. de Ardizone [2].

T. II, p. 218, l. 10. *Mais se li bers le donoit*, etc. — « Que
« l'on suppose que le bers qui releve du roy donne son homme
« de foy à un tiers à la charge de le tenir du roy. Qu'en fera-

---

[1]. Le texte que commente Laurière autorise précisément cette donation sans rien retenir, il ne faut pas l'oublier ; voyez la note suivante de Laurière. Notre texte est en opposition avec cette règle des feudistes : *un seigneur féodal ne peut transporter ses vassaux sans vendre le fief dominant, sinè universitate feudi* (La Thaumassière, *Nouveaux com. sur les coutumes générales des pays et duché de Berry*, Bourges, 1750, p. 112).

[2]. Cap. 150, tit. 102 dans Beck, *Corpus juris civilis*, 1829, p. 601.

« t-il ? Et comme ce sera un demembrement de fief, il est cer-
« tain que le roi pourroit l'empescher, mais comme le roy y
« gagne, parce que cet homme de foy, qui n'estoit que son
« arriere-vassal, devient son vassal, le don de l'homme de foy
« sera bon. Il en sera de mesme à peu prés si un vavasseur
« cede son homme de foy à un autre vavasseur mouvant du
« mesme baron, le baron ayant peu d'interest dans ce change-
« ment. » (LAURIÈRE.)

122. *Notes sur les Établissements, liv. Ier, ch.* 121
(ci-dessus t. II, pp. 219-222).

Voyez, en général, sur ce chapitre, ci-dessus, t. Ier, pp. 14-17; 28-30; 153-157.

Textes dérivés : *Anc. usages d'Artois*, XXX, 6; *Livre des droiz*, 466; *Abrégé champenois*, 118.

Rapprochez : *Ét.*, liv. Ier, ch. 67, 68; *Comp.* 103; *Cout. dite de 1411*, art. 48, dans Beautemps-Beaupré, 1re partie, t. Ier, p. 413; *Liger*, 776. (*Ibid.*, t. II, pp. 280, 281.)

A lire : Laurière, sur Loisel, édit. de 1783, t. Ier, pp. 220, 224 ; Warnkœnig et Stein, *Franzœs. Staats-und Rechtsgeschichte*, t. II, p. 278, note 2.

T. II, p. 220, lignes 1, 2. *cil qui devroit avoir le retour de la terre.* — « C'est-à-dire, celuy à qui la terre devroit *retourner*
« et appartenir, comme heritier du mineur en garde. Solon
« l'avoit ainsi prudemment ordonné par une de ses loix : Μηδ'
« ἐπιτροπεύειν, εἰς ὃν ἡ οὐσία ἔρχεται τῶν ὀρφανῶν τελευτησάντων [1].
« *Tutor is ne esto qui agnationis jure hereditatem pupilli*
« *potest herciscere.* Vide Potterum in *Archæologia græca*, lib. I,
« cap. 26, tit. 7, columna 180.

« *Vita Clementis VII* apud Bosquetum, p. 260 : *Eodem anno*
« *1380, die 16. mensis Septembris, obiit Carolus rex Franciæ,*
« *cui successit in regem Carolus, delphinus VII Viennensis*
« *suus filius primogenitus, qui eodem anno 16 mensis Septem-*
« *bris fuit coronatus in regem, ut moris est, adhuc duodenis*

---

[1]. Ce texte est extrait de Diogène Laerce, I, 56. Cf. Télfy, *Corpus juris attici*, Pestini, 1868, p. 353, art. n° 1375.

108   NOTES SUR LES ÉTABLISSEMENTS.

« *existens. Cujus regni regimen pro eo assumpsit dictus Ludo-*
« *vicus Andegavensis suus patruus prior natu. Personæ tamen*
« *curam habuit Philippus, dux Burgundiæ, suus etiam patruus*
« *licet posterior et hoc ex ordinatione certâ super hoc factâ*
« *per dictum Carolum patrem suum.*

« De là vient que la coutume d'Anjou decide encore, dans
« l'art. 89, que le *bail des enfans mineurs n'a la garde de*
« *leur corps, sinon le bail naturel, comme le pere ou la mere.*
« *Et en celuy cas qu'ils n'ont bail naturel, justice en doit*
« *bailler la garde à leurs autres parens et amis ou à l'un d'eux*
« *qui ne seroient heritiers presomptifs et plus prochains et leur*
« *bailler provision de leur vivre jusques à la tierce partie des*
« *biens dudit mineur*, etc.

« On ne peut mieux faire pour illustrer ce chapitre que de
« rapporter l'éloge que Fortescüe a fait de ce droit dans le
« ch. 44 de son traité *De laudibus legum Angliæ*, p. 104 :
« *Leges civiles impuberum tutelas proximis de eorum sanguine*
« *committunt, agnati fuerint seu cognati, unicuique videlicet*
« *secundum gradum et ordinem quo in hereditate pupilli suc-*
« *cessurus est. Et ratio legis hujus est, quia nullus tenerius*
« *favorabiliusve infantem alere sataget, quam proximus de san-*
« *guine hujus. Tamen longe aliter de impuberum custodia sta-*
« *tuunt leges Angliæ, nam ibidem si hereditas, quæ tenetur in*
« *soccagio descendat impuberi ab aliquo agnatorum suorum, non*
« *erit impubes ille sub custodia agnatorum ejus, sed per ipsos*
« *cognatos videlicet consanguineos ex parte matris ipse rege-*
« *tur. Et si ex parte cognatorum hereditas sibi descendat*
« *pupillus ille cum hereditate suâ per proximum agnatum, et*
« *non cognatum ejus custodietur quousque ipse fuerit adultus,*
« *nam leges illæ dicunt quod committere tutelam infantis illi*
« *qui est proxime successurus, est quasi agnum committere*
« *lupo*, etc. Vide *Regiam Majestatem*, lib. II, cap. 47, et Glan-
« villam, lib. VII, cap. 11. » (Laurière.)

123. *Notes sur les Établissements, liv. I*er, *ch.* 122
(ci-dessus t. II, p. 222-228).

Voyez, en général, sur ce chapitre, ci-dessus t. Ier, pp. 82,
97, 185-188, 329, 330.

Textes dérivés : *Abrégé champenois*, 12, 67 ; *Livre des droiz*, 68.

Rapprochez : *Compilatio*, 32 ; *Ét.*, liv. Ier, ch. 138.

La saisie du gage dont s'occupe ce chapitre était encore légale en Allemagne au xviie s., en certains cas ; le brasseur privilégié, notamment, pouvait sauvegarder lui-même ses intérêts par une saisie extrajudiciaire sans intervention de justice ; nous voyons du moins, au xviie siècle, des jurisconsultes se prononcer péniblement pour la légitimité d'une pareille mesure [1].

A lire : Samuelsohn, *Wirkungen der Privatpfændung nach deutschem Recht*, Breslau, 1878, p. 21 et suiv. ; quelques pages importantes dans Amyra, *Nordgermanisches Obligationrecht*, t. Ier, 1882 ; Esmein dans *Nouvelle revue historique*, janvier-février 1883, pp. 107-121 ; 136, 137.

T. II, p. 223, ligne 3. *à force* manque dans η.

T. II, p. 223, ligne 5. *esqueus*. — C'est-à-dire *repris, retiré*. « Ce mot vient d'*excurro*. Dans la suite de ce chapitre, au lieu « d'*esqueurre*, on se sert de *requeure* ou *recourir*. » — (Laurière.)

T. II, p. 223, lignes 6, 7, 8. *car il est à la volenté dou deteur*, etc. — Le compilateur semble ici embarrassé par deux idées contraires : il relate tout d'abord un usage orléanais, puis il fait appel au droit romain, lequel est ici en opposition avec le droit orléanais : c'est qu'à cette époque les esprits devaient être très divisés sur cette question ; et cela en Orléanais même : la tradition coutumière [2] y était combattue par le roi de France, qui venait (1261) de prendre cette décision : *Voluit dominus rex quod in domanio suo prius compellerentur debitores vendere terram suam quam plegii* [3].

T. II, p. 223, lignes 10, 11. L¹ porte : *est bien paiens à convenir et à exploitier*.

---

1. Zythander a Bude, *Tractatus succinctus de braxandi eidemque annexis juribus*, Ienæ, 1663, pp. 61, 62.

2. Sur la position du pleige en Orléanais, voyez *Jostice et plet*, édit. Rapetti, pp. 175, 274, 313.

3. *Olim*, t. Ier, p. 520. Cf. Laboulaye, *Note de quelques ord. qui ne sont pas dans le recueil du Louvre*, p. 5.

T. II, p. 227, ligne 2. *Et se la querelle estoit de plus de* v s., etc. — Joignez cet article d'une charte royale de 1178 pour Orléans : *Pro debiti citra quinque solidos negatione inter aliquos non judicetur duellum*[1].

T. II, p. 227, ligne 3. v s., *l'en li porroit*, etc. (Joignez présent vol., p. 75, lignes 11, 12.) — Ce passage est fort embarrassant : l'accord de ε ζ *G H I K* rend très favorable la leçon que j'ai adoptée ; mais cet accord n'exclut pas toutefois la possibilité de la leçon de *O O¹ P Q R S* : *v s. et il noiast* (*O¹ li noiast*) *que il ne se fust mis en la plevine, si comme il est dit dessus; li autres li porroit chalongier*, etc. M. Esmein, dans un article fort remarquable, fait sur ce passage l'observation suivante : *en s'en tenant à ce texte* (celui de ε ζ *G H I K*), *il semblerait que lorsque l'intérêt est supérieur à cinq sous, ce n'est plus le défendeur qui se disculpe par serment, mais le demandeur qui jure qu'il a reçu son adversaire comme plege. Cette interversion des rôles ne se conçoit pas; aussi préférerions-nous la leçon : et il noiast*, etc. Sans condamner absolument la leçon de *O O¹ P Q R S* qui reste assez séduisante, je crois qu'on peut défendre la leçon de ε ζ *G H I K* contre l'objection de M. Esmein : cette leçon ne suppose, à mon sens, aucune interversion de rôle. Voici, en effet, comment je comprendrais ce passage (t. II, p. 226, 227) : dans tous les cas, que l'intérêt soit inférieur ou supérieur à v s., le défendeur qui a nié être pleige est convié à prêter serment ; si l'intérêt est inférieur ou égal à v s., le serment du défendeur met fin au procès[3] ; s'il est supérieur, le demandeur peut lui-même opposer un serment contraire : *l'en li porroit bien esgarder par droit qu'il jureroit qu'il l'aüst mis en la plevine*. Dès lors,

---

1. Sur la date de ce document, voy. *Ord. du Louvre, table chronol.*, 1847, p. 8, note 1, et pour le meilleur texte de cet art. 3, voy. t. VII, *Additions*, p. cclxxvii ; le texte du t. Ier, p. 16 est très défectueux.

2. Esmein dans *Nouv. revue hist.*, janvier 1883, p. 115, note 3.

3. Notez toutefois cette restriction que le jurisconsulte ne développe pas : *se cil le viaut laissier coure* (t. II, p. 226).

il y a serment contradictoire[1] et le défendeur peut provoquer le duel, peut *chalongier par 1 gage de bataille.*

T. II, p. 227, ligne 6. *chalongier.* — « Ce mot vient de
« *calumniari* et signifie *requerir, demander.* Voyez mon *Glos-*
« *saire* au mot *Calenge.* Dans la bonne latinité, *calumniari*
« signifioit *chicaner,* comme dans ce vers de Phedre dans son
« prologue : *Calumniari si quis autem voluerit, quod arbores*
« *loquantur;* Cicero, lib. I *Officiorum : Existunt injuriæ sæpe*
« *ex calumniâ quadam et nimis callidâ et malitiosâ juris inter-*
« *pretatione.* » (LAURIÈRE.)

T. II, p. 228, ligne 2. O^i porte: *et au contenz du.*—L^i porte:
et à continuer le jour et à la.—η porte: *et aux couts du jour.* Sur
les *conteors* cf. ci-dessus, p. 59, les notes sur *Ét.*, liv. Ier,
ch. 95. Voyez aussi sur les salaires des avocats ci-dessus t. Ier,
p. 289.

La note suivante de Laurière est assez mal placée sur le mot
conteors ; mais je respecte la place que son auteur lui a donnée :

« Sous le regne de saint Loüis, il n'y avoit ordinairement que
« les contracts des personnes riches et qualifiées, qui estoient
« redigez par écrit. Les autres ne l'estoient pas, parce qu'alors
« peu de gens sçavoient écrire, et de là vient que dans ces
« temps-là en matiere civile on avoit tant recours au *serment*
« et aux *gages de batailles,* comme il se void dans ce chapitre,
« et dans plusieurs autres de ces *Establissemens.*

« Quand un homme s'estoit rendu plege ou caution d'un
« autre, celuy qui s'estoit rendu plege devoit estre indemnisé
« comme il estoit juste. Et si le creancier n'estoit pas *nanti*, il
« pouvoit de son autorité, et par voye de fait se nantir luy-
« mesme, en se saisissant de quelques effects du plege. »

« Cela estoit ainsi, si celuy que l'on traitoit de la sorte con-
« venoit qu'il estoit plege ou garand, car s'il n'en convenoit
« pas, le créancier ne pouvoit se saisir de rien, et il ne pouvoit
« se pourvoir en justice, ni se plaindre de ce que le plege
« luy avoit *esqueus* ou *recoust* ses gages.

---

1. Ce serment contradictoire est bien dans l'esprit de la procédure du duel judiciaire. Voyez ci-dessus, t. Ier, p. 184; t. II, pp. 158, 159.

« Si le plege convenoit qu'il estoit plege, et s'il nioit la
« recousse, il en estoit quitte en jurant de sa main sur les
« Evangiles qu'il ne l'avoit pas faite. S'il ne vouloit jurer, il
« l'amendoit à l'autre qui estoit crû du domage de la recousse,
« et il faisoit à la justice *le gage de sa loy*.

« Et s'il nioit qu'il fut plege, il en estoit quitte en jurant de
« sa main sur les Evangiles qu'il ne l'estoit pas. Mais, s'il ne
« vouloit fere serment, il estoit tenu *de la plevine*, ou du *cau-*
« *tionement*; il devoit dedomager l'autre de tous ses couts, et
« il paioit encore à la justice *l'amende de sa loy*. Si la querelle
« estoit de plus de cinq sols, et si celuy que l'on pretendoit
« caution nioit la plevine, on en venoit au duel.

« Ces procès ont diminué en France à mesure qu'on y a
« appris à écrire, et ce sont en partie toutes ces mauvaises pro-
« cedures qui ont donné lieu de statuer par l'ordonance de
« Moulins dans l'art. 54 et ensuite par l'ordonance de 1667
« dans l'art. 2 du titre *Des faits qui gissent en preuves*, qu'il
« seroit passé acte par devant notaires pour toutes choses exce-
« dant la somme, ou valeur de cent livres. » (LAURIÈRE.)

124. *Notes sur les Établissements, liv. Ier, ch.* 123

(ci-dessus t. II, pp. 228, 229).

Texte dérivé : *Livre des droiz*, 117.

Rapprochez *Jostice et plet*, p. 304; *Ét.*, liv. Ier, ch. 70, 71, 73; liv. II, ch. 11.

T. II, p. 229, ligne 2, n. 31. Sur la variante *monstrée*, Laurière dit : « Cependant, selon Beaumanoir, quand il estoit ques-
« tion de meubles, il n'y avoit pas de montrée, ch. 9, p. 51,
« au commencement. » (LAURIÈRE.)

T. II, p. 229, ligne 3. Dans O^{i} *fievez* a été exponctué et remplacé par *souffisans*. Sur *fievez* du Cange écrit ce qui suit :

« *Fieffez*, comme ils sont nommez en la Coûstume de Senlis,
« art. 87 ; *féodez* en celle de Bretagne, art. 21 ; *servientes feo-*
« *dati* en un titre de l'an 1218 pour la commanderie de N. D.
« du Temple de la Rochelle. » (DU CANGE.)

T. II, p. 229, ligne 4. *jor jugié*. — Cette expression figure aussi dans la *Très ancienne Coutume de Bretagne* (1re partie, ch. 17); mais elle y est prise dans un autre sens ; le *jour jugié* est dans cette Coutume tout particulièrement un délai accordé à l'une des parties : *jour jugié est pour s'aviser de excepter ou de respondre ; et siet en cas sourannell de infamie ou criminel au deffanseur seulement ;* ainsi s'expriment les *Coustumes de Bretaigne abergez* [1]. Cette similitude d'expression s'explique par une circonstance commune, c'est que, dans la Coutume de Bretagne comme dans celle de Touraine-Anjou, le *jour jugé* est un rendez-vous judiciaire fixé par les juges eux-mêmes et par conséquent *jugé*.

jugié manque dans O^i.

T. II, p. 229, ligne 8. *et nomées* manque dans O^i. « Voyez « le ch. 75 à la fin, le 77 (prés. édit., liv. Ier, ch. 80, 82) et le « ch. 10 du second livre (prés. édit., liv. II, ch. 11). » (LAURIÈRE.)

T. II, p. 229, variante de la note 45. *les choses motées.* — « C'est un terme de ce temps là qui vient de *movere* [2]. *Querela* « *mota,* in *Leg. Burg. Scot.* cap. 24 ; *motir la querelle en* « *la court de quoi on veut plaider,* aux *Assises de Hierusalem,* « ch. 6, 10, 11, etc. *lieu moti,* ch. 27, 42 ; *hore motie, jour moti,* « au chap. 20, 48, 89 ; *motir le terme,* chap. 228 et ailleurs « souvent [3] ; *motir le jour* dans Pierre de Fontaines, ch. 3, de « sorte que *motir* est *designer quelque chose en jugement.* « Les Escossois et les Anglois usent du mot de *mote* ou « *mute* pour une *action en jugement.* Voy. Skenæus ad c. 10. « *Quon. attach.* ; Spelman. in *Gemotum* et Somner. in *Burgh-* « *motum.* » (DU CANGE.)

T. II, p. 229, ligne 9. *si valent jugiées.* — Et cependant on n'agit pas comme s'il y avait eu sentence judiciaire définitive, puisqu'on se contente d'attribuer au plaignant la saisine. A mon sens, pour bien comprendre la valeur de cette expression,

---

1. Bibl. nat., ms. fr. 5984, fol. 62 recto et verso (manuscrit du XVe siècle).

2. *Motir, moti* vient du latin *muttire* ou *mutire,* et non de *movere.*

3. Voyez Jean d'Ibelin, ch. 14, 30 et *passim* dans Beugnot, *Assises de Jérusalem,* t. Ier. L'écart entre le ms. des *Assises* qu'a utilisé du Cange et le numérotage adopté par Beugnot rend très difficile l'identification de ces courts passages. Elle paraît d'ailleurs sans grand intérêt.

il faut se reporter au droit romain : *jugiées* est ici synonyme des expressions latines *res in judicium deducta, caussa in judicio publicata* [1] ; en d'autres termes, lorsque l'objet du litige a été *monstré en court et nommé*, on considère, alors même que le défendeur ne se serait pas présenté, on considère, dis-je, qu'il y a eu *litiscontestatio* (au sens secondaire de ce mot [2]).

Rapprochez *Compilatio*, 10.

125. *Notes sur les Etablissements, liv. I*er*, ch.* 124
(ci-dessus t. II, pp. 230-233).

Textes dérivés : *Anc. Usages d'Artois*, III, 30 ; *Livre des droiz*, 36, 118 ; *Abrégé champenois*, 68.

Rapprochez : *Comp.* 97 ; *Anc. Usages d'Artois*, III, 18, 19 ; *Livre des droiz*, 10 ; Pierre de Fontaines, ch. 4, § 11 ; *Digeste*, II, xi, 2, 6, 7, 8.

A lire : Grimm, *Deutsche Rechtsalt.*, pp. 848, 849.

T. II, p. 230, ligne 3. *essoignes*. — « Hincmarus in *Qua-* « *ternion.* opusc. 29 : *Qui mittens ad Dominationem vestram* « *excusationem impossibilitatis suæ illuc veniendi mandavit,* « *requisita est quam patrioticâ linguâ nominamus* exonia, « *quia venire nequiverit.* De vocis etymol. consulendi Cujac. « ad African., Tract. 7 ad l. 23, *De obligat. et act.*, Pithœus, « Bignonius, Spelman, Vossius, Brodæus, etc. » (Du Cange.)

« Selon Beaumanoir, ch. 2 et 3, *Essoigne est delais de plet,* « *qui montre cause pour quoy cil qui est semons ne vient à cort.* « Ces essoines estoient nécessaires, parce qu'ancienement les « jugemens devoient estre rendus en presence des parties. « *Essoine* vient des mots barbares *sonnis, sonnia* et *exonia*, « qui signifioient la mesme chose [3]. » (Laurière.)

---

1. Gaius, IV, 106 ; *Code de Théodose*, II, xii, 1.
2. Dans le droit romain secondaire, la *litiscontestatio* se place évidemment au moment où les parties exposent au magistrat leurs prétentions et leurs moyens de défense (Keller, *Des actions*, trad. Capmas, § 81, pp. 378, 379) ; c'est aussi ce qu'on entend au moyen âge par *litiscontestation* (Tardif, *Étude sur la litiscontestatio*, p. 292).
3. Voyez sur ce mot Grimm, *Deutsche Rechtsalterthümer*, 1854, pp. 847, 848.

T. II, p. 230, lignes 3, 4. *Quant li homes est malades ou ses filz*, etc. « Voy. *Specul. Saxon.*, liv. II, art. 7; *Regiam Ma-« jestat.*, liv. I, c. 8 ; *Quoniam attach.*, cap. 57, § 5 ; Pierre de « Fontaine, ch. 4, où toutes les essoines, qui sont receuës en « jugement sont rapportées. » (Du Cange.)

« *Lex Wisigothorum*, lib. II, cap. 18, in fine, tit. I: *Si tamen « ammonitum, aut ægritudo ad veniendum nulla suspenderit, « aut inundatio fluminum non retinuerit, vel aditum non obs-« truxerit, in quo montes transituri sunt conspersio superflua « nivium. Quæ necessitas, utrum evidenter evenerit, an per « excusationem videatur opponi, aut idoneis testibus, aut suo « juramento firmabitur.* Vide *Regiam Majestatem*, lib. I, cap. 8; « Bartholum ad legem *Accusatore*, 13, § *Ad crimen*, num. 16; « *Dig.*, *De publicis judiciis*; Chassaneum, ad Consuetudines « Burgundiæ, rubr. 4, § 5, num. 28. » (Laurière.)

T. II, p. 230, lignes 6, 7, 8. *ou s'il alloit à l'enterrement d'aucun de ceus que nos avons nomez.* — « *In jus vocari non « oportet,...... neque funus ducentem familiare, justave mortuo « inferentem, vel qui cadaver prosequuntur,* leg. 2 et 3, *Dig.,* « *De in jus vocando.* » (Laurière.)

T. II, p. 231, ligne 7, 8. *car les joustises le roi ne se recordent pas en la cort au baron.* — « Voyez le ch. 40 à la fin et « le 56. » (Prés. édit., liv. Ier, ch. 44, 60.) (Laurière.)

T. II, p. 232, ligne 5. *raisonable essoigne.* — « Raisonnable « excuse. Voy. les ch. 12, 13 et 14 de la très ancienne Coûtume « de Bretagne. » (Laurière.)

T. II, p. 232, ligne 5. *O^i porte: d'eaüe, qui n'a point de port.* « — *Si quis judicio se sisti promiserit et valetudine vel tempes-« tate vel vi fluminis prohibitus se sistere non possit, exceptione « adjuvabitur..... Quod diximus succurri etiam, qui tempes-« tate aut vi fluminis prohibitus non venit. Tempestatem « intelligere debemus tamen quæ impedimento sit itineri, « vel navigationi. Vis fluminis etiam sine tempestate accipienda « est. Vim fluminis intelligimus et si magnitudo ejus impedi-« mento sit, sive pons solutus sit, sive navigium non stet,* lege 2, « § 3 et 4, *Dig., Si quis cautionibus.* » (Laurière.)

126. *Notes sur les Établissements, liv. I*er*, ch.* 125

(ci-dessus t. II, pp. 233-236).

Voyez, en général, sur ce chapitre, ci-dessus t. I*er*, pp. 233, 234.

Textes dérivés : *Livre des droiz*, 119 ; *Abrégé champ.*, 69.

Rapprochez : *Livre des droiz*, 871 ; Boutillier, *Somme rural*, liv. I*er*, tit. xxxviii, ch. *De la beste tuer homme*[1].

« Voyez le titre du *Digeste, Si quadrupes pauperiem fecisse
« dicatur.* » (Du Cange.)

T. II, p. 233, note 27. *mal entachie.* — « La beste *mal ente-
« chiée*, ou qui a *mal tache*, est une beste vicieuse. Ce mot
« vient de *tasca*, qui se prenoit en bonne et mauvaise part,
« comme il se void par ce qui suit du ch. 26 de l'anciene chro-
« nique de Flandres, où il est dit de la comtesse Marguerite,
« qu'*elle avoit quatre taches. Premierement, elle estoit une
« des plus belles dames au lignage de France ; secondement,
« elle estoit la plus sage*, etc. Et de là vient qu'icy il y a *mal
« tache*, c'est-à-dire *mauvaise tache*. De *tache* on a fait *enti-
« ché*[2], dont Moliere s'est servi. » (Laurière.)

T. II, p. 234, ligne 2. *et ele mordist ou ferist.* — « Vide
« Potterum in *Archæologia græca*, lib. I, cap. 26 ; lib. VII,
« tit. 3, *De damnis* ; Platonem, *De legibus*, lib. II, pag. 936
« edit. Henrici Stephani ; *Legem Salicam*, cap. 38, edit. Baluz.,
« cap. 39 editionis Vendelini et tit. 46 *Legis Repuariorum.* »
(Laurière.)

T. II, p. 234, lignes 4, 5. *je ne savoie mie qu'ele aüst tele
teiche*, etc. — « Suivant le droit romain, il avoit la faculté ou
« l'option d'abandonner la beste pour le delict, ou de payer les
« domages. Vide Maranum ad tit. Pandectarum, *Si quadrupes
« pauperiem fecisse dicatur*. Ce qui est ainsi ordonné par
« quelques Coûtumes, comme celle de Bretagne, art. 595 de
« l'anciene et art. 640 de la nouvelle ; celle d'Acs, tit. XI,

---

1. Joignez Tanon, *Reg. crim. de la justice de Saint-Martin des Champs*, p. cxiv.

2. C'est également l'étymologie donnée par Littré.

« art. 41 ¹, et celle de Saint-Sever, ch. 18, art. 21 ². » (LAURIÈRE.)

T. II, p. 234, ligne 7. η *L*ⁱ portent : *jurra sur sainz qu'il.*
— « Et ainsi en payant le domage, la beste luy demeuroit.
« Mais s'il ne vouloit jurer, la beste estoit confisquée, comme
« il est dit aprés. » (LAURIÈRE.)

T. II, p. 235, lignes 4, 5. *ele n'est pas moie.* — « Lorsque
« la beste avoit tüé un homme, si celuy que l'on en croyoit le
« maistre juroit qu'elle n'estoit pas à luy, et s'il ne la menoit
« pas, la beste estoit confisquée, elle ne devoit plus estre menée,
« et il en estoit quitte par son serment. Mais par le droit
« romain, s'il avoit juré faux, il estoit tenu solidairement du
« domage, sans pouvoir abandonner la beste : *Interdum autem*
« *dominus in hoc non convenietur, ut noxæ dedat, sed etiam*
« *in solidum, ut puta si in jure interrogatus an sua quadrupes*
« *esset, responderit non esse suam, nam si constiterit esse ejus,*
« *in solidum condemnabitur.* L. 1, *Si quadrupes.* » (LAURIÈRE.)

T. II, p. 235, lignes 6, 7. *Et einsinc remanra la beste à la*
joutise. — « En quelques lieux on l'executoit, comme il se void
« par la decision 238 de Guy Pape, qui dit avoir vû en Bour-
« gogne un cochon pendu pour avoir tüé un enfant³. Vide
« Julium Clarum, lib. V *Sententiar.*, § finali, Qu. 99, pag. 866
« et Battandierum, R. 132, pag. 584. » (LAURIÈRE.)

T. II, p. 236, ligne 6. *le relief d'un home.* — Comme au
liv. Iᵉʳ, ch. 108 (cf. présent vol., p. 86), il s'agit bien d'un rachat
de la peine capitale ; j'ai donné ci-dessus, t. Iᵉʳ, pp. 233, 234,
quelques exemples de la peine capitale pour homicide involontaire. Voici, à ce sujet, un texte du xiiᵉ siècle ; il est frappant :
Qui de alto se ipsum precipitat et hominem occiderit, et ramum
incautus prohiciens non proclamavit, seu lapidem ad aliud
jecit hominemque occidit, capitali sentencia feriatur [4].

---

1. Art. 40 dans l'édit. de Thaumas de la Thaumassière.
2. Art. 26 dans l'édit. de Thaumas de la Thaumassière.
3. Voyez sur cette question : A. Sorel, *Procès contre des ani-*
maux et insectes suivis au moyen âge dans la Picardie et le Valois,
Paris, Aubry, 1877 ; Duméril, *Les animaux et les lois*, Paris, Tho-
rin, 1880.
4. Ordonnance de Roger dans Merkel, *Commentatio qua juris*

T. II, p. 236, ligne 9. *il en seroit penduz*. « Par nos Coû-
« tumes la peine, dans ce cas, est à l'arbitrage du juge. Voyez
« la Coûtume de Labourt, au titre *Des domages donnez pour
« bestes*, art. 3 et *Mornacium* ad legem primam, § 5, *Si qua-
« drupes pauperiem fecisse dicatur*, pag. 402. » (LAURIÈRE.)

127. *Notes sur les Établissements, liv. Ier, ch.* 126
(ci-dessus t. II, pp. 246-248).

Textes dérivés : *Livre des droiz*, 120 ; *Abrégé champenois*, 70.

T. II, p. 237, ligne 1. *Se aucuns*, etc. — « Un home meurt
« et laisse un enfant. Un creancier se presente et demande à
« cet enfant une somme de cent livres, qu'il dit que le pere de
« cet enfant luy devoit. L'enfant dit pour deffences que son
« pere en mourant a donné ordre à toutes ses affaires, qu'il ne
« l'a point chargé de payer cette dette, et que par consequent elle
« ne peut luy estre demandée. Il est dit dans ce chapitre que
« ce creancier n'a point d'action, à moins qu'il n'affirme, luy
« tiers, que les cent livres qu'il demande luy sont dües. »
(LAURIÈRE.)

T. II, p. 237, ligne 5. *il se morut bien confès*. — « C'est-à-
« dire, aprés avoir donné ordre à ses affaires, et declaré ses
« dernieres volontez, tant au sujet de ses aumosmes, ou legs
« pieux, que du payement de ses dettes. Ce qui fait voir que
« le *deconfés* dans le chapitre 89 cy-dessus (prés. édit., liv. Ier,
« ch. 93) n'est autre chose, comme on l'a dit, que l'*intestat*,
« ou celuy qui en mourant n'a pas voulu donner ordre à ses
« affaires.

« Or comme on excommunioit, et qu'on privoit des prieres
« publiques ceux qui n'avoient pas voulu payer leurs dettes
« avant leur mort, ou qui n'avoient pas donné ordre de les
« payer en laissant de quoy satisfaire à leurs creanciers, ainsi
« qu'on l'a prouvé sur le chapitre 89 (prés. édit., livre Ier,
« ch. 93) par l'exemple de P. de Bourbon, c'estoit une bonne

---

*Siculi sive Assisarum regum regni Siciliæ fragmenta ex codicibus
manu scriptis proponuntur*, p. 31.

« raison au fils, dans l'espece proposée, de dire que son pere
« estoit mort *confés*, et qu'il n'avoit pas commandé de payer
« cette dette. Et cependant ce chapitre decide que cette dette
« sera bien demandée, pourveû que le creancier jure, luy troi-
« siéme, que cette somme luy est legitimement düe.

« Il falloit que le creancier n'eust pas d'écrit car s'il en avoit
« eû un, c'auroit esté au fils à en prouver la nullité, ou la faus-
« seté. Vide Joannem Fabrum ad tit. Instit., *De actionibus*,
« § *Item verborum, n.* 17. » (LAURIÈRE.)

T. II, p. 238, ligne 4. *il doit prover sa dete soi tierz*. —
« Voyez la Coûtume du Ponthieu, art. 20, et de M. du Cange
« dans son *Glossaire* sur *Jurare tertiâ manu*. » (LAURIÈRE.)

Voyez ce qui a été dit ci-dessus t. Ier, pp. 203, 204. Le droit
d'Alais et le droit de Marseille admettent un seul témoin jusqu'à cent sols : *in aliis autem dominicum servetur preceptum
dicentis : in ore duorum vel trium stet omne verbum* [1]...

128. *Notes sur les Établissements, liv. Ier, ch*. 127
(ci-dessus t. Ier, pp. 238-242).

Voyez, en général, sur ce chapitre ci-dessus tome Ier, pp. 31,
252-254, 256-259, et tome III, p. 119, note 3 sur *Comp.*, 12.

Textes dérivés : *Livre des droiz*, 358 ; *Regles coutumières
bretonnes*, 1re série, art. 9 ; *Abrégé champenois*, 33, 71.

Rapprochez: *Comp.* 12 ; *Anc. usages d'Artois*, LIII, 7, 8, 9 ;
Livre des droiz, 72 ; ord. d'Alfonse, frère de saint Louis,
publiée en 1252 et en 1254 dans Molinier, *Etude sur l'admin.
de saint Louis et d'Alf. de Poitiers dans le Languedoc*, pp. 21
et col. 426 (seconde pagination).

T. II, p. 238, ligne 8. *Se aucuns hom est escomeniez*. —
« En l'année 1228, saint Loüis fît à ce sujet l'ordonance qui
« suit : *Si aliqui per annum contumaces extiterint, ex tunc
« compellantur redire ad ecclesiasticam veritatem, ut quos a
« malo non retrahit amor Dei, saltem pœna temporalis com-
« pellat. Unde præcipimus quod ballivi nostri omnia bona
« talium excommunicatorum mobilia et immobilia post annum*

---

1. Marette, *Charte d'Alais*, p. 51. Cf. de Fresquet, *Étude sur les
statuts de Marseille*, p. 152.

« *capiant, nec eis aliquo modo restituant donec prædicti abso-*
« *luti fuerint, et Ecclesiæ satisfecerint*[1]. Ce chapitre cy semble
« avoir esté fait pour marquer comment l'ordonance precedente
« devoit estre pratiquée. » (LAURIÈRE.)

T. II, p. 238, ligne 8. η porte : *xl jours ou plus*[2] au lieu
de *I an et I jor*.

T. II, p. 238, lignes 9, 10. *ou à son seignor ordinaire*
manque dans *O*¹.

T. II, p. 238, ligne 10. *il le destrainsist*. — « Joignez ce qui
« est écrit dans ce chapitre à ce que j'ay remarqué sur ce sujet
« dans mes observations sur le sire de Joinville, p. 41. L'or-
« donnance de S. Louys donnée à Pontoise au mois d'octobre
« l'an 1245, dont j'ay parlé cy-devant, lors que j'ay dit que ce
« prince accorda trois ans de delay ou de respit aux croisez
« pour le paiement de leurs detes, ajoûte ces mots : *Si qui*
« *vero pro debitis excommunicati fuerint, creditores eorum*
« *ad hoc compellas, quod faciant eos absolvi, salvis tamen assi-*
« *gnamentis factis obligationibus terrarum*. Cela confirme ce
« qui est dit des excommunications pour détes au t. VI du
« *Spicilegium* du R. P. d'Achery, p. 494. » (DU CANGE.)

T. II, p. 239, ligne 7. *E* porte : *et si ne le doibt perdre* (sic
pour *prendre*) *pour debte*. — « CE QU'IL FAUT ENTENDRE DE LA
« PRISE DE CORPS. Ce chapitre fut suivi. Et dans la suite les eccle-
« siastiques excommunierent pour dettes, et priverent ainsi les
« debiteurs de la sepulture et des prieres publiques, comme on
« l'a montré sur l'art. 89 cy-dessus (prés. édit., liv. Ier, ch.
« 93), par l'exemple de Pierre de Bourbon, et comme l'a fait
« voir M. du Cange dans son *Glossaire* sur les mots *Excom-*
« *municatio ob debita non soluta*, pag. 305. Mais les laïques
« s'eleverent contre cette jurisprudence, et de là vient que
« l'art. 6 de l'anciene Coûtume de Bretagne porte en termes
« exprés que *les gens d'Eglise peuvent proceder par semonces,*
« *par inhibitions et par monitions, mais ne peuvent proceder*

---

1. Dans le texte complet de l'ordonnance de 1228, d'où cet art., le 7e, est extrait, je lis : *Ecclesiæ satisfactum, nec tunc etiam nisi de nostro speciali mandato*. (*Ord.*, t. Ier, p. 52.)

2. Beautemps-Beaupré, *Cout. et inst.*, 1re partie, t. Ier, p. 332.

« *par sentence d'excommunie contre aucun detteur seculier,*
« *pour le contraindre à payer sa dette, si il a biens meubles,*
« *ou immeubles sur lesquels li crediteur peut faire proceder*
« *à execution.* Voyez Dargentré en cet endroit. » (LAURIÈRE.)

T. II, p. 240, ligne 7. *l'aïde des chevaliers*, etc. — « Toute
« cette procedure est ainsi expliquée par Bouteiller dans sa
« *Somme*, livre II, tit. XII, page 758 : « *Les clercs,* dit-il,
« *appellent bras seculier, quand aucun se laisse excommunier*
« *par an et plus; et pour ce est appellé bras seculier, que*
« *l'evesque qui n'a pas execution seculiere, requiert sur ce par*
« *ses lettres requisitoires au juge lay, c'est au bras seculier par*
« *le moyen d'un de ses prestres, ou appariteurs qui en ayde*
« *droit requiert, de ramener tel à la foy catholique, qui par*
« *an et plus, est comme chiens endormi en excommunication,*
« *qu'il soit contraint par detention de corps à satisfaire et soy*
« *remettre en obeïssance de Sainte Eglise, dont il est privé par*
« *sa coulpe. Et le juge lay à la requeste du prelat le doit faire*
« *par la maniere qui s'ensuit :*

« *Le juge spirituel doit envoyer un libelle qu'on appelle en*
« *cour Comparimini, qui doit contenir comment l'excommunié,*
« *luy incité et condamné, en ce s'est laissé excommunier et endor-*
« *mir comme chien sans crainte de Dieu, en sentence d'excom-*
« *muniment par an et plus, et ainsi se laisseroit et voudroit*
« *laisser, si qu'il demontre, ou contempt de partie et de*
« *l'Eglise, se remedié n'y estoit ; qu'il plaise au juge lay des-*
« *sous qui ledit excommunié est demeurant qu'il soit prins et*
« *detenu prisonnier et envoyé au juge spirituel tant qu'il soit*
« *devenu à l'obeïssance de Sainte Eglise et à partie de qui il*
« *est tenu. Et si l'excommunié se rend fugitif, si peut le juge*
« *tant contraindre de ses biens, si trouver les peut, que pour*
« *satisfaire à partie du deu. Et si l'excommunié se vouloit à*
« *ce opposer, le juge lay qui de ce est requis, doit l'excommu-*
« *nié tout prisonnier, envoyer au juge spirituel, dont le requi-*
« *sitoire vient, pour dire les causes de son opposition, refus ou*
« *contredit, et n'y doit estre renvoyé que sur celuy cas, que*
« *l'evesque ne le doit traiter de ce. Et si ledit excommunié*
« *s'opposoit et requist avoir jour sur ce, si doit-il estre prison-*
« *nier mené à la cour spirituelle, tant qu'il soit sçeû s'il a*

« *cause d'opposition ou non, et s'il a cause, la partie deman-*
« *deresse li doit demander. Si sçachez s'il ne plaist au juge*
« *lay, il n'executeroit mie ceste requisitoire,* etc. » (LAURIÈRE.)

T. II, p. 240, lignes 10, 11. *que il fust bougres.* — « Voyez
« le chapitre 85 au commencement (prés. édit., liv. Ier, ch. 90)
« avec la note, et *Constitutiones Siculas,* lib. I, tit. I et II. » —
(LAURIÈRE.)

T. II, p. 241, lignes 1, 2. *Et generaument tuit escomenié
sont oï en cort laic en demandant et en deffandant.* — « Voyez
« l'autheur du *Grand Coutumier,* liv. II, ch. 45, p. 284 ; Bou-
« teiller, livre I, titre IX, p. 42, et cap. *Intelleximus, Extra,*
« *De judiciis.* » — (LAURIÈRE.)

129. *Notes sur les Établissements,* liv. Ier, ch. 128
(ci-dessus t. II, pp. 242-246).

Voyez, sur ce chapitre, ci-dessus t. Ier, pp. 146, 147.

Textes dérivés : *Livre des droiz,* 121 ; *Abr. champenois,* 69.

T. II, p. 242, ligne 4. *non aage.* — « *Minorité.* Ce mot se
« rencontre souvent dans la Coutûme de Normandie et dans
« Littleton. *Spec. Saxon.,* liv. Ier, tit. XXIII, § 1 : *Ubi filii inen-*
« *nes sunt, agnatus expeditorias accipit res*[1]. » (DU CANGE.)

T. II, p. 243, lignes 3, 4. *s'ele ne voloit le mariage otroier,*
etc. « Selon les loix romaines, ceux qui se fiançoient, se don-
« noient reciproquement des *aires,* et celuy qui ne vouloit pas
« ensuite donner son consentement au mariage les perdoit,
« comme en matiere de vente, car comme dit tres bien M. Cujas,
« *arrharum datio erat contractus, qui adhibebatur his contrac-*
« *tibus, emptioni, venditioni, locationi, conductioni, matrimo-*
« *nio et sponsalibus.* Et quand le mariage estoit contracté, les
« *aires* qui avoient esté données de la part de la femme estoient
« imputées sur sa dot par le mary, et les *aires* que le mary
« avoit données estoient imputées sur la donation à cause de

---

1. Voici le texte original : *Swâr die sune binnen iren jâren sin, ir eldere (ebenburtige) swertmâc nimt daz herwête alleine* (Hildebrand, *Der Sachsenspiegel (Landrecht) nach der ältesten Leipziger Handschrift,* 6e édit., Leipzig, 1882, p. 27. Dans la citation latine de du Cange, le mot *agnatus* est synonyme d'*ainsné, aîné.*

« noces, l'*hypobolon* ou l'augment. Et de là vient que dans Har-
« menopule, lib. IV, tit. x, l'*hypobolon* est appellé *arrha*, et que
« les Espagnols et les Portugais appellent encore *las arras* ce
« que nous appellons dans nos pays de droit écrit *augment*
« *de dot.* »

« La question a été agitée de sçavoir à quel âge les fiançailles
« se pouvoient faire, et il a esté decidé qu'elles estoient nulles
« par le defaut de consentement, quand elles estoient faites par
« des enfans, qu'elles n'obligeoient ni les peres ni les tuteurs,
« et que les peines qui avoient esté stipulées ne pouvoient
« estre exigées, cap. 1, *De desponsatione impuberum in Sexto;*
« Can. 1, Causa III, Qu. II. Mais comme à sept ans, les enfans
« commencent à avoir de la connoissance, l'opinion commune
« est qu'à sept ans accomplis, ils peuvent être fiancez, du con-
« sentement de leurs peres, meres et tuteurs. Voyez Sanchez,
« *De matrimonio*, lib. I, Disput. 16 ; Brouverum, *De matrimo-*
« *nio*, cap. 3, *De infantium et impuberum sponsalibus*, n. 11 ;
« Cironium et Anastasium Germonium, ad titulum *De despon-*
« *satione impuberum* et Franciscum Marcum, tom. II *Deci-*
« *sion.*, cap. 502.

« Un homme a un fils impubere et son voisin une fille aussi
« impubere. Le pere du fils demande la fille en mariage, pour
« quand ils sont en âge, et les deux peres fiançant l'un et
« l'autre, se donnent des aires, sçavoir le pere de la fille une
« piece de terre, et le pere du fils dix livres. On demande si
« cette convention est bonne. Et il est decidé dans ce chapitre
« qu'elle est bonne, en sorte que si le mariage manque du
« costé du garçon, le pere de la fille gagnera les aires, et que
« le pere du garçon gagnera aussi les aires, si le mariage
« manque du costé de la fille. Et la raison est que les fian-
« çailles estant bonnes, il s'ensuit que le contract d'aires est
« bon aussi. Voyez ce que j'ay remarqué sur Loisel, livre Ier,
« tit. II, regle 6. » (Laurière.)

T. II, p. 244, lignes 6, 7. *la peine ne seroit pas rendable
par droit.* — « Parce qu'il est contre la liberté des mariages
« qu'une des parties soit forcée de les accomplir par des stipu-
« lations de peines. Et cependant la perte des aires approche
« assez du payement de la peine. Voyez François Marc dans le

« tome II de ses *Decisions*, cap. 538, n. 5; Hostiensem in
« *Summa*, *De sponsalibus;* Sanchez, *De matrimonio*, lib. I,
« Disputatione 35, *Utrum possint arrhæ in contractu sponsa-*
« *lium apponi amittendæ per frangentem sponsalium fidem,*
« et le Prestre, Centurie I, ch. 68. » (LAURIÈRE.)

Sur le désaccord entre le droit civil et le droit canon au sujet des arrhes du mariage, voyez une compilation des écrits de Jacobus Albertus de Bologne attribuée à tort à Bartole dans Mittermaier et Zachariæ, *Krit. Zeitschrift*, t. XV, p. 73. Voyez encore sur la clause pénale et les arrhes Pottier de Mancourt, *Dissert. de sponsalibus*, 1783, pp. 15, 16.

130. Notes sur les Établissements, liv. Ier, ch. 129
(ci-dessus t. II, pp. 244-246).

Voyez, sur ce chapitre, ci-dessus tome Ier, pp. 162-164 (cf. pp. 29, 30).

Textes dérivés : *Livre des droiz*, 1000, 1er alinéa (cf. 1000, 2e alinéa, et 999), 467 ; *Abrégé champenois*, 24 ; *Regles cout. bretonnes*, 1re série, art. 5.

Rapprochez : *Comp.* 94 ; *Très anc. Cout. de Champagne*, art. 26, 58.

A lire : Pertile, *Storia del diritto ital.*, t. IV, pp. 371, 374 ; Cardenas, *Ensayo sobra la hist. de la propriedad... en España*, t. II, p. 413 ; Loisel, *Inst.*, liv. Ier, tit. Ier, regles 57-58 ; du Cange, *Hist. de l'empire de Constantinople*, Paris, 1657, pp. 55, 56, 57 ; Carlo Ignazio Montagnini, *Dell' antica legislazione italiana sulle manimorte* dans *Miscellanea di storia italiana edita per cura della regia deputazione di storia patria*, t. XIX, Torino, 1880, p. 109 et suiv.

T. II, p. 245, ligne 1. *à aucune religion*. — « Il en estoit
« de mesme des communautez laïques.

« Sous nos rois de la premiere et de la seconde race, les
« eglises et les monasteres se mettoient eux et leurs biens sous
« la protection royale, et nos rois par leurs lettres appellées
« *Emunitates*, les recevant sous leur protection, leur accor-
« doient des privileges, ou confirmoient les privileges que leurs
« predecesseurs avoient accordez. Voyez Marculphe dans ses

« *Formules*, liv. Ier, ch. 3, et ce que M. Bignon y a remarqué
« page 877 de l'edition de M. Baluze. Nos auteurs ont mal
« confondu ces *letres* avec les *amortissemens*, sans faire atten-
« tion que les amortissemens sont des extinctions de droits, de
« fiefs et de censives. » (LAURIÈRE.)

T. II, p. 245, lignes 1, 2. *li sires en qui fié ce seroit si ne lor souferroit pas à tenir, se il ne voloit.* — « Parce que les gens
« de main-morte ne mourant pas, et ne vendant pas, le sei-
« gneur ne pouvoit de droit estre contraint de perdre ses lods
« et ventes, et ses rachats ou reliefs. Et quand le seigneur l'au-
« roit voulu, il ne l'auroit pû, parce qu'en consentant de perdre
« ces droits, il auroit diminué ou abregé son fief, au prejudice
« de son seigneur, à qui les mesmes droits de lods et ventes et
« de reliefs auroient esté devolus, et ainsi de seigneur en sei-
« gneur jusqu'au roy, comme souverain fieffeux. » (LAURIÈRE.)
Voyez ce que Laurière a remarqué sur l'ordonnance de Philippe III de 1275, et sa dissertation sur l'*origine du droit d'amortissement*, p. 89.

Non seulement le suzerain, mais les vassaux du suzerain étaient intéressés à ce que le fief ne fût pas abrégé, car cet abrégement retombait indirectement sur eux, en aggravant leurs charges : je signalerai à ce propos un acte tourangeau fort curieux de l'année 1277 qui se résume ainsi : l'archevêque de Tours avait voulu exiger du Chapitre de Tours la mise hors les mains pour une acquisition faite par ledit Chapitre. Celui-ci supplie l'archevêque de renoncer à son droit; l'archevêque, pour rester en bonne intelligence avec les chanoines, finit par y consentir, mais non sans se préoccuper très vivement de la question de savoir s'il a vraiment le droit de faire cette concession. Cette préoccupation se manifeste à deux reprises : d'abord les vassaux de l'archevêque ont ici un intérêt ; ils peuvent exiger que le droit strict soit appliqué. L'archevêque réserve leurs droits : *nisi, ad ipsum reverendum patrem successoresve suos conquerentibus super his vassallis suis et id coram eis prosequentibus, necessitas juris compellat*. En second lieu, le prélat se souvient du serment qu'il a prêté entre les mains du Pape de ne rien aliéner des biens de la mense archiépiscopale : il craint que cette concession ne soit une aliénation desdits biens et il calme ce scrupule par l'addition d'une clause qui n'a pas grande valeur pratique, mais qui semble réserver quelque chose : *salvo eo quod de non alienandis bonis seu rebus ad mensam suam archiepiscopalem spectantibus in receptione pallii Sedi Apostolice prestitit juramentum* [1].

T. II, p. 245, ligne 6. *en aumone.* — « Voyez Littleton, « ch. 6, sect. 133 et suiv. ; les loix de Simon, comte de Mont- « fort, dans le traité du franc-alleu de Galland, p. 357. » (Du Cange.)

T. II, p. 245, lignes 9, 10. *qu'il le doivent oster, dedans l'an et le jor, de lor main.* — « Les gens d'Eglise pouvoient « acquerir des immeubles, mais ils ne pouvoient les garder « sans abreger, ou diminuer les fiefs dans lesquels ces « immeubles étoient situez. Ce que nos praticiens ne peuvent « comprendre, croyant toûjours qu'un amortissement est une « permission d'acquérir accordée aux gens de main-morte. « Voyez ma dissertation sur l'*Origine du droit d'amortissement*, « p. 78 ; la Coûtume d'Anjou, art. 37, et celle du Loudunois, « au titre *D'indemnité et d'injonction.* » (Laurière.)

131. *Notes sur les Établissements, liv. Ier, ch. 130*
(ci-dessus t. Ier, pp. 246-248).

Voyez, sur ce chapitre, ci-dessus, t. Ier, pp. 125, 126.

Texte dérivé : *Livre des droiz*, 468.

Rapprochez : *Ét.*, liv. Ier, ch. 24, 46, 79 ; *Liger*, 1530 ; Cout. angevine de 1463 dans Beautemps-Beaupré, *Cout. et inst.*, 1re part., t. III, p. 321.

A lire : Brussel, *Nouvel examen de l'usage général des fiefs*, t. II, p. 894 ; Laurière dans *Ord.*, t. Ier, p. xxii.

T. II, p. 246, ligne 6. *Se aucuns hom.* — « Voyez Chopin, « liv. II, in *Cons. andeg.*, tit. ii, § 3. » (Du Cange.)

T. II, p. 246, lignes 7, 8. *fust foùs et vandist sa terre.* — « Remarquez que l'on regardoit alors comme fols ceux qui

---

[1]. Copie du *Liber bonarum gentium* par D. Bétencourt, p. 21 ; d'après la transcription de Salmon à la Bibl. de Tours, manuscrit n° 1267, pp. 27, 28.

« vendoient leur patrimoine. Voyez Loisel dans ses *Institutes*,
« livre I*er*, tit. II, regle 15. » (LAURIÈRE.)

T. II, p. 246, lignes 7, 8 ; p. 247, ligne 1 et suiv. Ce passage a souffert dans η de nombreuses omissions : voyez le texte de η dans Beautemps-Beaupré, *Cout. et inst.*, 1*re* partie, t. I*er*, p. 334.

T. II, p. 247, ligne 7. *à moi garir.* — « C'est-à-dire *à moy*
« *garantir*, comme il y a dans la Coûtume d'Anjou glosée, cha« pitre 122. De *garir* on a fait *guerir*, qui n'est autre chose que
« *garantir*. » (LAURIÈRE.)

T. II, p. 247, ligne 9. *il m'estuet vandre.* — « ... C'est à
« dire il m'est necessité de vendre. C'est l'apparageur ou celuy
« qui garantit qui parle ainsi. » (LAURIÈRE.)

T. II, p. 248, lignes 3, 4. *mais il li baillera tant de sa terre.*
— « Ancienement, quand l'aîné, qui garantissoit ses puinez en
« franc parage sous son homage, vendoit ses deux tiers du fief,
« le parage cessoit, parce qu'il n'y avoit plus de lignage entre
« l'acquereur et les puinez, en sorte que les puinez qui rele« voient du seigneur suzerain, et qui perdoient la franchise[1] de
« leur parage, avoient sujet de se plaindre, et de s'opposer à
« la vente que l'aîné faisoit. Cependant il est decidé dans ce
« chapitre que l'aîné peut vendre, mais qu'il doit donner de sa
« terre au puiné autant qu'il luy en faut pour le dedommager
« de la franchise qu'il perd. Voyez le ch. 76 cy-dessus (prés.
« édit., liv. I*er*, ch. 81) et l'art. 219 de la Coûtume d'Anjou. »
(LAURIÈRE.)

T. II, p. 248, ligne 5. *feire lou servise à celui à qui il sera*
hom. — « Ces mots prouvent que le parage estoit failly, puis« qu'il n'y avoit plus de garantie. Mais la question est de sça« voir à qui le puiné devenoit homme, car ce chapitre ne le dit
« pas. Et il faut dire que c'estoit au seigneur suzerain, par
« deux raisons :

« La premiere, parce que si ce n'avoit pas esté au seigneur
« suzerain, il l'auroit fallu indemniser comme le garanti ou le
« puiné. Et il n'est rien dit de son indemnité dans ce chapitre.

« Et la seconde, parce que si le puiné, à qui l'aîné donnoit

---

1. Cf. ci-dessus t. III, p. 279.

« en dedommagement une partie de son fief, avoit tenu le total
« à foy de l'acquereur, le seigneur suzerain auroit plus perdu
« de sa mouvance, que si le parage eust esté failli sans vente,
« ce qui n'auroit pas esté juste. Joint à cela que les seigneurs
« suzerains par devant qui ces contestations se decidoient,
« avoient soin de leurs interests.

« L'art. 249 de la Coûtume d'Anjou a terminé cette difficulté
« en decidant que *quand le parageur transporte tout son fief
« et sa terre à personne estrange, le parageau ne fera pas pour
« ce foy et hommage à l'acheteur, mais sera garanti, tant
« comme le lignage durera entre son parageur et luy*, etc. »
(LAURIÈRE.)

T. II, p. 248, ligne 9. η porte : *chosses. Et, ainsi ne lesera
à vendre*[1].

132. *Notes sur les Établissements*, liv. Ier, ch. 131
(ci-dessus t. II, pp. 248-249).

Texte dérivé : *Livre des droiz*, 469.

A lire : Championnière, *De la propriété des eaux courantes*,
Paris, 1846, pp. 77-87 ; 595-608 ; Ch. Comte, *Traité de la
propriété*, t. Ier, 1834, pp. 266, 267.

T. II, p. 249, l. 5. η porte[2] : *seroit ; ne le baron ne le pouroit faire sanz l'assentement de ses vaasseurs*. Cette leçon est
remarquable : c'est probablement le texte original perdu déjà
dans ε ζ et retrouvé plus tard dans η. Voyez la décision que
j'ai prise pour l'établissement du texte de la Coutume de
Touraine-Anjou, ci-dessus, t. III, p. 82, avec la note 1.

« Ce chapitre ne parle que de l'eaüe courante, à la différence
« des estangs. Voyez l'art. 192 de la Coûtume d'Anjou, et les
« *Institutes* de Loisel, livre II, titre II, regle 6 et 54 avec les
« notes. » (LAURIÈRE.)

133. *Notes sur les Établissements*, liv. Ier, ch. 132
(ci-dessus t. II, pp. 249-250).

Cf., sur ce chapitre, ci-dessus t. Ier, pp. 11-13, 256.

---

1. Beautemps-Beaupré, *Ibid.*, p. 334.
2. Beautemps-Beaupré, *Ibid.*, p. 335.

LIVRE Ier, CHAPITRE 132.

Textes dérivés : *Règles cout. bretonnes*, 1re série, art. 16. (Cet art. 16 se rattache aussi à *Ét.*, liv. Ier, ch. 133.)

L'existence de juifs assez nombreux en Touraine[1], Anjou[2] et Maine[3] nous est attestée par de nombreux documents : la combinaison des ch. 132 et 133 prouve que ces juifs relevaient tantôt du roi, tantôt de tel ou tel seigneur ; d'autres documents viennent d'ailleurs confirmer cette conclusion[4] : cependant le roi conservait une certaine suprématie générale sur les juifs, comme on le verra ci-après par les notes de du Cange, sur le ch. 133.

« C'est une des regles de Loisel tirée de nostre ancien droit,
« que les *roturiers estoient justiciables de corps et de chastel*,
« c'est-à-dire *de corps et de meubles, où ils couchoient et levoient.*
« Voyez les *Institutes* de Loisel, livre Ier, titre I, regle 19 et 26.
« Ce chapitre contient une exception à cette regle, qui est,
« lorsque les roturiers couchans et levans dans les terres des
« seigneurs, estoient debiteurs de sommes envers le *mes*[5] *le roy*
« *parce que les meubles du mes le roy estoient au roy*, et que
« le roy ne plaide pas dans les cours de ses barons, qui sont
« ses justiciables, et dont il n'est pas par consequent justiciable
« luy-mesme. Voyez le ch. 19 du second livre (prés. édit.,
« liv. II, ch. 20) » avec la note. (LAURIÈRE.)

T. II, p. 249, ligne 8 ; p. 250, ligne 1. *au juif lou roi*. Voyez

---

1. Acte de Louis VI de 1119 dans la *Collect. D. Housseau*, t. IV, 1395 ; mention en 1308 d'une maison ayant appartenu à la communauté des juifs de Loches ; en 1311, de maisons ayant appartenu à des juifs à Amboise (*Cabinet hist.*, 22e année, Paris, 1876, 2e part., p. 251). Sur les juifs d'Amboise, voyez encore Bibl. nat., ms. lat. 4763, fol. 55 recto ; fol. 72 recto.

2. Archives nat., J 178 A, pièce n° 3 ; Marchegay, *Archives d'Anjou*, t. II, pp. 156, 257.

3. Magnificus frater Abraham (évidemment un juif) est chargé de faire rentrer les revenus de Gauziolenus, évêque du Mans (VIIIe siècle) (Mabillon, *Vetera analecta*, 1723, p. 287). Cf. *Cartul. insignis Ecclesiæ Cenon.*, 1869, p. 4, pièce 7 ; p. 167, pièce 279.

4. Ord. de 1254 dans Rapetti, *Jostice et plet*, appendice, p. 342.

5. Je reproduis textuellement Laurière. Ici et plus loin entendez : *le juif le roi*.

ci-dessus t. Ier, pp. 11-13, les notes de du Cange et de Laurière que j'ai reproduites et discutées à cette place, et que je ne réimprime pas ici. Après avoir dit que du temps de saint Louis la puissance paternelle avait lieu à Paris, Laurière ajoute : « Voyez l'autheur du *Grand Coûtumier,* p. 264, 265, « et le chapitre suivant. »

T. II, p. 250, lignes 3, 4. *se il bien le trovoit defendant*. — *Bien qu'il le trouvât deffendant* : c'est une allusion au principe général suivant lequel tout baron peut requérir sa cour, réclamer la compétence, en menant son homme par la main [1], en d'autres termes, en se présentant devant la cour dont la compétence est contestée, au moment où son homme y est présent lui-même comme défendeur et en l'emmenant par la main, séance tenante : ce principe n'est pas appliqué contre le juif, et, en ce cas, aux termes du ch. 132, le baron n'aura pas, si un juif est demandeur, la cour de son homme.

Pourquoi ce privilège? Pourquoi ces facilités accordées au juif créancier, facilités qui portent aussi sur d'autres points, et dont se plaint, au XIIe siècle, le pape Alexandre III [2]? Dira-t-on que le juif du roi est considéré comme le serf du roi, et que si un serf poursuit un tiers en justice, il doit le poursuivre devant [3] son maître? Ceci me paraît avoir le caractère d'une théorie qui couvre quelque chose : si nous allons au fond, nous trouvons que le juif créancier est un prêteur qui opère pour son compte sans doute, mais aussi directement ou indirectement dans l'intérêt de son seigneur, lequel ne le tolère qu'à la condition de profiter un peu de ses opérations. S'il en profite, il est tout naturel qu'il lui accorde les plus grandes facilités pour ses recouvrements : la plus simple et la plus naturelle de ces facilités, c'est de se déclarer compétent pour toutes les affaires litigieuses où

---

1. *Ét.*, liv. Ier, ch. 44 (ci-dessus, t. II, p. 62); Cout. de Touraine-Anjou, § 34 (ci-dessus t. III, p. 19).

2. Bibl. nat., ms. Baluze, t. LXXVII, p. 324.

3. *De aliis autem hominibus si fecerit clamorem,* est-il dit, au XIe s., d'un serf de Marmoutier, *faciet ei justitiam vel prior noster ad quem pertinebit* (Salmon et Grandmaison, *Le livre des serfs,* p. 13).

le juif se prétend créancier. Je n'invente rien en disant que le roi ou le seigneur devait avoir souvent un intérêt dans les affaires de son juif ; il pouvait même être ostensiblement coprêteur. Telle était, en l'an 1200, la situation du roi Jean : le roi Jean et ses juifs étaient alors créanciers d'un seigneur angevin, Renaud de Château-Gontier[1]. La règle posée par notre ch. 132 est donc, au fond, étroitement liée à une maxime que du Breuil formulera en ces termes : *Rex non litigat in aliquo casu in curia subjecti pro re sibi in totum, vel in parte pertinente*[2].

134. *Notes sur les Établissements, liv. I*[er]*, ch. 133*
(ci-dessus t. II, pp. 250-252).

Voyez, sur ce chapitre, t. Ier, pp. 11-13, 256.

Texte dérivé : *Règles cout. bret.*, 1re série, art. 16. (Cet art. se rattache aussi à *Ét.*, liv. Ier, ch. 132.)

Rapprochez : *Ét.*, liv. Ier, ch. 132, et les notes précédentes sur ce chapitre. Le privilège accordé dans le ch. 132 au juif du roi est reconnu ici au juif du baron.

« ..... Nous apprenons de ce chapitre que tous les meubles « des juifs estoient aux barons sous qui les juifs demeuroient, « et que par cette raison si un juif poursuivoit les hommes du « vavasseur en la cour du baron, les hommes du vavasseur ne « pouvoient s'avoüer de luy, ni luy les revendiquer, en sorte « que la cause devoit estre jugée en la cour du baron. Ce qui « est encore une autre exception à la regle que *les hommes* « *roturiers estoient justiciables de corps et de chastel des sei-* « *gneurs dont ils estoient couchans et levans.* »

D'après « l'ordonance de Melun du mois de Decembre 1230 « ... les *juifs estoient serfs*, et l'on void par ce chapitre que « leurs meubles appartenoient aux barons. Mais peu après, « tous les juifs, ce semble, appartinrent au roy, comme « aubains. »

« Ce chapitre est ainsi conceû dans la Coûtume d'Anjou glo-

---

[1]. Charte analysée par M. Dubois dans *Bibl. de l'École des chartes*, t. XXXII, pp. 98, 99.

[2]. Du Breuil, édit. du Moulin, p. 87.

« sée : *si l'omme au baron devoit deniers aux juys le roy, et
« iceux juis s'en fussent clamez en la court du roy, et le baron
« en demandast la court à avoir, il ne l'avroit pas, car les
« meubles aux juys sont au roy* [1]. Ce chapitre sert de preuve à
« l'explication nouvelle [2] que l'on a donnée au precedent. »
(LAURIÈRE.)

T. II, p. 254, lignes 3, 4. *li mueble au juif sunt au
baron.* — « Les juifs en France et ailleurs ont toûjours appar-
« tenu aux seigneurs des lieux où ils s'habituoient, et estoient
« presque au rang des hommes de corps (qui estoit une espece
« de servitude) et comme eux ils ne pouvoient sortir de la sei-
« gneurie, et s'aller habituer ailleurs sans la permission du
« seigneur, ni un autre seigneur ne pouvoit pas les recevoir,
« comme il est porté dans l'establissement de saint Louys sur
« le fait des juifs de l'an 1230, qui est au 5e vol. des *Histo-
« riens de France*, p. 424, et dans le *Style du Parlement*,
« part. III, tit. 40, § 2. Rigord écrit que sous le regne de Phi-
« lippes Auguste il y avoit un grand nombre de juifs en France
« qui s'y estoient venus etablir de long-temps de diverses par-
« ties du monde, *ob pacis diuturnitatem, et Francigenarum
« liberalitatem*, où ils s'enrichirent de telle sorte par les usures
« qu'ils avoient presque la moitié de Paris en propre [3]. Ce roy
« les chassa de son royaume en l'an 1182, et depuis, en l'an
« 1198, il les rappela.

« Mais quoy que les juifs appartinssent aux barons et aux
« seigneurs particuliers, si est-ce qu'ils estoient specialement
« au roy, qui avoit tout pouvoir sur eux. C'est pour cela que
« Guillaume de Chartres, au livre qu'il a fait de la vie et des
« miracles de S. Louys, fait ainsi parler ce roy : *De Christianis
« fœnerantibus et usuris eorum, ad prælatos Ecclesiæ perti-
« nere videtur : ad me verò pertinet de judæis qui jugo servi-*

---

1. Beautemps-Beaupré, *Ibid.*, p. 335.
2. Je ne vois pas bien comment ; et je crois pouvoir en toute confiance appliquer cette observation de Laurière à l'explication nouvelle que j'ai donnée à mon tour du ch. précédent. Cf. ci-dessus t. Ier, pp. 11-13.
3. Voyez ce passage dans Rigord, édit. Fr. Delaborde, p. 24.

« *tutis mihi subjecti sunt, ne scilicet per usuras Christianos*
« *opprimant, et sub umbrâ protectionis meæ talia permittatur*
« *ut exerceant, et veneno suo inficiant terram meam.* Confor-
« mément à ce discours, j'ay leu un accord de l'an 1309, qui
« est au *Trésor des chartes* du roy, entre Philippes le Bel et
« Amaury, vicomte de Narbonne, pour les biens des juifs de
« Narbonne, que le roy pretendoit lui appartenir *jure regio* par
« tout son royaume, *Laiette Narbonne*, tit. 14. Il en estoit de
« méme en Angleterre, suivant les lois du roy Edoüard le Con-
« fesseur, chap. 29, qui porte ces termes : *Sciendum quoque*
« *quòd omnes judæi, ubicumque in regno sunt, sub tutelá et*
« *defensione regis ligeá debent esse, nec quilibet eorum alicui*
« *diviti se potest subdere, sine regis licentiá. Quòd si quispiam*
« *detinuerit eos, vel pecuniam eorum, perquirat rex si vult*
« *tanquam suum proprium.* Il est donc probable que les barons
« se sont appropriez les juifs par la permission des rois, en
« sorte qu'avec le temps ils ont passé dans le commerce et ont
« esté transportez et cedez souvent avec les terres, comme on
« peut voir dans Ditmar, liv. III, p. 27, dans une patente de
« Charles le Chauve, qui se lit dans l'*Histoire de Vienne* de
« Joannes à Bosco, p. 56, et dans une de Philippes Auguste de
« l'an 1188, rapportée en l'*Hist. des evesques de Lodeve*, p. 9.
« Le profit qui se tiroit des juifs par les seigneurs estoit grand,
« se donnans la liberté de leur imposer de grandes tailles. J'ay
« leu à ce sujet ce qui suit entre les arrests de la S. Martin de
« l'an 1282 : *Comme* [1] *nous aions veü les lettres seellées de nostre*
« *chier seigneur le roi à la requeste le duc de Braban, il a*
« *franchi desorendroit Abraham de Faloie et sa mesnie*
« *demorant aveques lui en I hostel, nous, selon la grace et*
« *le commandement nostre chier seigneur le roi, otroions*
« *que des LX M lib. que on taille maintenant sur les juis,*
« *ledit Abraham et sa mesnie et si chatel soient quite et la*
« *grace li soit tenue, einsi comme il ert contenu dedens la lettre*
« *nostre seigneur le roi, laquelle fut donée audit Abraham*

---

1. Je reprends, au lieu du texte de du Cange très défectueux, celui du registre X¹ᴬ 2, fol. 65 recto et verso. Cf. Beugnot, *Les Olim*, t. II, p. 218.

« au bois de Vicenes, le lundi devant Pasques flories, l'an
« de Nostre Seigneur M CC quatre vinz et deus. Et fut puis
« desclairie de ce mot : sa propre mesnie demorant en son
« ostel, ce est à entendre : de ceus qui font ses propres
« besoignes, et à ses despens. L'Histoire des evesques de
« Lodeve, p. 258, rapporte quelques patentes de Philippes le
« Bel de l'an 1306, par lesquelles il mande au senéchal de Car-
« cassonne : *ne impediret quominus judæi solverent pedagium
« pro personis ipsorum episcopo Lodovensi, prout à pluribus
« retrò annis fuerat consuetum*, etc. Il lui enjoignit encore de
« faire en sorte qu'on lui conservât tout le droit qu'il avoit *in
« judæos ejus originarios, vel dono seu emptione comparatos*.
« Enfin les profits qui se tiroient des juifs estoient si grands
« que Charles II, roy de Sicile, ayant fait une ordonnance pour
« l'expulsion des juifs, des Lombards, des Caourcins et des
« autres usuriers de ses comtez d'Anjou et du Maine, le 8 de
« decembre l'an 1289, il tient ce discours : *Licet perampla
« emolumenta à prædictis judæis temporalia habeamus;* de
« sorte que pour s'indemniser de ces profits qui devoient cesser
« par le bannissement des juifs, du consentement du clergé et
« des barons du pays, il établit un foüage pour une fois de
« trois sols sur châcun feu et de six deniers sur châque per-
« sonne qui gagnoit sa vie de son métier. J'ay veû un titre
« d'Alfonse, comte de Poictiers et de Tolose, du mois de juil-
« let 1249, par lequel il reconnoist qu'encore que les habitans
« de Poitiers, de la Rochelle, de Saint-Jean-d'Angely, de Niort,
« de Xaintes et de Saint-Maixant *pro judæis expellendis et
« removendis perpetuò de dominio suo totius comitatus Picta-
« vensis et Xantonensis teneantur ei reddere, vel mandato
« suo IV sol. currentis monetæ per manum majoris de quoli-
« bet foco sub sua potestate constituti, dum tamen dominus
« foci habeat valorem XX solid. tam in mobilibus, quàm immo-
« bilibus, exceptis vestibus*, etc., il leur quitte et remet ce
« foüage. » (DU CANGE.)

T. II, p. 254, lignes 4, 5. *tesmoignage.* — « Voyez le concile
« d'Alby, ch. 19, tome II *Spicileg. Acheriani*, p. 643. » (DU
CANGE.)

« Vide Nellum, *De testibus*, parte I, num. 16 et num. 20 ;

« Albericum de Maletis, *De testibus*, cap. III, num. 13. » (Laurière.)

135. *Notes sur les Établissements, liv. Ier, ch. 134*
(ci-dessus t. II, pp. 252, 253).

Voyez, sur ce chapitre, ci-dessus, t. Ier, pp. 171-173.

Textes dérivés : *Abrégé champenois*, 98 ; *Livre des droiz*, 470 ; *Règles coutumières bretonnes*, 1re série, art. 53.

Sur la noblesse, rapprochez Ét., liv. Ier, ch. 25, 147 ; une décision du Parlement de l'an 1286 que je résume ainsi : *Hugues du Chesne, chevalier, demeure chevalier parce qu'il est trouvé noble de par le père*[1] ; Beaum., ch. 45, § 15 ; Loisel, *Instit.*, liv. Ier, tit. I, regle 21.

A lire : Grosley, *Recherches sur la noblesse utérine de Champagne* dans *Recherches pour servir à l'hist. du droit françois*, Paris, 1752, p. 185 et suiv. ; A. de Barthélemy, dans *Bibl. de l'École des chartes*, V^e série, t. II, p. 128 ; Biston, *Noblesse maternelle en Champagne*, Labitte, 1878 ; Schæffner, *Geschichte der Rechtsverf. Frankr.*, II, 163.

Isambert a considéré à tort le présent chapitre comme une ordonnance de Philippe le Hardi [2].

T. II, p. 252, lignes 3, 4. *et ne fust pas gentis hom de parage.* — « C'est-à-dire gentilhomme par son pere, ou, comme dit « Beaumanoir, *gentilhome de par le pere.* » (Laurière.)

Le mot *parage* est pris dans un tout autre sens que dans l'expression *tenure en parage* : il implique ici une idée de grande famille, de noblesse par le père ; rapprochez l'expression *fief franc en parage*, c'est-à-dire *fief noble et gentilz*, comme disent d'autres sources [3]. Consultez pour le sens de ce mot P. Meyer, *La chanson de la croisade contre les Albigeois*, t. Ier, introd., p. LVIII, vers 5517, 5518 ; Prost, *Le patriciat*

---

1. L. Delisle, *Restitution d'un vol. des Olim*, n° 591, à la suite de Boutaric, *Actes du Parlement de Paris*, t. Ier, p. 401.

2. Isambert, *Recueil des anciennes lois franç.*, t. II, p. 645, art. n° 235.

3. Lamothe, *Cout. du ressort du parlement de Guyenne*, t. II, p. 340.

dans la cité de Metz, Paris, 1873, pp. 25, 26, 29 ; enfin joignez cette définition donnée par Champier : *Paraige et chevalerie se concordent, car paraige n'est autre chose que honneur ancienne continue et chevalerie est ordre et regle qui tient depuis le temps où elle fut commencée jusques au temps présent* [1]..

Nous disons encore *haut parage* au sens que prend le mot *parage* dans ce chapitre des *Établissements* [2].

T. II, p. 252, lignes 4, 5. *tout le fust il de par sa mere.* — « Cecy est bien expliqué par Beaumanoir dans le ch. 45 de ses « Coûtumes du Beauvoisis, p. 252, 255 : *Voirs est que servitude « vient de par les meres*, etc.

« Monstrelet, vol. I, ch. 57, p. 91, dit que Jean de Montagu « estoit né de la ville de Paris, qu'il estoit fils de Mᵉ Girard de « Montagu, *et qu'il estoit gentilhome de par sa mere*, ce qui « est une preuve, avec ce chapitre, que la noblesse de par les « meres avoit lieu à Paris, comme dans tout le reste du royaume, « car il y a encore plusieurs Coûtumes qui l'autorisent, comme « celle d'Artois, art. 198, celle de Saint-Michel, art. 2, et celles « de Champagne, ce qui suffit, avec ce chapitre, pour prouver « que ce n'est pas un privilege pour la Champagne, comme « Pithou et nos autheurs se le sont imaginez. Voyez mon *Glos-« saire* sur *Noblesse de par les meres.* » (LAURIÈRE.)

T. II, p. 252, ligne 7 ; p. 253, ligne 1. *trencher ses esperons.* — « Les esperons dorez ont toujours esté la marque prin-« cipale de la chevalerie. Le moine de Marmoûtier décrivant la « chevalerie de Godefroy, duc de Normandie : *calcaribus aureis « pedes ejus astricti sunt* [3]. Le Roman d'*Aïe d'Avignon* :

   « Quant Sanses ce regarde vit chcoir Berenger
   « Les esperons à or tournés devers le ciel

---

1. S. Champier, *L'ordre de chevalerie*, dans Allut, *Étude..... sur Symph. Champier*, p. 294.

2. Cf. du Cange, *Dissertation III, Du frerage et du parage*, in fine, à la suite de l'édit. de Joinville, p. 151.

3. Voyez *Historia Gaufredi comitis Andegavorum*, dans Marchegay et Salmon, *Chroniques des comtes d'Anjou*, Paris, 1871, p. 236.

« *Et l'hiaume d'Arabe en el sablon fichier*
« *La selle trestourner et fuir le destrier* [1].

« Le roy Charles V donnant l'ordre de chevalerie à Louis II,
« roy de Sicile, et à Charles son frere, *eos accinxit baltheo*
« *militari et per dominum de Chauviniaco calcaribus deau-*
« *ratis jussit rex Carolus insigniri.* Ce sont les termes de
« l'hist. de Charles VI. Les François ayant pris la ville de Cour-
« tray, en Flandres, aprés la bataille de Rosbeque, l'an 1382,
« trouverent dans le beffroy 300 esperons dorez des chevaliers
« françois que les Flamans avoient tuez en la bataille de Cour-
« tray, l'an 1302, ainsi que nous lisons dans d'Orronville,
« ch. 56, et dans Froissart, 2. vol., ch. 117. Voyez Monstrelet
« au 2. vol., p. 12. *L'ordene de chevalerie* de Hues de Tabaire
« manuscrit :

> « *Aprez* [2] *deux esperons li mist*
> « *En ses deux piés et puis li dit :*
> « *Sire, tout autres esmaus*
> « *Que vous volés que vos chevaux*
> « *Soit de bien corre entalentez*
> « *Quand vous des esperons ferez*
> « *K'il voit par tout à vó talent*
> « *Et chà et là isnellement*
> « *Sonofient chist esperon.*
> « *Qui doré sont tout environ,*
> « *Que vos aiiés bien encorage*
> « *De Dieu servir tout vostre eage, etc.*

« La chronique manuscrite de Bertrand du Guesclin :

> « *Et n'y aura celi de ceus de no parson*

---

1. Voyez ces vers mieux établis dans l'édit. d'*Aye d'Avignon*, par Guessard et Meyer, Paris, 1861, p. 66. Du Cange a évidemment consulté un manuscrit différent de celui que les savants éditeurs ont utilisé (voyez à ce sujet p. xxiv) ; je ne saurais dire s'il convient de l'identifier avec l'un des deux mss. qu'ils n'ont pu retrouver, ou si c'est un quatrième manuscrit distinct des trois autres.

2. Voyez un texte un peu meilleur dans Barbazan, *Fabliaux et contes*, t. Ier, 1808, p. 66, v. 195 et suiv.

« *Qui ne puist bien chausser le doré esperon*
« *Tous seron chevaliers de la main de Charlon*[1].

« Ailleurs[2] :

« *Si n'estoit chevalier à esperon doré.*

« Non seulement les chevaliers portoient les esperons, mais
« encore tout le harnois doré, ainsi qu'écrit Bouteiller en sa
« *Somme rurale*, liv. II, tit. Ier, et Sicile, roy d'armes en son
« *Blason des couleurs*. Ils avoient mêmes le droit de porter des
« brides dorées à leurs chevaux, comme nous apprenons de
« l'ordonnance de Charles V du 9 août 1374, donnée en faveur
« des Parisiens. Anciennement il n'y avoit que les empereurs
« qui pussent orner les frains et les selles de chevaux de perles
« ou de pierreries, l. 7, tit. XII, lib. II, *Cod*. Et Joseph à Costa
« au liv. VI de l'*Hist. des Indes*, chap. 27, dit qu'au Perou, il
« n'y a que les chevaliers qui aient droit de porter l'or et l'ar-
« gent sur leurs habits, et de se vestir de coton. Quant aux
« escuyers, ils portoient les esperons blancs. La chronique
« manuscrite de France, de la bibliotheque de M. de Mesmes[3],
« fol. 373 : *Il s'arresta et dit au seigneur de Mortmer : nous*
« *avons perdu nostre bestail, mais nous avons trouvé la bataille*
« *contre le plus vaillant escuyer, qui onques en son temps*
« *chaussa esperons blancs*. Le registre des hommages du duché
« de Guyenne de l'an 1273, p. 27, qui est en la Chambre des
« comptes de Paris : *Willelmus Sancii de Pomeriis cum par-*
« *tiariis suis tenent castrum de Pomeriis, etc. Item debent*
« *unum cibum domino regi cum* 10 *Militibus, quando veniet in*

---

1. Voyez Cuvelier, *Chron. de Bertrand du Guesclin*, édit. Charrière, Paris, 1839, t. Ier, p. 34.
2. Je ne sais si du Cange désigne par le mot *ailleurs* un autre
poème, ou un autre endroit de Cuvelier ; je n'ai pas retrouvé ce
vers dans Cuvelier : il a pu m'échapper ; voyez du reste la même
expression, v. 14125, *Ibid.*, t. II, page 29.
3. Mes recherches dans les mss. de Mesmes à la Bibl. nat. ne
m'ont pas conduit à identifier ce ms. que du Cange cite à plusieurs reprises. Il paraît distinct de la chronique publiée fragmen-
tairement par Buchon à la suite de son édition de Froissart, et
qui va être citée tout à l'heure.

« *Vasconiam apud castrum Redorte, si ipse eis præceperit qua-*
« *lis debet cibus esse cum carnibus porcinis et vervecinis, cum*
« *caulibus et cinapi et cum gallinis assatis. Et si unus eorum sit*
« *miles, debet servire domino regi cum caligis rubeis de scar-*
« *leto et calcaribus, deauratis, sive sotularibus dum dominus*
« *comedit. Et si aliquis eorum non esset miles, unus eorum debet*
« *servire d. regi dum comedit cum caligis albis de scarleto*
« *et calcaribus argentatis*. Comme donc les esperons dorez
« estoient la marque de la chevalerie, quand on vouloit faire
« affront à un chevalier ou qu'on le vouloit dégrader, on les lui
« ostoit, et on lui chaussoit ceux d'escuyer. Richard de Bour-
« deaux, roy d'Angleterre, ayant esté arrêté par Henry, duc
« de Lancastre, son cousin, on lui envoia un cheval noir et un
« habit noir pour estre conduit en prison : *Et quant le roy*
« *Richard vit les noirs esperons et tout habit noir, adonc*
« *demanda : pourquoy me apportez-vous ces noirs esperons ? Le*
« *varlet repondit : tres-chier seigneur, c'est pour vous. Le roy*
« *repartit : va dire à Henry de Lancastre de par moy que je*
« *suis loyal chevalier, et que onques ne forfis chevalerie et qu'il*
« *m'envoie esperons de chevalier, ou autrement je ne chauceray*
« *point. Adonc le varlet lui apporta les esperons dorez,* etc.
« Ce sont les termes de l'Histoire manuscrite de la mort tra-
« gique de ce prince qui y est décrite avec d'autres circons-
« tances, que celles qui se lisent dans Froissart sur la fin du
« 4ᵉ vol. Mais la forme qui se pratiquoit ordinairement dans
« les degradations estoit de coupper et de trancher les esperons
« sur le fumier, comme il est remarqué en cet endroit des
« *Establissemens de S. Louys*. L'ordonnance et la maniere de
« créer les chevaliers des Bains : *A l'issuë de la chapelle, le*
« *maistre queux du roy sera prest de oster les esperons, et les*
« *prendra pour son fié et dira : je suis venu, je maistre queux*
« *du roy, et prens vos esperons pour mon fié, et si vous faites*
« *choses contre l'ordre de chevalerie (que Dieu ne vueille) je*
« *couperay vos esperons de dessus vos talons.* »

« Le *Roman de Garin* [1] :

« *Encore say bien sor mon cheval saillir*

---

1. Voyez ce texte imprimé dans Buchon, *Collect. des chron.*

« A grant besoin et mon droit maintenir
« El grand estor demein vos en envi
« Et qui voaus ó de vos ó de mi
« Le fera, oncles, savez vos que ge di,
« Li esperons li soit copé parmi
« Prés del talon au branc acier forbi [1].

« Selden, en son livre intitulé : *Titles of honor*, 2ᵉ part.,
« ch. 5, § 38, remarque que lors qu'André Harcley, comte de
« Carlile, fut condamné pour crime de leze-majesté sous le roy
« Edoüard II, il fut ordonné qu'auparavant l'espée lui seroit
« desceinte *et que les esperons dorez lui seroient coupez des
« talons ;* ce qui est aussi observé par Th. Walsingham en
« son *Hist.*, p. 118 : *Nempe primò degradatus est, amputatis
« securi ad talos suos calcaribus, et sic vicissim discinctus est
« baltheo militari, ablatis calceis et chirotecis, deinde sus-
« pensus, et in quartas partes divisus est* [2]. » (Du Cange.)

Laurière résume cette note et ajoute : « Les roturiers n'avoient
« pas d'esperons, parce qu'en guerre ils servoient à pied. »

Loisel dira encore : *D'un vilain autre que le roy ne peut
faire chevalier ; car vilain ne sçait que valent esperons* [3].
Enfin je lis dans Macaulay, parlant des ennemis de lord Clive :

---

nat. franç., t. XV, *Suppléments de Froissart*, Paris, 1826 ; 2ᵉ supplément, p. 36 ; cf. ms. fr. 3884, fol. 150 verso.

1. Cf. un meilleur texte dans *Garin*, édit. Paulin Paris, t. II, p. 145. Le vers 4ᵉ se lit ainsi dans cette édition :

   Et cil qui pis ou de moi ou de ti ;

et le dernier :

   Près du talon, au brant d'acier forbi.

La citation de du Cange pouvant servir à identifier un jour un manuscrit, je ne la corrige pas. Cf. l'indication des divers mss. de *Garin* dans le bel ouvrage de M. L. Gautier, *Les épopées françaises*, t. Iᵉʳ, 1878, 2ᵉ éd., pp. 239, 240, note.

2. Voyez encore sur l'éperon doré des chevaliers ord. somptuaire de Philippe le Hardi, publiée dans *Bibl. de l'Éc. des chartes*, 3ᵉ série, t. V, p. 177 ; La Curne de Sainte-Palaye, *Mém. sur l'anc. chev.*, t. Iᵉʳ, pp. 74, 287, 332 et suiv.

3. Loisel, *Institutes cout.*, livre I, tit. I, regles 27, 28.

LIVRE Ier, CHAPITRES 134, 135, 136.

Ils désiraient le voir chassé du Parlement, voir ses éperons brisés [1] (*his spurs chopped off;* mot à mot *ses éperons tranchés*).

136. Notes sur les *Établissements*, liv. Ier, ch. 135
(ci-dessus t. II, pp. 253-256).

Textes dérivés : *Livre des droiz*, 471 ; *Abrégé champenois*, 119.

Rapprochez : *Jostice et plet*, p. 239.

T. II, p. 254, ligne 3, n. 29. *avoir deniers*. — « Voyez « l'art. 131 de la Coust. d'Anjou. » (Du Cange.)

T. II, p. 255, lignes 1, 2. *li sires puet metre 1 escuier desus.*
— « Parce que c'estoit ordinairement un escuyer qui montoit
« le ronsin. Voyez comment Beaumanoir s'explique sur ce sujet :
« *si je suis semons pour paier ronsin de serviche* [2], etc.

« L'on void par là que le ronsin de service estoit un cheval
« de combat, ce qui paroist, encore par ce qui suit d'une
« anciene chronique d'Angleterre écrite en françois il y a envi-
« ron trois cens ans, intitulée *Vaurains*, qui est dans la biblio-
« theque de Monsr le chancelier, t. Ier, p. 108 : *Si fut messire*
« *Alain pris et cent chevaliers avec luy, sans plusieurs autres*
« *nobles hommes, et avec ce y eut deux cens ronsins tous cou-*
« *verts de fer, prins et retenus*, etc.

« Il ne faut pas confondre le *cheval de service* avec le *service*
« *de cheval*. Voyez Ardisonem in *Summâ feudali*, Quæs-
« tione 34 ; Odofredum in *Summâ feudali*, fol. 35, et mon
« *Glossaire*. » (Laurière.)

« Voir Chopin, in *Cons. andeg.*, liv. Ier, ch. 47, n. 9. » (Du Cange.)

137. Notes sur les *Établissements*, liv. Ier, ch. 136
(ci-dessus t. II, pp. 256, 262).

Voyez, en général, sur ce chapitre, ci-dessus, t. Ier, pp. 122, 132, note 1 ; 354, 369, 370, 388.

---

1. Macaulay, *Hist. et critique*, traduction Lisse et Petroz. Paris, Hetzel, p. 82. Lord Macaulay, *The works*, t. VI, 1879, p. 446.
2. Cf. Beaumanoir, édit. Beugnot, t. Ier, p. 391.

142   NOTES SUR LES ÉTABLISSEMENTS.

Textes dérivés : *Anc. usages d'Artois*, XXXIX ; *Somme rural*, liv. Ier, tit. 78, ch. *D'enfans de poesté avoir; Abrégé champenois*, 56, 72.

Rapprochez : *Ét.*, liv. Ier, ch. 11, et liv. II, ch. 26 ; *Abrégé champenois*, 56, 72, *Compil.*, 28, 29, 100, 104 ; *Livre des droiz*, 590, 674 ; *Cout. d'Anjou dite de 1411*, art. 234, 176, 165.

« Voy. l'art. 259 de la Coût. d'Anjou, *Du frerage*. Voyez
« cy-aprés les ch. 138 et 141 ; le liv. II, ch. 18, 36 (prés. édit.,
« liv. Ier, ch. 142, 145 ; liv. II, ch. 19, 33), et ce que j'en ay
« remarqué en mes dissertations [1]. » (Du Cange.)

T. II, p. 258, ligne 1. *car borse à vilain si est patrimoines*.
— « Le sens de cette regle est que le coûtumier ne peut plus
« avantager un de ses enfans de ses meubles acquets et con-
« quets, que de son patrimoine. Voy. les art. 324 et 327 de la
« Coûtume d'Anjou. » (Laurière.)

T. II, p. 258, lignes 7, 8. *cil qui seroient en l'ostel ne la lor porroient pas veer par droit*. — « Peu de temps aprés, la juris-
« prudence changea à Paris [2], et les enfans mariez, comme
« émancipez, ne succederent plus avec ceux qui estoient restez
« dans la maison paternelle ou en puissance, comme nous l'ap-
« prenons de la decision 236 de Jean des Mares, autheur qui
« vivoit sous Charles VI, et dont Jean Juvenal des Ursins fait
« mention vers le commencement de son histoire : *Se [3] enfans
« sont mariez de biens communs de pere et de mere, et autres
« enfans demeurent en selle, c'*[4]*est-à-dire en domicille de pere*

---

1. Du Cange fait ici allusion à la dissertation III *Du frerage et du parage,* à la suite de son édition de Joinville.

2. La décision dite de Jean des Marès que va relever Laurière ne prouve pas un changement de jurisprudence à Paris, puisque le texte des *Établissements* que commente Laurière est tourangeau-angevin, non parisien.

3. J'améliore la citation de Laurière à l'aide du ms. fr. 5359, fol. 97 verso, dont s'était servi Brodeau.

4. L'explication *c'est-à-dire ..... mere* révèle la main d'un arrangeur ou, au moins, d'un second auteur qui se sert d'un texte primitif plus ancien. Ainsi des Marès, ou mieux le jurisconsulte

« *et de mere, yceulx enfans mariés renoncent taisiblement à la*
« *succession de pere et mere ne n'i püent riens demander au*
« *préjudice des aultres demourant en selle, supposé qu'il rapor-*
« *tassent ce qui donné leur a esté en mariage, quar par le*
« *mariage il sont mis hors de la main de pere et mere, se ce n'est*
« *que par esprés, il eust esté réservé ou traité de mariage, que,*
« *par raportant ce qui donné leur a esté en mariage, il puis-*
« *sent succeder à leur pere et mere, avec leurs freres et soeurs*
« *qui sont demourez en selle. Et ce tous les enfans avoient esté*
« *mariez, vivant pere et mere, et au traitié de leur mariage ait*
« *esté dit que par raportant etc. comme dit est, toutefois après la*
« *mort de pere et mere, il viennent à la succession d'yceulx*
« *sans raporter, quar il n'y a nuls enfans demourez en selle,*
« *mes sont tous de pareille condicion, c'est à savoir mariez.*
« Mais on est revenu à Paris à l'ancien droit qui a toûjours
« esté suivi en Anjou, comme il se void par l'article 337 et
« 260. » (LAURIÈRE.)

T. II, p. 259, ligne 2, *en fraresche*, et note 14, *en frerage*. —
« C'est-à-dire *en partage*. » (LAURIÈRE.)

T. II, p. 260, ligne 3. *sera comté.* — « Voyez l'article 305
« de la Coûtume de Paris. » (LAURIÈRE.)

T. II, p. 261, ligne 6. L^1 porte : *par II preudomes.*

T. II, p. 261, ligne 10. *em partie.* — « C'est-à-dire *en par-*
« *tage* ou *frerage*. » (LAURIÈRE.)

T. II, p. 262, lignes 8, 9. *et s'il avoit trop aü, il lor feroit*
« *droit retour.* — « Cela est encore pratiqué en Anjou. Et si le
« donataire renonce à la succession du pere, il doit tout rendre,
« comme il se void par l'art. 334 qui suit : *Si le pere ou autre*
« *roturier donne à aucun de ses enfans ou heritiers presomp-*
« *tifs, soit en avancement de droit successif, ou autrement, et*
« *après sa mort ledit enfant ou heritier veüille renoncer à sa*
« *succession, il y sera receu avant qu'autrement se porter heri-*
« *tier, en rendant à l'ordonance de justice tout ce que sondit*
« *pere ou mere, ou autre parent luy ont donné, et faudra qu'il*

qu'on a coutume de désigner sous cette étiquette, se sert ici d'un texte préexistant.

« *rapporte à la raison de la valeur en quoy estoient lesdites*
« *choses données au temps d'iceluy don; toutefois tel donataire*
« *ne sera tenu de rendre les fruits des choses données.* » (Laurière.)

138. *Notes sur les Établissements, liv. Ier, ch.* 137
(ci-dessus, t. II, p. 263, 264).

Voyez, sur ce chapitre, ci-dessus t. Ier, pp. 132-138, 151-153.

Texte dérivé : *Abrégé champenois*, 73.

Rapprochez : *Ét.*, liv. Ier, ch. 20 ; *Comp.*, 53 ; *Livre des droiz*, 89 ; *Anc. usages d'Artois*, XI, 1 ; XXXIII, 1 ; *Très anc. cout. de Champagne*, art. 40, 65 ; *Très anc. cout. de Bretagne*, 1re partie, ch. 32 ; *Cout. d'Anjou*, art. 249.

T. II, p. 263, ligne 3. *Fame costumiere si a la moitié en douaire de l'eritage son seignor.* — « Suivant l'ordonance de
« Philippes Auguste de l'an 1214. Mais, dira-t-on, puisque
« Philippe Auguste avoit fixé le doüaire de la femme à la moi-
« tié des biens immeubles que le mary avoit au jour des épou-
« sailles, et à la moitié de ceux qui luy échoioient pen-
« dant le mariage en ligne directe, d'où vient que suivant
« le chap. 14 (présente édition, livre Ier, ch. 16) cy-des-
« sus, la femme noble *n'avoit que le tiers en doüaire en la*
« *terre son seigneur.* La raison est dans le ch. 8 (prés. édit.,
« liv. Ier, ch. 10), c'est que le noble estant obligé de laisser les
« deux tiers de sa terre à son aîné, il n'y avoit que le seul tiers
« dont il pût disposer, et par la mesme raison la femme ne
« pouvoit avoir que le tiers aux fiefs échûs en tierce foy, ou en
« tierce main, si la foy avoit esté muée en devoir. Voy. l'ar-
« ticle 299 de la Coûtume d'Anjou, et le titre de la Coûtume du
« Loudunois, *De doüaire de femme coustumiere.* » (Laurière.)

T. II, p. 263, lignes 6, 7. *Et doit tenir son douaire en bone estance.* — « Voyez l'art. 262 de la Coûtume de Paris, et le
« 314 de la Coûtume d'Anjou. » (Laurière.)

T. II, p. 263, ligne 7, note 50. Sur la variante *es coustemenz* acceptée par Laurière : « Comme aux labours et semences et
« au payement des charges reelles. » (Laurière.)

T. II, p. 263, ligne 9. *en la cort le roi*, etc. — « Voyez les
« loix de Thibaud, comte de Champagne, chap. 12 et 40, et
« l'art. 313 de la Coûtume d'Anjou. C'est encore icy une excep-
« tion à la regle que les *villains ou roturiers sont justiciables
« de corps et de chastel des seigneurs dont ils sont levans et
« couchans, et pour les immeubles, des seigneurs dans la jus-
« tice desquels les immeubles sont situez.* » (LAURIÈRE.)

139. *Notes sur les Établissements, liv. Ier, ch. 138*

(ci-dessus t. Ier, pp. 264-266).

Texte dérivé : *Abrégé champenois*, 60.

Rapprochez : ord. concernant Étampes de 1179, dans *Ord.*,
t. XI, p. 212 ; Beaum., ch. 30, *Des meffès*, § 28, édit. Beugnot,
t. Ier, pp. 419, 420 ; *Jostice et plet*, pp. 149, 158, 279 ; Cout.
de Malthey de 1336 dans Giraud, *Essai sur l'hist. du droit
franç.*, t. II, p. 412 ; Cout. d'Anjou dite de 1411, art. 190 ;
Cout. d'Anjou de 1508, art. 280 (Bourdot de Richebourg, t. IV,
p. 558).

Quantité de textes du moyen âge se réfèrent au bornage et
peuvent servir à éclairer ce chapitre ; voyez du Cange, *Glossa-
rium*, édit. Didot, t. Ier, pp. 724, 1re col., 720, 2e col. ; t. IV,
p. 387, 2e col.

A lire : Clément, *Études sur le droit rural civil*, 2e édit.,
1877, p. 104, § 60 ; Esmein, dans *Nouvelle revue historique*,
janv.-févr. 1883, p. 131.

T. II, p. 265, lignes 1, 2. *ne ne devroient sanz garde de
joutise.* — La *bonne* ou *borne* correspond au *terme* des provinces méridionales : en Provence, le *terme*, comme ici la
bonne, doit être planté par autorité de justice, partie appelée
et en présence de témoins [1].

T. II, p. 265, lignes 2, 3, 4. *Et s'il metoient bonnes sanz
garde de joutise, il en feroient l'amande à la joutise de chas-*

---

1. De Bomy, *Recueil de quelques statuts et coustumes non encores
imprimées*, Aix, 1620, p. 24. Chez les Romains, le *terminus* est
posé ordinairement par l'*agrimensor* (Lachmann et Rudorff, *Gro-
matici veteres*, t. Ier, p. 126).

cune bonne LX *s.* — « La Coûtume d'Anjou, art. 280 : *Fra-*
« *rescheurs qui ont departi la succession à eux advenüe, n'y*
« *peuvent mettre ni assoir bornes sans l'autorité de justice.*
« *Bien y peuvent mettre piaux et enseignes, en attendant*
« *que par justice bornes y soient mises. Et s'ils y mettoient*
« *bornes sans appeller justice, ils en feront soixante sols tour-*
« *nois d'amende, laquelle amende appartient au seigneur de*
« *la justice fonciere, qui auroit droit d'y mettre ou faire*
« *mettre lesdites bornes, s'il a connu de la matiere. Toutesfois*
« *des bournes ostées et arrachées, les bas justiciers n'ont pas la*
« *connoissance.* Voyez les commentateurs sur cet article; Loisel
« dans ses *Institutes coûtumieres*, livre II, ch. II, regle 28.

« Ce droit n'estoit pas anciennement general par tout le
« royaume; car, selon Beaumanoir, *toutes gens qui requierent*
« *bonnage le doivent avoir, et bien püent les parties, se elles*
« *s'accordent, borner sans justice, més que che ne soit pas en*
« *divers seigneurages, où il y ait plusieurs seigneurs, car en*
« *devise de plusieurs seigneurs, les tenans ne püent borner*
« *sans les seigneurs appeller*, chapitre 30, p. 151, ligne 13.

« Bouteiller, dans sa *Somme*, livre Ier, p. 366, à la fin : *S'il*
« *avenoit que parties fussent d'accord de mettre et asseoir*
« *bournes entr'eux, faire le peuvent sans appeller loy, ne*
« *autres, fors voisins.* Chez les Romains, les bornes se mettoient
« aussi d'autorité privée, lege 1 et ibi Accursius, *Cod.*, *Finium*
« *regundorum.* » (LAURIÈRE.)

T. II, p. 265, ligne 4. *de chascune bone* LX *s.* — Ce tarif de
60 sous fort ancien, et dont j'ai parlé ci-dessus t. Ier, pp. 245,
246, se retrouve ailleurs pour le même fait, notamment en
Auvergne : nous trouvons en ce pays, à la fin du XIIIe s., un
certain Aldoyne de Saint-Mamet, condamné à 60 sous d'amende
pour avoir déplacé une borne du domaine du roi [1].

T. II, p. 265, ligne 6. *L*^{1} porte : *s'en deffendoit* au lieu
de *s'an descordoit*.

T. II, p. 265, ligne 9. *car nus ne se doit faire joutise*, etc.

---

1. Comptes de Jean de Trye, bailli d'Auvergne en 1287 et 1288,
cités par Bayle-Mouillard, *Études sur l'hist. du droit en Auvergne*,
1842, p. 45.

LIVRE Ier, CHAPITRES 138, 139, 140.

— Rapprochez *Jostice et plet*, p. 320; *Ét.*, liv. Ier, ch. 105, 122, et ci-dessus t. Ier, pp. 82, 97, 185-188, 329, 330.

140. *Notes sur les Établissements, liv. Ier, ch.* 139
(ci-dessus t. II, pp. 267, 268, 269).

Comparez *Jostice et plet*, pp. 256, 257; Beaumanoir, ch. 13, édit. Beugnot, t. Ier, p. 220; *Coutume dite de* 1411, art. 184 dans Beautemps-Beaupré, 1re partie, t. Ier, pp. 498, 499; *Coutume d'Anjou*, art. 267.

T. II, p. 267, ligne 2. *Se aucuns hom costumiers avoit aües ii fames.* — « Ce chapitre est conforme au droit commun. La « Coûtume d'Anjou art. 267 : *Si l'homme coûtumier a esté plu-* « *sieurs fois marié et ait enfans de chacune femme, ses enfans* « *succederont à ses heritages et conquets par égales portions.* « *Et au regard des heritages échûs en tierce foy, l'aîné y pren-* « *dra les deux tiers. Et semblablement est-il des femmes coû-* « *tumieres qui auroient esté plusieurs fois mariées, et de cha-* « *cun mary auroient eû enfans qui succederoient à l'heritage* « *de leur mere, et conquets*, etc. » (LAURIÈRE.)

T. II, p. 269, ligne 1. *si que autretant en avroit li uns come li autres.* — « Il faut joindre icy le ch. 23 cy-dessus (prés. « édit., liv. Ier, ch. 25) qui porte que *se gentis fame prend* « *vilain costumier, li anfant qui istront d'aus deux si avront* « *ou fié de vers la mere autretant li uns comme li autres, s'il* « *n'i a foi à faire; et s'il i a foi à faire, li ainznez la fera et* « *avra le herbergement*[1]. » (LAURIÈRE.)

141. *Notes sur les Établissements, liv. Ier, ch.* 140
(ci-dessus t. II, pp. 269-270).

Voyez, sur ce chapitre, ci-dessus t. Ier, p. 143.

Rapprochez : *Ét.*, liv. Ier, ch. 13 ; *Compil.*, 28, 34 ; *Coutume dite de* 1411, art. 191; *Cout. d'Anjou*, art. 257, 283, 284, 321.

T. II, p. 269, l. 5; p. 270, ligne 1. *cil qui plus vit maintient sa vie les achaz et les conquestes.* — « La Coûtume d'Anjou,

---

1. Au lieu de la citation de Laurière, je reprends ici le texte plus régulier de mon édition; voyez ci-dessus t. II, pp. 34, 35.

« art. 283 : *Le survivant de deux conjoins par mariage, liberis*
« *existentibus, aura les conquests moitié en proprieté, moitié*
« *en usufruit, tant qu'il sera en viduité, à la charge de nourrir*
« *et entretenir les enfans mineurs, tant qu'il soient en âge. Et*
« *si ledit survivant se remarie, lesdits acquests se departiront*
« *entre iceluy survivant et les heritiers du premier decedé, ou*
« *leur representation en ligne directe*, *et s'il n'y a aucuns*
« *enfans, ledit survivant aura tous les acquets, moitié en pro-*
« *prieté, et l'autre en usufruit.*

« Article 288 : *Aucuns lieux sont ausdits pays esquels les*
« *acquets se divisent entre le survivant et les heritiers du pre-*
« *mier decedé desdits conjoints par mariage, sens que ledit*
« *survivant ait droit de les tenir pour le tout par usufruit,*
« *comme en la chastellenie de Vendosme.*

« Voyez les commentateurs sur ces articles. » (Laurière.)

142. *Notes sur les Établissements, liv. Ier, ch. 141*

(ci-dessus t. II, pp. 270-272).

Voyez, sur ce chapitre, ci-dessus t. Ier, pp. 159, 160, 261.

Texte dérivé : *Abrégé champenois,* 38 (cf. 77, 100).

Rapprochez : *Ét.,* liv. Ier, ch. 78, 146; *Compil.,* 4, 54, 99, 111 ; *Jostice et plet,* p. 224 ; Beaumanoir, ch. 15, § 22 (édit. Beugnot, t. Ier, p. 256) ; Britton, édit. Nichols, t. II, pp. 8, 9.

T. II, p. 271, ligne 3. *L¹* porte : *hons ou aucune fame moroit.*

T. II, p. 271, lignes 3, 4. *cil qui devroit avoir le retour de la terre si porroit bien tenir les anfanz tant que il poïssent aler et parler.* — « *Cil qui doit avoir le retour de la terre* est l'heritier
« *ab intestat.* Et cependant il est decidé dans le chapitre 117
« cy-dessus (prés. édit., liv. Ier, ch. 121) que *cil*[1] *qui ont le*
« *retour de la terre ne doivent pas avoir le retour et la garde;*
« *car soupeçons seroit qu'il ne voussissent plus la mort des anfanz*
« *que la vie, pour la terre qui lor echerroit.* Il semble que
« ces loix ayent fait moins d'attention à la vie des mineurs
« roturiers qu'à celle des gentilshommes. Voyez l'art. 89 de la
« Coûtume d'Anjou. » (Laurière.)

1. Je reprends ici le texte de mon édition.

T. II, p. 272, lignes 4, 5. *Mais il ne randroit nules des issues de la terre.* — « Il n'en estoit pas de mesme du mineur « gentilhomme, car, selon le chapitre 117 (prés. édit., liv. Ier, « ch. 121), celuy qui avoit la garde de sa personne, ne devoit « avoir de sa terre que ce qu'il en falloit pour sa nourriture. « Voyez le ch. 18 du livre II à la fin » (prés. édit., liv. II, ch. 19). (LAURIÈRE.)

143. Notes sur les Établissements, liv. Ier, ch. 142
(ci-dessus t. II, pp. 273-274).

Voyez, sur ce chapitre, ci-dessus t. Ier, pp. 168, 212, 220.
Texte dérivé : *Abrégé champenois*, 74.
Rapprochez : *Ét.*, liv. Ier, ch. 1, 7, 83, 85, 86; liv. II, ch. 16; *Abrégé champenois*, 174 ; *Très anc. Cout. de Bret.*, 2e partie, art. 59. ; Pierre de Font., ch. 22, § 3.
Comparez cette variante d'un des mss. de Pierre de Fontaines : *Vilains ne puet fausser le jugement son seigneur ne de ses homes, s'il n'est garnis de lois privées par coi il le puisse faire. Tout cil ne pueent jugement fausser qui, par coustume de païs ou par loi privée, sont en jugement de frans homes*[1].
A lire : Robiou, dans *Rev. des quest. hist.*, 1er oct. 1875, pp. 396, 397 ; Schæffner, *Geschichte der Rechtsverfassung Frankr.*, t. III, 1850, p. 546.
T. II, p. 274, ligne 4. LLⁱ portent : *jugement fcire* au lieu de *jugement*.

« Voyez Beaumanoir, ch. 67, page 338, ligne 7, et ch. 64, « page 312, ligne 17. »
« Ancienement nul homme coustumier, ou villain ne pou- « voit faire jugement, car dans les lieux où la justice se ren- « doit par pairs, il falloit necessairement estre pair pour estre « juge, et où elle se rendoit par baillis, les coûtumiers ne le « pouvoient encore estre, parce que les baillis ne devoient « appeller que des gentilshomes, ou des hommes francs, « c'est-à-dire des seigneurs de fief, et quelquefois des bour- « geois, comme l'on void dans Beaumanoir, ch. 67, p. 339,

---

1. Ms. P dans l'édit. Marnier, p. 232, note.

« vers le milieu. Mais dans les lieux où les cottiers estoient
« jugez par leurs pairs, ce qui est dit icy n'avoit pas lieu.
« Voyez ce que j'ay remarqué sur Loisel, livre IV, titre III,
« regle 14, page 124.

« Le Coûtumier ou le villain ne pouvoit aussi se pourvoir
« contre le jugement de son seigneur par amandement, de la
« maniere qu'on l'a expliqué sur le ch. 80 (prés. édit., liv. Ier,
« ch. 85), quand mesme le jugement de son seigneur n'auroit
« pas esté bon, car comme dit des Fontaines dans son *Conseil*,
« ch. 21, art. 8, *n'a-t-il entre toi, seigneur et ton villain, juge*
« *fors Dieu*. Comme le villain ne pouvoit demander amende-
« ment, il pouvoit encore moins fausser le jugement de son
« seigneur, quoyque mauvais, puisque *fausser* estoit plus que
« demander *amendement*, comme on l'a fait voir sur le ch. 80
« (prés. édit., liv. Ier, ch. 85) et ainsi quand il avoit eû l'audace
« de dire à són seigneur : *vous m'avez fait faux jugement*, si
« le jugement estoit bon, il en faisoit amende, et aux gentils-
« hommes et aux hommes de fief qui avoient esté au jugement.
« Mais il y avoit des pays où les hommes coûtumiers et vil-
« lains pouvoient fausser, comme on peut voir dans le ch. 22
« du *Conseil* de des Fontaines, art. 7, et dans Beaumanoir,
« ch. 61, p. 312, et au commencement. Quant à l'appellation,
« elle n'estoit pas anciennement en usage en cour laie, et n'a
« commencé d'estre receüe que dans le temps de ces *Establis-*
« *semens*, ainsi que nous l'apprenons du chapitre 80 cy-dessus
« au commencement (prés. édit., liv. Ier, ch. 85), et du ch. 15
« du livre II (prés. édit., liv. II, ch. 16). De là vient qu'ancie-
« nement le Parlement ne tenoit qu'environ quatre fois l'an.
« Mais depuis que les appellations ont esté introduites, l'usage
« en est devenu si frequent que l'on a esté obligé de rendre
« cette compagnie sedentaire et continuelle, et mesme d'en
« creer plusieurs, qui à peine suffisent pour terminer à present
« toutes les affaires qui y sont portées. » (LAURIÈRE.)

T. II, p. 275, lignes 6, 7. *Et se einsinc estoit*, etc. — « Une
« femme riche épouse un homme qui ne l'est pas, et elle en a
« un enfant. Cet homme meurt, la femme passe en secondes
« noces et a plusieurs enfants de son second lict. Les meubles
« de cette femme ayant esté communs entre elle et son pre-

« mier mari, l'enfant du premier lict en aura la moitié comme
« heritier de son pere, et dans l'autre moitié il aura sa part
« comme heritier de sa mere, avec ses freres du second lict. Il
« n'y a là aucune difficulté. » (LAURIÈRE.)

*144. Notes sur les Établissements, liv. I*ᵉʳ*, ch. 143*
(ci-dessus t. II, pp. 274-277).

Voyez, sur ce chapitre, ci-dessus t. Iᵉʳ, pp. 109, 138.
Texte dérivé : *Abrégé champenois*, 76.
Rapprochez : *Ét.*, liv. Iᵉʳ, ch. 17 ; *Comp.*, 75 ; *Abrégé champ.*, 76 ; *Jostice et plet*, pp. 234, 237 ; *Liger*, 833.

T. II, p. 276, ligne 10 ; p. 277, ligne 1. *li gueaignages des terres*, etc. — « Le revenu des terres. De là le mot de *gagnage*
« a esté employé pour toutes les terres à labeur et desquelles on
« tire du *gaing* ou du revenu. *Terræ lucrosæ, terræ laboriosæ*
« dans un titre qui se lit in *Gall. christ.*, t. IV, p. 870. Guill.
« Guiart en la Vie de S. Louys :

« *Par jardins et par gaaingnages* [1].

« En l'an 1304 :

« *Li autre apportent jonc et herbe*
« *Ou avaine liée en gerbe*
« *Qu'il ont cueillie es gaaingnages* [2].

« L'*Hist. de France* ms. de la bibl. de M. de Mesmes, en la
« vie de Philippes Auguste : *Les gens qui soioient les blés és*
« *gaignages laissoient tout pour venir au devant de lui* [3].
« *Gaangnium sex carrucarum*, en un titre de l'an 1269, au

1. C'est le vers 10358 de G. Guiart, édit. de Wailly et Delisle, *Recueil des hist.*, t. XXII, p. 192 ; voyez encore le même mot dans Guiart, v. 11213, *Ibid.*, p. 201.
2. Vers 19867-19869, *Ibid.*, p. 285.
3. J'ai déjà dit que je n'identifiais pas ce ms. ; je n'identifie pas davantage la chronique elle-même. Le passage que du Cange cite ici a pour thème primitif Guillaume le Breton (cf. édit. Fr. Delaborde, t. Iᵉʳ, p. 296) ; le passage correspondant des *Grandes chroniques de Saint-Denis* est différent (cf. édit. Paulin Paris, t. IV, p. 197).

« recueil de M. Perard, p. 518 ; *le labeur de six charües.*
« *Gagner; labourer.* Le *Caton en roman :*

> « Se tu veux labourer en terre
> « Vergile dois lire et enquerre.
> « Chil te sara bien enseignier
> « Ques terres tu dois gaaigner.

« Le traducteur de Guill. de Tyr, liv. III, ch. 19 : *Agricul-*
« *turis operam dare; gaigner les terres;* — au liv. VI, ch. 1 :
« *Suburbanorum incolæ; li vilain qui estoient gagneur en la*
« *terre.* » (Du Cange.)

Sur le *gueaignage des terres*, c'est-à-dire sur les récoltes,
voyez encore divers textes dans Brussel, *Nouv. usage général
des fiefs*, p. 884 ; du Cange, *Glossar.*, verbo *Gaignagium*[1]; d'Espinay, *Cartul. angevins*, p. 189, note 2.

T. II, p. 277, lignes 6, 7. *et tout autretant i avroit li uns
come li autres.* — « Dans la succession de la mere. » (Laurière.)

---

1. Laurière a bien compris l'expression *gueaignages des terres*, mais son commentaire sur l'ensemble de ce passage ne me paraît pas exempt d'erreur ; pour ne pas le négliger tout à fait, je le reproduis ici :

« Pendant que cette femme riche estoit avec son premier mary,
« ses terres ont esté *gaagnées*, c'est-à-dire *labourées*, comme il est
« bien dit dans le ch. 134 de l'ancienne Coûtume d'Anjou glosée,
« à qui appartiendront les *gagnages*? c'est-à-dire les fruits qui
« estoient en terre, ou pendans par les racines dans le temps du
« deceds du premier mary, ou, s'il y a un fermier, à qui appar-
« tiendra l'année düe à cause de ces fruits. Il semble qu'ils devoient
« estre partagez comme les meubles, et que l'enfant du premier
« lict devoit en avoir une moitié, et la mere l'autre moitié ; mais,
« comme ces fruits font partie du fond, il faut dire qu'ils appar-
« tiendront à la mere seule, et que, si cette année est encore düe
« à son deceds par le fermier, elle sera commune à tous ses enfans
« et divisée entre eux par testes, ce qu'il faut entendre, en ren-
« dant à l'enfant du premier lict la moitié des labours et semences,
« comme il est decidé par l'art. 231 de la Coûtume de Paris. »
(Laurière.)

145. *Notes sur les Établissements, liv. Ier, ch. 144*
(ci-dessus t. II, pp. 277-279).

Voyez, sur ce chapitre, ci-dessus t. Ier, pp. 122, 123.
Texte dérivé : *Abrégé champenois*, 75.
Rapprochez : *Ét.*, liv. Ier, ch. 14 ; Pierre de Fontaines, *Conseil*, ch. 13, § 22, édit. Marnier, pp. 79, 80.

T. II, p. 278, ligne 5. *frareschier*. — « *Partager.* » (LAURIÈRE.)

T. II, p. 279, ligne 2, *à gueaignier*. — « Voyez la note sur le chapitre precedent. » (LAURIÈRE.)

T. II, p. 279, lignes 3, 4. *en meschinage*. — « En service, « car *meschine* parmy nous signifie une *servante*. Guill. Guiart « en l'an 1183 :

    « *Des sains corporaux des yglises*
    « *Faisoient volez et chemises.*
    « *Communement à leurs meschines*
    « *En despit des œuvres divines* [1].

« Dans un titre de Sance, roy d'Aragon de l'ère 1131, dans « Surita, liv. I, *Indic.*[2], *mischinus* est pris pour une espece de « serf ou homme de corps : *Cum omnibus decimis suis.... et « cum omnibus hominibus et mischinis suis et posteritate illo-« rum*. Mais ce qui nous a donné lieu d'appeller nos servantes « *meschines*, a esté de ce que ce mot signifioit autrefois parmi « nous une *jeune fille* :
« Le *Roman de Garin* :

    « *Au matin lievent meschines et pucelles* [3].

« Mathieu Vacce en la *Chronique des ducs de Normandie* :

    « *Li duc de Normandie avoit une serour*

---

1. Voyez G. Guiart, *Branche des royaux lignages*, édit. Buchon, Paris, 1828, pp. 40, 41, vers 405-408 (*Collection des chroniques nat. et étrangères*, tom. VII).

2. Voici le titre plus complet de cet ouvrage : Surita, *Indices rerum ab Aragoniæ regibus gestarum*, 1578, in-fol.; l'acte cité est de l'an 1093 de l'ère chrétienne.

3. Je n'ai pas retrouvé ce vers dans l'édit. de *Garin* de M. Paulin Paris.

« *Meschine parcreuë, més n'avoit pas seigneur ;*
« *Guill. de Poitiers torna vers li s'amour.*
« *Li freres li douna et cil en fist soi sour* [1].

« Ainsi *meschin* se prend très souvent pour un *jeune gentil-*
« *homme* dans le *Roman de Garin :*

« *Trés bien lièvent et vieillart et meschin* [2].

« Ailleurs :

« *Li Loherans fu à l'eschole mis*
« *Tant come il fu jovenciax et meschins* [3].

« Le même poëte :

« *Alés en fuere, s'il vos plaist, le matin*
« *Si vos sivront et danzel et meschin* [4].

« Ailleurs :

« *Envoiés le l'empereur Pepin*
« *Si fera bien chevalier le meschin*
« *Ses parens est et ses cousin germain* [5].

(Du Cange.)

« Dans le chapitre 38 de la Coûtume de Haynaut et dans
« l'art. 143 de la Coûtume de l'Ille, *meschine* est une *servante.*
« Originairement *meschin* et *meschine* signifioient un *jeune*
« *garçon* et une *jeune fille.* Et comme de *vaer*, qui signifioit
« un *homme,* on a fait *varlet* [6] pour signifier un *jeune homme,*

---

1. Cf. *Maistre Wace's Roman de Rou*, édit. H. Andresen, t. Ier, Heilbronn, 1877, p. 95, v. 1566-1569. Le dernier vers se lit ainsi dans l'édit. Andresen : *Se li freres li dune, il en feist s'oisied.*
2. Cf. *Garin le Loherain,* édit. Paulin Paris, t. Ier, p. 33 :
   Très bien le sevent et viellart et meschin.
3. Cf. *Ibid.*, t. Ier, p. 179.
4. Cf. *Ibid.*, t. Ier, p. 271 :
   Alez porquerre et le pain et le vin
   Si vos suiront et dansel et meschin.
5. Je ne retrouve pas ce passage dans l'édition de *Garin* par M. Paulin Paris.
6. Étymologie tout à fait inacceptable. En outre, je ne me rends pas bien compte de ce mot *vaer.* Laurière a-t-il eu en vue une

« et ensuite un *valet*, on a aussi employé *meschin* et *meschine*,
« pour signifier un *valet* et une *servante*. Et parce que les ser-
« vantes ne sont pas toujours de bonnes mœurs et vont sou-
« vent de maisons en maisons, les mots *meschin* et *meschine*
« ont esté pris quelquefois en mauvaise part. Mais icy *aller en*
« *meschinnage* n'est autre chose que *quitter la maison de son*
« *pere ou de sa mere pour se mettre en service*. » (LAURIÈRE.)

Malgré l'autorité de du Cange et de Laurière, le sens fâcheux rejeté par ces deux savants me paraît ici probable. En tout cas, la fin de la phrase nous met certainement en présence de l'hypothèse de la mauvaise conduite. Avec le sens de du Cange et de Laurière, il faut traduire ainsi ce passage : *si elle s'en était allée en service ou ailleurs pour se débaucher* ; avec le sens péjoratif qui me paraît très possible, on traduira : *si elle s'en était allée en mauvais lieu ou ailleurs pour se débaucher*. Ce qui rend ce dernier sens probable, c'est qu'au début du même chapitre, il est parlé du fils absent et qu'on suppose sa mauvaise conduite, non pas un éloignement justifié. La fille noble débauchée était, au contraire, exclue de la succession paternelle (*Ét.*, liv. Ier, ch. 14). N'est-ce point le cas de citer cette pensée de Christine de Pisan : *Par longue acoustumance en difference d'estat est tourné en usage si comme naturel en ceulx qui sont nobles de lignaige, autre grandeur de couraige et de meurs que es autres*[1] ?

Voyez du Cange, *Glossarium*, v° *Mischinus* (édit. Didot, t. IV, p. 429, 2e col.). L'auteur de l'art. entend *meschinage* au sens de *service* et critique le sens de *lupanar*.

T. II, p. 279, lignes 4, 5. *por soi jouer*. — « C'est-à-dire
« *pour son plaisir*[2].

« Ce qui est decidé dans ce chapitre est une suite de la puis-
« sance paternelle qui avoit lieu à Paris dans le temps de ces

---

forme *ver, vere*, qui signifie *bachoteur, passeur (Fæhrmann)* ? Voyez Brinckmeier, *Glossarium*, verbo *ver*. Ou bien a-t-il connu un *vaer* se rattachant à *baro, homme* ?

1. Christine de Pisan dans Ms. fr. 1182, fol. 79 verso (Bibliothèque nationale).

2. Je comprends : *se débaucher*.

« *Establissemens*, comme on l'a déjà prouvé par l'autheur du
« *Grand Coûtumier*, livre II, ch. 40, pages 264, 265. Cepen-
« dant plusieurs commentateurs du droit romain tiennent qu'il
« y a des cas où le fils de famille bon menager ne seroit pas
« obligé de communiquer à ses freres fols et dissipateurs les
« profits qu'il auroit faits; ce qui est traité par Paschalius, *De*
« *viribus patriæ potestatis*, partie premiere, chapitre 3, n. 11,
« 12 et 13, page 35. » (Laurière.)

146. *Notes sur les Établissements, liv. Ier, ch.* 145
(ci-dessus t. II, pp. 279, 280).

Texte dérivé : *Abrégé champenois*, 58.

T. II, p. 279, ligne 8. *Se aucuns*, etc. — « On a remarqué
« en plusieurs endroits que, suivant nos usages, les femmes
« n'ont point de dot, ce qui a esté tres bien remarqué par Cur-
« tius, t. I *Conjectur.*, lib. I, tit. 39, et par Dargentré sur
« l'article 419 de l'anciene Coûtume de Bretagne, glose pre-
« miere, nombre 2, dont les paroles ne peuvent trop estre rap-
« portées : *Tibi domum reverso et pulveri assuescenti multa*
« *dediscenda sunt, nam jure patrio nulla nobis dos, ut illo*
« *quidam jure, constituta nulla dotis jura, nullus fundus*
« *dotalis, nulla lex Julia, nulla usucapiendi inhabilitas*, etc.

« Le mary parmi nous est bail, ou gardien de sa femme, et
« c'est en cette qualité qu'il fait les fruits siens de tous les
« fonds qu'elle possede, comme le baillistre ou le gardien fait
« les fruits siens des immeubles de son mineur. Or, si le gar-
« dien s'avisoit de bâtir sans necessité sur le fond de son
« mineur, le gardien perdroit les augmentations qu'il auroit
« faites ainsi, et ne pourroit esperer que de remporter ses
« materiaux, en restablissant les lieux, et par consequent, ce
« chapitre a decidé avec quelque raison qu'il en devoit estre de
« mesme à l'egard du mary. Vide tamen legem 3 et 8, *Dig.*, *De*
« *impensis in res dotales factis*, et Le Brun, *De la commu-*
« *nauté*, liv. III, ch. II, Distinction 7, page 374. » (Laurière.)

147. *Notes sur les Établissements, liv. Ier, ch.* 146
(ci-dessus t. II, pp. 280, 281).

Voyez, sur ce chapitre, ci-dessus t. Ier, p. 158.

Texte dérivé : *Abrégé champenois*, 77 (cf. 100).

Rapprochez : *Ét.*, liv. Ier, ch. 78, 141 ; *Compil.*, 54, 99, 111 ; *Cout. d'Anjou*, art. 344.

Un texte de l'année 1230, intéressant Cormery, concorde avec ce chapitre ; il nous offre aussi la majorité de quinze ans : *homines autem ejusdem villæ, ætate quinti decimi anni majores, hæc omnia præmissa, juramento præstito, servare tenentur bona fide*[1].

T. II, p. 280, ligne 9 ; p. 281, ligne 1. *Hons costumiers si est bien en aage quant il a passé* xv *ans, d'avoir sa terre.* — « Tel « estoit l'ancien usage de la France et de l'Angleterre. *Fleta*, « lib. I, cap. xi, § 7 : *Heres burgensis, quam citius discretio-« nem habet denarios numerandi, pannos alnandi et hujus-« modi, plenam ætatem dicitur obtinere et tunc primo finitur « tutela.* Vide Cowellum, lib. I *Instit. juris anglicani*, tit. 22, « in principio.

« Des Mares, *Decision* 249 : *Enfans de poosté sont aagiées* « *à quatorze ans puis qu'ils sont mâles, et pucelles sont âgées* « *à douze ans*, etc.[2]. Mais aujourd'huy ces majeurs sont resti-« tuez comme mineurs. Voyez du Pineau sur l'art. 444 de la « Coûtume d'Anjou. » (Laurière.)

T. II, p. 281, lignes 1, 2. *et de tenir servise de seignor.* — « Cecy doit estre entendu du service des terres en roture, car « à l'égard des fiefs, le roturier estoit comme les nobles, qui « ne pouvoient tenir leurs terres avant vingt-un an, comme il « est dit au commencement du chapitre 73 cy-dessus (prés. « édit., liv. Ier, ch. 78), ce qui est bien expliqué par l'art. 444 « de la Coûtume d'Anjou qu'il est bon de rapporter : *Et est* « *assavoir que le mâle noble n'est aagé que jusques à vingt* « *ans accomplis et la fille à quatorze ans. Mais enfans coustu-* « *miers, soient fils ou filles, sont aagez à quatorze ans, et sont* « *habiles à la poursuite de leurs droits, posé que le coustumier* « *ne soit aagé à tenir sa terre teniie à foy plustost que le noble,* « *comme dit est cy-devant ; et vaut et tient contract fait* « *avec iceux coustumiers aagez à quatorze ans, en tant que*

---

1. J. J. Bourassé, *Cart. de Cormery*, p. 152.
2. Je reprends ici le texte de l'édition de Brodeau.

« *touche leurs meubles seulement : et pour tant que touche les*
« *contracts portant alienation de chouses heritaux, ils ne sont*
« *valables, sans l'autorité de justice, jusques à ce qu'ils ayent*
« *vingt ans comme les nobles.* Voyez Loisel dans ses *Institutes*,
« livre Ier, titre I, regle 34, avec ma note. » (LAURIÈRE.)

T. II, p. 281, lignes 2, 3. *mais il n'a pas aage de soi com-*
« *batre devant qu'il ait* XXI *an.* — « Ainsi celuy qui estoit
« proprietaire d'un fief, qui obligeoit au service des armes, ne
« pouvoit le desservir à cet âge, et il n'estoit pas obligé de
« combattre quand il estoit appellé en duel. Dans quelques
« lieux il estoit pourtant admis au combat aprés quinze ans.
« *Cil qui appelle, ou est appellés dessous l'aage de quinze ans*,
« dit Beaumanoir, *püet mettre en voir qu'il n'y a point d'appel*,
« *car male chose seroit de souffrir enfans en gage, devant que*
« *il ayent âge par quoy il doivent connoistre le peril qui est en*
« *gage, et en mout de pays, il convient plus d'age. Et par*
« *nostre coustume crois-je qu'il auroit avoüé, jusques à tant*
« *que il aroient vingt ans*, pages 313, 314. » (LAURIÈRE.)

T. II, p. 281, ligne 4. *se il ne le voloit.* « Sçavoir soi com-
« batre en gage de bataille, car il n'estoit pas en son pouvoir
« de desservir son fief, ni de sortir de bail, avant l'âge. » (LAU-
RIÈRE.)

148. *Notes sur les Établissements, liv.* Ier, *ch.* 147

(ci-dessus t. Ier, pp. 281, 282).

Voyez, en général, sur ce chapitre, ci-dessus t. Ier, pp. 168, 169, 392.

Rapprochez *Ét.*, liv. Ier, ch. 25, 134; *Comp.*, 81, 111; *Abrégé champenois*, 98; Colombi cité par Tailliar, *Notice de manuscrits concernant la législ. du moyen âge*, p. 87, note 1; *Coutume dite de* 1411, art. 173, 174; *Cout. d'Anjou*, art. 262[1].

La rubrique de ce chapitre est dans O^i : *D'ome costumiers qui conquiert frerage. L^i* est conforme à mon texte.

A lire : Waitz, *Deutsche Verfassungsgeschichte*, t. VI, 1875, p. 8; A. de Barthélemy, *Étude sur les lettres d'anoblissement*,

1. J'emprunte ce renvoi à du Cange.

pp. 7, 8; Warnkœnig et Stein, *Franzœs. Staats-und Rechtsgeschichte*, t. Iᵉʳ, *Urkundenbuch*, p. 22; Pocquet de Livonnière, *Règles du droit franç.*, liv. II, tit. v, règles 6, 7, 9, p. 84.

Le roturier, propriétaire de fief, pouvait avoir un noble pour vassal : ce qui devait donner lieu à des tiraillements, un noble n'étant pas toujours disposé à prêter hommage à un vilain : voici un exemple de contestations de ce genre.

Sachent tous... comme contens fust entre Jean Loueau, chevalier, et Colin Charbonneau, clerc, ledit Colin voleit que ledit chevalier fust son homme à fay par la reison d'un fé qu'icelui Colin aveit achaté de Michiel de Defaes deu hergement de Vesos, terres, prés, vignes et toutes les chouses que ledit chevalier soleit servir de Michiel de Defaes en la paroisse de Vesot, ou aillors, ou fé au seignor de Ceresay ; et ledit chevalier disoit encontre que il ne devet mie tenir doudit Colin, ne li en faire hommaige des chouses devant dites par la reison que il diseit que celui Colin n'estoit pas gentil homme ; à la parfin, lesdites parties firent peiz entr'eus par devant nous : ledit Colin quite audit chevalier tout le droit que il poait avoir sus ledit chevalier et la seignorie, et tout quanque il pooit avoir sur les hommes de l'aquisicion que icelui Colin avoit feit, volant que ledit chevalier tienge toutes les choses devant dites dou suscrain seignor sans ce que ledit Colin en puisse aler encontre, ne lui, ne ses hoirs, et sans ce que il puissent jamès rien demander comme seignor de fé, et ledit chevalier quite et deleisse audit Colin et à ses hairs IV *lb. t. de rente, lesqueus ledit chevalier avoit sur les chouses audit Colin en la paroisse de Vesot, par la reson d'une vencion, laquele Eudin dou Defaes et Michiel de Defaes avoient feite à Jehenne, jadis meire audit chevalier. Vendredi, en la veille de la mi Aoust* 1276 [1].

T. II, p. 281, ligne 7. *L*¹ porte : *qui feïst à autre homage.* — *O*¹ porte : *qui feïst à autre en homage ou s'il.* — « La premiere « partie de ce chapitre est, ce semble, de celuy qui prend d'un « seigneur un fond à titre d'infeodation. » (Laurière.)

---

1. Bibl. nat., ms. lat. 5474, pp. 131, 132 (acte résumé). Il s'agit de la terre de Vézot (Sarthe).

T. II, p. 282, lignes 1, 2. *ou il porchace vers son seignor coment il metc en foi ou en homaye tout son heritage.* — « *Pourchacier* est *poursuivre, solliciter, traiter.* Beaumanoir, « ch. 45, p. 253 : *Bonne chose est à chaux qui vüellent pour-*
« *chacier franchise de leur servitude, que il facent confirmer*
« *leur franchise par le souverain de qui leur seigneur tient,*
« etc. Littleton, ch. 1, n. 1 : *Si un home vüel pourchaser terres,*
« *ou tenemens en fée simple, il convient de avoir ceux parols*
« *en son purchase* : A AVER ET TENIR A LUI ET A SES HEIRS;
« *car ceux parols* : ET SES HEIRS *font l'estate d'enheritance,* etc.

« Quand donc un homme coustumier est nouvellement
« investi d'un fief, ou parce qu'il l'a acquis de son seigneur, ou
« parce qu'il a fait convertir sa roture en fief, ce fief se partage
« également entre ses enfans. » (LAURIÈRE.)

T. II, p. 282, ligne 4. *si avroit autent li uns come li autres.*
— Cette égalité qui, d'après notre texte, cesse à la *tierce foi*, persistait par abus, au xv⁰ s., dans certains fiefs acquis par des coutumiers : cet abus est blâmé par le rédacteur de la *Coutume de* 1411 : *lequel usaige loyal est à condempner selon l'oppinion des assises, et ramener à la coustume generale* [1]. Sur l'attachement des coutumiers angevins à l'égalité des partages cf. ci-dessus t. Iᵉʳ, p. 127.

T. II, p. 282, lignes 5, 6. *si avroit l'avantage.* — « ... En « cela l'aîné roturier estoit comme la fille aînée noble, qui
« garantissoit ses sœurs sous son homage. Voyez cy-dessus le
« ch. 10 (prés. édit., liv. Iᵉʳ, ch. 12) et ce que j'y ay observé (ci-
« dessus t. III, p. 264). » (LAURIÈRE.)

T. II, p. 282, lignes 8, 9. *jusqu'à la tierce foi.* — On disait en Poitou la *quarte foi*, parce qu'on faisait entrer en ligne de compte la foi rendue par l'acquéreur au moment de l'acquisition ; mais, au fond, la *quarte foi* des Poitevins et la *tierce foi* des Angevins désignent probablement la même chose, c'est-à-dire la foi prêtée au suzerain par l'arrière-petit-fils de l'acquéreur : l'hommage du fils est la *première foi;* celui du petit-fils est la *seconde foi;* celui de l'arrière-petit-fils la *tierce foi.* Si on

---

1. *Cout. d'Anjou et Maine dite de* 1411 dans Beautemps-Beaupré, *Cout. et instit.*, 1ʳᵉ partie, t. Iᵉʳ, pp. 496, 497.

LIVRE Ier, CHAPITRES 147, 148.

comptait l'hommage rendu par l'acquéreur au moment de l'acquisition, la *tierce foi* serait l'hommage du petit-fils. Le rédacteur de la Coutume poitevine de 1417, qui a traité cette question avec soin, ajoute cette observation aussi vraie pour l'Anjou que pour le Poitou : *Mais en ce compte ne sont point comptées les mutacions qui viennent par la mort ou mutacion du seigneur de qui la chose est tenue par homage ou autrement noblement; car il pourroit advenir que ung rousturier en feroit en son temps hommage trois foiz ou plus à son seigneur* [1].

« *jusqu'à la tierce foi.* — La raison est qu'à la *tierce foy*, les « roturiers proprietaires de fiefs estoient considerez comme « nobles, ce qu'on a déja justifié par l'autorité qui suit du « Poggio, *De nobilitate*, qui ne peut trop estre rapportée : *Mer-« catorum aut quorumvis opificum filii, qui divitiis præstant, « aut empto prædio rus se conferunt, urbe relictâ, atque ejus « fructu contenti seminobiles evadunt, suisque posteris nobili-« tatem præbent, aut famulantes principibus, aliquo prædio « collato, pro nobilibus honorantur. Ita plus illis rura et nemus « conferunt quàm urbes, atque otia quàm negotia, ad conse-« quendam nobilitatem*, etc. Voyez Bouteiller dans sa *Somme*, « livre II, titre I, p. 654, ligne 27. » (LAURIÈRE.)

T. II, p. 282, lignes 9, 10. *les II parz.* — « Voyez la Coû-« tume d'Anjou, art. 255, 256, et celle du Loudunois, chapitre « *De succession de coûtumier*, art. 5. » (LAURIÈRE.)

149. *Notes sur les Établissements, liv. Ier, ch. 148*
(ci-dessus t. Ier, p. 283).

Texte dérivé : *Abrégé champenois*, 78.

Rapprochez : *Jostice et plet*, pp. 240, 241 ; *Coutume dite de 1411*, art. 114.

T. II, p. 283, ligne 2. *Hom costumiers.* « Voyez le chapitre 58 « au commencement, le 95 avec les notes (prés. édit., liv. Ier, « ch. 64, 99) et l'art. 54 et 55 de la Coûtume d'Anjou. »
(LAURIÈRE.)

---

1. Cout. de 1417 dans Ms. fr. 12042, fol. 75 recto (Bibl. nat.). Cf. Cout. de Poitou de 1514, art. 214 et suiv. dans Bourdot de Richebourg, t. IV, p. 760.

T. II, p. 283, ligne 2. *quant il tranche chemin paiant*. — « Voyez l'article 50 et 51 de la Coûtume d'Anjou et la Coûtume « du Loudunois au titre *Des peages*, art. 1. » (LAURIÈRE.)

Du Cange, dont le texte porte *trepasse* au lieu de *tranche*, renvoie à Chopin sur la Coût. d'Anjou, liv. Ier, ch. 79, n° 3, où on lit en cet endroit, dit-il, *tranche chemin*.

T. II, p. 283, ligne 4. *Et tout einsinc*. — En pareil cas, l'amende n'est que de 60 s. à Chatelblanc ; elle est de 15 s. et 1 den. d'angevin à Charroux [1].

T. II, p. 283, ligne 4. *fausse mesure*. — Voyez *Ét.*, liv. Ier, ch. 54, 151, 152.

150. *Notes sur les Établissements, liv. Ier, ch.* 149, 150
(ci-dessus t. II, pp. 284, 285, 286).

Texte dérivé : *Livre des droiz*, 259.

Rapprochez : *Jostice et plet*, pp. 240, 241 ; Beaumanoir, ch. 30, § 68, édit. Beugnot, t. Ier, p. 433 et suiv.

T. II, p. 284, ligne 3. *paage*. — « Voyez cy-dessus le ch. 60 « (prés. édit., liv. Ier, ch. 63) et ce que j'y ay remarqué [2]. » (LAURIÈRE.)

T. II, p. 285, ligne 1. *s'il ose jurer*. — « La Coûtume d'An- « jou, art. 50 : *S'aucun marchand forain trepasse par les bran- « chieres d'aucune coustumerie par la terre des comte, vicomte, « baron ou seigneur chastelain, sans acquitter sa denrée, s'il « ignore l'acquit, pourvû qu'autrefois n'y ait passé, il sera « reçeû à le jurer par serment, et en fera la loy d'amende de « dix sols tournois, et s'il ne l'ose jurer, il en payera soixante « sols d'amende*. Voyez l'article suivant. Aujourd'huy il n'y a « plus lieu à ces sermens, parce que les seigneurs qui ont de « tels droits doivent avoir des pancartes affichées, en sorte que « personne ne peut ignorer ces sortes de coûtumes. Voyez l'or- « donance de Charles IX de l'an 1560, celle d'Henry III de « 1579, articles 138 [3] et 282 et la Conference des ordonances, « livre IV, titre 12. » (LAURIÈRE.)

1. Giraud, *Essai sur l'hist. du droit franç.*, t. II, pp. 404, 421.
2. Ci-dessus t. III, p. 348.
3. Cet art. n'a pas trait aux péages ; voyez plutôt l'art. 355.

LIVRE Ier, CHAPITRES 149, 150. 163

T. II, p. 285, ligne 4. *il en paiera* LX *s. d'amande*. — Il semble résulter de l'espèce suivante de la fin du XIVe s., qu'à cette époque on avait substitué à l'amende fixe de 60 s. la confiscation de la marchandise :

Continué en l'estat jusques à l'assise prouchaine Johan Testart, marchant, apparant par Johan Bouin son affiné en ceste partie. Sur ce que nous disions contre ledit Testart que, luy passant par ceste ville, menant et conduiant une beste chevaline sur laquelle avoit un paquet de draps d'Engleterre et d'autres païs : duquel il avoit offert le depry à la femme de Michiel Duboys, nostre prevoust, disant que le duc de Bretaigne les envoiet au conte de Montfort et dont il n'avoit point de certifficacion ; et, pour ce, disoit ladicte prevosté qu'elle n'en recevoit point ledit depry et qu'il devoit coustume : repondit qu'il n'en paieroit point, et sur tant s'en ala ovecques ledit paquet et soy logea en ladicte ville ; et, depuis, oudit jour, de vers le soir vint ledit Testart par de vers ladicte prevosté et cuida paier la coustume dudit paquet sanz contrainte, mes de sa volonté. Laquelle ne fut pas receüe, pour ce que l'en maintenoit, par ce que dessus est dit, qu'il avoit forfait la beste et paquet, ledit marchant disant au contraire : et pour l'expedition du marchant furent prisez lesdictes choses la somme de XV *l. t.; la quelle somme il a promis rendre à l'assise prochaine, en cas qu'il sera trouvé qu'il aura forfait, o le plege de Johan Bouin qui l'en a plevi. Reservé audit marchant à aporter certification qui le puisse et doye valoir et ses raisons sauves à monstrer qu'il n'a riens meffait. Et, oultre, a affiné de ceste cause sur Johan Bouin ledit marchant, lequel Bouin en a prins le fes et la charge et a promis ledit marchant à avoir ferme et estable ce que ledit Bouin en fera. Et jour baillé à ladicte assise prouchaine.*

Donné devant le chastelain de la Fleche, le IIIe *jour de May, l'an mil* CCC IIIIxx *et dix et sept* [1].

T. II, p. 285, ligne 7. *et moine chalant*. — « Le chaland est « un bateau, d'où le pain qui vient sur l'eau a esté nommé

---

1. Ms. Chelt. 3680, fol. 237 recto.

« *pain chaland*, comme l'a remarqué M. du Cange dans ses
« notes sur Joinville, p. 74 vers la fin. Ceux qui achetoient
« de ces pains estoient nommez des chalands, les marchands
« ont donné ensuite ce nom à tous ceux qui leur achetoient. Et
« de là vient que l'on dit encore une *boutique achalandée.* »
(LAURIÈRE.)

T. II, p. 286, ligne 2. *et quanqu'il a dedanz.* — η ajoute :
ou cas toutevoies qu'il pourroit arrester le challon[1] *ou lieu
acoustumé à païer le peage.* « Et suivant l'art. 54 de la Coû-
« tume d'Anjou, *si le marchand retourne par la coustumerie
« qu'il a outrepassée, le seigneur d'icelle le peut contraindre à
« payer soixante sols d'amende et la coûtume, sans confiscation,
« parce qu'il n'a plus les denrées,* etc. » (LAURIÈRE.)

151. *Notes sur les Établissements, liv. Ier, ch.* 151, 152
(ci-dessus t. II, pp. 286-287).

Texte dérivé : *Livre des droiz*, 69, 260 ; *Abrégé champenois*,
79, 80 (Cf. 42).

Rapprochez : *Compilatio*, 8; Beaumanoir, ch. 26, § 4, édit.
Beugnot, t. Ier, p. 372 ; *Assises des Bourgeois*, ch. 261, édit.
Vict. Foucher, t. 1er, 1re part., p. 774 ; *Coutume dite de* 1411,
art. 115.

T. II, p. 286, ligne 4. η porte : *aune*[2] au lieu de *mesure*. —
« Voyez le ch. 144 cy-dessus (prés. édit., liv. Ier, ch. 149. »
(LAURIÈRE.)

T. II, p. 286, ligne 5. *si en paye LX s.* — « L'art. 173 de la
« Coûtume d'Anjou dit qu'il sera puni d'amende arbitraire. Sic
« jure romano, *in Dardanarios propter falsum mensurarium
« modum ob utilitatem popularis annonæ, pro modo admissi
« extra ordinem vindicari placuit*, lege 37, *Dig., De pœnis.* Vide
« Cujacium, lib. VIII *Observationum*, cap. 33, ubi agit de
« judiciorum quæ ex delictis nascuntur differentiâ , leg. *Jube-
« mus, Code, De defensoribus civitatum;* legem *Modios, Code,*

---

1. *Sic* dans Beautemps-Beaupré ; corrigez *challan* (*Cout. et inst.*,
1re partie, t. Ier, p. 344).
2. Beautemps-Beaupré, *Ibid.*, p. 345.

« *De susceptoribus; Novellam* 128, cap. 13; Chassaneum in
« *Consuet. Burgundiæ,* tit. *De confiscat.*, § 1, glossa 1, v. 56 et
« la Conference des ordonances, livre Ier, tit. xiii, *De la police*
« *generale*, art. 31, et l'art. 146 de l'ordonance d'Orleans. »
(Laurière.)

T. II, p. 286, ligne 7. *Marcheanz qui porte faus dras.* —
« L'art. 137 de la Coûtume d'Anjou peut servir à faire entendre
« ce chapitre : *Tous vendeurs de draps en detail, les auneront
« par le fest, à peine d'amende arbitraire. Et s'il est trouvé
« que les texiers y fassent fraude, en faisant le drap plus long
« par le fest que par les lisieres, ils en seront punis, et ceux qui
« seront trouvez participans par amende arbitraire*, etc. Joi-
« gnez l'anciene Coûtume de Tours au titre *Des droits du sei-
« gneur chastellain*, art. 8, 9, 10, 11 et 12, qui contiennent
« plusieurs reglemens touchant les draps, et l'art. 8 de celle du
« Poitou. » (Laurière.)

Sur les faux draps voyez un texte important concernant
Beauvais dans Guizot, *Hist. de la civilis. en France*, t. IV, 1869,
pp. 406, 407. Ce texte, plusieurs fois imprimé, est extrait des
Archives municipales de Beauvais, *Registre aux cinq clous*,
fol. 139, 140.

T. II, p. 287, ligne 8. *il em perdroit le poing par droit.* —
« Vide Jacobum de Ardizone, parte IV secundæ principalis,
« capite 153, pagina 245, editionis Colon., an. 1569. » (Laurière.)

152. *Notes sur les Établissements, liv. Ier, ch.* 153
(ci-dessus t. II, pp. 287-288).

Voyez sur ce chapitre ci-dessus t. Ier, pp. 147-149.

Textes dérivés : *Règles coutumieres bretonnes*, 1re série,
art. 55 ; *Livre des droiz*, 122, 554 ; *Abrégé champenois*, 13.

Rapprochez : *Lex Romana Visig.*, édit. Hænel, 1848, p. 168;
Jost. et plet, p. 131 ; *Très anc. cout. de Bretagne*, 6e partie,
art. 204 ; Britton, édit. Nichols, t. Ier, p. 114 ; *Comp.*, 95;
Beaum., ch. 5, § 16 (édit. Beugnot, t. Ier, p. 95) ; arrêt du Parlement de 1263 cité par Bordier, *Bibl. de l'École des chartes*,
B, I, 431 ; *Constit. du Châtelet*, art. 37 ; Boutillier, *Somme
rur.*, liv. Ier, tit. ix.

Stille rédigé à Langeais le 14 mars 1460 (a. s.) : *Femme mariée instituée et proposée à aucunne negociacion ou marchandise publique peut poursuir et estre poursuite en jugement pour cause du fait et exercit de sa dicte marchandise sans l'auctorité de son dit mary. Femme mariée peut, son mary absent, poursuir et requerir reparacion de l'injure à elle faicte. Aussi peut elle estre poursuite de l'injure par elle faicte sans l'auctorité de son mary*[1].

Stille de Bourges de 1451 : *Item, et en cas d'excès et d'injures lesdites femmes mariées pevent estre et comparoir en jugement sans auctorité de leurs mariz tant en demandant que en deffendant : et, pour ce, n'est besoing que les adjournemens soient sur ce faiz pour ne contre leurs maris. Touteffoys sera et est en la faculté des mariz d'eulx metre en la cause et procès oudit cas d'excès et d'injures avecques leurs dictes femmes ou de prandre ladicte cause et procès, et la poursuite d'iceulx pour leurs dictes femmes, si bon leur semble*[2].

Cout. de Lorris-Montargis-(Orléans) de 1494 : *Femme qui est marchande publicque est recevable à intenter toute action touchant sa marchandise, et aussy en peult estre convenue, et son mary pareillement*[3].

Cf. *Cout. de Paris*, art. 223.

A lire : Laboulaye, *Recherches sur la condition civile et polit. des femmes*, p. 281 ; Massé, *Le droit commercial*, t. II, 1861, pp. 283, 284.

T. II, p. 287, ligne 12. *Nule fame n'a response.* — « C'est de
« là que la Coûtume d'Anjou a statué par l'art. 510 que *femme*
« *mariée est en la puissance de son mary, et ne peut contracter*
« *des biens de la communauté, ne autres, sans l'autorité de*
« *sondit mary, sinon qu'elle soit marchande publique, et que*
« *ce soit du fait de la marchandise, et sauf par testament.*

---

1. Édit. gothique à la Bibl. de Tours, vol. n° 133.
2. *Stille de Bourges de* 1451 dans le Ms. fr. 25207, ch. 8 (Bibliothèque nationale).
3. Ch. 8, art. 4, dans Thaumas de la Thaum., *Cout. loc. de Berry*, p. 456. Cf. *Ibid.*, art. 6.

« Voyez les *Institutes Coustumieres* de Loisel, livre I, titre ɪ
« avec ma note.

« La *response* est opposée ordinairement à la *voix*. Et comme
« *avoir voix* en cour est y *avoir action*, il s'ensuit qu'y *avoir*
« *response* est *y pouvoir estre pour s'y deffendre*. Mais icy la
« *response*[1] est la mesme chose que la *voix*. » (LAURIÈRE.)

T. II, p. 287, ligne 12. *en cort laie*. — « De là il s'ensuit
« que la femme pouvoit agir en cour ecclesiastique sans l'auto-
« rité de son mary, et tel estoit l'usage du temps de Jean Faure,
« comme il le remarque dans son commentaire sur la loy pre-
« miere *Cod.*, *De bonis maternis*, num. 3, en ces termes :
« *Quid de muliere, quæ est in potestate viri et agere non potest*
« *sine auctoritate viri de consuetudine fori sæcularis? Videtur*
« *quod ei currat tempus, et maxime ex quo possit agere in*
« *curiâ Ecclesiasticâ quæ non utitur illis consuetudinibus*, etc.
« Mais du Molin a soustenu que la femme en puissance de mary
« devoit estre autorisée dans l'une et l'autre cour, car sur l'art.
« de la Coûtume de Paris qui porte que *femme ne peut ester*
« *en jugement*, il a mis pour note : *nec in civili nec in eccle-*
« *siastico foro, quamvis Joannes Faber dixerit contrarium*, ad
« tit. *Cod.*, *De bonis maternis.* » (LAURIÈRE.)

T. II, p. 288, ligne 2. *ou dite folie*. — « Vide legem 15, *Dig.*,
« *De injuriis*, § *Si quis virginis*; Beaumanoir, ch. 30, *Des*
« *meffects*, page 550 et le ch. 148 cy-après (prés. édit., liv. Ier,
« ch. 154). La femme dans ce cas pouvoit agir sans auctorisa-
« tion, mais aujourd'huy il faut qu'elle soit autorisée. Voyez
« Riccard sur l'art. 135 de la Coûtume de Paris. » (LAURIÈRE.)

T. II, p. 288, lignes 3, 4. *ou s'ele estoit marcheande*. —
« Voyez l'art. 510 de la Coûtume d'Anjou et le 135 de celle de
« Paris avec les commentaires. » (LAURIÈRE.)

153. *Notes sur les Établissements, liv. Ier, ch. 154, 155*
(ci-dessus t. II, pp. 288-292).

Sur ces chapitres voyez ci-dessus t. Ier, pp. 242, 243, 247.
Texte dérivé : *Règles cout. bretonnes*, 1re série, art. 56.

1. Ce sens général de *avoir response en cour* est très fréquent et très ordinaire dans les textes du moyen âge.

168   NOTES SUR LES ÉTABLISSEMENTS.

Rapprochez : *Compilatio*, 6, 91 ; *Ét.*, liv. II, ch. 25 ; *Jostice et plet*, p. 279 ; *Livre des droiz*, 605 ; *Très anc. Cout. de Champagne*, art. 45, 47 dans Bourdot de Richebourg, *Cout. génér.*, t. III, p. 217 ; *Cout. dite de* 1414, art. 101, 102.

A lire : Wilda, *Strafrecht*, p. 353.

T. II, p. 289, lignes 1, 2. *Se aucuns apeloit I autre faus, ou larron, ou murtrier, ou pugnais*. — « La *Loy Salique* dans le « chapitre 32 a une pareille disposition : *Si quis alterum* « *cenitum* (c'est-à-dire *borgne* selon M. Pithou, ou *homme de* « *neant* selon Vandelin[1]) *clamaverit, sexcentis denariis, qui* « *faciunt solidos quindecim, culpabilis judicetur. Si quis alte-* « *rum congagatum* (c'est-à-dire *breneus* selon M. Pithou) *cla-* « *maverit, centum viginti denariis culpabilis judicetur. Si quis* « *alterum falsatorem clamaverit et non potuerit comprobare* « *sexcentis denariis qui faciunt solidos* xv *culpabilis judicetur*, « etc. » (LAURIÈRE.)

T. II, p. 289, ligne 2. *ou pugnes*. — « La charte des libertés « de la ville de Jazeron en Bresse, de l'an 1283 : *Si dicat ali-* « *quis, aut appellet aliquem latronem, homicidam, vel prodi-* « *torem, vel aliter criminosum, vel fœtidum, vel leprosum, vel* « *aliter vitiosum*, etc. *Lex Salica*, tit. 32 : *Si quis alterum* « *cenitum clamaverit* .... *Si quis alterum concagatum cla-* « *maverit*, etc. Voyez ce que M. Bignon a écrit à ce sujet, et la « conjecture de M. de Marca, liv. Ier de l'*Hist de Bearn*, ch. 16, « n. 6, sur le mot de *concagatus*[2]. » (DU CANGE.)

T. II, p. 290, ligne 3. *et o itant s'an passera*. Cette facilité d'échapper à une condamnation par le serment est assez fréquente ; au XIIIe siècle, certains justiciables se plaignent des atteintes portées à cet usage. Voyez notamment un document

---

1. On hésite encore aujourd'hui sur le sens de *cenitum, cinitum* ; Waitz songe, non sans hésitation, à *cinædus, impudique*. (Cf. *Lex Salica*, édit. Behrend, p. 141.) Kern trouve dans la glose malbergique *quinte, quintuo, quinthe* l'original franc de *cenitus*, et comprend : *vache stérile; hermaphrodite* (Hessels et Kern, *Lex Salica*, London, 1880, col. 508).

2. Laurière renvoie, en outre, à Menage dans son *Dictionnaire étymologique*.

poitevin de 1260 dans Marchegay, *Cartul. du Bas-Poitou*, p. 308.

T. II, p. 290, lignes 4, 5. *il en paiera lx s. d'amande à la joutise et c s. et i d. au plaintif.* (Joignez la note 22.) — « Beaumanoir, chapitre 30, *De plusieurs meffects*, page 150 : « *Autre maniere de meffez sont si comme de lais dits. Or veon « doncques si uns hons dit villenie à autruy, et s'il s'en plaint « à qui le vilenie est dite. L'amende est de cinq sols, s'il est « home de poosté, et s'il est gentilhomme, l'amende est de dix « livres. Et encore di-je si un homme dit villenie à un vaillant « homme qu'il ait peine de prison, si que par la peine de la « prison li musart en soit chastié.* » (Laurière.)

T. II, p. 290, ligne 6. *putain*. — « *Lex Salica*, tit. 32, art. 5 : « *Si quæ mulier ingenua aut vir mulierem meretricem clama- « verit, et non potuerit approbare, mille octingentis denariis « qui faciunt solidos quadraginta quinque, culpabilis judicetur.* « Les loix de Thibaud, comte de Champagne[1] : *Encore use l'en « en Champagne, que si uns hons, ou une femme appelle une « autre femme : putien, par derriere justice, qui ne soit pas « mariée, et la femme s'en plaint et il soit connu, ou prouvé : « ou elle dit : mauvaise, et ne dist de quoi, elle devroit cinq sols « d'amende et l'escondit à la femme. Et s'il avenoit que la « femme à qui l'en diroit le lait, eut mary, et en li disoit : « putien, le mary present, cette amende chiet à la volonté du « seigneur, jusques à soixante sols,* art. 45. » (Laurière.)

Sur cette injure voyez notamment la charte de Morville-sur-Seille dans le *Bulletin du Comité de la langue, de l'hist. et des arts de la France*, année 1853, n° 2, p. 129.

T. II, p. 291, lignes 6, 7. *L*[i] porte : *il avroit bone response et seroit li garanz oïz, se il.*

154. *Notes sur les Établissements, liv. I*er*, ch.* 156

(ci-dessus t. II, pp. 292-293).

Textes dérivés : *Règles cout. bret.*, 1re série, art. 49 ; *Abrégé*

---

1. Cf. Bourdot de Richebourg, t. III, p. 217.

champenois, 81 ; *Somme rural*, liv. Ier, tit. 38, § ***D'homme non feodal férir son seigneur***, édit. de 1621, p. 270.

Rapprochez : *Ét.*, liv. Ier, ch. 52.

T. II, p. 292, lignes 7, 8. *Hom costumiers qui met main à son seignor par mal respit.* — « Dans le chapitre 48 (prés. édit.,
« liv. Ier, ch. 52) il est traité du gentilhomme qui met main à
« son seigneur par mal dépit, avant que son seigneur l'ait levée
« sur luy, et il y est dit que le gentilhomme perd son fief. Icy
« il est traité de l'homme coûtumier, et nous apprenons que
« quand il levoit par mal dépit la main sur son seigneur, il
« estoit puni de la perte du poing, si le seigneur ne l'avoit pas
« frappé le premier. » (Laurière.)

T. II, p. 292, ligne 8. *por coi il soit gentis hom.* — En effet on peut posséder un fief, avoir des vassaux, sans être gentilhomme ; voyez *Ét.*, liv. Ier, ch. 25, 137, 147 et ci-dessus p. 159.

« *Por coi il soit gentis hom* : quand mesme il n'auroit esté
« gentilhomme que par sa mere. Voyez l'art. 117 cy-dessus
« (prés. édit., liv. Ier, ch. 121) avec la note que l'on y a faite.
« Mais, dira-t-on, quand le roturier demeuroit sur son fief, n'en
« joüissoit-il pas de la franchise ? Et ainsi ne devoit-il pas à cet
« egard estre traité comme gentilhomme ? Il faut répondre que
« le roturier qui demeuroit sur son fief n'en joüissoit de la
« franchise qu'à l'égard des semonces qui luy estoient faites
« par son seigneur et autres cas semblables. Voyez des Fon-
« taines dans son *Conseil*, ch. 3, art. 6, et Beaumanoir, ch. 30,
« p. 152 vers la fin. » (Laurière.)

T. II, p. 292, ligne 8 ; p. 293, ligne 1. *il pert le poin.* — Cette pénalité est très répandue pour un acte de ce genre : le poëme de Giles de Chin nous apprend que tout valet (celui qui n'est pas encore chevalier) qui frappe un chevalier a le poing coupé[1].

155. *Notes sur les Établissements, liv. Ier, ch.* 157

(ci-dessus t. II, p. 293).

Rapprochez : *Jostice et plet*, p. 281. Beaumanoir s'élève

---

1. *Giles de Chin*, publié par Reiffenberg dans *Monum. pour*

contre les coutumes qui punissent seulement d'une amende taxée les mauvais traitements exercés sur le bailli ou ses sergents : car alors *sauroit chacun pour combien il pourroit battre le bailli, ou les prevots ou les serjeans* [1]. Le système (très ancien et historique) que critique Beaumanoir est celui de notre texte.

T. II, p. 293, ligne 4. *son sergent*. — « Voyez l'art. 189 de « la Coûtume d'Anjou. » (LAURIÈRE.)

156. *Notes sur les Établissements, liv. Ier, ch.* 158
(ci-dessus t. II, pp. 293-294).

Voyez, sur ce chapitre, ci-dessus t. Ier, pp. 98, 104.

Rapprochez : *Ét.*, liv. 1er, ch. 54 ; *Jostice et plet*, p. 281 ; *Comp.*, 82, 89 ; *Anc. usages d'Artois*, XIV ; *Livre des droiz*, 256 ; *Cout. d'Anjou dite de* 1411, art. 112 ; *Cout. de Touraine de* 1461 *et de* 1507, ch. 35, art. 2 (cf. ch. 17, art. 2 dans Dufrementel, *Conférence*, p. 194) ; *Cout. d'Anjou*, d{re} rédaction, 4e partie, art. 182.

A lire : Salvaing, *Traité de l'usage des fiefs*, 1731, pp. 155, 156 ; Est. Pasquier, *Interprét. des Instit. de Just.*, édit. Giraud, pp. 196, 197.

T. II, p. 293, ligne 9. *Hom costumiers si paie* LX *s. d'amande*, etc. — « Voyez le ch. 93 cy-dessus (prés. édit., liv. Ier, ch. 97) « et Beaumanoir, ch. 30, *Des meffects*, p. 157, vers le milieu. » (LAURIÈRE.)

T. II, p. 293, ligne 9 ; p. 294, ligne 1. *qui brise la saisine son seignor*. — Cette expression *briser la saisine* vient de ce que la saisine, la main mise se manifeste par l'apposition des scellés et que, pour la violer, on brise les scellés : *Richart le Plungeur, sergent à verge du Chatelet, vint là et arresta touz ses biens et les scella et mint* (sic pour *mit*) *en la mein du roy* [2].

---

servir à l'hist. des provinces de Namur, Hainaut et de Luxembourg, t. VII, p. 125.

1. Voyez ici Beaumanoir cité et commenté par Laboulaye dans *Revue de législ. et de jurispr.*, t. XI, 1840, p. 465.

2. Texte de 1331 dans *Reg. de Saint-Germain-des-Prés* aux Archives nat., LL 1077, fol. 20 verso. Cf. Tanon, *Reg. criminel de Saint-Martin-des-Champs*, p. 92 et *passim*.

T. II, p. 294, lignes 1, 2. *ou qui chace en sa garanne, ou qui pesche en son estant.* — « Beaumanoir, ch. 30, *De plusieurs* « *meffects*, page 163, à la fin : *Aucunes gens cuident que chil* « *qui sont pris en present meffet, emblant counins, ou austres* « *grosses bestes sauvages en autruy garenne anciene, ne soient* « *pas pendaule; mais si sont quand ils sont pris de nuit, car il* « *appert qu'il y vont par courage d'embler, més s'il y vont par* « *jour, si comme joliveté meine les aucuns à folie feire, il s'en* « *passent par amende d'argent, ch'est à sçavoir gentilhoume* « *par soixante livres, et li hons de poosté par soixante sols. Et* « *autel coume nous avons dit des garennes, disons nous des* « *poissons qui sont és enclos et és viviers* [1], etc. » (LAURIÈRE.)

J'ai cité, ci-dessus t. Ier, p. 103, note 2, un texte du XIe s., interdisant la chasse aux non nobles en Bigorre; en voici un du XIIIe s., pour la région bordelaise, qui fait allusion à la même défense, sans pourtant que cette défense paraisse être absolue : *Si invenerit aliquem venantem qui non debeat venari, pro natura sua, videlicet quod non sit nobilis, aut jure suo debet venari, debet ipsum capere et habere equitaturam* [2].

T. II, p. 294, ligne 2. *en son defois.* — « Si ce mot estoit « joint avec celui de garenne, j'estimerois qu'on auroit entendu « un parc, ou un bois *defendu* de murailles ou de hayes, que la « plûpart des titres latins appellent *defensa* ou *defensum*, dans « le *Monast. Anglic.*, t. I, p. 249 ; t. II, p. 114, dans Knyghton « és années 1352 et 1390 ; dans les *Vies des abbez de Saint-* « *Auban*, p. 93 ; Besly, en l'*Hist. des comtes de Poitou*, p. 475 ; « la *Gaule chrétienne*, t. IV, p. 889, Raynald., a. 1285, n. 46, « etc. — Les *Loix des Lombards*, liv. III, tit. 35 : *De forestibus* « *nostris, ut ubicumque fuerint, diligentissime inquirentur* « *quomodo salvæ factæ sunt et defensæ.* Ainsi *defensa*, en latin, « signifie une *portion de terre fermée;* dans le *Glossaire latin* « *grec : defensa,* λήϊον ἐκδικητέν. Il se peut faire que ces « parcs estoient ainsi appellez, parce qu'il estoit deffendu d'y

---

1. Cf. Beugnot, t. Ier, p. 456, § 105.
2. Déclaration d'Arnaud d'Espagne, damoisel, seigneur de Mérignac, dans Martial et Jules Delpit, *Notice d'un ms. de la bibl. de Wolfenbüttel,* Paris, 1841, p. 33.

« aller chasser. V. l'art. 157 de la Coût. d'Orleans. » (Du Cange.)

en son defois. — « C'est-à-dire en ses lieux de deffences. « Voyez l'art. 171 de la Coûtume d'Anjou. » (Laurière.)

T. II, p. 294, ligne 3. *Ou s'il a taverne sor son ban.* — « C'est-à-dire, s'il vend vin durant le ban de son seigneur. « Voyez l'art. 184 de la Coûtume d'Anjou. » (Laurière.)

Dans la ville de Tours, le droit de ban était primitivement exercé par l'archevêque pendant un mois, par le Chapitre pendant quinze jours, par le comte pendant six semaines, par le seigneur de la Tour Hugon pendant quinze jours. Un acte qui se place entre 1150-1157 mentionne ce droit :

Prudens patrum discretio, paci et tranquillitati posterorum recte consulens, quicquid ad utilitatem spectabat omnium, quicquid recordatione condignum videbatur litteris sibi credita profitentibus mandari et in thesauro memorie docuit committendum ut quod vel pro vetustate neglecta obsolete [1] *vel posterorum pravitate, licet auctum prudenter a veri nota dampnosa oblivione aut calumpnia poterat retroduci, id sibi repositum scripta fideliter observarent et succedentium hominum de his que ante gesta sunt instruerent disciplinam. Ad bonorum igitur tam posterorum quam presentium noticiam, ad perfidorum quorumlibet calumpnias excludendas dat certitudinem presentis pagina scripti quia consuetudinem quandam banni quam domnus archiepiscopus in Turonensi urbe ad vinum vendendum per mensem habebat, et Capitulum per quindecim dies, comes quoque per ebdomadus sex et dominus Turris Hugonis per dies quindecim, illam utique consuetudinem omnes unanimiter pia mente compuncti omnibus imperpetuum indulserunt. Cujus geste rei signum exhibet et tenorem Engelbaudi archiepiscopi sigillum hic impressum et Gaufridi Andegavensis comitis nichilominus signatum sigillum* [2].

1. Ma copie, qui remonte à une vingtaine d'années, porte : *obsolerte.*

2. *Liber composit.,* p. 47, acte n° 86 ; d'après Salmon, liasse

Voyez une décision importante sur le ban du vin dans *Olim,* I, 552, et divers textes touchant cette matière dans la collection D. Housseau [1].

T. II, p. 294, lignes 3, 4. *ou se il garde nuitantre bués ou vaches.* — « Anjou, art. 182. » (Laurière.)

T. II, p. 294, ligne 5. *ou chievres.* — Ces mots sont ainsi rejetés, évidemment parce que pour les chèvres l'interdiction est absolue [2].

T. II, p. 294, ligne 6. *Ou se il fait escousse.* — « Voyez « Beaumanoir, ch. 30, *Des meffects,* p. 158, vers le milieu [3], et « le ch. precedent. » (Laurière.)

Voyez aussi *Ét.*, liv. II, ch. 27 (ci-dessus t. II, p. 421).

157. *Notes sur les Établissements, liv. I*er*, ch.* 159
(ci-dessus t. II, p. 295).

Texte dérivé : *Abrégé champenois,* 16.

Rapprochez : *Ét.*, liv. Ier, ch. 97.

Le cas prévu dans le présent ch. s'oppose à celui de saisine brisée du ch. 158.

T. II, p. 295, ligne 2. *Se aucuns sires disoit.* — « Toute « saisie est de fait, et un seigneur ne peut mettre la chose de « son homme coûtumier en sa main par une simple parole. Si « donc un seigneur dit à son homme coûtumier, *je prends cette*

numérotée, il y a vingt ans, 19 à l'encre, 1033 au crayon, *Papiers divers* à la Bibliothèque de Tours.

1. Bibl. nat., collect. D. Housseau, t. IV, nos 1614, 1583 ; t. V, nos 1699, 1730. Rapprochez : acte de 1230 dans le *Cartul. de Cormery,* édit. J. J. Bourassé, p. 152, où il faut lire, ce semble, *contra bannum vendiderit* et non *contra bannum venerit*.

2. Cf. pour l'Orléanais, de Maulde, *Condition forest. de l'Orléanais,* p. 149 ; pour le territoire de la Coutume de Troyes, *Cout. de Troyes,* art. 178 dans Bourdot de Richebourg, *Cout. génér.*, t. III, p. 252 ; pour le territoire de Sirault, Wauters, *De l'origine et des premiers développements des libertés communales,* Preuves, 1869, p. 154 ; pour la Normandie, Delisle, *Étude sur la condition des classes agricoles en Norm.,* p. 242. Rapprochez : *Recueil des usages locaux du dép. d'Indre-et-Loire,* Tours, 1863, pp. 10, 11.

3. Cf. édit. Beugnot, ch. 30, § 30, 54, t. Ier, pp. 420, 427.

LIVRE Ier, CHAPITRES 159, 160.   175

« *chose en ma main*, si l'homme coûtumier brise une telle
« saisine, il n'en doit que le gage de la loy pour la desobeïs-
« sance, qui est de sept sols six den., mais si le seigneur met
« seulement la chose en sa main, et si ensuite l'homme coûtu-
« mier brise sa saisine ou saisie, il en doit soixante sols
« d'amende. Voyez Beaumanoir, ch. 30, page 157; Chopin, sur
« l'art. 3 de la Coûtume d'Anjou où il rapporte ce chapitre, et
« Boërium in *Consuetudines Bituricenses*, § 16. » (LAURIÈRE.)

« Il suffisoit alors que le seigneur eût dit à son vassal qu'il
« mettoit son fief en sa main, pour rendre le vassal coupable
« s'il venoit à enfreindre la main mise. Aujourd'hui la notifi-
« cation de la saisie doit se faire par signification d'icelle au
« principal manoir du fief, s'il y en a, au vassal, s'il y est, sinon
« à celui qui y demeure pour lui, ou à ceux qui labourent ses
« terres, ou autres demeurans dans la maison seigneuriale, le
« tout sous peine de nullité; en sorte qu'elle n'emporteroit pas
« la perte des fruits, quoiqu'elle fût faite faute d'homme, droits
« et devoirs non faits et payés; et le seigneur seroit obligé de
« restituer tous les fruits qu'il auroit perçus en conséquence de
« la saisie. » Voyez l'art. 30 de la *Coutume de Paris*. (ABBÉ DE SAINT-MARTIN.)

T. II, p. 295, lignes 9, 10. *il en paieroit* LX *s. d'amende*. —
« Suivant la *Coutume de Paris*, art. 29, le vassal qui enfreint
« la main mise venue à sa connoissance n'est tenu que de
« rendre les fruits et levées par lui reçus dès et depuis la dite
« main mise. » (ABBÉ DE SAINT-MARTIN.)

158. *Notes sur les Établissements*, liv. Ier, ch. 160

(ci-dessus t. II, pp. 296, 297).

Textes dérivés : *Livre des droiz*, 472; (Rapprochez : 507);
Abrégé champenois, 20, 25.

Rapprochez : *Comp.*, 37, 38; *Cout. dite de 1411*, dans
Beautemps-Beaupré, *Cout. et inst.*, 1re part., t. Ier, p. 423.

T. II, p. 296, ligne 1. *De ventes.* — « C'est ce que nous
« appellons *Lods et Ventes*, ces termes sont frequens dans nos
« Coûtumes et dans les titres. Le *Cartul. de Marmoutier*,
« n° 32 : *Et quia census molini ipsius Nithardi erat, justum*

« *erat ut inde venditiones haberet.* Voy. Galland en son traité
« de *Franc-Aleu.* » (Du Cange.)

Dès le xie siècle nous rencontrons dans les actes le droit de
vente : *de cujus videlicet molendini venditionibus Racherius
Tincosus habuit xxx denarios* (Em. Mabille, *Cart. de Marm.
pour le Dunois*, pp. 20, 21) : ce droit a été souvent défini : *droit
de mutation sur les biens roturiers;* cette définition, exacte en
beaucoup de lieux, est celle de Jean Faber : *de consuetudine
regni Franciæ debentur ventæ domino censuali quando res
censualis venditur; et vocantur ventæ alicubi, et alicubi laudimium*[1]. Elle ne s'applique pas à l'Anjou, au moins dans le dernier état du droit : *En Anjou et au Maine les lods et ventes
sont le douzième denier du prix des heritages vendus, que ces
heritages soient hommagés ou censifs, c'est-à-dire fiefs ou
censifs, nobles ou roturiers*[2]. (Anjou, 156; Maine, 174.)

Sur la quotité du droit de vente voyez Varin, *Arch. lég. de
la ville de Reims*, 1re part., *Cout.*, p. 955; *Jostice et plet*,
p. 242; Beaumanoir, ch. 27, § 7; ch. 52, § 26 (édit. Beugnot,
t. Ier, p. 382, t. II, p. 300); Cout. de Montferrand de 1291 dans
Ord., t. XIV, p. 218; *Bibl. de l'École des chartes*, D, IV, 552.

T. II, p. 296, ligne 2. *Se aucunes gens estoient*, etc. — « C'a
« esté une grande question de sçavoir si les lods et ventes
« estoient dûs en cas d'eschange et de permutation, et nos
« Coûtumes ainsi que nos autheurs y ont esté partagez. Voyez
« Franzke dans son traité *De laudimiis*, ch. 18, où il cite tous
« les autheurs qui ont examiné cette difficulté.

« Suivant ce chapitre, si les terres échangées sont de deux
« differens fiefs, ou seigneuries, chaque seigneur peut faire
« priser l'heritage eschangé qui est mouvant de luy et en
« prendre les lods et ventes, mais si les terres sont dans la
« mesme seigneurie ou le mesme fief, il n'en est rien dû parce
« que le seigneur ne change pas d'homme.

« Que l'on suppose à present qu'un mesme seigneur ait

---

1. Jean Faber sur les *Inst.*, cité par Thaumas de la Thaumassière, *Nouv. com. sur les Cout. de Berry*, 1701, p. 187.
2. Pocquet de Livonnière, *Règles du droit françois*, Paris, 1778, p. 98.

« deux fiefs, dont l'un releve d'un baron et l'autre d'un autre
« baron, et qu'un tenancier residant dans un fief et une chas-
« tellerie, fasse un échange de sa terre avec un autre tenancier
« dont la terre est dans l'autre fief et l'autre seigneurie. Ces
« tenanciers qui eschangent ainsi devront-ils des lods et ventes
« au mesme seigneur ? Et il semble qu'ils n'en devroient pas,
« puisqu'ils ne changent pas de seigneur, cependant cet article
« decide qu'ils en doivent, parce qu'ils sont de deux differens
« fiefs. Vide Amedeum a Ponte, *De laudimiis*, Qu. 28 ; Anto-
« nium Fabrum, *De erroribus pragmaticarum*, Decade 99,
« errore 6 ; Molin. in *Consuetudines Parisienses*, § 33, n. 79
« novæ editionis ; Franskium, *De laudimiis*, cap. 18, amplia-
« tione 3 ; Dargentreum, *De laudimiis*, § 49, etc. » (Laurière.)

T. II, p. 296, lignes 6, 7 ; p. 297, ligne 1. *Mais s'eles estoient d'une seignorie, si n'i avroit nules vantes*. — « La raison vient
« d'en estre rendüe. Mais ce droit changea en Anjou, comme il
« se void par l'art. 155 de la nouvelle Coûtume, qui porte :
« *En contract d'eschange et permutation d'heritages à ventes,*
« *supposé que les heritages soient en un mesme ou divers fiefs;*
« ce qui a esté depuis estendu dans tout le royaume par l'edit
« du mois de Fevrier 1674. Voyez les commentateurs sur l'ar-
« ticle de la Coûtume d'Anjou qui vient d'estre rapporté, sur
« l'art. 173 de celle du Maine, sur les art. 143 et 147 de celle
« de Touraine ; Le Proust, sur la Coûtume du Loudunois, ch. 14,
« art. 13 et 24 et le chapitre suivant avec la note. » (Laurière.)

159. *Notes sur les Établissements, liv. Ier, ch. 161*

(ci-dessus t. II, pp. 297-300).

Voyez, sur ce chapitre, ci-dessus t. Ier, p. 120.

Textes dérivés : *Abrégé champenois*, 35 ; *Livre des droiz*, 124
(Rapprochez *Livre des droiz*, 572).

« Cf. l'art. 346 de la Coût. d'Anjou et les suivans. » (Du Cange.)

T. II, p. 298, ligne 1. *I grant achat de c lb*. — C'est-à-dire
à mon sens une grande acquisition de terrains valant en capital
cent livres. Laurière me paraît, dans la note suivante, un peu

à côté du sens : « cent livres de terre sont une quantité de terre
« qui produit cent livres par an, ce qui estoit autrefois un
« grand revenu, et par consequent une grande acquisition. *Cent
« livres de terres* et *cent livrées de terre* estoient la mesme
« chose. »

T. II, p. 298, lignes 3, 4. *une alne de terre.* — « C'estoit une
« mesure de terre. »

« Un homme acquiert cent livres de terres d'une personne à
« qui elles estoient propres, et pour ces cent livres de terres, il
« n'en donne qu'une aune de dix livres. Les parens lignagers
« de celuy qui a aliené ces cent livres de terres, intentent leur
« demande en retrait contre l'acquereur. La question est de
« sçavoir si ces lignagers sont bien fondez dans leur demande
« en retrait. Et il est decidé dans ce chapitre qu'ils y sont mal
« fondez, parce qu'en eschange, il n'y a pas de retrait, ce qu'il
« faut entendre pourvû qu'il n'y ait pas eû de retour en argent.
« La Coûtume d'Anjou, art. 353 : *En contract d'échange aussi
« fait sans fraude n'a point de retrait, si le premier ou l'un de
« ceux qui acquiert par eschange ne retournoit en argent ou
« autre meuble, mais en ce cas auroit retrait aux prochains du
« lignage, au regard et à la raison du prix de l'argent seule-
« ment, ou au seigneur de fief, si le lignager ne le prenoit, et
« au surplus demeure ledit échange en sa vertu, et sera faite
« équivalation d'un eschange à l'autre.* Voyez l'art. 143 de la
« Coûtume de Paris et l'autheur du *Grand Coûtumier,* liv. II,
« pp. 229, 230. » (LAURIÈRE.)

T. II, p. 298, ligne 12 ; p. 299, ligne 1. *En touz les achaz
que l'en achate qui apartienent à heritage.* — « C'est-à-dire,
« en tous achats que le vendeur a eû par succession et qui luy
« sont propres. Anciennement les propres estoient inalienables
« sans le consentement de l'heritier presomptif, et si ce n'estoit
« par necessité jurée. Voyez mon *Glossaire* sur *Necessité jurée*
« et sur *Retrait*, et ce que j'ay remarqué sur la Coûtume de
« Paris au titre *Du retrait lignager.* » (LAURIÈRE.)

T. II, p. 298, ligne 11. η porte : *d'achat, suivant l'usage
de la Cour laie*[1] au lieu de *d'achat selonc l'usage qui court.*

---

1. Voy. Beautemps-Beaupré, *Cout. et inst.*, 1re part., t. Ier, p. 348.

T. II, p. 299, ligne 1. *par coi l'en le taigne an et jor.* —
« Aprés l'an et le jour les acquereurs avoient acquis saisine
« avec titre, et ainsi il n'estoit plus au pouvoir des lignagers du
« vendeur de les inquieter. » (Laurière.)

T. II, p. 299, ligne 2. *sanz chalonge* (Laurière, *chalange*). —
« Sans interruption, sans inquietation. *Chalange* vient de
« *Calumnia.* On a déjà remarqué que dans la bonne latinité
« *calumniari* signifioit *chicanner*, ce que l'on a prouvé par ces
« vers de Phedre dans son prologue :

> « *Calumniari si quis autem voluerit*
> « *Quod arbores loquantur,*
> « *Fictis jocari nos meminerit fabulis.*

« Cicero, *De officiis*, lib. I : *Existunt injuriæ sæpe ex calumniâ*
« *quâdam et nimis callidâ et malitiosâ juris interpretatione.* »
(Laurière.)

T. II, p. 299, lignes 4, 5. L^1 porte : *por coi il fussent en la
chastelerie por coi il fienissent* (sic) *apreste que li.*

T. II, p. 299, ligne 6. *il n'an avroit point par droit.* —
« Cela estoit ainsi quand les lignagers avoient esté presens, car
« s'ils avoient esté absens, la prescription d'an et jour ne cour-
« roit pas contre eux. Ancienement l'action que les lignagers
« avoient pour retraire, se prescrivoit par an et jour, entre pre-
« sens, c'est-à-dire entre ceux qui estoient dans le mesme
« evesché, mais elle ne se prescrivoit pas par an et jour contre
« les absens, ou ceux qui estoient dans un autre evesché.
« Aujourd'huy ces principes sont changez. L'action qui est
« donnée aux lignagers ne *dure*, ou pour ainsi dire ne *vit* qu'un
« an et un jour, et de là vient que cet an et jour courent tant
« contre les absens que les presens, et tant contre les majeurs
« que contre les mineurs. *Ea quæ de tempore ipso jure pereunt,*
« *hæc pereunt minori. Et ita dicimus annum petendæ bonorum*
« *possessionis currere minori.* Cujacius ad legem 30, *Dig.*, *De*
« *minoribus;* Lib. III *Quæstionum* Papiniani. Voyez le ch. 156
« (présente édit., liv. Ier, ch. 163). » (Laurière.)

T. II, p. 300, lignes 2, 3. *por coi il n'aüst esté semons devant
joutise.* — « Jure feudorum, lib. II, tit. III vel IV, § 1 : *Si*
« *quis ex agnatis tuis rem quæ à communi parente per succes-*

« *sionem ad eum pervenerit alienare voluerit, non permittitur*
« *ei, etiam secundum antiquam consuetudinem alii eam ven-*
« *dere nisi tibi vel alii proximiori pro æquali pretio accipere*
« *volenti*. Junge legem *Cum dubitabatur*, 3, Cod., *De jure*
« *emphyteutico*. Ainsi, suivant ce droit, celuy qui vouloit
« vendre devoit offrir la chose à ses proches parens, et les
« parens avoient droit de la prendre pour le prix dont on estoit
« convenu avec l'acheteur. Anciennement en France on ne pou-
« voit vendre son propre, comme on l'a déja dit, que du con-
« sentement de son hoir, ou par necessité jurée, ou pour en
« employer le prix en autres heritages, et dans l'un et l'autre
« cas celuy qui vendoit devoit offrir la chose vendüe à ses
« parens. Et pour les mieux exclurre du retrait, les offres leur
« estoient faites par semonces, en jugement, suivant ce cha-
« pitre.

« Il n'est pas dit icy quand l'an et le jour donné aux ligna-
« gers pour retraire devoit commencer, et il y a, ce semble, lieu
« de dire que c'estoit du jour de la saisine, ou de l'ensaisine-
« ment du seigneur, mais il faut remarquer que dans ce temps
« les ensaisinemens se faisoient si publiquement que personne
« ne devoit les ignorer, comme il se void par ce qui suit de
« l'autheur du *Grand Coûtumier*, livre II, ch. 25 et 27, pp. 170,
« 177, joint à l'autorité de du Molin. *Le vendeur principal dira*
« *ces mots : sire, j'ay vendu à* TEL TEL HERITAGE *ou* TEL CENS *ou*
« RENTES SUR TEL HERITAGE *mouvant de vous en censive, pour*
« TEL PRIX ; *si m'en dessaisi en vostre main et en presence, et*
« *vüeil et vous requier que ledict achepteur ensaisinez. Et si*
« *c'est le procureur, il doit dire au seigneur : Monseigneur,* TEL
« *mon maistre a vendu à* TEL, TEL HERITAGE, etc. *Je suis procu-*
« *reur pour en faire la dessaisine, si comme il appert par la*
« *lettre de la vendüe, ou par ceste procuration ; si m'en dessaisi*
« *au nom de luy, et comme son procureur, et audict nom vüeil*
« *ou accorde et vous requier que vous l'ensaisinez. Et en signe*
« *de desaisinement doit bailler audict seigneur un festu, vel*
« *aliud, soit maistre, ou procureur. Et adoncques l'achepteur*
« *doit requerir audit seigneur dedans le temps de la saisine,*
« *en disant : Monseigneur, je vous requier que vous m'ensai-*
« *sissiez*. Molineus in *Cons. Paris.*, § 2, gloss. 1, n. 30 : *Sole-*

« *bant investituræ publice fieri, vel apud acta in prætorio*
« *judicis, si dominus, ut plurimum, habebat jurisdictionem*
« *contentiosam, vel in loco dominanti, ubi præsentibus minis-*
« *tris et testibus in libro vel in cartophilacio ad hoc destinato*
« *conscribebantur investituræ, et sic inerat solennis quædam*
« *publicatio, ut etiam satis indicat disputatio statuum super*
« § 183, *in processu verbali, quâ publicatione cessante, non*
« *videbatur res in aliam manum translata,* etc. » (LAURIÈRE.)

T. II, p. 300, lignes 3, 4. *mais il randroit à celui tous les amandemenz qu'il i avroit faiz.* — « Ce droit a esté changé.
« Voyez Jean des Mares dans ses *Decisions*, ch. 113, l'autheur
« du *Grand Coûtumier*, liv. II, ch. 34, pp. 230, 231, et
« l'art. 146 de la Coûtume de Paris, avec les Commentaires. »
(LAURIÈRE.)

« Il n'est pas dit dans quel terme le retrayant devoit rem-
« bourser à l'acquéreur le prix principal et les frais et dépenses
« faites pour l'acquisition. Aujourd'hui le remboursement de
« son principal doit se faire dans les vingt-quatre heures de la
« sentence adjudicative du retrait. Celui des loyaux-coûts ne se
« fait qu'après la liquidation d'iceux. Dans les loyaux-coûts on
« met le supplément du prix que l'acheteur auroit fait pour
« ratifier la vente, le vin du marché et les épingles de la femme,
« ce qui a été donné aux entremetteurs, les droits seigneuriaux,
« les arrérages de la rente échus depuis l'ajournement, les
« impenses nécessaires. » (ABBÉ DE SAINT-MARTIN.)

L'abbé de Saint-Martin explique ensuite qu'il entend le mot *amendemens* au sens restrictif de *réparations nécessaires;* ce qui me paraît douteux.

160. *Notes sur les Établissements, liv. I*er*, ch.* 162
(ci-dessus t. II, pp. 300-302).

Voyez, sur ce ch., ci-dessus t. I*er*, p. 120.
Textes dérivés : *Abrégé champenois,* 36 ; *Livre des droiz,* 124.
T. II, p. 301, ligne 5 ; p. 302, ligne 1. *contez bien tous les costemenz et je les vos randrai.* — « Cecy doit estre entendu des
« coustemens necessaires et utiles. Dans le temps que ces esta-
« blissemens furent faits, on estudioit en France les loix

« romaines, et les loix 3 et 8 du titre du *Digeste*, *De impensis*
« *in res dotales factis* n'estoient pas inconnuës. Voyez l'art. 146
« de la Coûtume de Paris. » (Laurière.)

T. II, p. 302, lignes 1, 2. *et se cil ne voloit prandre les
deniers, et il meïst amandemanz après*, etc. — « La raison est
« que celuy qui dans ces circonstances fait des amendemens en
« la chose retraite, est censé les donner. » (Laurière.)

161. *Notes sur les Établissements, liv. Ier, ch.* 163
(ci-dessus t. II, pp. 302-303).

Voyez, sur ce chapitre, ci-dessus t. Ier, p. 120.
Texte dérivé : *Anc. usages d'Artois*, XXIV, 21, 22.
Rapprochez : *Compilatio*, 35.
A lire : Pierre de Fontaines, ch. 17, § 14, édit. Marnier, pp. 172,
173; Laurière, *Dissert. sur le tenement de cinq ans*, 1698,
p. 86.

T. II, p. 302, ligne 10 ; p. 303, ligne 1. *Se aucuns achetoit
d'autre qui aüst lignage hors de l'eveschié.* — « Suivant les
« loix romaines, on regloit l'absence en cas de prescription par
« les provinces, en sorte que ceux qui estoient dans une mesme
« province, estoient reputez *presens*, et ceux qui estoient dans
« deux differentes provinces estoient reputez *absens*, lege
« ultima, *Cod.*, *De præscriptione longi temporis*.

« Dans l'establissement des archeveschez on suivit la division
« ou distribution que les Romains avoient faite de provinces,
« et il semble par cette raison qu'on ne devoit reputer absens,
« que ceux qui estoient dans de differens archeveschez.

« Quand les provinces se trouverent d'une grande estendüe,
« on y establit des eveschez subordonnez aux archeveschez, et
« ensuite le gouvernement temporel ayant esté reglé sur l'eccle-
« siastique, on envoya les ducs dans les villes archiepiscopales
« pour y resider et les comtes dans les villes episcopales, comme
« il se void par ce qui suit de Valafridus Strabo, *De rebus
« ecclesiasticis*, cap. 31, col. 695 : *Metropolitanos ducibus com-
« paramus, quia sicut duces sunt singularum provinciarum ita
« et illi singulis provinciis singuli ponuntur. Unde in Chalce-
« donensi concilio jubetur ne una provincia in duos metropoli-*

« *tanos dividatur. Quod comites in sæculo, hoc episcopi cæteri*
« *in Ecclesiâ explent*, etc.

« Les archeveschez et les eveschez ayant esté establis, on y
« reputa estrangers tous ceux qui estoient d'un autre diocese,
« comme l'a remarqué M. de Laubepine dans ses notes sur
« Optat dont l'autorité merite d'estre encore icy rapportée :
« *Peregrinus*, dit-il, *vocabatur qui natus erat in aliâ diœcesi,*
« *qui quamvis ipsius civitatis factus esset episcopus, peregri-*
« *nus adhuc censebatur* (p. 6, col. 1).

« Des cours ecclesiastiques cet usage passa dans les cours
« seculieres. De là vient que, suivant le ch. 87 cy-dessus (pre-
« sente édit., liv. Ier, ch. 92), ceux qui estoient d'un diocese
« estoient reputez aubains dans un autre diocese, et de là vient
« suivant le ch. 154 cy-dessus (prés. édit., liv. Ier, ch. 161) et sui-
« vant celui-cy, que l'an du retrait ne courroit pas contre les ligna-
« gers qui estoient domiciliez dans un autre diocese. » (Laurière.)

On peut joindre ici aux observations de Laurière ce que j'ai dit ci-dessus, t. Ier, p. 94, sur les expressions synonymes *pays* et *diocèse*. Dans le *Livre des droiz*, l'absent est celui qui est *hors du païs* (§ 87, édit. Beautemps-Beaupré, t. Ier, p. 355) ; l'absent s'appelle souvent au moyen âge le *despaïsié* (Varin, *Arch. adm. de Reims*, t. Ier, 2e part., p. 746). Un auteur italien, Cino Sinibaldi († 1336), est bien dans la tradition coutumière, lorsqu'il fait observer que l'absence s'estime non par les provinces, villes ou cités, mais par les évêchés [1]. Vers le même temps, un auteur français signale en termes précis les deux systèmes qui déjà coexistent en France ; les uns, dit-il, pour évaluer l'absence se reportent aux évêchés ; les autres aux divisions civiles, aux bailliages et sénéchaussées : *Cum titulo tamen et bona fide prescribitur x annis inter presentes, xx inter absentes ; et licet de jure presencia vel absencia per provincias distinguatur, de consuetudine tamen distinguitur secundum episcopatus et dioceses secundum quosdam, vel secundum baillivatus et senescalias secundum aliquos* [2].

---

1. Cité par Est. Pasquier, *Interpr. des Inst. de Justinian*, édit. Giraud, p. 295.

2. *Aliqua de stillo curie parlamenti* dans Bordier, *Recueil de*

En 1507, le mot *bailliage* fut substitué dans plusieurs art. de la Coutume de Touraine au mot *diocèse* qui figurait dans la rédaction de 1461 (ch. 2, art. 5 ; ch. 35, art. 9) : dans la Cout. d'Anjou de 1508, l'absent est toujours l'absent du *pays* (art. 269).

T. II, p. 303, lignes 5, 6. *Et se li autres i avoit mis amandemenz.* — « Voyez la note sur le ch. 155 » (prés. édit., liv. Ier, ch. 162). (Laurière.)

T. II, p. 303, ligne 7. *et si ne rendroit riens de ce qu'il en avroit levé.* — « C'est-à-dire des fruits qu'il en auroit perçûs, « ce qu'il faut entendre avant que l'action en retrait eust esté « intentée. Vide Reinkinkgium, *De retractu*, quæstione VIII, « n. 7, p. 364. » (Laurière.)

T. II, p. 303, lignes 8, 9. *car droiz ne donroit mie que l'en alast celui semondre hors de l'eveschié.* — « Quand celuy qui « vouloit vendre son propre, l'avoit offert à ses proches parens, « avec semonce en justice, s'ils acceptoient les offres les fruits « de l'heritage leur appartenoient, et non au vendeur, ce qui « n'avoit lieu qu'à l'égard des parens qui estoient presens, « c'est-à-dire dans le mesme evesché : car, comme il est dit « icy, droiz *ne donroit mie que l'en alast celui semondre hors « de l'eveschié.* Voyez l'art. 134 de la Coûtume de Paris, et « l'autheur du *Grand Coûtumier*, liv. II, ch. 34, p. 231. » (Laurière.)

162. *Notes sur les Établissements, liv. I, ch.* 164

(ci-dessus t. II, p. 304).

Texte dérivé : *Abrégé champenois*, 19.

« Il paraît par ce chapitre que cet usage général de la France « coutumière de préférer le retrait lignager au retrait féodal est « très ancien. Dans les provinces de droit écrit, le contraire « s'observe, et le retrait féodal est préféré au lignager. » (Abbé de Saint-Martin.)

T. II, p. 304, lignes 3, 4. *qui ne li tenist riens.* — « C'est-à-« dire qui ne luy fut pas parent. » (Laurière.)

textes antérieurs au XVIe s., *relatifs aux coutumes de Paris et de l'Ile-de-France,* 1re livr., p. 3.

T. II, p. 304, lignes 4, 5. *celui achat avroit li sires dont il movroit.* — « Le sens de ce chapitre est qu'en matiere de
« retrait, le lignager est preferé au seigneur, et le seigneur à
« l'estranger. J'ai fait voir ailleurs que le retrait feodal, plus
« ancien que ces *Establissemens*, estoit en usage en France dés
« l'an 977, ce que j'ay prouvé par la charte du restablissement
« de la Reole dont j'ay extrait ce qui suit : *Statutum est quod*
« *si quis possessiones quas tenet in feudo de ecclesiâ vendere*
« *voluerit, cum assensu prioris vel præpositi faciat, et prior*
« *ipse, si voluerit, emat, alioquin cui voluerit vendat* etc.

« La charte de la commune de Beauvais de l'an 1182
« rapportée par Loisel dans ses preuves de l'*Histoire du Beau-*
« *voisis : Item si contigerit quod aliquis de communiâ heredi-*
« *tatem aliquam emerit, per annum et diem tenuerit, et ædi-*
« *ficaverit, quique postea veniens per redemptum calumniabitur,*
« *super hoc ei non respondebitur, sed emptor in pace rema-*
« *nebit*, etc. Voyez ce que j'ay remarqué sur le titre *Du retrait*
« *lignager* de la *Coûtume de Paris*, mon *Glossaire du droit*
« *françois* sur les mots *Retrait lignager*, et mes notes sur le
« chapitre precedent et sur les deux qui suivent. » (LAURIÈRE.)

T. II, p. 304, ligne 5. *ainz que nus estranges.* — « C'est-à-
« dire avant un estranger, ou plustost qu'un estranger. Voyez
« l'art. 347 de la Coûtume d'Anjou. » (LAURIÈRE.)

163. *Notes sur les Établissements, liv. I*er*, ch. 165*

(ci-dessus t. II, pp. 304-305).

Il résulte de ce chapitre que le droit de vente était payé par l'acheteur : le *Livre des droiz*, § 574, donne une solution diffé-
rente : *Se aucun vent aucun heritaige, s'il est parlé que l'acha-teur paie les ventes, il les doit bien païer ; et s'il n'est de riens parlé, les ventes se paieront par moitié de l'achateur et du vendeur.*

T. II, p. 305, lignes 2, 3. *il n'an rendroit ja nules vantes au seignor*, etc. — « L'art. 136 de la Coûtume de Paris a esté
« pris de ce chapitre. Voyez l'autheur du *grand Coûtumier*,
« liv. II, ch. 34, p. 228. » (LAURIÈRE.)

T. II, p. 305, lignes 4, 5. *et les deniers et les vantes que cil*

avroit rendues au seignor. — « Cela devoit estre ainsi à l'égard
« des rentes quand l'action en retrait avoit esté intentée de
« bonne heure, et avant que l'acheteur eût perçû les fruits. Mais
« il n'en estoit pas ainsi quand elle avoit esté intentée à la fin
« de l'année, et après la perception des fruits par l'acheteur,
« parce que celuy qui perçoit les fruits d'un heritage comme
« proprietaire, en doit payer les charges. Par *deniers*, il faut,
« ce semble, entendre icy les *cens*. » (LAURIÈRE.)

T. II, p. 304, ligne 8. *Se aucuns*, etc.— « Depuis que l'usage
« des retraits a esté admis en France, on a toûjours commis
« des fraudes, pour en exclure les lignagers, et l'une des plus
« ordinaires a esté de faire le prix des choses vendûes beau-
« coup plus grand qu'il ne l'avoit esté effectivement.

« Suivant ce chapitre, lorsque celuy qui n'avoit acheté un
« heritage que vingt livres, en avoit dit cinquante ou soixante,
« ce qui estoit dans le temps de ces *Establissemens* une trés
« grosse somme, si le lignager croyoit que la chose n'avoit esté
« vendûe que vingt livres, il falloit en venir au serment. Le
« lignager ou le retrayant apportoit en justice les soixante
« livres qui luy estoient demandées, et les offroit à l'acheteur
« ou l'acquereur, et l'acquereur devoit jurer sur les Evangiles
« que la chose luy avoit effectivement cousté soixante livres,
« et après le serment ainsi fait, les soixante livres luy estoient
« delivrées.

« Mais s'il n'osoit jurer, et s'il avoüoit de bonne foy, que
« quoy qu'il eut demandé soixante livres, la verité estoit que la
« chose ne luy en coustoit que vingt, le lignager qui avoit droit
« de se plaindre de la vexation qui luy avoit esté faite, en le
« mettant dans la necessité de chercher une somme si forte,
« pouvoit demander de rentrer pour rien dans la possession de
« la chose alienée par son parent, ce que la justice devoit luy
« accorder par droit, pour punir l'acquereur de sa fraude.

« Dans l'art. 373 de la Coûtume d'Anjou il est dit que *si l'ac-
« quereur a mis ou fait mettre plus grand prix en son contract
« que la chose ne luy a cousté, et semblablement declaré plus
« grande abondance qu'il n'y a, le lignager ne les payera pas
« s'il ne luy plaist, et recevra l'executeur devant qui est fait*

« le retrait, le serment accoustumé de l'acquereur, qui est qu'il
« doit jurer devant l'executeur d'iceluy retrait combien la
« chose luy a cousté. Et consignera ledit lignager, s'il veut, en
« la main dudit executeur, ce qu'il voira que ledit acquereur
« aura trop mis, et employé tant en principal prix que en
« abondances, et doit payer, ce neamoins, à l'acquereur le
« juste et loyal prix et cousts que l'acquest a cousté, s'il le veut
« recevoir, et qu'en ce faisant les choses acquises soient deli-
« vrées au lignager. Et si iceluy acquereur ne les veut recevoir,
« ledit lignager doit tout consigner en main de justice, et faire
« adjourner la partie pour luy delivrer ledit acquest. Et n'est
« tenu de consigner ce que l'acheteur aura trop mis en abon-
« dance, en principal, cousts et mises, s'il ne luy plaist. Mais
« s'il consigne tout, l'heritage luy sera deslors delivré par
« l'executeur dudit retrait, et s'il n'a payé ou consigné ce que
« aura déclaré l'acquereur, iceluy acquereur sera saisi, le pro-
« cés pendant. Et s'entend cette coûtume quand le retrait est
« connu en l'absence du lignager, mais quand il est connu en
« sa presence, s'il ne proteste, en faisant la connoissance, de
« montrer au jour de l'execution dudit retrait, que l'acquereur
« n'a pas tant payé en principal achat comme il a mis en son
« contract, il ne sera plus reçeû, et s'il paye plus que la raison,
« soit du principal ou des abondances, ou des autres mises,
« cuidant icelles estre vrayes, et depuis il sçait le contraire, il
« peut repeter ce qu'il aura trop payé.

« Dans le temps de ces *Establissemens*, quand l'acquereur
« avoit fait son serment, quoyque faux, le lignager n'avoit plus
« rien à dire et devoit payer la somme entiere. Mais aujour-
« d'huy ce serment n'est point decisif, et si le lignager peut
« ensuite prouver que l'acquereur a moins payé qu'il n'a affirmé,
« il peut, comme on le void, repeter ce qu'il a payé de trop.
« Et la preuve par temoins est dans ce cas admise, n'ayant
« pas esté jugée excluse par l'art. 54 de l'ordonnance de Mou-
« lins. Voyez du Pineau sur l'article de la Coûtume d'Anjou
« qui vient d'estre rapporté. » (LAURIÈRE.)

164. *Notes sur les Établissements, liv. I*ᵉʳ, *ch.* 166

(ci-dessus t. II, pp. 305-309).

Textes dérivés : *Abrégé champenois*, 61 ; *Livre des droiz*, 124, alinéa : *Si aucun venoit*, etc.

T. II, p. 307, lignes 2, 3. *si aportera touz les deniers avent.* — « On remarquera que du tems de ces *Établissemens*, comme « aujourd'hui, l'usage constant a toujours été de faire apporter « la somme totale, prix de l'achat, avant de contester. » (Abbé de Saint-Martin.)

T. II, p. 307, ligne 3. *cil* — « c'est-à-dire *l'acquereur.* » (Laurière.)

T. II, p. 308, ligne 2. *que faire le dui.* — « C'est-à-dire « *que je dus* [*le*] *faire.* » (Laurière.)

T. II, p. 308, ligne 5. *si grant faiz.* — « Si grand fardeau, « si grande somme. » (Laurière.)

165. *Notes sur les Établissements, liv. I*ᵉʳ, *ch.* 167

(ci-dessus t. II, p. 309, 310).

Textes dérivés : *Livre des droiz*, 264 ; *Abrégé champ.*, 20.
Rapprochez : *Compilatio*, 23 ; *Coutume dite de* 1411, art. 108, ainsi conçu : *En ventes recellées de huitaine apprès les contractz de vendicion passez, a amende de loy ; et qui la recelle d'an et de jour a* LX *s. en Anjou, et* VI *l. ou Maine.*

« Par l'art. 153 de la nouvelle Coûtume d'Anjou, *en ventes* « *recelées trente jours apres le contract passé, y a amende de* « *loy*, qui est de dix sols six deniers entre nobles, et de dix sols « entre roturiers. Voyez l'art. 2 de la Coûtume d'Anjou. » (Laurière.)

Le même art. 153[1] « decide que *celuy qui recele les ventes* « *par an et jour paye soixante sols d'amende, supposé qu'en* « *iceluy fief n'y ait que justice fonciere*[2]. » (Laurière.)

---

1. Laurière : 173 (faute d'impression).
2. Laurière : *soneur* au lieu de *fonciere*.

166. *Notes sur les Établissements, liv. Ier, ch.* 168
(ci-dessus t. Ier, pp. 310, 311).

Texte dérivé : *Livre des droiz,* 125.

T. II, p. 311, lignes 4, 5. *s'il estoit en l'eveschié.* — « De là
« il s'ensuit que celuy qui estoit dans un autre evesché, pou-
« voit exercer le retrait aprés l'an. Le chapitre 154 (prés. édit.,
« liv. Ier, ch. 161) le decide netement. Mais celuy sur qui le
« retrait estoit exercé, ne rendoit rien des issües, c'est-à-dire
« des fruits par luy perçus, comme celuy, dont le vendeur
« n'avoit pas fait semonce de reprendre, et qui avoit esté
« adjourné dans l'an par un parent present, ou qui avoit eû
« son domicile dans l'evesché. Voy. la note sur le ch. 154 (prés.
« édit., liv. Ier, ch. 161). Aujourd'huy ce droit est changé,
« et suivant l'art. 134 de la Coûtume de Paris, *en matiere de
« retrait lignager, ne sont dûs les fruits que du jour de l'ad-
« journement et offre de bourse de deniers, loiaux cousts et à
« parfaire.* » (LAURIÈRE.)

T. II, p. 311, lignes 5, 6. *et demandast à la joutise l'achat.*
— « Le sens de ce chapitre est, qu'entre freres il y a retrait,
« quand un des trois freres vend à l'un son heritage, car le
« troisiéme peut dans ce cas retraire la moitié de l'heritage
« acquis par son frere, en luy rendant la moitié des deniers.
« Pourvû neamoins que le frere qui exerce le retrait, vienne
« dans l'an et jour, s'il a esté present, c'est-à-dire s'il demeu-
« roit dans le mesme evesché, comme on l'a expliqué sur les
« ch. 156, 157, etc., cy-dessus (prés. édit., liv. Ier, ch. 163,
« 164). Et pourvû qu'il n'ait pas esté semons en justice de
« reprendre l'heritage, au prix convenu avec l'acquereur ou le
« frere. Et, dans ce cas, il ne peut rien demander aux issües,
« c'est-à-dire, aux fruits que son frere a perçus, comme on
« l'a dit.

« Suivant le ch. 155 [1] de l'anciene *Coutume d'Anjou glosée,*

---

1. 159 dans l'édit. Beautemps-Beaupré, *Cout. et inst. de l'Anjou et du Maine,* 1re part., t. Ier, p. 352. Je substitue ce texte à celui de Laurière, mais en indiquant en note quelques différences importantes.

« il y avoit retrait entre freres, quand le pere avoit vendu à
« l'un d'eux ; ce qui est ainsi expliqué : « *Et se leur pere ven-*
« *doit* [1]*, et aucun des enfanz fust o luy et beüst sa part du vin*
« *de marchié, il n'en aroit pas le retrait.*

« *Et se le pere vendoit, et aucun de ses enfanz retraisist ad*
« *sceüe des autres, les autres ne lesseroient ja à avoir leur part*
« *de l'achat par retrait en païant leur part* [2] *des deniers : mes*
« *que il ne teneist an et jour à sceü de eux ; car se il tenoit*
« *ainsi an et jour, ou il les aroit requis de retraire comme luy*
« *et ilz deissent que ilz ne pouroient, ils n'en avroient riens*
« *par droit.*

« Les choses estoient ainsi alors, parce que le pere qui ven-
« doit son propre à un de ses enfans, devoit offrir ce mesme
« propre à ses autres enfans, et que le frere qui vendoit son
« propre à un de ses freres, devoit l'offrir aux autres. Mais
« aujourd'huy, il n'y a pas lieu au retrait, quand le propre
« vendu n'a pas esté mis hors de la famille, si ce n'est en
« quelques Coûtumes, où le parent le plus proche peut retraire
« sur le parent plus éloigné, comme celle de Troye, art. 145,
« de Chaumont, art. 113, etc. » (LAURIÈRE.)

167. *Notes sur les Établissements, liv. Ier, ch.* 169 (ci-dessus t. II, pp. 311-312).

« La Coûtume d'Anjou, art. 178 : *Celuy qui defaut, soit*
« *noble, ou coûtumier, de payer et rendre ses cens ou autres*
« *devoirs infeodez à son seigneur, aux termes qui sont dûs, en*
« *fait amende de loy, lesquels devoirs feodaux sont rendables*
« *au seigneur de fief, ou son receveur, et non requerables. Et*
« *si ledit seigneur de fief a sur son sujet cens et rente, la rente*
« *n'est point amendable. Mais s'il n'y a seulement que rente*
« *qui soit infeodée, pour icelle non payée à jour, y aura*
« *amende.* Joignez Beaumanoir, ch. 30, p. 152, vers le milieu
« et au commencement. » (LAURIÈRE.)

---

1. Laurière établit ainsi le texte : *vendoit à aucun des enfanz (et li autre) fust.* C'est ce qui lui fait supposer une vente par le père à un de ses enfants.

2. Laurière : *part de l'achat par retrait : mès que.*

168. *Notes sur les Établissements, liv. I*ᵉʳ*, ch.* 170 (ci-dessus t. II, pp. 312-314).

Texte dérivé : *Abrégé champenois,* 21.

Rapprochez : *Ét.,* liv. Iᵉʳ, ch. 103 ; *Livre des droiz,* 457, 560 ; *Cart. de Noyers,* p. 635, pièce 602 ; *anc. Cout. de Paris* citée sur Loisel, règle 554, édition Dupin et Laboulaye, t. II, p. 25.

A lire : Vollgraff dans *Archiv für die civil. Praxis,* t. IX, app., pp. 73, 74.

T. II, p. 312, ligne 6. *terre à terrage.* — La coutume de Poitou énumère diverses espèces de terrageries :

En Poictou, a diverses manieres de terrageries. Les aucuns sont : c'est assavoir que ung chascun peut labourer es terres[1] *d'autruy, sans y avoir aucun droit de proprietaire, en paient au seigneur à qui elles appartiennent la sexte ou autre partie des fruiz croissans esdites terres et sans autre devoir ; et oudit cas, le seigneur à qui sont lesdites terres les peut oster ausditz laboureurs quant bon luy semble et les bailler à autrui, sauf que si le laboureur y avoit mis du fumier, ledit seigneur ne luy pourra oster jusques ad ce que l'année suyvent il luy ait fait et prins ses estivailles.*

Les autres terrageries sont : quant les terres estant ou païs de pleine ou de boucaiges ont esté baillées à aucunes personnes à perpetuité par le seigneur desdites terres, en paient pour droit de terrage la sixte partie des fruiz ou autre partie sans autre chose.

En celuy cas, quant le teneur desdites terres cesse de les labourer par cinq années continues, le seigneur s'en peut emparer de son auctorité et les tenir à sa main ou les bailler à autres à perpetuité ; et neantmoins en peut demander ausdits teneurs (sic au pluriel) *son interestz et amande.*

Et les autres sont : quant oudit païs de pleine ceulx qui apper-

1. Conf. un acte de 1085 environ intéressant le territoire de Noaillé, apud Guérard, *Polypt. d'Irminon,* t. II, p. 364. Il y est question de terres incultes dont le premier venu peut s'emparer moyennant une redevance.

petuité tiennent lesdites terres au sixte ou autre partie par droit de terraige ; ce non obstant, doivent avenages et fromentaiges ou autre devoir par chascun an au seigneur de ladite terragerie ou que lesdites terres sont assises en païs de boucquaiges et pasturages et que ceulx qui les tiennent doivent au seigneur de la terragerie pour raison des prez ou autres pasturages aucuns cens ou devoirs feodaulx ; ouquel cas, ceulx qui tiennent lesdites terres à terrage estans oudit païs de boucquages en doivent à tout le moins audit seigneur amender ses interestz pour non les avoir labourées ainsi et par les années qu'elles doivent estre labourées[1].

T. II, p. 312, ligne 7 ; p. 313, ligne 1. *li sires la puet bien prandre à son gueaignage.* — « Voicy la preuve que du temps
« de ces *Establissemens*, il n'y avoit point de terre sans sei-
« gneur, et par consequent, point de franc aleu à Paris[2], à
« Orleans et en Anjou. Le sens de ce chapitre, qu'il faut joindre
« avec le 99 cy-dessus (prés. édit., liv. Ier, ch. 103), est qu'un
« seigneur peut mettre en sa main les terres qui sont dans sa
« mouvance, quand elles ne luy payent aucunes redevances,
« quoyqu'elles soient tenües à terrage d'autres[3] personnes,
« parce que ces terres sont comme des francs aleux à l'égard
« du seigneur, et que personne, comme on l'a dit, ne peut
« avoir des francs aleux sans titre. » (LAURIÈRE.)

T. II, p. 313, lignes 1, 2. *mais il ne la li puet pas oster par droit por baillier à 1 autre.* — « La raison est que le seigneur

---

1. *Cout. de Poitou* de 1417 dans le ms. fr. 12042, fol. 57 recto et verso, 58 recto.

2. Paris et Orléans sont étrangers à ce passage, qui, comme on le sait, est tourangeau-angevin.

3. Le texte paraît bien indiquer, au contraire, que les terres sont tenues à terrage du seigneur lui-même. Laurière ne me paraît pas avoir compris ce chapitre, qui n'a rien à faire avec la question du franc-alleu : rien n'est plus éloigné du franc-alleu que la tenure à terrage, laquelle est la plus fragile de toutes et ressemble à un fermage moderne, mais à un fermage sans bail. Voyez ce que j'ai dit ci-dessus, pp. 77, 78, sur *Ét.*, liv. Ier, ch. 103. L'abbé de Saint-Martin s'inspire ici des observations de Laurière : sa note n'ajoute rien.

« n'est pas propriétaire des terres qu'il met ainsi en sa main.
« Mais dans les lieux où il confisquoit les aleux, il pouvoit les
« donner à d'autres, ou à cens ou à terrage[1] seigneurial, comme
« en Beauvoisis, ainsi qu'il resulte de l'autorité, qui suit, de
« Beaumanoir, ch. 24, page 123 : *Quant li sires voit aucun*
« *de ses sougés tenir heritage, duquel il ne rent à nului chens,*
« *rentes, ne redevances, li sires i puet jeter les mains, et*
« *tenir le comme soie propre, car nus, selon nostre coustume,*
« *ne puet tenir alues. Et on appelle alues ce que on tient sans*
« *fere nulle redevance à nullui. Et se li quens s'aperchoit,*
« *avant que nus de ses sougés, que tix alues soit tenus en se*
« *comté, il le puet penre comme sien, ne n'en est tenus à rendre*
« *n' à repondre à nul de ses sougés, pour che que il est sires de*
« *son droit, de tout che que il trueve en alues,* etc. » (LAURIÈRE.)

T. II, p. 313, ligne 3. *L*[1] porte : *covenances* au lieu de *cos-*
tumes. — η porte : *avoit autre reddevance oultre le terrage,*
il ne le pouroit oster, etc.

T. II, p. 313, ligne 6. *en frichesce* (Du Cange *frischete*). —
« L'Escournay aux *Memoires de Dourdan,* p. 76 : *Es trois*
« *paroisses dessusdites et en tous les frisches que ils ont enclos*
« *entre leurs coignés et leurs terres gaignables.* Le registre de
« Louys, roy de Sicile, p. 59 b : *Item vignes en fresche vingt*
« *arpens.* Terres *hermes* dans quelques titres, qui semblent
« estre ce que Roderic, archevesque de Tolede, en l'*Hist. des*
« *Arabes,* ch. 13 et 16, appelle *fretosa.* » (Du CANGE.)

« En Beauvoisis, celuy qui possedoit des terres à champart
« ne les perdoit que quand il les avoit laissées dix années en
« friche, comme on le va voir dans l'autorité de Beaumanoir en
« la note suivante. Voyez l'autheur du *Grand Coûtumier,*
« livre II, *De saisine en fief,* p. 180, ligne 14, avec la note de
« Charondas. » (LAURIÈRE.)

T. II, p. 313, lignes 6, 7. *adonc la porroit bien prandre li*
sires à son domeine. — « Beaumanoir, ch. 54, page 274 : *Les*

---

[1]. Cette différence, signalée par Laurière lui-même, confirme mon observation précédente. Voyez d'ailleurs la définition de l'alleu par Beaumanoir que va citer Laurière : elle exclut le terrage de la manière la plus évidente.

« *terres campartix... ne sont pas perdues à cix à qui elles*
« *sont pour laissier un an ou deux en friez ; mais se l'on les*
« *gaigne aprés, li sires puet faire saisir les despuelles, tant que*
« *ses grés soit fait du campart qu'il i peüst avoir, de son droit,*
« *se le terre eüst esté mainburnie à son droit. Et se l'en vieut*
« *lessier le terre en friez plus de trois ans, li sires le puet faire*
« *labourer, se il li plest, en sa main, en tele maniere que se li*
« *treffonciers i veut revenir, li sires penra premierement son*
« *labourage et son campart de l'année presente et des années*
« *passées que la terre deüst avoir porté. Et se il avient que*
« *aucuns ait lessé se terre campartel en friez par dix ans, li*
« *sires le puet penre, puis illueques en avant, comme la soie,*
« *car il appert que chil qui tant l'a lessié sans labourer, l'a*
« *lessé pour le campart, exceptées les terres as orfelins et as*
« *sousaagiez, etc.* » (Laurière.) — J'ai amélioré cette citation ainsi que la précédente.

169. *Notes sur les Établissements, liv. I*ᵉʳ*, ch.* 171
(ci-dessus, t. II, pp. 314-316).

Cf. *Code de Théodose*, IX, ɪ; Hænel, *Lex Romana Visigothorum*, p. 168; Pierre de Fontaines, ch. 31, § 1, 4.

T. II, p. 315, lignes 1, 2. *il covient que il se deffande en la chastelerie où il sera apelez.* — « C'est-à-dire où il sera accusé. « La Coûtume d'Anjou, art. 71 : *S'aucun fait denoncement*
« *criminel dûment applegé allencontre d'aucun, soit de meurtre,*
« *de larcin ou d'embrasement, de femme violée ou ravie, de*
« *bateure ou mutilation faite de guet-à-pens, ou d'autre crime*
« *en la cour suzeraine, jamais le vassal n'en aura la court ou*
« *renvoy, mais en aura la punition celuy qui a prevenu en la*
« *connoissance, supposé* [1] *que le denuncieur se delaisse, avant*
« *que la cause ait pris fin ; et semblablement en* [2] *pourront*
« *user les comtes, vicomtes, barons, seigneurs chastelains, hauts*
« *et moyens justiciers.* 72 : *Et si denoncement estoit fait par*
« *une mesme personne et* [3] *d'un mesme cas en cour suzeraine*

---

1. Les mots *supposé..... fin* manquent dans la citation de Laurière.
2. Laurière : *ne*.
3. *et d'un mesme cas* manque dans la citation de Laurière.

« *et en cour sujette, iceluy qui premier aura reçeû et executé* « *le denoncement en aura la connoissance, pourvû que le sujet* « *informe les officiers du suzerain qu'il a prevenu.* Mais, par « le droit romain, *quæstiones eorum criminum quæ legibus aut* « *extra ordinem coercentur, ubi commissa, vel inchoata sunt,* « *vel ubi reperiuntur qui rei esse perhibentur criminis, perfici* « *debere satis notum est,* lege 1, Code, *Ubi de criminibus agi* « *oporteat,* lib. III, tit. xv. »

« Dans les lieux où il n'y avoit pas de prevention, par l'an-
« cien usage de la France, *l'aveu emportoit l'homme*, et l'homme
« estoit justiciable de corps et de chastel où il couchoit et levoit,
« ce qui fut aboli par l'art. 35 de l'ordonance de Moulins, qui
« decida que les delicts seroient punis où ils auroient esté com-
« mis. Voyez les *Institutes* de Loisel, liv. I, tit. 1, regle 19 et
« 26. Voyez les chapitres 13 et 33 du second livre de ces *Esta-*
« *blissemens.* » (Prés. édit., liv. II, ch. 14, 32.) (Laurière.)

T. II, p. 315, ligne 5. *li autres sires*, etc. — « Par *li autres*
« *sires*, il faut entendre *le vassal*. Et le vassal, dans ces cas,
« n'aura pas la cour de son homme, parce qu'il n'y a pas *de*
« *suite* comme il y en auroit en matiere civile. Voyez les ch. 13
« et 32 du second livre (prés. édit., liv. II, ch. 14, 32). »
(Laurière.)

T. II, p. 315, lignes 5, 6. *car tiex persones n'ont point de
suite.* Cf. *Ét.*, liv. Ier, ch. 42, 45, 62; *Ét.*, liv. II, ch. 21, 36.

T. II, p. 316, ligne 4. *titre Dou fait presant, en l'Usage de
France.* — Cf. ci-dessus t. Ier, pp. 80, 81.

170. *Notes sur les Établissements, liv. Ier, ch.* 172
(ci-dessus, t. II, pp. 316-319).

Voyez, en général, sur ce chapitre, ci-dessus, t. Ier, pp. 224, 226.

Texte dérivé : *Livre des droiz*, 126 ; *Abrégé champenois*, 82.

Rapprochez cet axiome de l'ancien droit français : *Miel seur
arbre est au recoelleur, come es non poursievies au trouveur,
à porcion contre seigneur* [1].

1. Bibl. nat., ms. fr. 5248 verso du fol. 55 (écriture du xive s.).

T. II, p. 316, ligne 5, note 42. *hés fuitives.* — « *Apes fugi-*
« *tivæ.* Voy. l. 8, *Dig.*, *Familiæ hercisc.* Si ces abeilles n'estoient
« pas reclamées, elles appartenoient au seigneur. Ce droit est
« appellé *abollagium* dans un titre de l'an 1319 au *Cartulaire*
« *de Château Meliand : Abollagium nemorum de Nichier, quod*
« *abollagium eidem nobili pertinebat, ratione suæ castellaniæ*
« *de castro Melliandi.* La *Chronique de Beze*, p. 601, l'appelle
« *inventionem apum.* Voyez les *Memoires* de M. Perard, p. 95,
« et M. Menage. — Le *Registre du Château-du-Loir*, fol. 56 :
« *Borrel et Crestien de Burau ont l'aurillerie par tote la forest*
« *de Burçai et ont chascun dore Mansais ou premier pasnage.*
« *Et poent prendre les ées* (apes) *en cette maniere : se les ées*
« *sont en trous de chesne, ou d'autre arbre, l'aurilleor peut*
« *escrouser* (creuser) *l'arbre où elles seront. Et se il ne les poent*
« *aveir pour escrouser, il poent l'arbre estroillier à doze piet*
« *de haut, se il ne les poent avoir autrement.* » (Du Cange.)

T. II, p. 316, ligne 7. *hés.* — « Les *hés* (Laurière *és*) sont
« icy des abeilles, ou mouches à miel, comme dans la Coûtume
« de Cambray, titre 24, art. dernier. Dans plusieurs de nos
« Coûtumes elles sont nommées *eps.* Voyez mon *Glossaire* sur
« ce mot. » — (Laurière.)

T. II, p. 317, lignes 8, 9, η porte : *Sire, l'essain est mien, et
le vi partir de mon achier, et l'ay.* — « *Achier*, c'est-à-dire
« ruche. Ces mots, selon M. Menage, viennent d'*apiarium.*
« Dans la *Loy Salique*, la ruche est nommée *vas apium.* » (Laurière.)

T. II, p. 319, ligne 1. *la value dou vaissel.* — « Parce que
« celuy à qui les abeilles sont ne peut les emporter qu'avec le
« vaisseau de celuy qui les accüeillies. » (Laurière.)

T. II, p. 319, ligne 2. *où cil... coillies* manque dans η, qui ajoute :

Et si aucun qui ne y eüst riens, les trouvet essemées ou en creux, et il les preint sans le congié de la justice à qui seroient les espaves, il en feroit grosse amende, ou seroit en peril de corps.

Et s'il avient qu'elles entrent en creux d'arbre qui ne seroit pas à celuy qui les suit, il doit prendre merc de l'arbre, et, ce raporté[1] *devant justice, comme dit est, elles seront à celuy à qui est l'arbre et à l'autre qui les a signées, moitié par moitié.*

Et si elles ne sont signées, elles seront par moitié à justice et à celuy qui est l'arbre. Et si aucun les trouve d'espave et il les aporte à la justice, il y aura la moitié[2].

« Voyez le tit. 29 de la *Loy Salique* aux mots *Arbor signata* « et l'art. 12 de la Coûtume d'Anjou. » (LAURIÈRE.)

171. Notes sur les *Établissements*, liv. Ier, ch. 173
(ci-dessus, t. II, pp. 319-322).

Voyez, sur ce chapitre, ci-dessus, t. Ier, p. 137.

Texte dérivé : *Livre des droiz*, 127. (Après avoir résumé la doctrine du présent chapitre, l'auteur du *Livre des droiz* la renverse par ces simples mots : *Et ce veult droit ; mais de la coustume gentil femme ne prent douaire mais des choses dont son seigneur a la possession au temps de la mort ;* ainsi le droit angevin et le droit poitevin différaient sur ce point) ; *Abrégé champenois*, 83.

Rapprochez : *Ét.*, liv. Ier, ch. 16 ; *Anciens usages d'Artois*, XXXIV, 3, 4, 5, 6 ; Charte de 1250 dans Bilard, *Analyse des documents hist. conservés dans les archives du département de la Sarthe* dans *Société franç. pour la conserv. des monuments hist., Archives historiques de la Sarthe*, Le Mans, 1848, p. 155, n° 31 ; *Chart. insignis ecclesiæ Cenom.*, p. 29, acte 57 ; p. 38, acte 73 ; p. 114, acte 196 ; p. 135, acte 229.

T. II, p. 320, ligne 2. *se vos ne faites jurer.* — « Les titres « anciens sont pleins de ces renonciations de doüaires sur les « terres cedées ou transportées et des autres terres données en « échange aux femmes. » (DU CANGE.)

T. II, p. 320, lignes 7, 8. L¹ offre cette variante : *l'evesque ou l'arcevesque ; et se ele le voloit ainsint jurer de sa ;* O¹ porte : *l'evesque ou du doian ; et se.*

« Il y a plusieurs choses à remarquer dans ce chapitre.

---

1. *rapporter* dans l'édit. de M. Beautemps-Beaupré. Je corrige : *rapporté*.
2. Beautemps-Beaupré, 1re part., t. Ier, p. 354.

« La premiere, que, du temps de ces *Establissemens*, le doüaire
« n'estoit que viager et non propre aux enfans, comme il l'est
« aujourd'huy dans la Coûtume de Paris. Et, comme en Anjou
« on a suivi ces *Establissemens*, de là vient que le doüaire n'y
« est encore que viager. De ce que le doüaire n'estoit que via-
« ger et non propre aux enfans, il s'ensuit que l'heritage qui y
« estoit sujet, ou qui en estoit chargé, et qui avoit esté vendu
« par le mary du vivant de sa femme, devoit retourner à l'ac-
« quereur aprés que la femme doüairiere estoit decedée, comme
« il est decidé dans ce chapitre.

« La *seconde*, que celuy qui vendoit ainsi son heritage pou-
« voit faire jurer sa femme que jamais elle n'y demanderoit de
« doüaire, et que l'usage estoit alors de prendre des letres de
« l'evesque ou du juge, par lesquelles ils certifioient que la
« femme avoit fait son serment sans force et sans contrainte.

« Et la *troisieme*, que le serment que la femme faisoit ainsi
« ne luy prejudicioit pas, à moins que son mary ne luy eust
« assigné son doüaire sur un autre heritage, comme par une
« espece d'eschange, ce qui paroist par ces mots : *Et s'ele*
« *l'avoit einsinques juré de sa bone volenté senz force, et en*
« *aüst aü eschange; et cil aüst aü letres dou don qui l'avroit*
« *achetée, ele n'i porroit puis riens demander.* La Coutume de
« Touraine, art. 328 : *Si le mary, sans le consentement de sa*
« *femme, aliene aucuns des heritages qui luy appartenoient*
« *lors de son mariage, ladite femme peut aprés le trépas de*
« *sondit mary, s'addresser contre les acquereurs pour la part*
« *que les choses vendües sont sujettes audit doüaire, sinon*
« *qu'elle en eust eû recompense, ou que ledit mary durant ledit*
« *mariage eust fait d'autres acquests de pareille valeur que les*
« *choses alienées, et que ladite femme se tint à la communauté,*
« *auquel cas sera faite imputation desdits acquests au lieu des*
« *choses alienées.*

« La femme noble, comme il est dit dans le ch. 14 cy-dessus
« (prés. édit., liv. Ier, ch. 16) a le tiers en doüaire de la terre
« de son mary. Que l'on suppose que ce tiers soit de dix mille
« livres, et que le mary, en vendant sa terre principale, du con-
« sentement de sa femme, assigne son doüaire sur une autre
« petite terre qui ne vaille que dix mille livres, la femme

« joüira-t-elle de toute cette petite terre à titre de doüaire, au
« prejudice de ses enfans ? Et il faut dire qu'elle en joüira, à la
« charge de les nourrir, car le doüaire n'est donné aux femmes
« qu'à cette condition, et les enfans ne pourront se plaindre
« parce que leur pere pouvoit vendre tous ses biens à leur pre-
« judice.

« Ce que disent à ce sujet du Pineau et Le Fevre sur l'art. 306
« de la Coûtume d'Anjou merite d'estre transcrit : *On demande*
« *si la femme sera recompensée de son doüaire sur les autres*
« *biens de son mary, lorsqu'elle a consenti l'alienation de ceux*
« *sur lesquels il luy est assigné. Et encore qu'elle ait consenti*
« *à telle alienation et qu'elle y soit mesme obligée, elle pourra*
« *avoir son doüaire entier sur ce qui reste, eû mesme égard au*
« *fond aliené, et c'est, ce semble*, dit Le Fevre, *le sentiment de*
« *Dargentré sur la Coustume de Bretagne*, art. 419, gl. 3,
« *n*os 2, 3, 4, *et art.* 436, *gl.* 2, *n.* 1, *et art.* 144, *num. ult.*
« *Et la nouvelle Coûtume de Bretagne, en ayant disposé au*
« *contraire, art.* 470, *ce tres docte personnage, grand amateur*
« *du droit et de l'équité, s'écrie contre cette disposition. Certes*
« *les anciens avocats de nostre barreau citent un arrest donné*
« *au profit de Jacqueline du Fay, veuve de noble Pierre Gail-*
« *lard, par lequel il a esté donné à la veuve recompense de*
« *son doüaire sur les autres biens du mary, pour raison des*
« *fonds, à l'alienation desquels elle a consenti, et avec grande*
« *equité, parce que la femme consentant à l'alienation, tra-*
« *vaille à la verité à la seureté de l'acheteur, mais elle ne pro-*
« *met rien à son mary, et ne renonce pas à son droit, ni à son*
« *recours sur ses autres biens, mais s'ils ne suffisent pas, elle*
« *n'a point de regrez sur les hypotheques à l'alienation des-*
« *quelles elle a renoncé en faveur d'un tiers*, dit Chopin *sur la*
« *Coutume de Paris, lib. II, tit.* II, *De dotalitio, num.* 12. *Que*
« *s'elle y renonce expressement à l'égard mesme de son mary,*
« *elle n'a point de recours sur ses autres biens, comme il a esté*
« *jugé en ce siege, par sentence d'audience du mois de juin*
« *1612, contre l'observation de Dargentré, article* 419, *gl.* 3,
« *num.* 2 *et* 3, *que nous ne recevons pas quant au doüaire. Il*
« *faudroit dire autre chose de la dot, à l'égard de laquelle la*
« *femme ne se fait jamais de prejudice, sinon au profit des*

« acquereurs, selon Chopin sur la Coutume de Paris, lib. III,
« tit. De prehens., n. 21 ; mais cette recompense n'est point
« donnée à la femme pour raison des biens donnez par le mary
« de son consentement à leurs enfans communs en avancement
« d'hoirie. J'estimerois tres equitable qu'il en fut de mesme de
« la donation faite aux enfans d'un premier lict, ce que je ne
« propose pas toutefois comme indubitable. Un consentement
« tacite ne nuiroit pas à la femme, adjoûte Le Fevre, et à cela
« fait tres bien le chapitre Pervenit, Extr., De emptione et
« vendit., dans lequel l'acheteur avoit possedé trente ans, et le
« prix avoit esté converti aux usages communs du mary et de
« la femme. Mais si la femme qui a donné son consentement
« par exprés estoit mineure, sera-t-elle restituée ? On distingue,
« ou elle est mineure de vingt ans, et elle sera restituée par la
« nullité de l'acte, et la prescription ne court point contre elle;
« ou elle est majeure de vingt ans, et toutefois mineure de
« vingt-cinq, et on ne veut pas qu'elle soit restituée, par
« l'art. 444 cy-dessous, parce qu'elle a pû faire remise de ses
« droits et qu'il n'y a point de regrés pour ceux qui ont fait
« remise de leurs actions, l. 14, § Si venditor, Dig., De ædili-
« tio edicto. J'ay toûjours répondu le contraire, parce que la
« disposition de l'art. 444 est sans esperance de restitution.
« Mais dans ce negoce la femme est enormement lezée, car elle
« ne participe point au prix. D'ailleurs le § Si venditor est de
« la vente d'un meuble, et entre majeurs. Dans nostre hypo-
« these, il s'agit d'un doüaire que nous plaçons entre les
« immeubles. Ce qu'on dit qu'on peut renoncer à un droit
« introduit en sa faveur, doit estre entendu pourveû que la
« renonciation soit faite par une personne capable, et sans
« caption et surprise. » (Laurière.)

T. II, p. 320, lignes 7, 8. *et s'ele l'avoit einsinques juré.* —
« On void par là qu'ancienement en France, l'usage estoit
« d'exiger[1] le serment des parties pour l'execution des contracts,
« suivant le ch. *Ex rescripto, Extra, De jurejurando,* et l'au-
« thentique *Sacramenta puberum, Codice, si adversus vendi-*

---

1. Les textes cités n'exigent point le serment des parties, mais l'accomplissement du serment; ce qui est bien différent.

« *tionem*, lib. II, tit. xxvIII. Ce serment obligeoit les mineurs
« mesmes, mais ils s'en faisoient relever par l'evesque ou son
« vicaire, et ils prenoient ensuite des letres de chancelerie,
« qu'on ne leur refusoit jamais. Vide Rebuffum ad *Constitu-*
« *tiones regias*, glossa 5, n. 50, et *De restitutionibus*, 1. II.
« Aujourd'huy ces sortes de sermens n'ont aucun effect parmi
« nous, et toute la faveur que les Ultramontains leur donnent
« a esté donnée en France aux contracts de mariage. Suivant
« nostre usage une fille mineure peut donc renoncer aux suc-
« cessions à venir par son contract de mariage, et une telle
« clause a autant de force que si elle avoit esté autorisée par le
« serment en Italie. Mais, si une fille renonce aux successions à
« venir par un autre contract, eut-elle juré mille fois, comme
« dit Antoine Faber, on n'auroit aucun égard à son serment,
« en sorte que parmi nous le serment ne fait jamais valoir un
« acte qui ne vaut rien par luy-mesme. Vide Antonium Fabrum,
« *De erroribus pragmaticorum*, decade 28, errore 6, n. 9, 10
« et 11, et Papon dans son *Recueil d'arrests*, liv. IX, nombre 23. »
(LAURIÈRE.)

172. *Notes sur les Établissements, liv. Ier, ch.* 174
(ci-dessus t. II, pp. 322-323).

Texte dérivé : *Livre des droiz*, 356.

Rapprochez Beaumanoir, ch. 59, § 1 ; *Abrégé champenois*, rubrique 144.

A lire : Laurière dans *Ord.*, t. Ier, p. xxxvi, note 6.

« Les *Assises de Hierusalem*, ch. 103[1], disent qu'il estoit
« assise au Royaume de Hierusalem, que le seigneur ne devoit
« pas recevoir les gages de pere à fils, ni de fils à pere, ni de
« deux freres l'un contre l'autre. » (DU CANGE.)

P. 322, l. 7, ch. 174. — « Quand il estoit question de
« meubles, ou d'immeubles, et qu'elle ne pouvoit estre decidée
« par les voyes de droit, on en venoit au duel, ce qui n'avoit
« lieu que dans les terres des barons depuis l'ordonance de

---

1. Du Cange cite ainsi le ch. 109 de Jean d'Ibelin (Beugnot, *Assises*, t. Ier, p. 179).

« saint Loüis de l'an 1260, pour laquelle il abolit les gages de
« bataille. Et il estoit au pouvoir de ceux qui estoient ainsi en
« procez de combatre par eux-mesmes ou par champions, mais,
« quand ils combatoient par champions, l'usage estoit de cou-
« per le poing au champion vaincu, ce qui fut introduit avec
« raison, afin que les champions combatissent fidelement et ne
« se laissassent pas corrompre par argent. *Se*[1] *bataille*, dit
« Beaumanoir, *est en le court d'aucun des hommes le comte*
« *pour muebles, ou pour heritages entre personnes de pooté, li*
« *vaincus pert le querele, par quoi li gage furent donné, et*
« *si l'amende au seigneur en qui court le bataille est, et est*
« *l'amende de* LX *s. Et se le bataille est de gentix homes, chil qui*
« *est vaincus perd la querelle et est l'amande au seigneur de*
« LX *lb. Chacuns, par la coustume de Clermont, en gages de*
« *muebles ou de chastiex, puet avoir avoué, se il le requiert,*
« *soit que il ait essoine, ou qu'il n'en ait point, et li champions*
« *vaincus a le poing coupé,* etc., Beaumanoir, ch. 64, p. 309 et
« p. 315 à la fin. »

« Mais comme il ne convenoit pas que des freres se batissent
« pour des contestations civiles, on les forçoit à prendre des
« avoüez, ou champions, et par la mesme raison de bienseance
« il n'y avoit jamais guerre entre freres. *Sachent*, dit Beauma-
« noir, *que guerre ne se puet fere entre deus freres germains*
« *engenrez d'un pere et d'une mere, pour nul contens que*
« *entre eus mueve, neïs se li uns avoit l'autre batu ou navré,*
« *car li uns n'a point de lignage, qui ne soit aussint procheins*
« *à l'autre comme à li; et quiconques est aussi prochains de*
« *lignage de l'une partie comme de l'autre de chaus qui sont*
« *quief de le guerre, il ne se doit de le guerre meller. Donc-*
« *ques se doi freres ont contens ensemble, et li uns mef-*
« *fect à l'autre, chil qui se meffect ne se puet escuser de droit*
« *de guerre; ne nus de son lignage qui li vueille aïdier contre*
« *son frere, si comme il pourroit avenir de chaux qui aimeroient*
« *miex l'un de l'autre. Donques quant tix contens naist, li*

---

1. Laurière n'a pas donné ici très exactement le texte de l'édition de Thaumas de la Thaumassière qu'il avait sous les yeux : je reprends le texte de cette édition et j'utilise aussi celle de Beugnot.

« *sires doit punir cheluy qui meffect à l'autre et fere droit dou*
« *contens,* ch. 59, au commencement, p. 299.

« Mais, lorsqu'il s'agissoit de meurtre ou de trahison et que
« deux freres s'en accusoient reciproquement, alors on en venoit
« au duel..... » (Laurière.)

173. Notes sur les Établissements, liv. Ier, ch. 175
(ci-dessus t. II, pp. 323-324).

Texte dérivé : *Livre des droiz,* 357.

Rapprochez : *Abrégé champenois,* rubrique 145.

T. II, p. 323, ligne 8. *meaigniez.* — « *Leges Scotic.,* liv. IV,
« c. 3 : *Declinare autem duellum potest accusatus in hujusmodi*
« *placitis per mahamium, vel per ætatem. Ætas autem talis esse*
« *debet, quòd accusatus sit 60 annorum vel supra. Mahamium*
« *autem dicitur ossis cujuslibet fractio vel testæ capitis incus-*
« *sio, vel per abrasionem cutis attenuatio.* Voyez cy-après le
« ch. 10 du liv. II » (prés. édit., liv. II, ch. 11). (Du Cange.)

« *Mehaigner* n'est pas *frapper* ou *battre,* mais *estropier et*
« *mutiler.* Ce mot, selon toutes les apparences, vient de *mali-*
« *gnare* qui se trouve pris en ce sens dans le ch. 11 des loix
« d'Henri Ier, roy d'Angleterre : *Qui ordinatum occiderit, vel*
« *malignaverit, emendet ei, sicut ratum* [1] *sit.* Cowellus in *Indice*
« *dictionum obscur. : Mehemium enormis læsio, quâ quis ad*
« *serviendum principi in bello redditur imbecillior.* » Cf. Beaumanoir, ch. 30, p. 150.

Ce chapitre est ainsi conçu dans η : *Si aucun malingeux qui
puisse montrer mehaing evident ou qui passe son eage de
LX anz et un jour appelloit autre de grant cas dont celui qui
seroit veincu deüst prendre mort, et le malingeux par mehaing
ou par aage se vousist eschangier, fust appelleur ou deffendeur,
droit donroit que il s'eschangeast* [2].

« Vide *Legis Salicae* tit. 32. » (Laurière.)

Voyez encore sur le mot *mehaigner* une bonne note de mon

---

1. *Rectum* et non *ratum* dans Schmid, *Die gesetze der Angelsachsen,* Leipzig, 1858, p. 443.
2. Beautemps-Beaupré, *Cout. et inst.,* 1re partie, t. Ier, p. 355.

compatriote André du Chesne en ses *Annotations* sur les *OEuvres d'Alain Chartier*, Paris, 1617, p. 864.

T. II, p. 324, ligne 2. *lorz.* — « Ce mot vient de *luscus*[1]. « De *lourz* ou *lorz* l'on a fait *lorgner*. Vide legem 10 *Dig.*, *De* « *ædilitio edicto* et Merillium, lib. VI *Observationum*, cap. 23. » (Laurière.)

T. II, p. 324, lignes 5, 6. *dont se li quiex que soit estoit vaincuz, il en deüst prandre mort.* — Jusqu'à une décision de Philippe-Auguste, l'inculpé seul, en Normandie, pouvait, s'il succombait, être frappé de peines corporelles. Guillaume le Breton rapporte que Philippe-Auguste décida qu'en Normandie le vaincu, accusateur ou accusé, subirait toujours une peine corporelle :

> *Quædam autem in melius juri contraria mutans,*
> *Constituit pugiles ut in omni talio pugna*
> *Sanguinis in causis ad pœnas exigat æquas;*
> *Victus ut appellans sive appellatus eadem*
> *Lege ligaretur, mutilari aut perdere vitam.*
> *Moris enim exstiterat apud illos hactenus, ut, si*
> *Appellans victus in causa sanguinis esset,*
> *Sex solidos decies cum nummo solveret uno,*
> *Et sic impunis amissa lege maneret;*
> *Quod si appellatum vinci contingeret, omni*
> *Re privaretur, et turpi morte periret.*
> *Injustum justus hoc juste rex revocavit,*
> *Reque pares Francis Normannos fecit in ista*[2].

T. II, p. 325, ligne 1. L^i porte : *diroit* au lieu de *donroit*.

T. II, p. 325, ligne 2. *se changeroit.* Cf. Beaumanoir, ch. 61 *Des apiaux*, p. 308 (édit. Thaumas de la Thaumassière).

T. II, p. 327, ligne 4. L^i porte : *l'usage de Paris, du Chastelet et d'Orliens en cort de baronnie* (la ligne 5 n'est pas représentée). « Voyez le ch. 4 cy-après à la fin, le ch. 10 à la fin, et « la note sur le ch. 15 » (prés. édit., liv. II, ch. 4, 11, 16). (Laurière.)

---

[1]. Littré admet une origine germanique (au mot *Lorgner*).

[2]. Guill. Brit.; *Philipp.*, lib. VIII, v. 228-240 (*Rec. des hist. de France*, t. XVII, p. 214). J'emprunte cette citation à M. Jos. Tardif, *Cout. de Normandie*, 1re partie, p. LXVII.

174. *Notes sur les Établissements, liv. II, ch. 1ᵉʳ, Prologue*
(ci-dessus t. II, pp. 328-330).

Voyez, ci-dessus, t. Iᵉʳ, pp. 34, 428, 429.

Ces préfaces en vers ne sont pas fort rares dans les ouvrages de droit ou les recueils les plus sérieux : rappelons la préface en vers de Benoît le Lévite [1] ; le prologue en vers du registre des chartes de Philippe-Auguste [2] ; celui de Drogo de Altovillari en tête de ses *Libri aurei de omni facultate* [3]; le prologue en vers des Coutumes de Chatillon-sur-Seine [4] ; la pièce de vers mise par du Fail en tête du liv. III de son recueil d'arrêts [5].

T. II, p. 329, ligne 10 et suiv.; ligne 22 et suiv.

Droiz dit, et j'en sui emparliers, etc.
Droiz dit qu'il affiert à baron, etc.

Il y aurait bien des morceaux littéraires à rapprocher de ces tirades. Je mentionnerai notamment quelques passages de l'*Ordene de chevalerie* (xiiiᵉ s.), édit. Méon, v. 214 et suiv. cités par M. Léon Gautier dans *Revue du Monde catholique*, 15 fév. 1883, p. 526 ; quelques pages de l'*Ordre de chevalerie* de Symphorien Champier (xviᵉ s.) dans Allut, *Étude... sur Symphorien Champier*, Lyon, 1859, pp. 286, 287, 288.

T. II, p. 330, ligne 11. *Joutise est une volentez estable,* etc.
— Voyez sur ce début emprunté au droit romain, ci-dessus, t. Iᵉʳ, p. 65.

Textes dérivés : *Très anc. Cout. de Bretagne,* 1ʳᵉ partie, art. 2 ; *Livre des droiz, Prologue;* très probablement *Anc.*

---

1. Pertz, *Leges,* t. II, pars ii, p. 40. Cf. Arnao, *Discurso sobre las colecciones griegas y latinas,* Madrid, 1793, segunda parte, p. 206.
2. Cf. Bonamy dans *Mém. de l'anc. Acad. des Inscript.,* t. XXX, p. 708 ; Delisle, *Catal. des actes de Philippe-Auguste,* p. xvii.
3. Varin, *Arch. lég. de Reims,* 1ʳᵉ partie, *Cout.,* p. 347. Ce Drogo de Altovillari émaille volontiers de vers latins ses leçons de droit ; voyez *Ibid.,* pp. 430, 431.
4. Giraud, *Essai sur l'hist. du droit franç.,* t. II, p. 338.
5. Voyez sur du Fail un excellent art. de M. de la Borderie dans la *Bibl. de l'École des chartes,* t. XXXVIII, 6ᵉ livraison, p. 583.

usages d'Artois, X, 17, 18, 19 (Voyez, ci-dessus, t. Ier, p. 343); *Abrégé champenois*, 2 ; *Liger, prœmium*, 4.

Rapprochez : *Jostice et plet*, p. 3. Cette définition romaine de la justice était très répandue au moyen âge : elle figure dès l'année 1144 dans un acte de Conrad III : *Justitiæ diffinitio est constantem ac perpetuam habere voluntatem tribuendi unicuique quod sibi jure competit* (Schæffner, *Das rœm. Recht. in Deutschland wæhrend des zwœlf. und dreizehnt. Jahrhunderts*, p. 14).

T. II, p. 331, ligne 1. *despire*. — « *Despicere*, mépriser. Le « *Despirement*[1] du corps ms. :

« *On ne puet trop le cors despire*

« *Caton*[2] *en roman :*

« *Un menour de toi ne despire.*

« Ailleurs :

« *Ichil n'a gaires de savoir*
« *Qui le grain despit pour la paille*[3]. »

(Du Cange.)

Cf. ci-dessus, t. Ier, p. 305.

T. II, p. 331, ligne 3. *Institute, De justitiâ et jure.* — « Vide legem 10, *Dig.*, *De justitiâ et jure.* » (Laurière.)

175. Notes sur les Établissements, liv. II, ch. 2
(ci-dessus t. II, pp. 331, 332).

Voyez, sur ce chapitre, ci-dessus, t. Ier, pp. 53, 66, 77, 79, 80, 81.

Textes dérivés : *Livre des droiz*, 369 (cf. 327) ; *Anciens usages d'Artois*, XI, 20 ; *Abrégé champenois*, 94.

Cf. *Ét.*, liv. II, ch. 14, 20, 31 *in fine ; Anciens usages d'Artois*, XLVIII ; anecdote racontée par le *Confesseur de la reine*

---

1. Corrigez *Despicement* et voy. ms. fr. 25462, fol. 175 (Bibl. nat.).

2. Voyez, sur les traductions françaises des *Distiques* de Dionysius Cato faussement attribués à Caton le Censeur, *Histoire littéraire*, t. XVIII, pp. 826, 827 ; t. XXVIII, p. 220.

3. Voyez ces deux vers dans le ms. fr. 25462, fol. 191. Il est évident que du Cange a consulté ce manuscrit.

Marguerite, ch. 17, dans *Hist. de France*, t. XX, p. 118; jugement de 1208 dans L. Delisle, *Recueil des jugements de l'Échiquier de Normandie*, p. 11.

Le récit du *Confesseur* mérite d'être reproduit :

Comme li conte de Jooigni eüst pris, piece a, en sa terre un bourjois le roi, liquel bourjois avoit fet, si comme l'en disoit, un grief meffet en la terre dudit conte ; et, en fesant le meffet, li bourjois fu pris, si comme li contes disoit ; laquelle chose toutevoies li bourgois nioit : nonpourquant li contes mist le bourgois en prison. Dont li serganz le roi de la vile dont li bourjois estoit, requist au conte ce bourgois à avoir, com einsi fust que par[1] la coustume du païs, que li bourgois nioit et disoit que il n'estoit pas pris el meffet, la justice le roi devoit connoistre de tel fet, en tele maniere que se la justice le roi trouvoit que il eüst esté pris eu fet, que il soit renvoié à jugier par le seigneur en qui terroier l'en a conneü que il ait fet le meffet ; ou se ce non, la justice le roi le doit jugier. Mes li contes ne volt pas rendre le bourgois au sergant le roi, que, selon ladite coustume, la justice le roi conneüst se il avoit esté pris el meffet. Or avint einsi que li bourgois fu morz en la chartre du devant dit conte ; pour laquele chose li benoiez rois apela le conte en sa presence. Et quant li cuens fu venu devant lui en un plein parlement, li benoiez rois commanda que il fust pris par ses serganz en la presence de touz, et que l'en le menast en prison eu Chastelet de Paris, et fust ilec tenu ; car li contes confessa toutes les choses dessus dites devant le benoiet roi.

A lire : Tanon, *Reg. crim. de la justice de Saint-Martin-des-Champs*, pp. XL, XLI.

Diverses espèces du registre judiciaire de Saint-Germain-des-Prés (Arch. nat., *LL* 1077) prouvent que les principes des *Établissements*, liv. II, ch. 2, ne sont point généralement et uniformément appliqués :

Cel an meïsmes (1265), le tierz jour après la saint Philippe fut pris I larron seur Petit Pont par Jannot de Dignant seur present meffet, qui estoit nostre hostes de la terre de

---

1. Le mot *par*, indispensable au sens, manque dans le texte imprimé : je le rétablis d'après le ms. fr. 5722 (Bibl. nat.).

Paris, et nous fu renduz et pour ce qu'il cognut qu'il avoit emblé pourciaus et robé l'Eglyse de l'Ay, et robé moulins, il fu penduz à Saint Germain [1].

Il semble que le flagrant délit ne soit pas contesté : en ce cas, d'après les *Établissements*, liv. II, ch. 2, le larron devrait être rendu à la justice qui l'a saisi en *fait present*. Les choses ne se passent pas ainsi : l'affaire se termine devant la juridiction de Saint-Germain, peut-être à cause des autres cas de non flagrant délit dont le criminel se déclare coupable.

On remarquera aussi que le but du rédacteur de ce registre est de noter tous les cas qui sont particulièrement favorables à Saint-Germain : il peut y avoir là quelque chose d'étrange qui l'a engagé à consigner le fait.

Nous trouvons dans le même registre, en 1308, un cas identique à celui que prévoit notre chapitre : l'individu pris *en present* nie *le present* et avoue le roi. Contrairement aux *Et.*, liv. II, ch. 2, et pour une raison spéciale qui nous est donnée (parce que la justice de Saint-Germain s'engage à mettre le Parlement en état de statuer sur-le-champ), le coupable n'est pas rendu au roi. C'est encore une décision exceptionnelle que le rédacteur du registre consigne probablement à ce titre même. Il y insiste avec un plaisir évident : *L'an mil ccc et viii, environ la Chandeleur*, etc. [2].

T. II, p. 332, ligne 2. *present fet.* — « *Flagrans delictum* « *manifestum* qui est appellé *Rubra* ou *Rubea manus in Statut.* « *David II, reg. Scot.*, cap. 2, et in *Leg. Baron. Scotic.*, c. 39, « § 2; *Manuale factum* in *Spec. Saxon.*, liv. II, art. 66, § 2; « art. 71, § 4. Voy. Chopin sur la Coût. d'Anjou, liv. I, ch. 74, « n. 1, et cy-après le ch. 28 » (prés. édit., liv. II, ch. 29). (Du Cange.)

T. II, p. 332, ligne 3. *il nie le presant.* — « Anciennement en « France, dans les lieux et les cas où il n'y avoit pas de pre- « vention, *l'aveu emportoit l'homme*, c'est-à-dire que l'homme « ou le justiciable poursuivi dans la justice d'un autre seigneur, « pouvoit demander d'estre renvoyé dans la justice du seigneur

---

1. Arch. nat., *LL* 1077, entre le fol. vii et le fol. ix.
2. Même reg., fol. xx.

« sous qui il levoit et couchoit, ce qui ne devoit luy estre
« refusé. Et quand l'homme s'avoüoit du roy, il estoit à l'ins-
« tant en la garde du roy, jusques à ce que le contraire eut esté
« prouvé, ainsi qu'il est dit dans le ch. 31 cy-aprés au com-
« mencement.

« On void dans ce chapitre-cy une exception à cette regle,
« qui est, lorsque celuy qui avoit fait le crime dans une autre
« justice que celle de son seigneur, y avoit esté arresté dans le
« moment mesme qu'il le commettoit, car dans ce cas quoyqu'il
« fut justiciable du roy, et qu'il s'en avoüast, son procés devoit
« luy estre fait dans la justice où il avoit esté arresté.

« Mais s'il nioit qu'il eut esté arresté en flagrant delict, et s'il
« persistoit à demander son renvoy en la cour du roy, c'estoit
« aux officiers de la justice inferieure, où le criminel estoit
« prisonnier, à venir à la justice du roy, et y prouver que le
« prisonnier avoit esté arresté en flagrant delict. Quand ils le
« prouvoient, la connoissance du crime leur estoit renduë, sinon
« le criminel en vertu de son aveu estoit jugé par les officiers
« du roy.

« Aujourd'huy il n'y a plus d'aveu en matiere criminelle, et
« par l'art. 35 de l'ordonance de Moulins, les delicts doivent
« estre punis où ils ont esté commis. Voyez les chapitres 128,
« 129 et 164 du livre 1er » (prés. édit., liv. 1er, ch. 132, 133, 171).
(LAURIÈRE.)

T. II, p. 332, lignes 3, 4. *la joustise qui le sigra*. — Voyez
Ét., liv. II, ch. 20, 21.

176. *Notes sur les Établissements, liv. II, ch. 3*
(ci-dessus t. II, p. 333).

Voyez, sur ce chapitre, et sur ceux de la même catégorie, ci-dessus, t. Ier, pp. 77, 78, 79.

Textes dérivés : *Anciens usages d'Artois*, XI, 9, 10, 11 (édit. Tardif, XI, 4). (Le texte de XI, 9, est plus conforme aux *Établissements de saint Louis* dans le ms. fr. 5248 que dans l'édition de Maillart) ; *Livre des droiz*, 370 ; *Abrégé champenois*, 95.

Cf. *Ét.*, liv. Ier, ch. 84 ; liv. II, ch. 14, 20, 23, 28.

Conf. *Grand Cout.*, liv. II, tit. 21, p. 150 à la fin ; ce dicton dans Loisel, 769, *La main de justice ne dessaisit et ne prejudicie à personne;* cet autre dicton : *Le roy plaide la main garnie* [1].

Le principe posé par le présent chapitre est tempéré d'une manière fort remarquable par un jurisconsulte rémois : *Utrum rex habeat cognitionem in causa ipsum et comitem Flandrie tangente? — In negotio regis et comitis Flandrie, reputavi arrestum bonum quod rex debet habere primum judicium; scilicet qui cognitionem et jurisdictionem haberet, eo quod rex est judex simpliciter et generaliter, sine contestatione et determinatione et restrictione. Et hoc est verum, si partem non faceret. Sed quia faciebat partem, nec ipse judex erat competens, nec pares; sed ipse judices dare debebat* [2].

T. II, p. 333, ligne 3. *Se aucune joutise a à marchir,* etc. — « Dans la moyenne et la basse latinité *marcha* signifioit une
« *borne.* Regino, anno 788 : *Carolus Ratisbonam venit, ibique*
« *marchas et fines Bajoariorum disposuit.* Et de *marcha* on a
« fait *mere* ou *merc,* dans la mesme signification, comme il se
« void dans l'art. 2 de la vicomté de Bayeux qui dit que les
« *maisons et heritages de la ville et fauxbourgs et partie de la*
« *banlieuë, selon qu'elle est bornée d'anciens mercs et devises,*
« *sont tenus en franc aleu;* de sorte qu'une justice à *marchir*
« ou à *marchier,* comme il y a dans le ms. de M. Baluze, est
« une justice pour laquelle il y a quelque contestation à *termi-*
« *ner* au sujet des limites.

« Que l'on suppose qu'un seigneur ait une justice contigüe à
« celle du roy, qu'il y ait entre le roy et ce seigneur un lieu
« contentieux. Qui est-ce qui aura pendant le procez la saisine
« de la justice de ce lieu ? Il est decidé dans ce chapitre que ce
« sera le roy, parce que *sa main ne nuit à personne,* et qu'il
« est plus juste et plus raisonnable que le sujet reçoive la sai-
« sine de son roy, que le roy de son sujet. Ce que dit l'autheur
« du *Grand Coutumier,* liv. II, ch. 24, en traitant des *cas de*
« *nouvelleté,* p. 150 à la fin, donne quelque jour à ce chapitre,

---

1. Thaumas de la Thaumassière, *Nouv. com. sur les Cout. de Berri,* p. 197.
2. *Liber practicus de consuetudine remensi* dans Varin, *Arch. lég. de la ville de Reims,* 1re part., *Cout.,* p. 85.

« quoyque du temps de ces *Establissemens*, la saisine en cas de
« complainte et de nouvelleté ne fut pas encore connüe : *Quand*
« *aucun debat de nouvelleté est meû entre un sujet et le roy,*
« *adonc*, dit-il, *la chose est mise en la main du roy, comme*
« *souveraine, mais il ne nuit point, car alors un preud'homme*
« *est eslû, qui gouverne la chose au nom de l'un et de l'autre.*
« *Nota : qu'il semble bien qu'un sujet se puisse complaindre en*
« *cas de nouvelleté contre le roy.* Mais il y a au dessous en
« note : *au contraire, le sujet contre le roy, ni le procureur du*
« *roy contre un sujet n'est recevable en cas de nouvelleté. Jugé*
« *par arrest du* 15 *septembre* 1534. Voyez mon *Glossaire* sur
« *Complainte.* » (LAURIÈRE.)

T. II, p. 333, ligne 5. *li rois, por le debat, panra la chose en
sa main.* — « Voyez encore le ch. 13 à la fin (prés. édit., liv. II,
« ch. 14), où cela est repeté mot pour mot. » (LAURIÈRE.)

Cf. Delisle, *Recueil des jugements de l'échiquier de Normandie*, p. 137, n° 606.

T. II, p. 333, lignes 6, 7. *esgardera droit à soi et à autrui.*
— Voyez sur ce passage ci-dessus t. Ier, pp. 333, 334.

T. II, p. 333, ligne 7. *car li rois n'anporte pas saisine d'autrui.* — Ce passage se transforme comme il suit dans *Anc.
usages d'Artois*, XI, 10 (édit. Tardif, XI, 4) : *quar li rois ne
dessaizist nullui ; ains envoie auditeurs pour enquerre du droit
as parties et du sien droit se debatu li estoit ; et garde droit à
lui et à autrui*[1].

177. Notes sur les *Établissements*, liv. II, ch. 4
(ci-dessus t. II, pp. 334-340).

Voyez, sur ce chapitre, ci-dessus, t. Ier, pp. 66, 67.

Textes dérivés : *Abrégé champenois*, 15 ; *Livre des droiz*, 45.

Cf. *Très anc. Cout. de Bretagne*, 2e part., ch. 37 ; *Livre des
droiz*, 538, 544 ; *Jostice et plet*, édit. Rapetti, pp. 258, 265.

T. II, p. 334, lignes 4, 5. *s'il n'a esté en saisine devant,*
etc. — « Dans le temps de ces *Establissemens*, la *complainte*
« *en cas de saisine et de nouvelleté* n'estoit pas connüe, et il

1. Bibl. nat., Ms. fr. 5248, fol. 74 verso. Cf. édit. Maillart, 1756,
p. 19.

« n'y avoit que trois complaintes seulement, sçavoir celle de
« *force*, de *nouvelle dessaisine* et de *nouveau trouble*. On appel-
« loit *nouvelle dessaisine* la complainte que celuy qui avoit pos-
« sedé un immeuble par an et jour, ou qui en avoit esté ensai-
« siné par son seigneur, intentoit dans l'an, contre celuy qui
« l'avoit depossedé. Voy. Beaumanoir, ch. 32[1], et mon *Glossaire*
« au mot *complainte*. Dans le cas de force et de dessaisine, le
« complaignant se disoit depossedé et dans le cas de trouble
« il demandoit d'estre maintenu dans sa possession. » (LAURIÈRE.)

T. II, p. 335, lignes 4, 5. *sans suite de nellui.* — « C'est-à-
« dire sans qu'aucun lui ait fait action pour raison de ce. — C'est
« la force du mot de *suite* qui est appelée *Secta* et *Sequela* par les
« jurisconsultes anglois. Voyez les glossaires de Spelman, de
« Watsius et de Somner et le ch. 13, 17 » (prés. édit., liv. II,
« ch. 14, 18). (DU CANGE.)

T. II, p. 335, ligne 9. *dont je requier à avoir la saisine.* —
« On void par ces mots que celuy qui intentoit la *complainte*
« *de nouvelle dessaisine* demandoit d'estre remis ou restabli
« dans la possession de sa chose. En sorte que dans le temps
« de ces *Establissemens*, il n'y avoit que la complainte de *nou-*
« *veau trouble* où le complaignant demandoit d'estre maintenu
« dans sa saisine, ou sa possession. Dans la suite, on distingua
« la saisine de la simple possession; on pretendit que la simple
« volonté suffisoit pour retenir et conserver la *saisine*, ou *pos-*
« *session civile*, et en consequence de ce principe, la *force* et la
« *dessaisine* n'ayant esté regardées que comme des troubles qui
« estoient faits à celuy qui n'avoit pas cessé un moment d'estre
« possesseur civil de la chose, on ne pratiqua plus que la *com-*
« *plainte en cas de saisine et de nouvelleté*, et les cas de force
« et de dessaisine furent ainsi hors d'usage. Ce qui fut intro-
« duit par Me Simon de Bucy, ainsi que nous l'apprenons de
« l'autheur du *Grand Coûtumier*, liv. II, ch. 21, p. 156. »
(LAURIÈRE.)

T. II, p. 336, ligne 7; p. 337, ligne 1. *Droiz dit que li oirs doit*

---

1. Voyez ce que j'ai dit ci-dessus, t. Ier, p. 340, et ajoutez que
le texte latin auquel je renvoie en cet endroit est imprimé dans
du Moulin à la suite du *Stilus antiquus supremæ Curiæ, Parisiis*,
1558, p. 391.

estre en possession. — « Il n'y a pas dans la loy citée que
« l'héritier *devoit estre* en possession, c'est-à-dire qu'il devoit
« estre saisi, mais il y a qu'il *devoit estre mis* en possession.
« Suivant les principes du droit romain, toute possession estoit
« de fait, et par cette raison l'heritier n'avoit la possession des
« biens du defunct, que du jour qu'il l'avoit prise, comme il se
« void dans la loy *Quamvis, Cod., De edicto divi Hadriani*, etc.
« En France, nous avons tenu pour principe, suivant les loix
« romaines, que l'heritier et le defunct ne devoient estre regar-
« dez que comme une mesme personne, et sur ce fondement
« nous avons establi que le vivant, c'est-à-dire l'heritier du sang
« seroit saisi. » (Laurière.)

T. II, p. 337, lignes 4, 5. *Li morz saisist le vif.* — Voici le plus ancien texte où figure ce célèbre axiome : il n'est point encore formulé dans un arrêt de 1259 souvent cité[1]; mais nous le retrouvons au commencement du xive s., dans des actes de 1322[2], 1330[3]. Il se propage dès lors de tous côtés. En l'état, il parait probable que cette formule est née à Orléans : on sait que les jurisconsultes de cette ville aimaient la forme du brocart et ont souvent saisi le droit en de rapides et heureuses formules ; il est également très probable que cette formule se rattache aux opinions que professaient plusieurs romanistes du moyen âge en matière de saisine héréditaire, vues qu'un éminent jurisconsulte a défendues tout récemment avec une grande force et une grande finesse[4]. Plusieurs glossateurs, notamment Bartole, admettaient une *possessio filiationis* ou *fraternitatis* en vertu de laquelle le fils ou le frère du défunt était présumé avoir la possession[5]. Tel est le milieu et telles sont les

---

1. *Olim*, t. Ier, p. 449. Cf. Liegeard, *De l'origine, de l'esprit et des cas d'application de la maxime : Le partage est déclaratif de propriété*, p. 22 ; Tambour, *Du bénéfice d'invent.*, p. 124.

2. Voyez une citation de Kraut, *Grundriss zu Vorlesungen über das deutsche Privatrecht*, Berlin, 1872, p. 310.

3. P. Anselme, *Hist. générale de la maison royale de France*, t. III, 1728, pp. 18, 19.

4. Dubois, *La saisine héréd. en droit romain* dans *Nouv. revue hist. de droit*, janv.-février 1880, p. 101 et suiv.

5. Cf. Rosshirt, *Dogmen-geschichte des Civilrechts*, Heidelberg, 1853, p. 201.

préoccupations qui paraissent avoir donné naissance à la célèbre formule qui nous occupe. On en a fait ensuite les applications les plus diverses, applications souvent assez éloignées de l'origine historique. On s'en est servi notamment pour éviter à l'héritier le paiement d'un droit de relief [1].

Au XIVe s., un jurisconsulte parisien donnait de cette règle le commentaire suivant qui est remarquable : *Consuetudo generalis qua mortuus saisit vivum locum habet tam in directa linea quam in transversali, tam in mobilibus quam in immobilibus, taliter quod post mortem decedentis bona censentur succedentis et ejus partem respiciunt ; et ideo si succedens clericus sit, bona censentur clerici, et gaudebunt privilegio clericorum* [2].

Dans le même siècle, le rédacteur de l'ancienne Coutume de Bordeaux soutenait que cette règle a lieu de quelque manière que le vif succède au mort, soit par testament, soit sans testament [3].

On peut encore lire sur le même sujet, parmi les auteurs du moyen âge, Pierre de Fontaines, ch. 22, § 29, édit. Marnier, p. 310 ; Beaumanoir, ch. 6, § 4, édit. Beugnot, t. Ier, p. 100, 101 ; *Const. du Châtelet de Paris*, art. 11, édit. Laurière, p. 211 ; édit. Mortet, p. 39 ; G. du Breuil, édit. Lot, p. 53.

En marge du ms. A un lecteur a écrit au XVIe ou au XVIIe s. ces mots : *Uti possidetis*.

Tiraqueau a laissé un petit traité intitulé : *De statuto continuante possessionem defuncti in hæredem, cui titulus : Le mort saisit le vif*. J'indique en finissant ceux des modernes qui se sont plus particulièrement occupés de la fameuse règle : *Le mort saisit le vif* : Phillips, dans *Zeitschrift für geschichtliche Retchtswissenschaft*, t. VII, 1831, p. 1-20 ; Zœpfl, vues dans un article intitulé : *Ueber das germanische Element im Code Napoleon, Zeitschrift für deutsches Recht*, t. V, 1841, p. 125 ; Reyscher, *Die Ueberlieferung der Rechte durch Sprichwœrter*,

---

1. Bouthors, *Cout. loc. d'Amiens*, t. Ier, p. 83.
2. Document publié par M. Bordier, *Bibl. de l'École des chartes*, B, I, 403.
3. Art. 239 dans *Cout. du ressort du parlement de Guienne*, t. Ier, Bordeaux, 1768, p. 145. Cf. Laferrière, *Hist. du droit français*, t. V, p. 580.

dans *Zeitschrift für deutsches Recht*, t. V, p. 205-207 ; Renaud, dans *Krit. Zeitschrift*, t. XIX, 1847, p. 108 ; analyse de l'art. précédent par Chauffour dans *Revue de la législation*, 1847, t. II, p. 74 et suiv. ; d'Espinay dans *la Féodalité et le droit civil français*, p. 211, 212 ; d'Espinay, *De l'influence du droit canonique sur la législation française*, p. 193 ; Cosack, *Der Besitz des Erben*, Weimar, 1877, p. 71-75.

Le passage que nous venons de commenter inspire à Laurière cette réflexion : « On void par là que cette règle est fort « ancienne en France, et quoyque Mrs Cujas et P. Pithou l'ayent « regardée comme un proverbe traîné dans les ruisseaux des « halles, en l'appellant *Vocem de viâ collectam*, on l'a trouvée « si utile qu'on l'a reçüe en Italie et en Flandres et presque dans « toute l'Europe. Voyez ce que j'ay remarqué à ce sujet dans « mon *Glossaire* et sur la Coûtume de Paris. » (LAURIÈRE.)

T. II, p. 338, ligne 5. *par borgeois, par sergens.* — Voyez *Ét.*, liv. Ier, ch. 142.

T. II, p. 338, ligne 6. *Et se li jugemenz*, etc. — Rapprochez ce passage de *Jostice et plet* : *Cil qui a juridiction ne doit pas juger sols, mes assez de sages genz ; et s'il ne se puent acorder en trois jors, cil qui a la juridicion jugera par la plus saine partie*[1]. Joignez *Ét.*, liv. Ier, ch. 109.

T. II, p. 338, ligne 7 ; p. 339, ligne 1. *li sires le puet doner.* — « Ce qui est dit icy doit s'entendre quand le debat vient de « ce que les juges sont partagez. Et c'est le cas de la loy *Inter* « *pares*, 38, *De re judicatâ*. » (LAURIÈRE.)

T. II, p. 339, lignes 6, 7. *la corz en vanroit au souverain.* — « Anciennement quand les juges inférieurs estoient partagez « dans leurs avis, et qu'ils ne pouvoient s'accorder, ou se con- « cilier, le procés estoit devolu aux juges superieurs. » (LAURIÈRE.)

T. II, p. 339, ligne 7. Laurière relate ici une variante importante d'un des mss. de « Monsr le chancelier : » *il en prendroit* au lieu de *il en perdroit*. Je n'ai pas noté cette leçon ; elle a pu m'échapper. Elle permettrait d'établir ainsi le texte : *et en prendroit li sires (le suzerain, le roi) tel droiture comme il devroit avoir* (voyez t. II, p. 339, note 50) ; ce qui est acceptable, bien

---

1. *Jostice et plet*, édit. Rapetti, p. 74.

que je préfère mon texte qui se comprend ainsi : *le vassal du roi, le seigneur qui a commis le déni de justice perdrait tout le droit qu'il possède, tous ses droits sur son vassal.* Le seigneur coupable de faux jugement encourt la même peine[1] (*Ét.*, liv. Ier, ch. 86).

178. Notes sur les Établissements, liv. II, ch. 5, 6
(ci-dessus t. II, p. 340).

Voyez sur les ch. 5, 6 et ceux de la même catégorie, ci-dessus t. Ier, p. 78.

Texte dérivé : *Livre des droiz*, 237.

Cf. *Ét.*, liv. II, ch. 8, 10, 20.

A lire (mais avec précaution) : Bruns, *Das Recht des Besitzes*, 1848, p. 359 avec la note 1.

T. II, p. 340, ligne 5. *recreance*. — « La recreance, suivant « le droit commun, est la possession de la chose contentieuse, « qui est donnée pendant le procès à celle des parties qui a le « droit le plus apparent, et qui prouve qu'elle a joüi paisible-« ment pendant la derniere année.

« Celui à qui la recreance estoit donnée devoit donner caution « qu'il ne deterioreroit pas la chose, parce qu'il n'en estoit que « gardien, ce qui se pratiquoit chez les Romains. *Lis vindicia-« rum est cum possessio rei controversæ alicui tribuitur a præ-« tore usque ad finem judicii, et quamdiu incertum est quis « debeat esse possessor et ideo qui rem tenet, satisdat adversa-« rio, nihil se in possessione deterius facturum, de quâ jurgium « est*, etc. Asconius in *Verrinam*, III, p. 100. Voyez mon *Glos-« saire* sur *Recreance*, *Reintegrande* et *Applegement*.

« Touchant l'usage, voyez l'ordonance de 1667, au titre « *Des complaintes et reintegrandes*, et l'art. 46 du titré XV de « la mesme ordonance.

« Icy la *recreance* est, ce semble, une suite des *prises*, et elle « consiste, selon Beaumanoir, *à ravoir che qui fut pris por « donner seürété de remettre le en le main du preneur à cher-« tain jor qui est nommés, ou aucune fois à le semonce du « seigneur qui fist penre.* Voyez cet autheur, ch. 53, où il traite

---

1. J'emprunte ce rapprochement à l'abbé de Saint-Martin.

« au long de ces recreances. » (LAURIÈRE.) Sur la recréance conf. ci-après pp. 220, 221.

T. II, p. 340, ligne 7. L^1 porte : *n'afiert mie*, au lieu de *ne siet mie*.

T. II, p. 341, lignes 1, 2. *Nus ne doit faire recreance*, etc. — « C'est-à-dire qu'il n'y a pas de lieu à la recreance, en cas de « meurtre, de trahison, de rapt, d'encis, d'aguet en chemin, de « roberie, de larcin, de treves enfraintes ou de arson, parce que « les *pleiges n'en perdroient ne vie, ne membre*. Voyez le « ch. 104 du livre Ier, le chap. 7 cy-après (prés. édit., liv. Ier, « ch. 108 ; liv. II, ch. 8). Beaumanoir, ch. 53, p. 281 : *En « toutes prises quelles que elles soient, excepté les cas de crimes, « ou qui sont soupechonneux de cas de crimes, desquels l'en « puet perdre vie ou membre, se le fes n'est conneüs ou provés, « doit estre faite recreanche, quand chil le requiert sor qui le « prise fust fete. Mes es cas de crime ne doit pas estre fete cheste « recreanche, fors en l'un des cas ; si comme quant gage sont « donné de villain cas, de partie contre autre en che cas, se les « parties se puevent ostagier par bons pleiges que il venront « à jor, recreanche lor doit estre fete*, etc. » (LAURIÈRE.)

T. II, p. 341, lignes 2, 3. *poine de sanc*. — Voyez liv. II, ch. 8, 12, 21.

179. *Notes sur les Établissements, liv. II, ch. 7*
(ci-dessus t. II, pp. 341, 342).

Voyez sur ce chapitre ci-dessus, t. Ier, pp. 112-116.

Textes dérivés : *Livre des droiz*, 47 (cf. 74, 88, 106) ; *Anciens usages d'Artois*, VIII ; *Très anc. cout. de Bretagne*, 2e partie, art. 37 [1] (ce chapitre se ressent aussi d'*Ét.*, liv. II, ch. 4. Cf. 8e partie, art. 258) ; *Abrégé champenois*, 14.

Rapprochez : *Ét.*, liv. II, ch. 4 ; Pierre de Font., ch. 21, § 50, édit. Marnier, pp. 271, 272 ; *Comp.*, 190, 107. Beaum., ch. 32, § 23 ; ch. 44, § 51 ; ch. 52, § 21 ; *Liber practicus de consuetudine Remensi*, 2e partie, ch. 177, dans Varin, *Arch. lég. de la ville*

---

1. Cet art. 37 est curieux ; c'est un essai de combinaison de la procédure possessoire romano-canonique (*Ét.*, liv. II, ch. 7) et de la procédure coutumière d'applégement et de contr'-applégement.

de Reims, 1ʳᵉ partie, *Cout.*, 1840, pp. 160, 161 (corrigez dans ce texte *Uti possessione* en *Uti possidetis*); *Liber practicus, Ibid.*, p. 193.

A lire : Ant. Corseti, *Fallentiæ ad regulam : Spoliatus ante omnia restituendus*, dans *Tractatus tractatuum*, t. III, pars II, vers la fin; Rosshirt, *Canonisches Recht*, pp. 517, 518 et suiv.; Klimrath, *Travaux sur l'hist. du droit français*, t. II, p. 373 ; Bruns, *Das Recht des Besitzes*, p. 364 ; Renaud dans Mittermain et Mohl, *Krit. Zeitschrift*, t. XXV, 1853, pp. 311, 312 ; Schæffner, III, 303 ; Cremieu, *Hist. des actions possessoires*.

Voici un texte du xiiᵉ siècle intéressant l'Orléanais où le possessoire et le pétitoire sont bien distingués :

De decima culturæ. Ego Mauricius, Dei gratia Parisiensis ecclesiæ humilis minister, ex delegatione domini papæ Alexandri tertii, cognitor causæ quæ vertebatur inter Ecclesiam Sancti Evurtii Aurelianensis et Herbertum de Gevers, militem super quibusdam decimis ab Hugone puero, filio suo Odoni clerico in testamento militis (militari?) relictis et ab eodem Oddone in conversione sua in ecclesiam sancti Evurtii per manum episcopi Aurelianensis translatis, receptis ex parte ecclesiae attestationibus et allegationibus auditis, cum præfatus miles Herbertus post aliquos litis annos egressus contumaciter a nobis recessisset, et diffinitivam sententiam audire nollet, habito consilio cum religiosis et prudentibus viris, secundum mandatum domini papæ in plenam et integram possessionem prædictarum decimarum et fructuum inde perceptorum ecclesiam Sancti Evurtii misi, et priorem ecclesiæ auctoritate apostolica exinde invertivi, salvo jure proprietatis, si coram nobis prædictus Herbertus super prædictis decimis adversus prædictam ecclesiam voluerit experiri. Hiis interfuerunt Stephanus, abbas Sanctæ Genovefæ, Stephanus abbas Sancti Petri Carnotensis, magister Hilduinus cancellarius ecclesiæ nostræ, magister Petrus decanus Sancti Germani Autissiodorensis, magister Symon de Tornaco, magister Petrus de Bosco Willelmi, magister Henricus canonicus Carnotensis et multi alii [1].

---

1. Bibl. nat., *fonds Baluze,* reg. LXXVIII, fol. 72 r° et v°.

T. II, p. 341, ligne 5. *Nuns ne doit plaidier en nule cort despoilliés.* Les expressions du *Livre des droiz*, 88, sont très heureuses : *Nul ne doit respondre desaisiné, par quoy cellui l'ait fait ou procuré dessaisir o qui il est adjourné.*

La coutume de Sens de 1506 applique l'axiome d'*Ét.*, liv. II, ch. 7, au seigneur plaidant pour ses droits féodaux : *Le seigneur pour ses droits seigneuriaux notoires, et dont il est possesseur, ne doit point plaider dessaisi, soit en demandant, soit en defendant* [1].

T. II, p. 341, ligne 7. *ou droit savoir s'il la doit avoir.* —
« Ce chapitre ne fait que confirmer la regle du droit civil et
« canonique, *spoliatus ante omnia restituendus*. Ce qui est
« traité à pleines mains par tous les canonistes dans les lieux
« marquez sur le chapitre *Conquerente* et sur le titre des *Decre-*
« *tales, De restitutione spoliatorum.* Voyez entr'autres Germo-
« nius et Cironius.

« Ce que Beaumanoir écrit sur ce sujet merite d'estre icy
« rapporté : *Il soloit estre, quant aucuns gentix homs qui avoit*
« *justice en se terre, prenoit sor un autre gentil home, que cil sor*
« *qui il prenoit ne raloit pas tant solement querir le coze, qui li*
« *avoit esté tollue ou efforcie, mais quanque il pooit trover des*
« *choses au gentil home, qui che li avoit fait, en se terre ou en*
« *le terre* (suppléez, ce semble : *as sougez*) *de cheli qui che li avoit*
« *fet, il prenoit ; et pour che que c'estoit droitement esmouvement*
« *de guerre, et de mortiex haine, tex contregagement sont def-*
« *fendu dou pooir et de l'autorité de nostre souverain terrien,*
« *nostre seigneur le roy de France. Et si est li establissemens*
« *tex que se je me doil de me coze que l'en m'ait tolue ou efforcie,*
« *et je le vois requerre par force, ou autre coze, de cheli qui*
« *che m'ara fait, je suis tenus à celi ressaisir por le raison de*
« *le contreprise, et à li rendre son domage que je li arai fait*
« *en contreprenant. Et suis queüs en l'amende le roy, por che*
« *que je suis allé contre son establissement, laquelle amende,*
« *se je suis gentix hons, est de* LX *lb. ; et, se je suis hons de*
« *poosté, de* LX *s. Et neporquant l'amende n'est pas si taxée*

---

[1]. Art. 239 dans Bourdot de Richebourg, *Cout. génér.*, t. III, p. 501.

« *que se li rois voit qu'aucuns de ses barons ou des nobles homes* « *poïssans de son roiaume face tex contregagemens que il n'en* « *puist bien plus grosse amende lever*, etc. Beaumanoir, ch. 32, « page 171 [1]. » (LAURIÈRE.)

T. II, p. 342, ligne 2. *ne le sien tenant*. — C'est-à-dire *un autre ayant la saisine de votre bien*. Cette expression rapide et concise se trouve aussi dans *Jostice et plet* : *Se aucuns ne vient qui est semons, il doit cinq sols d'amende ; et trois foiz despisanz, se il se deffaut, l'en prendra le sien, et pledera, le sien tenant* [2].

180. *Notes sur les Établissements*, liv. II, ch. 8
(ci-dessus t. II, pp. 342, 343).

Voyez sur ce chapitre ci-dessus, t. Ier, p. 53.

Textes dérivés : *Abrégé champenois*, 39 ; *Très anc. Cout. de Bretagne*, 4e partie, ch. 97 ; *Livre des droiz*, 237 (rapprochez 329).

Rapprochez *Ét.*, liv. II, ch. 5, 6 ; *Comp.*, 47 ; *Jostice et plet*, pp. 319, 320.

T. II, p. 343, ligne 1. *Recreance ne siet mie*. Voyez la note de Laurière sur le ch. précédent. *L*[i] porte : *Recreance si n'est mie en*.

Recreance a le sens de liberté provisoire sous caution. Voyez dans le même sens *recredentia* dans Varin, *Arch. adm. de Reims*, t. II, 1re part., p. 368. Comparez, dans l'*Anc. cout. de Picardie*, l'expression *recrés me* au sens de *mettez-moi en liberté provisoire* (édit. Marnier, p. 69). Ce passage d'une charte d'Éléonore, pour la ville de Poitiers (1149), représente bien le même droit que notre chapitre : *Adhuc vero iis concedimus quod nulli eorum qui fidejussores stare juri dare voluerunt et potuerunt, de aliquo forisfacto quod in villa fecerint, nisi murtrerii, vel proditores, seu latrones fuerint, capiantur nec retineantur ; neque manus in eis vel in rebus suis violenter*

---

1. Cette citation de Laurière, d'après Thaumas de la Thaumassière, a été revue sur l'édition Beugnot, t. Ier, pp. 477, 478.
2. Texte de droit pénal orléanais, recueilli par l'auteur de *Jostice et plet*, p. 278.

LIVRE II, CHAPITRE 8.   221

mittantur[1]. On pourrait citer quantité de textes analogues[2].
Recroire, verbe correspondant au substantif *recréance*, signifie *rendre provisoirement*[3].

T. II, p. 343, lignes 5, 6. *car li plege si n'an porroient perdre ne vie ne mambre*. — Allusion à ce fait que, si l'inculpé a été mis en liberté sous caution et ne comparait pas, la caution, le pleige paiera seulement le relief d'homme (100 s. 2 den. en Anjou), mais ne pourra être atteint d'aucune peine corporelle (*Ét.*, liv. Ier, ch. 108).

T. II, p. 344, ligne 2. *l. pene ultima*. Voici les termes de cette loi : *Ad crimen judicii publici persequendum, frustra procurator intervenit : multoque magis ad defendendum, sed excusationes absentium ex senatusconsulto judicibus allegantur : et si justam rationem habeant, sententia differtur.*

T. II, p. 344, ligne 4. *Et des cas dessus dit puet l'en faire*

1. Thibaudeau, *Abrégé de l'hist. du Poitou*, t. II, p. 336. Cette charte a été confirmée en 1204 par Philippe-Auguste (*Ibid.*, p. 341).
2. Voyez notamment Cout. de Châteauneuf sur le Cher, art. 15 dans *Ord.*, t. XI, p. 337.
3. Du Cange, dans les observations que je reproduis ici, n'a pas saisi la différence de sens qui existe entre *rendre* et *recroire* : « *sans rendre et sans recroire* (t. II, p. 342, ligne 7), ces deux mots, « écrit-il, sont synonymes. Une ordonnance de Philippes le Bel « de l'an 1303 au 36. Reg. du Trésor des Chartes du Roy, p. 59 : « *Et que leurs corps et leurs biens soient pris en nostre main sans* « *rendre et sans recroire*. Ives, evesque de Chartres, ep. 275 : *Red-* « *det aut recredet comitem Nivernensem*. Geoffroy, abbé de Ven- « dôme, liv. II, ep. 30 : *Olim Carnotensis ecclesia boves et oves, vel* « *quæcumque ecclesiarum prædæ si caperentur, reddi aut recredi* « *faciebat*. *Formulæ veteres* apud Bignon, p. 196 : *Et ipse homo in* « *præsenti pro colono ad casam Sancti illius.... recognovit vel recre-* « *didit*. Vet. notitia de mancipiis apud Sirmond. in notis ad « *Capit. Caroli C. p.* 135 : *Cognoscentesque rei veritatem atque com-* « *probationem statim se recrediderunt*. — De là le mot de *recreant*, « en fait de duel, pour celui qui se rend et se confesse vaincu et « de *recreance* dans la pratique ordinaire. Le mot de *recroire* en « cette signification se rencontre encore en quelques-unes de nos « Coustumes. Voy. les ch. 13, 19 (présente édit., liv. II, ch. 14, « 20). » (Du Cange.)

pais et transacion. — « Vide Gerardum Noodt ad *Diocletianum*
« *et Maximianum, De transactione et pactione criminum.*

« Par l'art. 19 du titre 24 de l'ordonnance de 1670, le roy
« enjoint à ses procureurs et à ceux des seigneurs de pour-
« suivre incessament *ceux qui seront prevenus de crimes capi-*
« *taux ausquels il échoira peine afflictive, nonobstant toutes*
« *transactions et cessions de droits faites par les parties, et à*
« *l'égard de tous les autres, Sa Majesté veut que les transac-*
« *tions soient executées, sans que ses procureurs ou ceux des*
« *seigneurs puissent en faire aucune poursuite.* » (Laurière.)
Voyez Pierre de Fontaines, édit. Marnier, p. 133. Joignez
Risch, *Die Lehre vom Vergleiche*, Erlangen, 1855, p. 96-99.

T. II, p. 344, ligne 7. *fors d'avoutire.* — « d'adultère :
« *avulterie* dans les *Loix normandes* de Guillaume le Bâtard,
« ch. 37. » (Du Cange.) « Voyez ce qui vient d'estre observé et
« Gerardi Noodt *Diocletianum*, cap. 20. » (Laurière.) Voyez
aussi *Jostice et plet*, p. 280.

181. *Notes sur les Établissements, liv. II, ch. 9*
(ci-dessus t. II, pp. 344-352).

Voyez, sur ce chapitre, ci-dessus t. Ier, p. 67, 68.

Textes dérivés : *Anc. usages d'Artois*, IX, 1-13 ; *Abrégé champenois*, 37.

Cf. *Ét.*, liv. Ier, ch. 106 ; *Très anc. Cout. de Bretagne*,
3e partie, art. 86, 87, 89 ; *Anc. Cout. de Picardie*, édit. Marnier, pp. 124, 125 ; Varin, *Arch. adm. de Reims*, t. II,
2e partie, pp. 181, 182 ; *Livre des droiz*, 315, 316, 802 ; charte
de 1272-1273 dans *Chart. ins. ecclesiæ Cenom.*, p. 232, pièce
n° 372.

T. II, p. 348, lignes 3, 4. *Nus procurators n'est receüz en
cort laie*, etc. — « Par l'ancien droit romain on ne pouvoit *agir*
« pour un autre en jugement, qu'en trois cas : sçavoir *pro*
« *populo, pro libertate, pro tutelá* (tit. *Institutionum, Per*
« *quos agere possumus*, in principio). »

« Ce droit a esté suivi sous la première, la seconde et sous
« partie de la troisieme race de nos rois, comme il se void par
« ce chapitre et par ce qu'a écrit l'autheur du *Grand Coûtu-*

« *mier,* livre III, ch. 1ᵉʳ, ch. 9, p. 346, et Beaumanoir, p. 259
« à la fin. Adde Marculfum, lib. I *Formul.* 21 et 164 ; D. Bigno-
« nium, col. 903 et Gregorium Turonens., lib. VII, cap. 48.

« Nos anciens praticiens ont recherché la raison de cet usage.
« Et, si l'on en croit l'autheur du *Grand Coûtumier, la raison*
« *pour quoy un demandeur ne plaide par procureur fondé de*
« *procuration sans grace, si est telle, car si l'acteur est present,*
« *et il a bonne cause, il est à presumer qu'il est hardy, et a bon*
« *courage pour oüir quelques deffences qui seroient proposées*
« *au contraire; et s'il a mauvaise cause, il a honte et vergogne*
« *d'y estre, et, pour ce, le roy luy fait grace de passer cette*
« *honte. Il y a autre raison, car les sieges de justice sont de*
« *tant plus honorez, comme il y a plus d'honnestes personnes*
« *presens et en personnes; c'est à sçavoir quand les parties*
« *principales y sont, comme comtes, barons et autres grands*
« *seigneurs, et ainsi pour leur presence, leurs causes peuvent*
« *estre plus brievement terminées*, etc. Joignez Beaumanoir,
« page 259 vers la fin [1]. » (Laurière.)

« Dans le VIIᵉ livre [2] des *Capit.*, tit. 334, il est fait mention
« expresse des procureurs, et, par la disposition de cette loi, on
« voit qu'ils n'étoient point responsables de l'événement du
« procès, lorsqu'ils succomboient dans leurs causes, que le
« mandant seul étoit obligé de satisfaire aux clauses portées
« dans le jugement : *Si vero procurator litis victus fuerit, man-*
« *dator ejus ad solutionem tenetur.....*

« L'usage d'obtenir des lettres de grace pour plaider en
« demandant dura longtems sous la troisième race ; et le droit
« d'accorder ces lettres fut mis au nombre des droits de souve-
« raineté. Pour éviter aux parties le coût de ces lettres, qu'il
« falloit renouveller à chaque séance, le Parlement, par un
« arrêt qu'il rendoit à chaque rentrée sur une requête qui lui

---

1. Les passages importants se trouvent dans l'édit. Beugnot,
t. Iᵉʳ, pp. 75, 78.

2. On sait que ce livre est une œuvre privée. L'abbé de Saint-
Martin soutient aussi que dans la *Loi des Ripuaires* tout homme
libre peut répondre et agir par procureur : il renvoie au tit. LVIII,
art. 20 ; je ne retrouve pas ce passage.

« étoit présentée par tous les procureurs, prorogeoit[1] lui-même
« toutes ces dispenses. Charles VI, en 1400, renouvella l'ancien
« usage et défendit de plaider par procureur en demandant,
« sans en avoir obtenu la permission par des lettres de chan-
« cellerie. En 1484, Charles VIII, sur la réquisition des états
« généraux assemblés à Tours, rendit une ordonnance qui per-
« mit à toutes sortes de personnes d'ester en jugement par pro-
« cureur ; et François I*er*, en 1518, abolit l'usage de ne pouvoir
« plaider par procureur en demandant, sans en avoir obtenu la
« permission par des lettres de chancellerie, et par une ordon-
« nance solennelle autorisa toutes les procurations tant qu'elles
« ne seroient point révoquées.

« On n'est point certain du tems où les procureurs furent
« regardés comme personnes publiques, et qu'ils furent établis
« en corps et communauté. Par des lettres de Philippe VI, du
« mois de février 1327, il paroit qu'il y en avoit pour le Châ-
« telet en particulier, et en 1344 on trouve l'institution d'une
« confrairie que formèrent entre eux les procureurs au Parle-
« ment au nombre de vingt-sept. Cependant leur institution
« doit se rapporter, à ce que je crois, beaucoup plus haut... »
(Abbé de Saint-Martin.)

D'après le texte que nous étudions, aucun procureur n'est
reçu en cour laie, si ce n'est de personne authentique, de baron
ou d'évêque, ou de Chapitre, ou si ce n'est au nom d'une ville,
d'une cité ou d'une Université.

Azo dit un peu autrement : *Tutores, curatores, collegia et
prælati Ecclesiæ procuratorem constituere non possunt, sed
syndicum vel actorem constituere debent*[2].

T. II, p. 348, ligne 4. *personé autantique.* — On retrouve çà et
là cette expression ; voyez notamment un synode d'Ofen, en
1279 : *Nullus passim recipiatur ad prædicandum, nisi fuerit
authentica persona, vel alias per Sedem Apostolicam privile-
giata, aut ad hoc per episcopum destinata*[3].

---

1. *Prorogea*, dans l'imprimé.
2. Azo cité dans Gierke, *Das deutsche Genossenschaftsrecht*,
t. III, p. 232.
3. Synode d'Ofen de 1279, c. 29, dans Hubé, *Antiquissimæ Cons-*

La *personne authentique* est probablement celle qui est assez considérable pour avoir un sceau authentique. C'est ce que prouvent à mon sens les textes suivants : *Nota quod dominus habens castrum et ressortum potest pro suo ressorto procuratorem facere sub sigillo suo et valebit, quia sigilla baronum et maxime habentium altam jurisdictionem sunt autentica et faciunt plenam fidem sine inscriptione testium, et maxime in ducatu Normanie*[1].

...*cum ipsius imperatoris ac baronum suorum necnon et religiosarum atque auctenticarum personarum testimonialibus litteris ac sigillis*[2].

Quar en court laye ne uson que de instrument publique, ch'est de lettres seelées de seel autentike; c'est d'aucune personne qui a juridicion, si comme roys, ou contes, ou vesques, ou abbes, ou aucuns autres de non de dignité[3].

---

titutiones synodales provinciæ Gneznensis, Petropoli, 1856, p. 92. Comp. ce passage du *Grand Coutumier Normand* : *De personis autem autentis* (corr. *autenticis*) *videlicet qui tenent francas sergenterias vel qui per armorum servicia feoda sua deserviunt, aliter attendendum est de emendis...* (*Cout. norm.*, lib. II, cap. 19, § 19 cité par Sachsse, *Hist. Grundlagen des deutschen Staats-und Rechtslebens*, Heidelberg, 1844, p. 447.) Cf. du Cange, *Glossarium*, édit. Didot, t. Ier, 1840, p. 507, 2e col.

1. Texte du xive s. publié par M. Bordier dans *Bibl. de l'École des chartes*, B, I, pp. 400, 419.

2. Relation du xiiie s. publiée dans la *Bibl. de l'École des chartes*, t. XXXIX, p. 415. Cf. D. Bouquet, t. XX, p. 327.

Le véritable caractère du sceau est de donner l'authenticité.....
« La seule présence du sceau au bas d'un acte tenait lieu de l'in-
« tervention des témoins, comme le prouvent les formules consa-
« crées : *Teste sigillo, tesmoing mon seel ci mis*.

« Le sceau était même plus qu'un témoin. Le mot *sigillum*,
« appliqué maintes fois, au xiie siècle et aux siècles précédents, à
« l'acte lui-même et au sceau dont il était muni, établit sans con-
« teste que le sceau devenait le représentant de la personne qui
« s'en servait. » (A. Demay, *Les sceaux du moyen âge, étude sur la collection des Archives nationales* dans la *Gazette des Beaux-Arts*, livraison du 1er mars 1874, p. 244.)

3. *Anc. usages d'Artois*, dans Maillart, *Coutumier général d'Artois*, p. 52 ; dans Tardif, *Coutumier d'Artois*, p. 114. Cf. Ms. fr. 5248, fol. 107 verso.

Etiam principes, comites, barones, civitates, præsules ecclesiastici et conventus canonicorum; cœnobia porro et collegia suis sub sigillis mandabunt, habebunturque rata ejusmodi mandata [1].

Rapprochez peut-être les dispositions du droit romain suivant lesquelles les *illustres* devaient se faire représenter par des procureurs [2].

T. II, p. 348, lignes 5, 6. *ou de Chapitre, ou se ce n'est por cause de commun porfit de cité ou de vile*, etc. — « L'autheur
« du *Grand Coûtumier*, livre III, ch. 1er : *Et est à sçavoir
« qu'un seigneur ne peut estre en jugement par procureur fondé
« de procuration faite sous son seel, se il n'a chastellenie et
« ressort. Mais personnes d'Eglise ou de Religion peuvent bien
« constituer procureur, s'ils ont Chapitre ; c'est à sçavoir sous
« les sçaux de l'abbé et du Couvent, ensemble et non autrement.
« Et aussi peut bien un prieur conventuel qui a administration,
« constituer un procureur sous son seel.*

« *De College il convient que la procuration soit passée en
« plein Chapitre, et ne suffiroit pas qu'elle fut passée sous le
« nom du doyen, ou d'aucun autre officier dudit Chapitre pour
« l'estat commun de l'Eglise. Et aussi ne seroit-il* (corrigez, ce
« semble: *suffiroit-il*) *de l'abbé sans le consentement du Couvent.*

« *Et s'il est deffendeur, il doit bien regarder que celuy
« du demandeur soit suffisament fondé de procuration et
« de grace entre les personnes privilegiées. Et ne dure ladite
« grace qu'un an, et convient qu'elle soit renouvellée, et pour
« ce est-il bon au procureur du deffendeur, de prendre copie
« d'icelle grace par la main de la Cour, afin de la reprocher
« au demandeur, à la premiere assignation après l'an d'icelle
« grace, car, si par tolerance ou inadvertance du procureur
« du deffendeur, le procureur du demandeur avoit aucune
« journée avecques luy et qu'il laissast courir l'an de la grace*

---

1. Cout. de Weluwen (duché de Gueldre), ch. 16, art. 2, citée dans Goris, *Commentatio ad tres et viginti priores titulos Cons. Velaviæ*, 1664, p. 265.

2. Nov. 71, 1 ; Julien, *Epitome*, Const. 121 (122), édit. Hænel, p. 169.

« *d'iceluy demandeur, sans monstrer la copie d'icelle grace*
« *expirée, et sans luy en faire reproche, en ce cas iceluy deman-*
« *deur est paisiblement relevé, nonobstant qu'icelle grace soit*
« *expirée d'un an. Et, pour ce, qui en veut faire reproche, il*
« *convient promptement montrer la copie d'icelle grace expi-*
« *rée, autrement il n'y faict à recevoir à iceluy debat de fonda-*
« *tion de grace.*

« *De cette regle sont exempts gens d'Eglise, de religion,*
« *colleges, villes, communautez qui pour le fait de la ville*
« *ou Communauté d'icelle voudroient constituer procureur, car*
« *à telles gens ne faut grace*, etc. Voyez Beaumanoir, ch. 4,
« pages 28, 29, 30, 31, etc. » (Laurière.)

T. II, p. 348, lignes 6, 7. *ou d'université*, etc. — « Suivant
« ce chapitre, nul ne peut poursuivre ou agir par procureur en
« cour laie, si ce n'est pour personne authentique, comme
« evesque, baron, Chapitre, ou pour commun profit de ville ou
« d'Université. Ainsi de droit commun toute Université pouvoit
« agir par procureur, en cour layé, sans grace, et peu de temps
« aprés, sçavoir en 1298, Boniface VIII exhorta tous les sei-
« gneurs temporels de souffrir que les choses se passassent
« ainsi dans leurs justices à l'égard des moinesses, des abbesses
« et des prieures. *Porro, ne moniales causam seu occasionem*
« *habeant evagandi, principes sæculares ac alios dominos tem-*
« *porales rogamus, requirimus et obsecramus per viscera mise-*
« *ricordiæ Jesu Christi, eisdem in remissionem peccaminum*
« *nihilominus suadentes, quod abbatissas ipsas et priorissas ac*
« *moniales quascumque monasteriorum suorum curam, admi-*
« *nistrationem negotiave gerentes, quibuscumque nominibus*
« *censeantur, per procuratores in suis tribunalibus seu curiis*
« *litigare permittant, ne pro constituendis procuratoribus, qui*
« *attornati in aliquibus partibus nuncupantur, seu aliis hujus-*
« *modi, si easdem oporteat evagari. Si qui vero contra præ-*
« *sumpserint, exhortationi hujusmodi rationabili atque sanctæ*
« *obtemperare nolentes, cum sit juri contrarium quod mulieres*
« *præsertim religiosæ per se ipsas litigare cogantur, et a via*
« *deviet honestatis, et periculum animarum inducat, ad hoc*
« *per suos ordinarios ecclesiasticos censurâ ecclesiasticâ com-*

228   NOTES SUR LES ÉTABLISSEMENTS.

« *pellantur*, etc., cap. unico, § 3, *De statu Regularium* in *Sexto*.

« En l'année 1208, l'Université de Paris avoit demandé au
« pape Innocent III la grace de plaider par procureur ; et
« quoyque, selon ce pape, ce qu'elle demandoit fut de droit
« commun, il ne laissa pas que de l'accorder pour estendre son
« pouvoir : *Quia in causis quæ contra vos et pro vobis moven-*
« *tur, vestra universitas ad agendum et respondendum com-*
« *mode interesse non potest, postulastis a nobis ut procuratorem*
« *instituere super hoc vobis de nostrâ permissione liceret. Licet*
« *igitur de jure communi hoc facere valeatis, instituendi tamen*
« *procuratorem super his auctoritate præsentium vobis concedi-*
« *mus facultatem*, cap. 7, *Extra, De procuratoribus*.

« Ce chapitre est difficile et a fait peine, mesme à ceux de
« nos commentateurs qui n'ont pas ignoré nostre ancien droit.
« Et, en effet, ou l'Université plaidoit devant des juges eccle-
« siastiques, ou en cour laye. Si elle plaidoit devant des juges
« ecclesiastiques, il estoit inutile de demander grace de plaider
« par procureur, puisqu'en cour d'Eglise on plaidoit par procu-
« reur sans grace, et qu'on ne demandoit cette grace qu'en cour
« laye, comme il est dit dans cet *Establissement*.

« Et si elle plaidoit en cour laye ce n'estoit pas au pape qu'il
« falloit demander la grace, mais au roi ou aux seigneurs tem-
« porels.

« D'un autre costé, il n'est pas concevable que l'Université de
« Paris ait demandé grace de plaider par procureur, si on ne
« luy en avoit fait difficulté. Et, comme elle s'adressoit au pape
« pour demander cette grace, il y a lieu de croire qu'elle plai-
« doit devant des juges que le pape avoit deleguez. Et c'est
« peut-estre depuis cette decretale que l'usage s'est introduit en
« France qu'on plaideroit en cour ecclesiastique sans grace, et
« que cette grace ne seroit demandée qu'en cour laye [1]. Voyez
« Beaumanoir, ch. 4, page 31 à la fin. » (Laurière.)

[1]. Le lecteur se défiera de ces conjectures qui ont pour inspiration première la difficulté éprouvée par un jurisconsulte du xviiie s. à reconnaître tout simplement le rôle considérable joué par le souverain pontife au moyen âge, même en dehors de la sphère des intérêts purement spirituels.

J'aborderai sous une autre face la difficulté soulevée ici par Laurière en des termes qu'il était intéressant de reproduire, parce qu'ils nous peignent les préoccupations du temps : Pourquoi l'université demanda-t-elle à Innocent III l'autorisation de se faire représenter par un procureur ? Parce qu'elle n'avait pas encore le droit de sceau ; elle n'était pas encore *personne authentique*. Elle était donc, au point de vue des usages français, hors d'état de se faire représenter par un procureur : en effet, elle n'obtint que longtemps après, en 1252, du pape Innocent IV, le droit de sceau, signe et garantie d'une complète indépendance. Elle fut, dès lors, comme corporation, complètement affranchie du chancelier [1] ; mais, antérieurement et par exception, elle avait obtenu le droit de se faire représenter par un procureur. Sans le privilège concédé par Innocent III, elle n'eût joui de ce droit qu'en 1252.

Nous avons plusieurs exemples de concession du droit de sceau : ainsi, en 1262, l'évêque de Clermont, après bien des contestations, accorde à la ville de Clermont divers privilèges, notamment celui d'avoir un trésor commun, un sceau et des armes [2].

Si l'Université de Paris obtient le privilège de plaider par procureur, nous voyons à l'inverse, en 1366, l'église de Tours se faire maintenir dans le droit de poursuivre ses affaires devant les justices séculières par un de ses chanoines, *sans qu'il soit nécessaire qu'il ait une procuration à cet effet* [3].

T. II, p. 348, lignes 8, 9. *et doivent envoyer lor letres à lor aversaires*. — « Quand le demandeur agissoit par
« procureur, le juge et le deffendeur pouvoient rejeter le
« procureur, et obliger le demandeur de plaider en per-
« sonne, ce qui devoit estre fait avant contestation en cause,
« parce qu'après la contestation, le procureur estoit *domi-*

---

1. Thurot, *De l'organisation de l'enseignement dans l'Université de Paris*, 1850, p. 12.
2. La date de cette charte est contestée ; je suis M. Bayle-Mouillard, *Études sur l'hist. du droit en Auvergne*, pp. 38, 39.
3. *Ord.*, t. IV, p. 682. Cf. Salmon, *Archevêché de Tours*, t. III, pp. 396, 397 (Bibl. de Tours, Manuscrits).

« *nus litis*, comme le disent les loix romaines. Et, si le def-
« fendeur vouloit bien plaider contre le procureur du deman-
« deur, il pouvoit en donner ses letres [1], ou au procureur ou au
« juge, et encore mieux au juge, afin qu'il ne fit pas de diffi-
« culté. » (LAURIÈRE.)

T. II, p. 348, ligne 9. *et vaut moult miauz à la joutise.* — Cette phrase est empruntée à la *Glose* du *Digeste* qui porte : *Melius si ad judicem* (*Corpus juris*, Lugduni, 1627, t. Ier, col. 359, note b.).

T. II, p. 349, lignes 2, 3. *ou se ce n'est por contremant ou por essoignier son seignor* [2], etc. — « Il y avoit anciennement une
« grande différence entre le *contremand* et l'*essoine*.

« Le *contremand*, comme on l'a déja dit cy-dessus, estoit
« une raison proposée pour remettre ou différer l'assignation.

« L'*essoine* estoit une raison proposée par celuy qui ne pou-
« voit comparoir à l'assignation, ou pour maladie, ou à cause
« de quelque peril imminent.

« Et le *contremand* differoit de l'*essoine*, en ce que celui qui
« contremandoit remettoit l'ajournement à un jour certain,
« sans estre obligé d'affirmer ni d'alleguer aucune autre raison,
« au lieu qu'en cas d'essoine, il falloit affirmer qu'elle estoit
« vraye. Et comme on ne pouvoit sçavoir quand elle cesseroit,
« la remise n'estoit jamais par ceste raison à un jour certain.

. . . .

« Comme celuy qui estoit dans l'obligation d'user de contre-
« mans ou d'essoines ne pouvoit les proposer luy-mesme, il
« estoit dans la necessité d'avoir recours au ministere d'un
« messager, pour les proposer, s'il ne vouloit pas avoir de pro-
« cureur, et dans ce cas, il ne luy falloit ni grace ni le consen-
« tement de son adversaire. Voyez Beaumanoir, ch. 3, et l'au-
« theur du *Grand Coûtumier*, liv. III, ch. 7. » (LAURIÈRE.)

T. II, p. 350, lignes 9, 10. *ou quant il est plusors fois con-*

---

1. Je doute que Laurière ait compris le passage qu'il commente. Il s'agit des lettres de procuration et non des lettres par lesquelles la partie présente accepterait le procureur de l'autre partie.

2. Le mot *seignor* n'a pas ici d'autre sens que *mandant,* comme l'a déjà remarqué l'abbé de Saint-Martin.

tremandez emprès mostrée d'eritage. — Cf. *Ét.*, liv. II, ch. 11.

T. II, p. 351, ligne 1. *il doit nomer l'essoigne*. — « Voyez « Beaumanoir, ch. 111, p. 26, ligne 43, et joignez le ch. 102 du « livre Ier » (prés. édit., liv. Ier, ch. 106). (LAURIÈRE.)

T. II, p. 351, lignes 9, 10. *emprès mostrée*. — « Voyez Beau- « manoir, ch. 111, p. 24, ligne 30, et le ch. 119 du liv. Ier, « et le ch. 10 cy-aprés » (prés. édit., liv. Ier, ch. 123; liv. II, ch. 11). (LAURIÈRE.)

182. Notes sur les Établissements, liv. II, ch. 10
(ci-dessus t. II, pp. 352-353).

Voyez, sur ce chapitre et ceux de la même catégorie, ci-dessus t. Ier, p. 78.

Texte dérivé : *Abrégé champenois*, 39.

Joignez un arrêt de 1302 (a. s.) dans Varin, *Arch. adm.*, t. II, p. 52; autre texte, t. II, 2e partie, p. 673 note.

T. II, p. 352, ligne 7. *Recreance*. — Voyez les notes ci-dessus, pp. 216, 217, 220, 221, sur les ch. 6, 8 du liv. II, et cy-après sur le ch. 20 du livre II.

T. II, p. 352, ligne 9. *des cas dessuz diz*. — Voyez liv. II, ch. 6, 8, et ci-dessus les notes sur ces chapitres.

T. II, p. 353, ligne 1. *enterinement*. — « Voyez Beaumanoir, « ch. 53. » (LAURIÈRE.)

183. Notes sur les Établissements, liv. II, ch. 11
(ci-dessus t. II, pp. 353-356).

Voyez, sur ce chapitre, ci-dessus, t. Ier, pp. 68, 69, 345.

Textes dérivés : *Anciens usages d'Artois*, IX, 15-18 (cf. XXI, 11 ; III, 20, où le rédacteur s'inspire, au contraire, d'*Ét.*, liv. Ier, ch. 75) ; *Abrégé champenois*, 145.

Rapprochez : *Ét.*, liv. Ier, ch. 70, 71, 73, 75, 123; *Jostice et plet*, pp. 127, 304 ; *Très anc. Cout. de Champagne*, art. 52 ; sentence de 1310 dans Varin, *Arch. adm. de Reims*, t. II, 1re part., pp. 117, 118; *Const. du Châtelet*, art. 10, 11 ; affaire de 1265 dans *Olim*, t. Ier, pp. 225, 226.

T. II, p. 353, ligne 6. *si come nos avons dit desus*. — Laurière voit ici une allusion au ch. 123 du liv. Ier. Si cette vue était juste, ces mots seraient une addition du compilateur des *Établissements*, et auraient dû être imprimés par moi en italiques. Je les ai, au contraire, maintenus dans l'*Usage d'Orlenois*, § 9, et je les ai considérés comme une allusion au § 7 de l'*Usage d'Orlenois*. Voyez ci-dessus, t. Ier, p. 498.

T. II, p. 353, ligne 7. *si come nos avons dit desus.* — Cf. *Ét.*, liv. II, ch. 9 (t. II, p. 351, lignes 9, 10).

T. II, p. 354, lignes 5, 6. *passa hore par coi l'en pert et gueaigne.* — Voyez ci-dessus, t. Ier, p. 194. Rapprochez l'usage grec mentionné par Keuchenius, *Dissert. jurid. ad selecta aliquot juris rom. et hodierni loca*, p. 25.

T. II, p. 354, ligne 7. *si en dement.* — Laurière renvoie ici au liv. Ier, ch. 123.

T. II, p. 355, ligne 1. *et il i ait tel domache*, etc. — Cf. *Ét.*, liv. II, ch. 9 *in fine* (t. II, pp. 351, 352).

T. II, p. 355, lignes 4, 5. *car recorz n'est mie en cort laie.* — Cf. ci-dessus, t. Ier, pp. 221, 222. Joignez *Et.*, liv. II, ch. 33.

T. II, p. 356, ligne 3. *meain.* — « Voyez le ch. 168 du liv. Ier « (prés. édit., liv. Ier, ch. 175) avec la note, et Britton ou les « *Institutes* d'Edoüard roy d'Angleterre, composées par Briton, « evesque d'Hereford, au ch. 25, *Des appels de mahems*, « nombre 94, feüillet 48 verso. » (Laurière.)

T. II, p. 356, ligne 5. *mettre champions.* — « Voy. les Loix « latines *de Guillaume le Bâtard*, ch. 62, en attendant que je « parle à fonds des champions. » (Du Cange.)

T. II, p. 356, ligne 6. *l'obeïssance le roi.* — « Voyez les « ch. 2, 3 et 4 du premier livre (prés. édit., liv. Ier, ch. 3, 4, 5). » (Laurière.)

T. II, p. 356, lignes 8, 9. *Li rois de France deffant les batailles.* — Du Cange reproduit ici le passage de Guillaume de Chartres, déjà cité ci-dessus t. III, p. 240, sur *Ét.*, liv. Ier, ch. 3.

184. *Notes sur les Établissements, liv. II, ch. 12*

(ci-dessus t. II, pp. 357-360).

Voyez, sur ce chapitre, ci-dessus t. Ier, pp. 57, 80.

Textes dérivés : *Abrégé champenois*, 146 ; *Livre des droiz*, 322, 1er alinéa.

Cf. *Ét.*, livre Ier, ch. 4 ; livre II, ch. 21, 35 ; *Jostice et plet*, pp. 293, 295, 298.

T. II, p. 358, ligne 1. *nuitantre et en traïson.* — Voyez ci-dessus, t. Ier, pp. 235-238. Sur le meurtre et la trahison voyez *Ét.*, liv. Ier, ch. 4, 108.

T. II, p. 359, ligne 1. *cous et colées.* — « *Colaphi*, coups « donnez sur le col et generalement pour toutes sortes de coups.

« Guiot de Provins [1] :

« *Moult·donne Dex fieres collées.*

« Le *Roman de Garin* :

« *Ils s'entredonnoient de leur poing grant collée* [2].

« La *Chr. de Bertrand du Guesclin* :

« *Là veïst on donner mainte belle collée* [3].

« Guill. Guiart use aussi souvent de ce mot, comme aussi « Alain Chartier. Il se prend encore particulierement pour le « coup qui se donnoit sur le col du nouveau chevalier. Voyez « cy aprés le ch. 23 (prés. édit., liv. II, ch. 24. » (Du Cange.)

T. II, p. 359, lignes 5, 6. *et mi domage me soient amandé et mi chomage*, etc.— Ce principe d'équité se retrouve dans beaucoup de législations : voyez *Exode*, XXI, 19, 20 ; Madura-Kandasvani Pulavar, professeur au collège de Madras, *Vyavahara-Sara-Sangraha d'après la Smriti-Tchandreka*, trad. Sicé, Pondichéry, 1847, p. 222. Cf. *Ét.*, liv. II, ch. 24.

T. II, p. 360, lignes 4, 5. — Laurière renvoie au liv. Ier, ch. 3, et au liv. II, ch. 11 ; enfin à Beaumanoir, ch. 61, p. 309 : « *Il est en le volonté dou comte de remettre en se court, quant* « *il li plaira, les gages pour meubles ou pour heritages ; car*

---

1. Voyez sur ce personnage *Histoire littéraire*, XVI, 29 et *passim*; XVIII, 806-716; XXIII, 610-612.

2. Ce vers ne me paraît pas appartenir à la partie du *Roman de Garin* publiée en 1833 par M. Paulin Paris, 2 vol. in-8º.

3. Rapprochez le vers 3822 :

Aux bourjois ont donné mainte dure colée.

(Édit. Charrière, t. 1er, p. 138.)

« *quant li sains rois Loois les osta de se court, si ne les osta*
« *pas de le court à ses barons. Et se il ne les pooit rappeler*
« *en se court, donques auroit il moins de seigneurie en se court,*
« *en che cas, que li houme en leur court. Il est à la volonté des*
« *houmes dou comte de Clermont de tenir leur court, s'il leur*
« *plaist, de chest cas, selonc l'anchiene coustume, ou selonc*
« *l'establissement le roi ; mes se li ples est entamés seur l'esta-*
« *blissement par le souffrance dou seigneur, li sires ne le puet*
« *puis mettre à gages, se partie s'en veut aïdier. Et aussint, se*
« *li ples est entamés seur les gages par l'anchienne coustume,*
« *li sires ne le puet pas ramener à l'establissement le roi, se*
« *che n'est par l'acort des deux parties, car il convient querelles*
« *de gages, et toutes autres querelles demener selonc che que*
« *li ples est entamez*, etc. » (LAURIÈRE.)

185. *Notes sur les Établissements, liv. II, ch.* 13

(ci-dessus t. II, pp. 360-363).

Voyez, sur ce chapitre, ci-dessus, t. Ier, pp. 69, 78, 223, 224.

Textes dérivés : *Abrégé champenois*, 148 ; *Anc. usages d'Artois*, XXXV, 7 ; *Livre des droiz*, 322, 2e alinéa.

Cf. *Ét.*, liv. Ier, ch. 95 ; les notes sur ce ch. présent vol., p. 56 et suiv., *Ét.*, liv. II, ch. 18 ; Reg. de Jean Sarrazin dans *Code de la voyerie*, t. II, 1735, p. 16, 17 ; Varin, *Arch. adm. de Reims*, t. Ier, 1re part., p. 1064, note ; *Jostice et plet*, pp. 287, 293, 307, 309.

T. II, p. 361, ligne 6. *et doit mettre quatre deniers.* — « Voyez les *Loix des barons d'Escosse*, ch. 12. » (DU CANGE.)

« Il y a la mesme chose dans le ch. 17 cy-après au commence-
« ment (*Ét.*, liv. II, ch. 18), où il est dit que c'estoit alors la
« Coûtume. Par nostre ancien droit, les mariages se contrac-
« toient aussi *per denarios* 3, et les manumissions se faisoient
« *per denarium*. Vide Bignonium ad Marculfum, lib. I, cap. 22,
« et Pithœi *Glossarium ad Leges Salicas*, tit. 46. » (LAURIÈRE.)

T. II, p. 361, ligne 7. *dessus la chose par devant la joutise.*
— « Ainsi il faut supposer que la chose revendiquée devoit estre
« devant le juge. Jure romano antiquo vindicia erat correptio
« manus in re atque in loco præsenti apud prætorem. Vide Jaco-

« bum Gothofredum ad *Duodecim tabulas*, libro tertio *Proba-*
« *tionum*, *De vindiciis*, tabula sexta. » (Laurière.)

T. II, p. 362, ligne 9. *se ce est en l'obeïssance le roi*. — « Car en
« *l'obeïssance le roi*, c'est-à-dire dans sa seigneurie, tout se
« prouvoit par témoins, les gages de bataille y ayant esté abo-
« lis. Voyez derechef le ch. 3 du liv. Ier et le ch. 94 du liv. Ier,
« à la fin (prés. édit., liv. Ier, ch. 95). Il semble que hors l'obéïs-
« sance le roy il y avoit lieu aux gages de bataille pour le larcin,
« ce qui ne pouvoit estre que par un usage particulier dans
« quelques endroits, car, presque partout, *en larcin il n'y avoit*
« *point de gages de bataille*, parce qu'il estoit de basse justice,
« ainsi que l'a remarqué Loisel dans ses *Institutes coûtumieres*,
« liv. VI, tit. Ier, *Des crimes*, regle 20, sur laquelle il faut voir
« ma note, pages 274 et 275. » (Laurière.)

T. II, p. 362, ligne 9 ; t. II, p. 363, ligne 1. *se cil ne le que-*
noist. — « C'est-à-dire que la preuve par témoins n'est pas
« necessaire, quand celuy qui a commis le vol en convient, et
« se trouve saisi de la chose volée. » (Laurière.)

T. II, p. 363, lignes 1, 2. *n'a esté pris en present fait*. —
« Joignez des Fontaines dans son *Conseil*, ch. 22, nombre 21. »
(Laurière.)

186. *Notes sur les Établissements, liv. II, ch.* 14
(ci-dessus t. II, pp. 363-370).

Voyez, sur ce ch., ci-dessus t. Ier, pp. 70, 78, 343.

Textes dérivés : *Anc. usages d'Artois*, XI, 5, 6, 12 ; *Livre*
des droiz, 371.

Rapprochez *Ét.*, liv. II, ch. 2, 20 ; *Jostice et plet*, p. 84.

T. II, p. 363, ligne 10. *à l'ajornement le roi*. — « Joignez
« le ch. 33 de ce livre » (présente édit., liv. II, ch. 32). (Laurière.)

T. II, p. 364, ligne 7. *par cui je ne vée nul droit*. — « C'est-
« à-dire *lequel avoüant, je n'empesche pas que droit ne soit fait*,
« ou, pour mieux dire, *que je n'avoüe pas pour éloigner le juge-*
« *ment*. » (Laurière.)

T. II, p. 365, ligne 3. L^1 porte : *raisonnable ou present* au lieu
de *raisonable en present*. Cette leçon, fournie par beaucoup
d'autres mss. (p. 365, note 36), est possible.

Le ch. 29 au liv. II nous fait connaître une de ces causes raisonnables : l'assurement contracté en cour royale et brisé entraîne pour ce fait la compétence de la justice royale.

T. II, p. 365, ligne 4. *ou response*. — Cependant, même après que les parties se sont mises en réponse, sans avouer autre justice, le seigneur peut, s'il s'agit de propres, en fief ou en censive, se présenter en personne, réclamer l'affaire et obtenir que la cour du roi se déclare incompétente : il n'aurait pas ce droit, s'il s'agissait de meubles, d'échoites ou de voies de fait. Voyez *Ét*., liv. II, ch. 32, au commencement.

T. II, p. 365, ligne 4. *car frans hom*, etc. — « Le franc
« homme est icy l'homme roturier non serf, ou main-mortable,
« qui possede un fief. Quand le franc homme estoit levant et
« couchant sous un seigneur, il estoit justiciable de ce mesme
« seigneur de meuble, ou de chastel, ce que Loisel a tres bien
« remarqué dans ses *Institutes coûtumieres*, liv. Ier, titre 1er,
« dont les regles 19, 20 et 26 portent que *les roturiers ou vilains*
« *sont justiciables des seigneurs dont ils sont levans et couchans,*
« *sinon qu'il soit question d'heritages qu'ils tiennent ailleurs,*
« *ou qu'ils soient bourgeois du roy. Et que l'aveu emporte*
« *l'homme, et est justiciable de corps et de chastel, où il couche*
« *et leve, mais que par l'ordonance de Charles IX les delicts*
« *sont punis où ils sont commis.*

« Suivant ce chapitre, lorsqu'un franc homme estoit pour-
« suivi pour crime, ou pour meuble, dans une autre justice que
« celle du seigneur où il levoit et couchoit, il pouvoit former
« son aveu, c'est-à-dire s'avoüer de son seigneur, et demander
« d'estre renvoyé dans sa justice, ce qui ne pouvoit luy estre
« refusé, pourvû qu'il eust demandé son renvoy, ou formé son
« aveu avant contestation en cause, parce que toute conception
« declinatoire ne peut plus estre proposée après que la cause a
« esté contestée, et il y a lieu de dire qu'alors le seigneur mesme
« ne pouvoit plus revendiquer son homme. Voyez Bacquet, *Des*
« *droits de justice*, ch. 9, avec la note et ce que j'ay remarqué
« sur les *Regles* de Loisel qui viennent d'estre rapportées. Tel
« estoit l'usage à l'égard des hommes *francs*. Quant aux serfs
« ou mainmortables, ils n'avoient en cas de crime, ou quand il
« s'agissoit de meubles, d'autres juges que leurs seigneurs, ce

« que nous apprenons de P. des Fontaines dans son *Conseil*, « ch. 21, où il fait à cet égard de la différence entre le serf et « le villain, en observant que selon son usage il n'y avoit cepen- « dant entre le seigneur et le villain *autre juge fors Dieu.* » (Laurière.)

T. II, p. 365, ligne 5. L^1 porte : *veer* (?) au lieu de *avouer*. — « *Sans avouer joutise,* c'est-à-dire *sans avoüer son seigneur,* « *sous qui il leve et couche.* » (Laurière.)

T. II, p. 365, lignes 5, 6. *il ne la puet puis decliner.* — « C'est-à-dire la justice, où il a fait *response* ou *ni*. » (Laurière.)

T. II, p. 365, ligne 7. *commanciez*. — « Voyez Beaumanoir, ch. 10, p. 55, ligne 32. » (Laurière.)

T. II, p. 366, lignes 6, 7. *car l'en ne rent pas cort par darriere.* — Laurière commente ainsi ce passage de Laurière : « C'est ce qui est dit cy-aprés que l'en ne fet pas en court « laie jugement d'une parole, que se l'autre partie n'est ouye et « appellée souffisament. » Je n'accepte pas cette explication et voici comment je comprends ce passage : *on ne rent pas cort par darriere,* c'est-à-dire que le seigneur qui élève un conflit de juridiction doit être présent et requérir lui-même (p. 366, ligne 5) ; sans cela on rendrait cour par derrière, autrement dit on rendrait cour en l'absence de celui qui élève le conflit. Conf. *Ét.*, liv. Ier, ch. 44 ; *Cout. de Touraine-Anjou*, § 34 (ci-dessus t. III, p. 19), où la même idée est rendue un peu autrement. Voyez aussi *Ét.*, liv. II, ch. 21.

T. II, p. 367, ligne 3. *par certain messaige.* — « Voyez des « Fontaines dans son *Conseil,* ch. 21, art. 32, 33, p. 123. » (Laurière.)

T. II, p. 367, lignes 9, 10. *se l'en ne voit les letres.* — « Voyez ce que j'ay remarqué sur le premier titre du livre Ier « des *Institutes* de Loisel, regle 20 et 21. » (Laurière.)

T. II, p. 368, lignes 7, 8. *por acquerre de la joutise et de la seignorie.* — Voyez le ch. 3 au liv. II.

T. II, p. 369, lignes 9, 10. *Et s'il i a debat,* etc. — Rapprochez *Ét.*, liv. II, ch. 3, dont le compilateur s'inspire ici assez maladroitement : le roi a poursuivi : il n'a donc pas à prendre le débat en sa main ; c'est déjà fait.

T. II, p. 370, lignes 1, 2. *le prant en sa main.* — « Cecy

« sert à faire entendre le chapitre troisième de ce livre. » (LAU-RIÈRE.)

T. II, p. 370, ligne 7. *il ne tient de nelui que de Dieu et de soi.* — Cf. ci-dessus, t. Ier, pp. 283, 284 ; *Ét.*, liv. Ier, ch. 83 (ci-dessus t. II, p. 135) ; liv. II, ch. 20 ; *Jostice et plet*, p. 67.

« Charles VII, irrité d'un mauvais jugement qui avoit esté
« rendu contre luy, le droit et les loix du royaume, en appella
« à Dieu son seul maistre et à son épée, ne reconnoissant aucun
« autre superieur. Voyez ce que j'ay remarqué sur Loisel dans
« ses *Institutes coûtumieres*, liv. Ier, tit. 1er, regle 2. » (LAURIÈRE.)

187. *Notes sur les Établissements, liv. II, ch.* 15

(ci-dessus t. II, pp. 370-374).

Voyez, sur ce chapitre et ceux de la même catégorie, ci-dessus t. Ier, pp. 78, 79, 345.

Textes dérivés : *Anc. Usages d'Artois*, X, 1-7, 9, 10 ; *Livre des droiz*, 39 ; *Liger*, 1re part., tit. IX, 175 *in fine* ; *Abrégé champenois*, 85.

Cf. Bulgarus, *De judiciis*, dans Wunderlich, *Anecdota*, pp. 15, 16 ; Bonaguida, *Ibid.*, p. 325.

Cf. Pierre de Fontaines, édit. Marnier, pp. 64, 65 ; *Stile* de du Breuil, édit. Lot, p. 27.

T. II, p. 374, ligne 4. *avantparliers.* — « C'est ainsi que
« Pierre de Fontaines, ch. 10, les *Assises de Hierusalem*,
« ch. 57[1], 68, 84 et autres appellent les advocats qui sont
« nommez *Prælocutores* in *Regiam Majestatem*, liv. I, c. 11,
« etc. ; in *Leg. Baron. Scotic.* seu *Quoniam attachiamenta*,
« c. 35, § 1, c. 57, § 5, in *Statut. Roberti* I, *reg. Scot.*, part. I,
« c. 15, et seq., part. 2, c. 28 ; *Prolocutores* in *Chron. Rei-*
« *chersperg.*, an. 1160, p. 203, etc., et apud Philippum Eyste-
« tens. in *Vita S. Willibaldi*, cap. 24. Voyez Casaubon in
« *Exercit.* 15 in *Baronium*, cap. 5. » (DU CANGE.)

---

1. Je ne vois pas bien à quels chapitres des éditions modernes correspondent ces renvois de du Cange ; on trouvera d'ailleurs souvent le mot *avantparliers* dans les *Assises* ; voyez notamment *Assises de la cour des Bourgeois*, 20. (Beugnot, t. II, p. 31.)

« *Avantparliers*. Il y a ainsi dans tous les manuscrits. Dans
« le chap. 11 du *Conseil* de Pierre des Fontaines, il y a *ampar-*
« *liers* : *Chi parole des amparliers et des mesdits as amparliers.*
« De *parabola* dans la basse latinité on a fait *parole* et de *para-*
« *bolare* on a fait *parler*. Et, comme les avocats parlent pour
« les parties qu'ils deffendent, ils ont esté nommez *emparliers*
« et *avantparliers*, parce qu'ils plaident avant le jugement de
« la cause, ou, comme il est dit dans ce chapitre, *parce qu'ils*
« *mettent avant et proposent au jugement les raisons des par-*
« *ties*. Voyez le *Dialogue des avocats*, p. 463, et le *Glossaire du*
« *droit françois* sur ce mot.

« Dans l'ancien droit romain, *advocati* estoient ceux qui con-
« sultoient et *patroni* les *emparliers* ou ceux qui plaidoient. Et
« dans la moyenne et la basse latinité *advocati* estoient les
« *avoüez* ou *vidames*. » (LAURIÈRE.)

L'abbé de Saint-Martin consacre ici une note intéressante,
mais assez étrangère au sujet, aux anciens avoués (*advocati*) ou
défenseurs des églises, qui exerçaient pour elles toutes les actions
nécessaires.

T. II, p. 371, lignes 9, 10. *antendent que il dit*. — « Des
« Fontaines dans son *Conseil*, ch. 11, n. 7 : *La lois escrite dist*
« *ke les choses ke li amparlier dient, quent cil qui les quereles*
« *sont, sont* [1] *en present, doivent valoir autretant comme se le*
« *seignour mesmes des querelles les disoient.* » (LAURIÈRE.) Conf.
Code de Just., II, x, 1.

T. II, p. 372, ligne 4. *sanz vilenie dire*. — « Lex *Quisquis*,
« *Cod., De postulando : Temperet se ab injuriá, nam si quis*
« *adeo procax fuerit, ut non ratione, sed probris putet esse cer-*
« *tandum, opinionis suæ imminutionem patietur,* etc. Non jur-
« gia vendant, non iras, non verba locent. Nec doceat toga
« infectos vitiis falsa loqui non sine crimine. » (LAURIÈRE.)

T. II, p. 372, ligne 5. *et il ne doit faire nul marchié à celui*
por qui il plaide. — « Lex *quisquis, Code, De postulando* :
« *Præterea nullum cum eo litigatore contractum quem in pro-*
« *priam recepit fidem, ineat advocatus : nullam conferat pac-*

---

1. J'ajoute les mots *sont en* qui manquent dans Laurière.

« *tionem ;* où la Glose met : *Ergo nec emere, vel alias contra-*
« *here cum clientulo potest. Et est ratio, quia omnia daret*
« *propter timorem mortis, ut Digestis, De variis*[1] *cognitionibus,*
« *lege Medicus*[2]. *Ante vero et post sicut Dig., De variis cogni-*
« *tionibus,* leg. 1, § *Si cui. Sed quid si ante non convenit de*
« *salario ? Respondeo secundum Joannem, quod tunc potest*
« *conveniri pendente lite, argumento hujus literæ :* In propriam
« recepit fidem. *Et hoc nunc puto, licet æquitas me multum*
« *moveat in contrarium.* »

On voit par Beaumanoir[3] « que par l'ancien usage de la
« France les avocats avoient action, pour estre payez de leurs
« honoraires. Quelques-uns denient cette action aux avocats, en
« sorte que, selon eux, un avocat ne peut aujourd'huy hones-
« tement plaider pour son honoraire, ce qui est avantageux à
« ceux qui sçavent exiger de grosses sommes et se les faire
« payer d'avance et pernicieux à ceux qui ont de la modestie et
« de la pudeur. Et il seroit à souhaiter qu'à l'imitation du roy
« Philippe le Hardy, qui par son ordonance de 1274 statue que
« les honoraires des avocats ne pourroient exceder trente livres,
« on leur donnât aujourd'huy des bornes raisonables.

« Quelques-uns ont prétendu qu'entre l'avocat et le client, le
« medecin et le malade, il n'y a pas de loüage, ou de conduc-
« tion, et que c'est la raison pour laquelle l'avocat ne doit pas
« avoir d'action pour son salaire, ou son honoraire. Mais Jacques
« Godefroy remarque dans son traité *De salario,* cap. 1, n. 6,
« que le payement appellé *merces* estoit pour les arts mecha-
« niques et le *salaire* pour les arts liberaux. Et, dans l'art. 5 du
« ch. 5, il prouve que le salaire est dû aux avocats, et qu'ainsi
« ils ont action pour s'en faire payer : *Advocatis seu togatis*
« *honorarium, seu vocis et præsidii pretium, triplici jure debe-*

---

1. Le titre du *Digeste* cité ici et un peu plus bas par le glossateur est le titre *De extraordinariis* (et non *variis*) *cognitionibus.* (*Dig.*, L, XIII.)

2. Cette loi devrait plus exactement s'appeler *Si medicus.* (*Dig.*, L, XIII, 3.)

3. Ch. 5, p. 33 (édit. Thaumas de la Thaumassière). Je supprime la citation de Laurière.

« *tur, ex provisione hominis, veluti per stipulationem, ex mixta*
« *ratione hominis et legis, ex pacto nudo, ex merâ provisione*
« *legis, officioque judicis*, *nempe et si nihil conventum, nullum*
« *salarium advocato promissum fuerit, nihilominus præstan-*
« *dum est officio judicis*, etc. Vide legem 1, § *In honorariis*,
« *Dig.*, *De extraordinariis cognitionibus;* Speculatorem, *De*
« *salario advocati;* Cinum, ad legem *Adversus*, Qu. 3, *Cod.*,
« *Mandati;* Baldum ad legem *Properandum*, § *Et illo pro-*
« *cul dubio*, *Cod.*, *De judiciis;* Fredericum de Senis, *Consi-*
« *lio* 218; Alexandrum, *Consilio* 109, n. 2, lib. VI; Parisium,
« *Consilio* 105, n. 10, lib. IV; Menochium, *De arbitrariis*, lib. II,
« centuria VI, casu 717, n. 1, 6, 7; Gutierrez, *De sacramento*
« *confirmatorio*, p. 1, cap. 64, n. 3; Johan Costam, *Consilio* 43,
« n. 6; Riccium, *Decisionum Neapolitan.*, c. 85, n. 2; Mago-
« nium, *Decis. Florent.*, 12, n. 4; Vivium in *Communib. opi-*
« *nionibus*, IIe P., op. 6; Cæphalum, Qu. 288, n. 8, et Farina-
« cium, *Decis. Rotæ*, cap. 310. Il y a un traité du salaire des
« avocats de Lescornay. » (Laurière.)

« Par le sixième canon du Concile de Rheims, tenu par
« Eugène III, année 1148, il est défendu aux avocats et autres
« officiers d'exiger des plaideurs plus que ce qui est porté par
« l'ancienne taxe, sous peine d'être privé après leur mort de la
« sépulture ecclésiastique, ce qui prouve qu'il s'étoit introduit
« de grands abus à cette occasion. » (Abbé de Saint-Martin.)

T. II, p. 373, lignes 1, 2. *de mes barres.* — « Ce mot signi-
« fie *exception faite en jugement.* Phil. de Beaumanoir, ch. 64,
« parle des *barres et exceptions dilatoires et peremptoires.* En
« certaines lettres de l'an 1364 qui sont au Trésor des chartes
« du Roy, Laiete *Bretagne*, tit. 74, et en d'autres de l'an 1393
« touchant les entreprises du duc de Bretagne, le mot de *barre*
« est pris pour un siége de justice. A Paris dans le Palais est
« celle de la *Barre.* » (Du Cange.)

« *de mes barres*, c'est-à-dire *de mes exceptions.* » (Laurière.)

T. II, p. 373, ligne 6. *car l'en puet metre et oster.* — « Voyez
« Beaumanoir, ch. 5, p. 33, à la fin. » (Laurière.)

T. II, p. 373, ligne 7. *retenue.* — « Protestation. Voyez le
« ch. 20 cy-après » (prés. édit., liv. II, ch. 21), et la note. (Laurière.)

188. *Notes sur les Établissements, liv. II, ch.* 16

(ci-dessus t. II, pp. 374-386).

Voyez, en général, sur ce chapitre ci-dessus t. Ier, pp. 208, 209, 218, 219.

Texte dérivé : *Abrégé champenois*, 84.

Rapprochez *Liger*, 1re part., tit. IV, art. 33, 40 ; *Livre des droiz*, 964, 231 (cf. ci-dessus, t. Ier, p. 376, note 3).

T. II, p. 375, ligne 3. *colées en jugement*. — Cf. Beaumanoir, ch. 5, § 7 ; ch. 6, § 21 ; Brunner, *Wort und Form*, p. 771, et note 2.

T. II, p. 375, ligne 4. *feront les parties reüser*. — Divers actes nous montrent, en effet, les jugeurs délibérant à l'écart, et non sous les yeux des parties : le passage suivant d'un jugement de l'an 1102 nous fait voir les juges se retirant pour délibérer (tandis qu'ici ce sont les parties qui changent de place, mais le résultat obtenu est le même) : *Tandem, ex præcepto domni Rotberti barones qui aderant secesserunt, illi contentioni recte judicando finem imposituri : qui de consilio in quo judicium concordaverant redientes, adjudicaverunt, domnus Alexander pro omnibus loquens*. (Bibl. nat., Collect. D. Housseau, t. IV, acte n° 1208, copié une seconde fois sous le numéro 1225.)

« Voyez les *Loix normandes de Guill. le Bâtard*, ch. 41, et « celles de Henry Ier, ch. 28. » (Du Cange.)

T. II, p. 375, lignes 5, 6. *qui ne seront pas des parties*. — « Dans le ch. 105 du livre Ier (prés. édit., liv. Ier, ch. 109), il « y a : *qui ne seroit de l'une partie ne de l'autre*. » Pour les phrases suivantes, Laurière renvoie encore au même ch. du liv. Ier et aux notes sur ce chapitre.

T. II, p. 375, ligne 8. *jugeors*. — Voyez ce qui a été dit ci-dessus t. Ier, pp. 168, 210-212, et rapprochez Charondas le Caron, *Pandectes ou Digestes du droit françois*, Paris, édit. de 1737, p. 177. Encore, au XVIIIe s., dans les Flandres, dans le Hainaut et l'Artois, le bailli n'a pas voix délibérative : les hommes de fief ou pairs sont convoqués par lui ; il reçoit leurs voix et déclare le jugement qu'ils ont rendu. (Boulainvilliers, *Lettres sur les anciens parlemens de France*, t. Ier, 1753, pp. 161, 162.)

T. II, p. 375, lignes 8, 9. *Et il doivent loiaument jugier les filz des homes.* — « Voyez le ch. 41 des *Loix de Guillaume le « Bastard* et le 28 des *Loix d'Henry Ier*, roy d'Angleterre, dans « le livre qui a pour titre : *Archæologia seu de priscis Anglo- « rum legibus*, imprimé à Cambrige, in-folio, en 1644. » (Laurière.)

T. II, p. 376, ligne 2. *et doient avoir Dieu.* — J'ai cité en note Innocent IV ; rapprochez aussi Gratia : *Debent itaque judices semper habere Deum præ oculis*, etc., *sine personarum exceptione*, etc. (Gratia, *De judiciario ordine* dans Bergmann, *Pillii, Tancredi, Gratiæ libri de jud. ordine*, p. 324.)

T. II, p. 376, ligne 5 ; p. 377, ligne 1. *remambrance ne d'amor, ne de haine, ne de don.* — Rapprochez *Decret de Gratien*, Secunda pars, Causa XI, Quæstio III, c. 78. Une ordonnance de 1256 défend ces dons faits aux juges (Joinville, édit. Nat. de Wailly, 1867, pp. 469, 438, 440).

T. II, p. 377, ligne 3. *enterinez.* — Ce n'est pas : *executé par les parties ;* mais *mené à bonne fin, parfait par les juges.*

T. II, p. 377, ligne 3. *sanz contendre.* — Voyez *Ét.*, liv. Ier, ch. 109 ; liv. II, ch. 4 (ci-dessus t. II, pp. 190, 338, 339).

T. II, p. 377, lignes 3, 4. *et il sunt à I acort.* Il s'agit d'un accord entre les juges : une Coutume d'Amiens du XIIIe s. dit dans le même sens : *Mais quant il aront fait leur jugement et il en seront à I* (A. Thierry, *Recueil des monum. inédits de l'hist. du tiers état, Région du Nord*, t. Ier, Paris, 1850, p. 157).

T. II, p. 377, lignes 7, 8. *et doit faire son loial pooir de la pais.* — Voyez ici *Decret de Gratien*, Prima pars, Dist. XC, c. 1, *Discordantes*, avec la glose, c. 7 ; *Ibid.*, Secunda pars, Causa V, Quæst. II, c. 4, *Si primates*, avec la glose.

T. II, p. 378, lignes 6, 7. *car li juges ne doit pas faire le jugement, selonc l'usage de la cort laie.* — « Cecy est expliqué « par Beaumanoir dans le chapitre 1er de ses *Coûtumes du Beau- « voisis*, p. 14, ligne 34 : *Il[1] y a aucuns liex là où li baillis fet « les jugemens et autres liex là où li homme de fief au seigneur « les font. Or disons nous ainsint que es liex là où li bailli*

---

1. J'améliore cette citation à l'aide de l'édition de Beugnot, t. Ier, pp. 28, 29.

« *font les jugemens, quant li baillis a les paroles reçeüs et elles
« sont apoiés en jugement, il doit appeller à son conseil des plus
« sages et fere le jugement por lor conseil..... Et là où l'en
« juge par hommes, li baillis est tenus en le presence des hommes,
« à penre les paroles de chaux qui plaident ; et doit demander
« as parties, se il vuellent oïr droit, selonc les paroles et les
« raisons que il ont dites. Et se il dient : sires, oïl, li baillis
« doit contraindre les hommes que il facent le jugement.* Dans
« le premier cas, c'estoit proprement les *juges* qui faisoient[1] le
« jugement, lesquels estoient nommez *jugeurs*, et dans le
« second c'estoit les *pers*. Voyez le ch. 105 du liv. Ier » (prés.
édit., liv. Ier, ch. 109). (LAURIÈRE.)

T. II, p. 380, lignes 8, 9. *li quiex*, etc. — Joignez ce passage du *Decret de Gratien* : *Non licet judici vendere justum judicium, etsi liceat advocato vendere justum patrocinium, jurisconsulto rectum consilium* (*Decret de Gratien*, Secunda pars, Causa XI, Quæstio III, c. 71).

T. II, p. 381, ligne 1. *il en doit tantost apeler sanz demeure au chief seignor.* — « C'est-à-dire qu'il doit appeller au plustost.
« Quant à l'amendement de jugement, il devoit estre demandé
« en suppliant dans le jour. Il semble neamoins qu'icy ces deux
« choses soient confondües. Voyez ce que j'ay remarqué sur le
« ch. 80 du liv. Ier (prés. édit., liv. Ier, ch. 85). Joignez l'art. 12
« de l'ordonance de 1667 au titre *De l'execution des jugemens*,
« et Cujacium ad tit. *De appellationibus* in paratit. » (LAURIÈRE.)

Cf. *Dig.*, XLIX, 1, 5, § 4. Sur l'appel et l'amendement de jugement voyez encore *Ét.*, liv. Ier, ch. 7, 8, 83, 86, 142.

T. II, p. 381, lignes 4, 5, 6. *si come nos avons dit*, etc. —
« Joignez l'ordonance de Charles VII de l'an 1453 à Montil lès
« Tours, art. 18. » (LAURIÈRE.)

T. II, p. 382, lignes 8, 9. *et bien vueil savoir qui a fait tel*

---

1. Laurière se trompe ici ; car Beaumanoir dit expressément que c'est le bailli, en ce cas, qui juge : lui seul est *jugeur* : usurpation sans doute, mais usurpation nettement et clairement exposée par Beaumanoir dans le passage que Laurière vient de transcrire.

jugement. — Rapprochez Pierre de Fontaines, édit. Marnier, pp. 298, 299.

T. II, p. 383, lignes 10, 11. *car supplicacions doit estre faite.* « Voyez ce que j'ay remarqué sur le ch. 80 du livre premier « (prés. édit., liv. Ier, ch. 85). Voicy comme mon ancien manus-« crit[1], qui est une espece de conference du droit françois avec « le droit romain, s'explique sur ce sujet au titre *D'apiaux, de « supplication et de faux jugement*, page penultieme : *Segont « la coustume de France, l'en ne doit pas appeler, car ce n'a « pas esté usé. Mes se aucuns est grevez de juigement, il doit « dire tex paroles : je me tiens à grevez de la sentence que vos « avez donnée contre moi, qui n'est pas bone, ne tele comme « elle doit estre, selonc les us de la terre, ainsi est malvese et « ne me tient pas à apaieiz, car li juigemenz est faux, et si « en requier l'amendement dou soverain. Et, quant il vient « devant le soverain, si doit dire tex paroles : sire, je sop-« ploie à vos comme à soverain, que li quens de Blois a donnée « sentence contre moi en la cause d'une meson, qui ere entre « moi et Gaubert, assise en tel leu et en tel censive ; et à tel jor « fut donnée et de tex gens ; laquele est fausse et mauvese et non « droituriere selon les us dou païs, por laquel chose, sire, je « vos requier amandement dou juigement. Lor si doit dire « la cause resonnable par quoi li jugemenz est mauves.* » (LAURIÈRE.)

T. II, p. 385, ligne 1. *enteriner.* — « *Enterin* en vieux fran-« çois signifie *entier*. *Enteriner* c'est déclarer un jugement « *entier, bon et parfait*, et ordonner qu'il sera accompli et exe-« cuté. » (LAURIÈRE.)

T. II, p. 385, lignes 3, 4. *Et se ce est hors de l'obeïssance le roi.* — « En l'obeïssance le roy on pouvoit demander *amende-« ment de jugement*, mais on ne pouvoit fausser. » Voyez *Ét.*,

---

1. L'ancien ms. que cite ici Laurière est *Jostice et plet*. Voyez l'édition Rapetti, pp. 331, 332. On voit par l'expression de Laurière : *mon ancien manuscrit*, que le ms. fr. 2844 de la Bibl. nat. (*Jostice et plet*) a appartenu à Laurière. Je substitue à la copie un peu défectueuse de Laurière le texte de l'édition de M. Rapetti.

liv. Ier, ch. 83. En court inférieure *on faussoit*. Joignez liv. Ier, ch. 142. — (LAURIÈRE.)

T. II, p. 385, lignes 6, 7. *recreance veée*. — Voyez les notes ci-dessus pp. 216, 217, 220, 221 sur les ch. 6, 8 du liv. II.

T. II, p. 385, lignes 8, 9. *il covient que il die que li jugemanz est faus*. — « Voyez des Fontaines dans son *Conseil*, « 22, et Beaumanoir, ch. 67. » (LAURIÈRE.)

T. II, p. 385, ligne 10. *s'il n'apeloit*. — « Il faut toujours se « souvenir icy qu'il y avoit anciennement dans le royaume des « lieux où les jugemens se faisoient par *pers* et d'autres où ils « se rendroient par *baillis et jugeurs*. Or, dans les lieux où ils « se rendoient par baillis et jugeurs[1], et peut-estre dans les lieux « où ils se rendoient par pers et baillis, on pouvoit fausser les « jugemens contre les jugeurs ou les pers, sans les fausser contre « les seigneurs. Et dans ce cas l'appel du faux jugement estoit « porté pardevant le mesme seigneur qui devoit chercher « d'autres jugeurs, ou emprunter des hommes du seigneur « superieur. Beaumanoir, ch. 64, p. 323 à la fin : *En appeller* « *de faux jugement*, etc.

« Quant le jugement estoit faussé contre les jugeurs, le sei-« gneur en la court duquel il avoit esté rendu en avoit la con-« noissance, mais, si le seigneur estoit luy-mesme pris à partie, « alors l'affaire estoit portée pardevant le seigneur superieur. « Voyez Beaumanoir, p. 312 au commencement, et p. 338 à la « fin, et ce que j'ay remarqué sur le ch. 105 du liv. Ier et sur « les ch. 78, 80, 81 et 138 » (prés. édit., liv. Ier, ch. 109, 83, « 85, 86, 142). » (LAURIÈRE.)

T. II, p. 386, ligne 1. *recort*. — Voyez sur le *record* ci-dessus t. Ier, pp. 221, 222.

189. *Notes sur les Établissements*, liv. II, ch. 17
(ci-dessus t. II, pp. 386-391).

Voyez, en général, sur ce chapitre, ci-dessus, t. Ier, p. 197.

---

1. Voyez l'observation déjà faite ci-dessus p. 244, note 1, et ajoutez que l'opposition adoptée par Laurière entre le mot *pers* et le mot *jugeurs* ne paraît avoir aucune base. Les *pers* sont essentiellement des *jugeurs*.

Textes dérivés : *Abrégé champenois*, 147 ; *Livre des droiz*, 323 (cf. 476, alinéa *Item, autre preuve que*) ; *Anc. usages d'Artois*, XLIX[1], 11 (dans ce chapitre corrigez *où il iait* en *où il n'i ait*, d'après ms. fr. 5248, fol. 106 recto); XLIX, 9, 10, 12, 13; XLVIII[2], 36.

Cf. *Ét.*, liv. Ier, ch. 28, 38 ; *Anc. cout. de Picardie*, édit. Marnier, pp. 46, 47 ; *Const. du Chastelet*, art. 59.

T. II, p. 387, ligne 1. *cri*. — L¹ porte : *crime* au lieu de *cri*. Sur le *cri* voyez ci-dessus, t. Ier, pp. 188, 191, et ci-après p. 249.

T. II, p. 387, ligne 2. *la joutise le doit prandre*. — « Il « semble qu'alors le ministère public des procureurs du roy et « des seigneurs n'estoit pas encore en usage. Voyez mon *Glos-* « *saire* sur *Procureur*. » (LAURIÈRE.)

T. II, p. 387, ligne 8. *quenoissance*. Voyez *Ét.*, liv. II, ch. 13 *in fine*.

T. II, p. 388, lignes 1, 2. *forsbannir hors dou roiaume*. — Voyez *Documents relatifs à la peine du bannissement au XIIIe et au XIVe s.* dans *Bibl. de l'École des chartes*, 2e série, t. III, p. 419.

T. II, p. 390, lignes 2, 3. *des cas que nos avons dit desus*. — Laurière renvoie ici aux ch. 8 et 9 du liv. II : ces mots font plutôt allusion à une phrase du présent chapitre au commencement : *aucun fait où il ait poine de sanc*.

T. II, p. 390, ligne 4. *aprandre*. — Il faut rapprocher de ce mot *aprandre* le nom spécial de cette espèce d'enquête, *aprise*. Voyez Beaumanoir, ch. 40, § 14. Cf. l'expression *enquerre en aprenant* (*Ét.*, liv. II, ch. 23 *in fine*).

T. II, p. 391, lignes 1, 2. Laurière renvoie à la glose sur cette loi du *Digeste*.

190. *Notes sur les Établissements, liv. II, ch. 18*

(ci-dessus t. II, pp. 391-393).

Voyez, en général, sur ce chapitre, ci-dessus, t. Ier, pp. 36, 37, 77, 223, 334, 335.

1. Le ch. XLIX de l'édit. Maillart correspond au ch. XLVIII de l'édit. Tardif ; dans cette dernière édition, le texte est très correct.
2. XLVII, 18 dans l'édit. Tardif.

Cf. *Ét.*, liv. Ier, ch. 95 ; liv. II, ch. 13 ; *Livre des droiz*, 324, 21, 109 ; *Très anc. Cout. de Bretagne*, 119.

« Voyez les *Loix normandes de Guill. le Bâtard*, ch. 25. » (Du Cange.)

A lire : A. del Vecchio dans *Archivio giuridico*, t. XX, p. 19 et suiv.; Jobbé-Duval, *Étude hist. sur la revendication des meubles*, pp. 130, 131.

T. II, p. 394, lignes 6, 7. *il doit metre IIII d. desus.* — Voyez ci-dessus, p. 234, la note de Laurière sur *Ét.*, liv. II, ch. 13.

T. II, p. 392, lignes 8, 9. *Mais il perdra son chatel, se il ne puet trover son garant.* — « *son chastel*, c'est la chose mobi-
« liere qui luy appartient, comme son bœuf, son asne, son che-
« val. La jurisprudence estoit à cet égard differente en Angle-
« terre. *Fleta*, lib. I, cap. 38, *De furto*, § 7 : *Si quis latrocinium*
« *emerit quod crediderit esse legale, et insecutus fuerit ab*
« *aliquo qui rem vendicaverit, et talis emptor rem illam*
« *publice emerit in foro; vel in nundinis, eorum baillivis et fide*
« *dignis qui inde sibi legale testimonium perhibuerint, et quod*
« *tolnetum dederit et consuetudinem; considerandum erit*
« *quod emptor quietus recedat, et quod rem vero domino*
« *petenti restituat, et quod deinde pacaverit amittat, qui si*
« *non testificetur, prout dictum est, nec varantum habuerit, in*
« *periculo erit vitæ amissionis*, etc.

« Si celuy qui estoit ainsi poursuivi trouvoit son garand, et
« le mettoit en cause, il suivoit la procedure prescrite dans le
« ch. 94 du liv. Ier (prés. édit., liv. Ier, ch. 95). Voyez Britton,
« ch. 75. » (Laurière.)

T. II, p. 392, ligne 10. *O*ⁱ porte : *Et se il avoit garant, il avroit jor à amener;* — *L*ⁱ porte : *Mes se il a point de garant, il avra jour à amener son garant, se.*

Mon érudit confrère et ami M. Joseph Tardif me propose au lieu de *nonce*, que j'ai introduit dans le texte, la leçon de plusieurs mss. *avoe :* il pense que la leçon de *N* recueillie en note doit être lue *vouche* et que *vouche* doit être maintenu dans le passage de Britton cité note 43 *in fine : voucher* et *avoer garant* lui paraissent correspondre au latin *vocare, advocare garantum*. Ces observations sont très justes.

T. II, p. 393, lignes 3, 4. *O*ⁱ porte : *et se il trueve son garant, cil sera hors de la soupeçon ;* entre *il* et *trueve* la négation *ne* a été exponctuée. En note Laurière accepte ce texte de *O*[1].

T. II, p. 393, ligne 4. *et sera cil hors de soupeçon.* — « C'est-« à-dire celuy qui a amené son garant. » (Laurière.)

T. II, p. 394, lignes 1, 2. *il levera le cri.* — « Voyez le « ch. 94 du liv. Ier (prés. édit., liv. Ier, ch. 95). Ce cri se faisoit « pour assembler le monde et faire arrester le larron ou le « meurtrier, comme il se void par le chapitre 48 des *Loix fran-« çoises de Guillaume le Bâtard*, qui est conceû dans les termes « qui suivent[1] : *Et ki larun encontre, e sanz cri à acient li « leit aler, si l'amend à la vailaunce de larun, u s'en espurge « per plener lei, que il laroun ne l' sout. E ki le cri orat et sursera, « la sursise li rei amend, u s'en espurget ;* c'est-à-dire que *qui « larron rencontre et sauve*[2] *et qui à escient le laisse aller, il en « doit l'amende à la valeur du laron* ou peut-être *du larcin, « ou il se purgera par pleine loy, qu'il ne le connoissoit pas « pour larron. Et qui le cri oyra, et n'y viendra pas, il en « payera l'amende au roy, ou se purgera par son serment.* « Voyez les notes de Selden sur Eadmer, p. 123, à la fin de « Saint Anselme de l'edition de Paris, et l'edition des ancienes « Loix d'Angleterre par Wheloc, fol. 169. Joignez mon *Glos-« saire* sur les mots *Cri* et *Haro*. » (Laurière.)

J'ai dit (ci-dessus, t. Ier, p. 189) que nos lois, tout aussi bien que les lois anglaises, ont gardé avec beaucoup de raison la théorie traditionnelle et de sens commun du *cri* ou de la *clameur publique*. Cette opinion a été contestée par un savant historien et jurisconsulte, M. Glasson, dans son importante *Étude histo-rique sur la clameur de haro*, Paris, 1882, p. 40, note 2. Il me sera permis de confirmer ici mes vues en présentant une obser-

---

1. Je reproduis ici, au lieu du texte très défectueux de Laurière, celui de Schmid, *Die gesetze der Angelsachsen*, 1858, p. 350, art. 49, 50.

2. Le mot *sauve* paraît, dans la pensée de Laurière, traduire par divination le petit mot *sanz*, inintelligible dans le texte de Laurière, car le mot *cri* qui suit y est omis. Le texte restitué porte : *sanz cri*, c'est-à-dire sans crier : *Au voleur*, ou comme on disait : *Haro !*

vation bien simple : qu'y a-t-il d'essentiel dans le *cri* et dans le *haro* primitif ? N'est-ce point l'obligation de répondre à l'appel *levé*, au *cri*, en se saisissant, s'il est possible, du délinquant ? Mais cette obligation, il est clair qu'elle subsiste dans nos codes : quant au formalisme primitif sur lequel insiste M. Glasson, rien n'indique qu'il ait persisté dans les textes du XIIIe s. qui nous occupent; et persistât-il, il ne ferait alors que couvrir une situation en tout temps nécessaire et que sanctionnent (très imparfaitement il est vrai) nos codes modernes.

T. II, p. 394, lignes 5, 6. *Et s'il l'i avoit achetée, il ravroit son argent*. — Rapprochez cette décision analogue de la charte d'Alais :

Dicimus quod quicquid fuerit emptum a quolibet Christiano vel judeo in foro, vel in publica platea, a persona non suspecta, quamvis raptum fuerit vel surreptum, emptori precium restituatur a domino : et ille, accepto precio, reddere teneatur; qui si suspectus fuerit scisse rem viciosam fuisse quando emit, jurare cogatur se ignorasse, aut rem sine precio reddere (Marette, *Chartes d'Alais*, art. 35, pp. 49, 54).

191. *Notes sur les Établissements*, liv. II, ch. 19

(ci-dessus t. II, pp. 395-400).

Voyez, en général, sur ce chapitre, ci-dessus, t. Ier, pp. 70, 74, 77, 78.

Textes dérivés : *Livre des droiz*, 386 ; *Abrégé champenois*, 38, 120 ; *Anc. usages d'Artois*, XXIX, 15.

Rapprochez : *Jostice et plet*, p. 238 ; La Thaum., *Cout. loc. de Berry*, pp. 443, 444.

T. II, p. 396, lignes 4, 5. O[i] porte deux fois : XV au lieu de XL.

T. II, p. 396, lignes 5, 6. *li sires porroit et devroit assener à son fié por defaute d'ome*. — « De sa propre authorité. Voyez « ma note sur le titre de la Coûtume de Paris, *Des arrests et* « *executions*, ce qui n'est plus pratiqué. » (LAURIÈRE.)

T. II, p. 396, ligne 6. *assener à son fié*. — Rapprochez *Ét.*, liv. II, ch. 30 : *Se aucuns gentis hom assene à son fié* (ci-dessus,

t. II, p. 424). *Assener à son fié*, c'est s'attribuer tous les revenus du fief servant.

T. II, p. 396, lignes 8, 9, 10. L^1 porte : *devroit, si ne perdroit point. Quant.*

T. II, p. 396, ligne 18. *Et quant aucuns viaut*, etc. Rapprochez *Jostice et plet*, pp. 254, 255.

T. II, p. 397, ligne 9. *jointes mains*. — Ce détail de la cérémonie : *les mains entrelacées*, est relaté par une foule de textes. Voyez tous les passages recueillis par Waitz, *Deutsche Verfassungsgeschichte*, t. VI, p. 46, note 4 ; par du Cange, *Glossarium*, édit. Didot, t. III, p. 679, 3ᵉ col.; t. IV, p. 264, 1ʳᵉ col. Joignez ces vers de la *Chanson de Roland* :

Juintes mains, iert vostre cumandez.

Et ailleurs :

Qu'il deviendret, juintes ses mains, vostre hum [1].

L'expression *manibus conjunctis* se retrouve dans l'*Auctor vetus de beneficiis* [2] : il faut lire encore la Cout. angevine publiée par M. Beautemps-Beaupré dans *Cout. et inst. de l'Anjou et du Maine*, 1ʳᵉ part., t. III, p. 53.

Le *baiser* et les *mains jointes*, formalités essentielles de l'hommage, ont donné lieu à cette locution : *la bouche et les mains*, synonyme de *foi et hommage* [3] ; l'expression allemande correspondante est : *mit Hande und Munde* [4].

A cette formalité de l'hommage se rattache l'expression *homme de bouche et de mains* qui est assez fréquente [5].

T. II, p. 398, lignes 2, 3. *envers touz homes qui puissent ne*

1. L. Gautier, *La chanson de Roland*, vers 138, 223, 7ᵉ édition, pp. 18, 26.

2. *Auctor vetus de beneficiis*, dans Homeyer, *Des Sachsensps. zweit. Theil*, t. II, p. 91.

3. Voyez notamment *Cout. de Reims* de 1556 dans Varin, *Arch. législ. de Reims*, 1ʳᵉ part., Cout., p. 937; *Cout. d'Auxerre* de 1507, art. 265, dans Bourdot de Richebourg, *Cout. génér.*, t. III, p. 583.

4. Chr. Gostl. Buderus, *Amœnitates juris feudalis*, Ienæ, 1741, p. 117 et suiv.

5. *Hom monseigneur l'eveske de bouche et de mains* (Bouthors, *Cout. locales du bailliage d'Amiens*, t. Iᵉʳ, p. 343).

vivre ne morir. — Formule fréquente. Comp. notamment l'*Anc. cout. de Normandie*, lib. Ier, c. 13, 14 : *contra omnes qui mori possunt et vivere* dans Ludwig, *Reliq. manuscriptorum*, VII, cité par Sachsse, *Grundlagen*, p. 428.

T. II, p. 398, ligne 6. *de bail.* — « Ou comme mary, ou « comme gardien. » (Laurière.)

T. II, p. 398, ligne 6. *ou d'escheoite.* — « C'est-à-dire de « succession collaterale. » (Laurière.)

T. II, p. 398, ligne 6. *ou d'heritage.* — « C'est-à-dire de « succession directe. » (Laurière.)

T. II, p. 398, lignes 8, 9. *et vos en baise.* — « Ce baiser qui « se faisoit toûjours à la bouche, n'estoit accordé qu'aux vas- « saux nobles, et non aux villains ou roturiers, ce que j'ay déja « prouvé par ce passage de Durand, surnommé le Speculator, « livre IV, *De feudis*, § *Quoniam.....* Porro in regno Franciæ « *facilius se expediunt, nam nobilis homo flexis genibus coram* « *rege et immissis manibus junctis intra manus regias sibi fide-* « *litatem jurat et homagium facit ; et rex illum recipit ad oscu-* « *lum. Si vero sit ignobilis, licet habeat nobile feudum, non* « *recipitur ad osculum.* Le *Roman de la Rose*[1] :

> « *Mais il m'a lors par la main pris*
> « *Et m'a dit : je t'aim*[2] *moult et pris*
> « *Quand tu as respondu ainsi.*
> « *Onques tel*[3] *parole n'issi*
> « *D'homme villain mal enseignié.*
> « *Et si as y tant guaaingnié*
> « *Que je vüeil pour ton avantage*
> « *Qu'orendroit me fasses hommage*
> « *Et me baises emmi la bouche*
> « *A qui nus*[4] *villains home ne touche.*
> « *A moi touchier ne laisse mie,*
> « *Nul home où il ayt villenie.*

1. Ce sont les vers 1936 et suiv., *aliàs* 1937 et suiv. du *Roman de la Rose*, édit. Méon, t. Ier, 1814, pp. 76, 77 ; édit. Francisque Michel, t. Ier, seconde pagination, 1864, pp. 62, 63.
2. Laurière : *t'aime*.
3. Laurière : *cette*.
4. Laurière : *nul*.

« *Je n'i laisse mie touchier*[1] ;
« *Mais estre doit courtois et frans*
« *Celui duquel homage prens.* »

Ajoutez ces vers qui complètent la pensée et la citation de Laurière :

> *Atant devers ses homs mains jointes*
> *Et sachiés que moult me fis cointes*
> *Dont sa bouche toucha la moie*[2].

« Joignez Beaumanoir, ch. 48, p. 265. » (Laurière.)

T. II, p. 399, ligne 2. *Et einsinc de relevoisons*. — « Ces « relevoisons sont un rachat ou relief dû au seigneur censuel « dans la Coûtume d'Orleans. Voyez le titre III de cette Coû- « tume. » (Laurière.)

T. II, p. 399, lignes 2, 3. *Mais nuns ne fait relevoison de bail.* — « C'est-à-dire que le droit de relevoisons n'estoit pas dû « soit pour garde ou bail, ou pour doüaire, ou pour *frerage*, « c'est-à-dire *partage* ; mais peu après ce droit fut changé dans « l'Orleanois, car, selon la Lande, commentateur de la Coûtume « d'Orleans, sur l'art. 126 : *les cayers de cette Coûtume plus* « *anciene que la reformée en* 1509 *disposoient simplement que* « *dans les censives estant au droit de relevoisons à plaisir, il* « *estoit dû profit par toutes mutations*, ce qui avoit induit « quelques-uns de croire que le changement des seigneurs cen- « suels faisoit ouverture aux relevoisons, et c'est par cette « raison qu'en l'art. 116 de la Coûtume rédigée en 1509 *il* « *fut nomément déclaré que les profits n'estoient acquis que par* « *les mutations procedantes du costé des personnes au nom* « *desquelles le cens estoit payé.*

« Cet autheur ajoûte que, *quand on proceda à la reformation* « *de la derniere Coûtume, la pluspart des honnestes gens deman-* « *derent qu'il fut ordonné que, dans les censives estant au droit* « *de relevoisons à plaisir, il ne fut dû de profit pour mutation* « *arrivée en ligne directe, par succession, dons et legs, et que tout*

---

1. Après *touchier* ce vers est omis dans la citation de Laurière :
  Chascun vilain, chascun porchier.
2. *Roman de la Rose*, v. 1968 à 1970 ; *aliàs* v. 1965 et suiv. (édit. Francisque Michel, t. Iᵉʳ, 1864, pp. 63, 64).

« ce qu'ils purent obtenir fut qu'il fut arresté que les femmes n'en
« payeroient plus pour leur premier mariage, etc. » (LAURIÈRE.)

Sur les droits souvent dus en cas de bail, voyez d'Arbois de Jubainville, *Rech. sur la minorité*, p. 15 ; d'Espinay, *Les cartulaires angevins*, p. 211. Comparez *Cout.* dite *de 1411*, dans Beautemps-Beaupré ; *Cout. et inst.*, 1re partie, t. Ier, pp. 411, 413 ; *Jostice et plet*, pp. 232-234.

Sur les *relevoisons* voyez *Cout. d'Orléans de 1583*, ch. 3, intitulé : *Des relevoisons à plaisir*.

T. II, p. 400, ligne 3. *cil qui a le bail*. — « Quoyque le
« baillistre ne dût aucunes relevoisons, à cause de son bail, il
« se pouvoit faire que le mineur en dût de son chef, et dans ce
« cas le bail devoit l'en acquitter, car qui *garde prend, quitte*
« *le rend*. Et de là *vient qu'il est dit icy que le bail doit faire*
« *seures les parties quant li enfant seront en âge qu'il le fera*
« *faire*[1] *à ses dépens et à ses cousts, et en acquittera les censiers*
« *du domage*, etc. » (LAURIÈRE.)

T. II, p. 400, ligne 3. *traire*. — Il faut corriger *taire*, fourni d'ailleurs par L*i* et peut-être par quelques-uns des mss. cités p. 400, note 31, qui auront été mal lus ou mal transcrits. Rapprochez les fragments ci-dessous de *Jostice et plet* où l'expression *se teront* est employée dans le même sens qu'ici *fera taire* :

Tant de foiz comme le seignor de la proprieté mue, ou celui qui a la seignorie, ou celi qui a la proprieté, tante foiz releve l'en.

. . . .

Tant comme li enfant seront non aagé, et seront ou bau dou pere ou de la mere, l'en ne relevera dou pere ne de la mere; car pere ne mere ne rachaste pas le bau de ses enfanz.

. . . .

Bau de vilanage ne doit pas reliés.

Tant comme home tendra ses enfanz enprès la mort lor mere, la terre à la mere ne doit point de relief; emprès la mort au seignor, se la feme doit relever, femme relieve son heritage; emprès la mort son seignor, et se aucuns a relevé avant qu'ele prist son seignor, a (elle) ne doit pas relever . . . .

---

1. Il faut ici : *taire*. Voyez la note suivante.

Nus ne relieve de celui qui a la chose en bau; mes l'en relieve des enfanz, tout soient il non aagé; et sont mis li dener en sauvegarde; et cil qui a la garde des enfanz, se il la (les) velt avoir, donra segurté que, quant li enfant seront aagé, qui se teront et auront estable ce qui est fet, ou qu'il rendra les deners arieres à cez de qui il les a eüz [1].

T. II, p. 400, lignes 5, 6. *Bail si est en fié, mais en vilenage n'a point de bail.* — « Et de là vient qu'il n'y a encore que les « fiefs qui tombent en garde, et non les heritages en roture. Ce « qui est expliqué au long par Philippe de Beaumanoir dans « ses *Coûtumes de Beauvoisis*, ch. 15. » (LAURIÈRE.)

Comp. *Ét.*, liv. Ier, ch. 141 ; *Compil.*, 4 ; *Jostice et plet*, p. 221 ; *Somme rural*, part. 1re, tit. 93. A lire : D'Arbois de Jubainville dans *Bibl. de l'École des chartes*, 3e série, t. II, p. 419.

192. *Notes sur les Établissements, liv. II, ch. 20*

(ci-dessus t. II, pp. 400-407).

Voyez, en général, sur ce chapitre, ci-dessus, t. Ier, pp. 71, 213, 214.

Texte dérivé : *Livre des droiz*, 372.

Rapprochez : *Ét.*, liv. II, ch. 3, 14, 31 ; liv. Ier, ch. 84.

T. II, p. 401, ligne 1. *prant i home le roi.* — « Pour crime, « car avant l'ordonance de Moulins, dans l'art. 35 qui a ordonné « que les crimes seroient punis, où ils auroient esté commis, « l'*aveu emportoit l'homme et il estoit justiciable de corps des « seigneurs* où il levoit et couchoit. Voyez Loisel, dans ses *Ins-« titutes*, liv. Ier, tit. 1er, règle 26. L'on void par là que l'homme « du roy qui estoit detenu dans une justice, s'avoüoit non seu-« lement du roy, mais qu'il se faisoit reclamer ou revendiquer « par les juges royaux. » (LAURIÈRE.)

T. II, p. 401, ligne 6. *à tort.* — « Il falloit necessairement « que les juges royaux dissent ainsi, car sans cela ils n'au-« roient pas eû droit de revendiquer celuy qui s'estoit avoué du « roy, et il n'y auroit pas eû lieu de recreance. » (LAURIÈRE.)

---

1. *Jostice et plet*, pp. 242, 243.

T. II, p. 402, ligne 3. *il doit venir ou envoier.* — « Sçavoir
« le seigneur inferieur en la justice duquel l'homme qui s'avoüe
« du roy a esté pris. » (Laurière.)

T. II, p. 402, ligne 5 ; p. 403, ligne 2, les mots *que cil.....
raisonable* manquent dans *L*¹. *O*¹ porte : *que il ait present ou
autre chose, si comme nos avons dit desus et il mueve juge* (le
reste comme dans le texte).

T. II, p. 403, ligne 2. *O*¹ porte : *resnable et il.*

T. II, p. 403, ligne 3. *faire rendre ou recroire* et plus bas,
ligne 5, *sans rendre et sans recroire.* Voyez ci-après sur *Ét.*,
liv. II, ch. 30, l'explication de ces mots.

T. II, p. 403, lignes 4 à 6. *L*¹ porte : *prise des homes le roi
et qui au roi s'avoent.* Les mots *ou de ses choses sans rendre et
sans recroire* manquent dans *O*¹.

T. II, p. 403, lignes 4, 5. *par la prise de ses homes ou de
ses choses.* — J'ai fait observer (t. Ier, p. 508, note 1) que la
variante *lor choses* est possible. En effet, le roi se venge ici sur
les hommes du baron d'une offense du baron ; qu'il prenne les
hommes seuls, les corps, ou avec les hommes les biens de ces
hommes (*lor choses*) et non pas seulement les biens du baron
(*ses choses*), l'un et l'autre est possible, admissible : car nous
sommes ici en pleine violence, en pleine guerre. On remarquera
que ce mode d'action est formellement repoussé par le rédacteur
de la Coutume de Touraine-Anjou : d'après cette Coutume, le
roi ne se peut *vanchier as homes au baron par droit.* J'ai fait
remarquer que le droit angevin se rattachait ici à une ordonnance d'un roi anglo-normand : il est tout naturel que cette
particularité ne se retrouve pas en Orléanais. Voyez ce qui a
été dit, présent volume, pp. 99, 100.

T. II, p. 403, ligne 10. *Et si fera amende de la recreance
veée.* — « Joignez le ch. 9 de ce livre » (présente édit., liv. II,
ch. 10). (Laurière.)

T. II, p. 404, ligne 2. *O*¹ *L*¹ portent : *il le rent* au lieu de *il
rant.*

T. II, p. 404, lignes 6, 7. *Et s'il i a son droit.* — « Sçavoir
« le seigneur inferieur. » (Laurière.)

T. II, p. 405, lignes 3, 4. *car li rois ne tient de nelui.* —

Cf. *Ét.*, liv. Ier, ch. 83, in fine; liv. II, ch. 14, in fine. Voyez, en outre, présent vol., p. 23.

T. II, p. 405, lignes 7, 8. *Ne nule joutise le roi ne doit plaidier de son droit, ne de son heritage, ne de sa seignorie, fors en sa cort*, etc. Rapprochez les textes suivants :

Prevolz ne puet tenir plet qui atoche à la borse le roi. Prevolz puet tenir jotices de terres, de vignes, de mesons, de prez, de cens, de mobles, et puet fere jotice de fet. Que nus prevolz ne doit tenir plet de chose où il a plus de XL *sols d'amende, et de mains puet tenir le plet.*

Baillis ne peut quenoistre de chose qui apartiegne à la borse le roi [1].

Li baillis, s'il n'en a especial commandement, ne pot metre l'eritage de son segneur en jugement, ne fere bonnage, ne devise de l'eritage son segneur vers autrui, ne vendre, n'engagier nules des cozes son segneur, fors en le maniere que les ventes des bois et les prevostés et les fermes ont esté acoustumées à baillier autrefois par les baillis qui furent devant li [2].

Item. In causa hereditagii regis vel proprietatis super patrimonio regis nullus potest esse judex, nec se intromittere, nec cognoscere, nisi in curia parlamenti ; nec alibi potest agitari preterquam in ea, nisi vel ex commissione regis vel curie et de speciali mandato hoc fieret : et si aliter fiat quam contra (sic pour : *supra*) *dictum est, per quemcumque fiat, annulabitur per curiam et pronunciabitur nullum totum quidquid factum fuerit super premissis. Et ita dictum fuit per arrestum curie in negociis motis solum* (sic pour : *Montis Olivi?*) *contra regem inchoatis. Sed super possessione senescallus vel baillivus possunt cognoscere ; et ex tunc facta fuit ordinacio per presidentem curie super premissis* [3].

Ce passage fixe parfaitement le sens des mots *en sa cort* de notre texte. Il s'agit de la cour du Parlement [4].

1. *Jostice et plet*, pp. 68, 70.
2. Beaumanoir, ch. Ier, *in fine*, édit. Beugnot, t. Ier, p. 44. Revu sur ms. fr. 11652.
3. G. du Breuil, *Style du Parlement*, édit. Lot, p. 34.
4. Sur les mots *en sa cort* Laurière renvoie à *Ét.*, liv. Ier,

T. II, p. 405, lignes 9, 10. *ne li rois ne pert pas par son foible sergent.* — Le mot *sergent* a ici un sens un peu vague et très compréhensif : les *baillis* sont certainement compris dans cette expression. Non seulement ce sens résulte ici du contexte, mais nous pouvons citer un document où le mot *servientes* désigne évidemment des prévôts ou des baillis : *Impetebant siquidem servientes seu ministeriales nostri quemlibet hominum Vindocinensis Ecclesie in prefata insula* (Oléron) *de quolibet forisfacto, absque presentis testis productione; et imposite culpe purgationem nisi per duellum vel per calide aque judicium nolebant omnino recipere* [1].

Ailleurs encore, le *serviens* est un personnage qui rend la justice : *Constitutum est etiam et concessum quod in molendinis et furnis communibus et justitiis faciendis super his, duo servientes assignabuntur* [2].

T. II, p. 407, lignes 3, 4. *ou à joutise ou à seignorie.* — Cette expression qui sépare la justice et la seigneurie est remarquable. Voyez dans le même sens *Ét.*, liv. Ier, ch. 115 et ci-dessus présent volume, p. 97, et joignez les mots *ou de joutise ou de seignorie, Ét.*, liv. II, ch. 20 (ci-dessus, t. II, p. 405, ligne 3).

193. *Notes sur les Établissements, liv. II, ch. 21*
(ci-dessus t. II, pp. 407-411).

Voyez, en général, sur ce chapitre, ci-dessus, t. Ier, pp. 74, 77.

Texte dérivé : *Livre des droiz,* 325.

Comparez : *Livre des droiz,* 727 ; *Ét.*, liv. Ier, ch. 171 ; liv. II, ch. 33.

---

ch. 118 (présente édit., liv. Ier, ch. 122). Je ne vois pas du tout quelle a pu être la pensée de Laurière.

1. Acte d'Éléonore, duchesse d'Aquitaine, aux Archives de Loir-et-Cher, série H, Abbaye de la Trinité de Vendôme, prieuré de Saint-Georges d'Oléron. Copie de M. Bournon que m'a communiquée mon ami, M. Giry.

2. Acte de Manassès, évêque d'Orléans, dans *Collection Baluze*, t. LXXVIII, fol. 38 recto (Bibl. nationale).

T. II, p. 407, ligne 10. *desus diz.* — Voyez *Ét.*, liv. II, ch. 6, 8 ; *Usage d'Orlenois*, 4, 6.

T. II, p. 408, lignes 2, 3. *sanz jor de consoil.* — Sur ce mot Laurière renvoie à *Ét.*, liv. II, ch. 38. Cf. ci-dessus, t. II, p. 468, avec la note 47.

On rapprochera avec intérêt *Jostice et plet* où je lis : *De murtre, de rat, de larrecin, de traïson, d'omicide, de membre tolu n'a point de jor, et de trives demender, de novele desesine qui est fete prestement* [1]. Et encore : *En apiau de murtre n'a point de consoil* [2].

T. II, p. 408, ligne 8. *que il ne s'an meïst en plait.* — Comparez l'expression *in placitum ponere* [3].

T. II, p. 408, lignes 10, 11. *ce que je ai dit dessus.* — Allusion au liv. II, ch. 14 (t. II, p. 364).

T. II, p. 408, ligne 11. *Et doit faire retenue que l'en apele protestacion.* — « Cecy doit fere entendre tous les chapitres de « ces *Establissemens*, où il est parlé de *retenüe*. Voyez le cha- « pitre 14 de ce livre » (présente édit., liv. II, ch. 15, ci-dessus t. II, p. 373). (LAURIÈRE.)

Protestation est un mot savant en usage dans les cours d'Église ; *retenue* est l'expression employée dans les cours laïques : *Mais en le cort de crestienté, baroient il par tant de fois comme il font retenue que il apelent protestation* [4]. On trouve plusieurs fois dans la *Très ancienne Coutume de Bretagne* l'expression : *protestation ou retenue* [5] ; *protestation et retenue* dans un document champenois [6]. *Protestation* est pris plusieurs fois au sens de *retenue* dans le ms. du *Style* de du Breuil de la Bibliothèque de Tours [7]. Les jurisconsultes d'outre-mer disent *retenaille* au lieu de *retenue*.

1. *Jostice et plet*, p. 99, XV, § 2. Cf. *Ibid.*, p. 131.
2. *Ibid.*, p. 289.
3. *Monastic. Anglican.*, t. II, p. 828 ; du Cange, *Glossarium*, édit. Didot, t. V, p. 282.
4. Beaumanoir, ch. 6, § 1, édit. Beugnot, t. Ier, p. 99.
5. *Très ancienne Cout. de Bretagne*, 6e partie, art. 198.
6. Document de 1344 dans Varin, *Archives admin. de la ville de Reims*, t. II, 2e partie, p. 908, notes, 1re colonne.
7. Ms. 765 (Catalogue imprimé, n° 663), fol. 219 verso.

La *retenue* ou *retenaille* est une formule généralement assez vague par laquelle un plaideur se réserve la faculté de changer ses moyens d'attaque ou de défense, ou même ses conclusions. Damasus constate déjà que ce moyen est employé de son temps par les bons praticiens : *Consueverunt insuper boni advocati et sapientes circa finem libelli inserere: salvo eo, si plus dicere voluero; vel : reservata mihi licentia addendi usque ad sacramentum calumniæ. Et hoc totum judices admittunt* [1].

Les *retenailles* reviennent sans cesse dans les *Assises de Jérusalem*.

De nos jours, les avoués mettent encore à la fin de beaucoup de leurs actes des *retenues* ou *retenailles* qui sont de style et dont on se contente de marquer les initiales : *s. t. r. g. q. d. f. e. d. d. (sous toutes réserves généralement quelconques de fait et de droit)*. L'exemple de *retenue* que le compilateur des *Établissements* a ajouté ici : *Et que retenue vaille*, etc., n'est pas heureux ; il n'y avait aucun exemple à donner, car la *retenue* à laquelle l'auteur de l'*Usage d'Orlenois* fait allusion, il l'a exprimée lui-même : *Se mes sires n'avoit*, etc. (p. 409, ligne 6).

L'auteur du *Livre des droiz* s'occupe du moment favorable pour faire les *retenues* et s'exprime ainsi :

Ceulx qui ont plusieurs raisons declinatoires ou peremptoires, il les doyvent proposer que nulles ne leur en soient forcluses, ou en faire protestacion, et sa protestacion sauvée avant qu'il se mecte en jugement ou mecte en fait [2] *; ou autrement elles seroient forcluses* [3].

T. II, p. 409, lignes 4, 5. *quant ele i antra par la force de son seignor*. — Voyez ici Vincent de Beauvais, *Specul. doctrin.*, liv. III, ch. 34, édit. de Douai, t. II, p. 694.

T. II, p. 410, ligne 3. *et doit avoir pour lui qui le requerra.* — « Voyez ce que j'ay remarqué sur le ch. 13 [4] de ce livre »

---

1. Damasus, *Summa de ordine judiciario* dans Wunderlich, *Anecdota quæ processum civil. spectant*, p. 53. Cf. *Décretales de Grégoire IX*, II, XXII, 6.

2. Faudrait-il corriger *plait*? Voyez présent ouvrage, t. II, p. 408, ligne 8.

3. *Livre des droiz*, 59.

4. Laurière : 19. Ce chiffre 19 paraît une faute d'impression.

(présente édition, livre II, ch. 14; ci-dessus présent vol., p. 237). (LAURIÈRE.)

Un texte des *Olim* nous offre l'application de ce principe : nous y voyons mentionnée la présence personnelle du seigneur qui revendique la juridiction : *petenteque quod remitteretur ad curiam domini de Puisaceo, domini sui, qui, presens, curiam petebat de ipso*[1].

Comp. *Établ.*, liv. Ier, ch. 44, 132, et les notes sur ce dernier chapitre, présent vol., p. 130.

T. II, p. 410, ligne 6. *les deus parties bien igaument tenir.* — Voyez *Ét.*, liv. Ier, ch. 108.

T. II, p. 411, ligne 1. *come j'ai dit desus.* — Allusion à la *retenue* dont il a été parlé à l'instant (p. 408, ligne 11).

T. II, p. 411, ligne 5. *vavasor.* — « Dans quelques rouleaux « que j'ay vû au Tresor des chartes, touchant Bar-sur-Aube, le « *vavassor* est plus que le simple seigneur de fief, mais dans « mon ancien manuscrit qui est une conference du droit fran- « çois avec le droit romain, le vavasseur est la mesme chose « que le simple seigneur de fief : *Duc est la premiere dignité,* « *et puis contes, et puis vicontes, et puis baron, et puis chas-* « *telain, et puis vavasor, et puis citaen, et puis vilain*[2]. Voyez la « *Somme rurale* de Bouteiller, p. 904. » (LAURIÈRE.)

T. II, p. 411, ligne 4. *desus.* — Laurière renvoie ici au ch. 38 du liv. Ier (présente édit., liv. Ier, ch. 42). Voyez ci-dessus t. II, p. 411, note 42.

194. *Notes sur les Établissements, liv. II, ch. 22*
(ci-dessus t. II, pp. 411-413).

Voyez, en général, sur ce chapitre, ci-dessus, t. Ier, pp. 54, 55, 77, 226 à 229.

Texte dérivé : *Livre des droiz*, 373.

Comparez : *Ét.*, liv. II, ch. 37[3]; *Jostice et plet*, pp. 111, 112,

---

1. *Olim*, édit. Beugnot, t. Ier, p. 825.
2. Laurière cite ici *Jostice et plet* (édit. Rapetti, p. 67). Je reprends le texte de l'édition Rapetti.
3. Laurière renvoie aussi au ch. 132 du liv. Ier. Je ne vois pas bien l'utilité de ce rapprochement.

303, 311; *Abrégé champenois*, 86; Beaumanoir, ch. 24, § 12, 13 (ch. 43, § 18; ch. 51, § 7).

Le bénéfice de la cession de biens est une création d'Auguste [1]. Elle s'est propagée en France avec le droit romain.

Parmi les nombreux textes du moyen âge intéressant la cession de biens, en voici deux qu'il peut être utile de reproduire et qui nous montrent les jurisconsultes et la royauté travaillant de concert à propager la cession de biens. Ces deux textes sont du commencement du xiv⁰ siècle.

Le premier est extrait des *Anciens Usages d'Artois* : l'auteur de ce traité recommande et décrit la cession de biens.

Jou te di que il est usages orendroit telz generaulz par les prevostés le roy, — et ensy devroit il estre en Artois, qui le vauroit faire par droit ; et si seroit de droit et de raison à faire, — que, s'il est uns homs qui obligiet ait ses cateulz et tout le sien par lettres ou cyrographes, on ne poet tenir son corps, s'il offre à faire cession, c'est-à-dire s'il abandonne tous ses biens, cateulz et hyretages, s'il l'a, pour vendre et pour despendre pour le debte paiier ; et le raportera en le main du signeur de qui il le tenra : et sera mis à vente par le prevost, les catelz vendus avant ; et le warandira li prevos as achateurs[2]. *Et se riens ne li demeure et qu'il demeurche en debte, ne doit targier que se cessions ne passeche; en tele maniere que se il venoit à aucune fortune d'aucune prosperité, ne demourroit mie qu'il ne paiast. Et ensi le justiche le doit faire jurer*[3].

Dans le second des textes que j'ai annoncés, nous voyons le roi prescrire au bailli d'Amiens de ne point emprisonner un débiteur à la requête de ses créanciers, si ce débiteur a fait cession de biens :

---

1. Non de César. Cf. Giraud, *Les nouveaux bronzes d'Osuna*, nouvelle édition, 1877, p. 13; Couraud, *De l'épigraphie juridique*, dans *Revue générale du droit*, 1ʳᵉ livraison, janvier-février 1878, p. 26.

2. Ms. fr. 5248 : *catelz*. J'emprunte le mot *acheteurs* aux éditions de Maillart et de M. Tardif.

3. *Anciens usages d'Artois*, IV, *De cession faire*. Cf. Bibl. nat., Ms. fr. 5248, fol. 68 r⁰; édit. Maillart, 1756, p. 12; édit. Tardif, p. 29.

LIVRE II, CHAPITRE 22.   263

Littere cessionis. — *Ballivo Ambianensi et omnibus aliis salutem. Si, vocatis creditoribus Radulfi et aliis evocatis, idem Radulfus pro debitis in quibus suis creditoribus tenetur de quibus satisfacere non potest, ut asserit, juxta consuetudinem patrie bonis suis cedere voluerit sine fraude, mandamus vobis et vestrum singulis quatenus, ipsa cessione prehabita sine fraude, dictum Radulphum pro suis debitis ad instantiam suorum creditorum nullatenus arrestetis, vel arrestari sive capi quomodolibet permittatis : et si arrestatus fuerit vel detentus occasione predicta, ipsum Radulfum ab arresto predicto liberetis seu liberari faciatis, prout ad vestrum quemlibet noveritis pertinere, nisi nobis aut nundinis Campanie suis creditoribus teneatur* [1].

Ce mandement royal nous prouve que la cession de biens était mal vue des créanciers. C'est un fait que nous révèlent, d'ailleurs, beaucoup d'autres témoignages. Cf. ci-dessus, t. Ier, p. 228.

En marge de A une main du XVIe ou du XVIIe s. a écrit cette note : *Cautio juratoria de solvendo.*

A lire : Hubé, *Extrait du catalogue de la bibliothèque du sénateur Hubé*, p. 112 (Statut de Brescia de 1195); divers textes importants dans *Zeitschrift für Rechtsgeschichte*, t. VII, p. 452 et suiv.; Brussel, *Nouvel examen de l'usage des fiefs*, t. Ier, p. 243 ; Kohler, *Shakespeare vor dem Forum der jurisprudenz*, 1re livraison, 1883, p. 43 et suiv. (dissertation excellente); *Le grant stille et prothocolle de la chancellerie de France*, 1532, fol. XLVIII recto (lettre du roi pour autoriser une cession de biens); Esmein dans *Nouvelle revue hist.*, janvier-février 1883, p. 118 ; Molinier dans *Recueil de l'Académie de législation de Toulouse*, t. VI, pp. 175, 176.

T. II, p. 412, lignes 3, 4. *ne l'en ne met home en prison por dete, se n'est por la soe.* — « Saint Loüis avoit statué la mesme
« chose en 1256, par son ordonnance, que sire de Joinville rap-
« porte p. 122 : *Nous deffendons que nul de nos subjets ne soit
« prins au corps, ne emprisonez pour leurs dettes personnelles,
« fors que pour les nostres*, etc. » (LAURIÈRE.)

---

1. Bibl. nat. 4763, fol. 5 recto, formule intitulée *De cessione.*

T. II, p. 412, ligne 10. *qu'il venra à plus grant fortune.* — « C'est icy que dòit tomber la citation du chapitre *Odoardus.* » (LAURIÈRE.)

T. II, p. 413, lignes 1, 2. *il vandra dedanz* XL *jorz son heritage.* — « Dans ces temps-là on ne pouvoit vendre son heri- « tage, sans une telle raison. Voyez mon *Glossaire* sur *Neces- « sité jurée,* et les *Institutes* de Loisel, liv. Ier, tit. II, regle 15. » (LAURIÈRE.)

195. *Notes sur les Établissements, liv. Ier, ch.* 23
(ci-dessus, t. II, pp. 413-415).

Voyez, en général, sur ce chapitre, ci-dessus, t. Ier, pp. 74, 77, 78, 214.

Texte dérivé : *Livre des droiz,* 374.

Comparez : *Établ.,* liv. Ier, ch. 84 ; liv. II, ch. 20.

T. II, p. 414, ligne 1. *et de la terre.* — « Il y a ensuite dans « un manuscrit de Monsr. le Chancelier : *car l'intention au roy,* « *si n'est mie de celuy.* Il faut lire : *de nuire à autruy, ne aller* « *encontre la Coûtume du païs et de la terre,* etc. » (LAURIÈRE.) — Je ne m'explique pas cette variante attribuée par Laurière à « un manuscrit de Monsr. le Chancelier »; en effet, les mots *car l'entencions... terre* manquent dans $L^1 O^1$. Quant à la correction proposée par Laurière, c'est plutôt une traduction qu'une restitution.

T. II, p. 414, lignes 5, 6. *car quant l'en n'use pas dou droit escrit.* — « Sous le regne de saint Loüis il n'y avoit pas d'autre « droit escrit que celuy de Justinien et les ordonances de nos « roys estoient en petit nombre, elles entroient peu dans le « detail des affaires des particuliers, en sorte que quand les cas « qui se presentoient n'estoient pas decidez par le droit romain, « on avoit recours à la coûtume, ce qui nous marque que le « droit romain estoit alors en France comme le droit commun[1].

1. Ceci me paraît insoutenable. Le romanisme envahissant des derniers siècles du moyen âge a exercé ici une influence tyrannique sur l'esprit de notre grand jurisconsulte coutumier, Laurière. Son commentaire accorde évidemment trop d'importance à une phrase de notre jurisconsulte, phrase contredite par ce qui

« Et comme l'usage estoit dans l'empire romain d'estendre aux
« villes des provinces les Coûtumes de l'anciene et de la nou-
« velle Rome, comme il est dit dans la loy premiere *De veteri*
« *jure enucleando*, on a voulu, dans ces derniers temps, avec
« raison, que les cas obmis dans les Coûtumes du royaume,
« fussent suppleées [1] par celle de Paris. » (Laurière.)

T. II, p. 414, lignes 7, 8. *costume passe droit*. — Un annotateur du xvie ou du xviie s. a traduit, en marge de *A*, cette pensée en latin : *Consuetudo superat legem;* c'est-à-dire *La coutume l'emporte sur le droit romain*.

Ce principe important, et sur lequel est fondée l'existence du droit coutumier, est souvent répété : il est proclamé à deux reprises par Philippe le Hardi en 1274 et en 1277 [2]. Même dans le Midi, une coutume légitime, c'est-à-dire authentique, passe droit [3]. Exprimé ou latent, ce principe est au fond des coutumes même méridionales qui, sur tant de points, sont en contradiction avec le droit romain.

On voit que je suis conduit à contredire complètement les observations de Laurière sur le passage précédent des *Etablissements*.

T. II, p. 415, lignes 3, 4. *en aprenant*. — On a souvent appelé l'enquête l'*aprise*. Le ch. 17 au liv. II parle d'enquêtes au criminel qui prennent souvent ce même nom d'*aprise* (ci-dessus, t. II, p. 387). J'ai déjà parlé de l'*uprise*, ci-dessus, t. Ier, p. 270.

196. Notes sur les *Établissements*, liv. *II*, ch. 24
(ci-dessus t. II, pp. 415-417).

Voyez, en général, sur ce chapitre, ci-dessus, t. Ier, pp. 37, 38, 39, 77.

suit, et qui n'est qu'une traduction banale du latin : *De quibus causis scriptis legibus non utimur, id custodiri oportet quod moribus et consuetudine inductum est.* (*Dig.*, I, iii, 32.)

1. *Sic* dans Laurière.
2. *Ord.*, t. Ier, p. 302; t. XI, p. 354. Cf. Montesquieu, *Esprit des lois*, liv. XXVIII, ch. 42, 45; Pasquier, *Recherches*, liv. IX, ch. 37; *Hist. littér.*, t. XVI, p. 88.
3. Pour Avignon voyez M. René de Maulde dans *Nouvelle revue hist.*, année 1877, liv. II, p. 186.

Rapprochez : *Abrégé champenois*, 149 ; *Compilatio*, 98.

L'annotateur de *A* a écrit en marge de ce ch. les mots : *Si quis pulsatus* (écriture du xvi⁰ ou du xvii⁰ s.).

T. II, p. 416, lignes 1, 2. *Se aucuns se plaint d'un autre qu'il li ait fait ou sanc ou chaable.* — Voyez *Établ.*, liv. II, ch. 12, 35.

T. II, p. 416, ligne 4. *la colée.* — « C'est-à-dire le coup, et « de là vient que dans le ch. 11 de ce livre (présente édition, « liv. II, ch. 12), il y a : *cous et colées*[1]. *Coup* vient de *colpus* « qui se trouve frequemment dans les anciennes loix, et les « capitulaires. Vide *Append. Marculphi*, capite 29. » (LAURIÈRE.)

T. II, p. 416, lignes 5, 6. *et xv s. au plaintif.* — Ce vieux tarif de quinze sols se retrouve en Champagne[2], en Touraine[3], etc. : il devient seize sols au Vieux-Verneuil[4].

Rapprochez aussi ce passage des *Peines de la duchie d'Orleans*, petit texte recueilli par l'auteur de *Jostice et plet* : *Et se il i a bataille juigée, neuf livres por le champ vaincu et quinze sols par membre blecié, et soi gari*[5].

Ce tarif de quinze sols remonte à la période carolingienne : *Si quis ingenuus ingenuum ictu percusserit xv solidos conponat*[6].

T. II, p. 416, lignes 7, 8. *et la plaie li doit fere garir.* — Même idée dans le petit texte que je viens de citer : *et soi gari*. Plus haut, au ch. 12 du liv. II (t. II, p. 359), il n'est question expressément que du chômage ; mais c'est, au fond, la même pensée.

T. II, p. 417, lignes 3, 4. *ne paient que LX s. d'amende.* — « Voyez le chapitre 149 et 150 du livre I⁰ʳ » (présente édition, liv. I⁰ʳ, ch. 157, 158). (LAURIÈRE.)

---

1. T. II, p. 359, ligne 1.
2. *Très anc. Coutume*, art. 48.
3. *Liber compositionum*, carta XLIX, fol. XIV verso, alias, p. 28 ; d'après la copie d'André Salmon à la Bibliothèque de Tours.
4. Canel, *Notice sur le combat judiciaire en Normandie*, p. 68 ; d'après Barabé, *Recherches sur le tabellion. royal*, p. 336.
5. *Jostice et plet*, p. 279.
6. *Capit. in Lege Rib. mittenda*, dans Pertz, *Leges*, t. I⁰ʳ, p. 117.

T. II, p. 417, lignes 7, 8. *selonc la forme de la chartre.* — Voyez ci-dessus, t. Ier, pp. 37, 38; « voyez Beaumanoir, ch. 30, « *Des meffects*, p. 150. » (LAURIÈRE.)

197. *Notes sur les Établissements, liv. II, ch.* 25
(ci-dessus t. II, pp. 417, 418).

Voyez, en général, sur ce chapitre, ci-dessus, t. Ier, pp. 38, 39, 40, 77, 371.

Textes dérivés : *Somme rurale,* liv. II, tit. 40, ch. *De femme qui meffaict* (édit. de 1621, p. 871); *Abrégé champenois,* 43.

L'annotateur de A a mis en marge ces mots : *A die injuriarum.*

T. II, p. 418, ligne 2. *li plaintis en a v s.* — Cette amende de cinq sols est très fréquente pour le délit d'injure. Je la retrouve pour ce fait en Champagne : l'amende, dans cette province, était de cinq sols pour avoir dit *putain* à une femme non mariée ; l'amende pouvait monter à soixante sols pour la même injure adressée à une femme mariée [1]. L'amende de cinq sols pour injure subsiste à Montereau en 1509 [2]. On la retrouve au XIIIe s. à Bruges [3]. Je rencontre aussi un tarif de 2 sols 1/2 qui paraît bien être l'ancien tarif de cinq sols réduit de moitié [4].

Beaumanoir, ch. 30, p. 150 : « *Autres*[5] *manieres de meffects* « *sont, si coume de laiz diz. Or veon donques. Se uns hons* « *dit villenie à autrui, et cil s'en plaint à qui le villenie est* « *dite, l'amende est de cinq sols* [6]*, s'il est honz de poosté; et se*

---

1. *Très ancienne coutume de Champagne,* art. 41, 45, 47 (Bourdot de Richebourg, *Coutumier général,* t. III, p. 217). Voyez la citation déjà faite présent vol., p. 169.

2. Bourdot de Richebourg, *Ibid.,* t. III, p. 400.

3. Keure de Bruges de 1281 dans Warnkœnig, *Histoire de Bruges,* p. 268.

4. Ord. de 1357 dans *Ord.,* t. III, p. 206. Cf. du Cange, *Glossarium,* édit. Didot, t. III, p. 37, 1re col.

5. Cf. édit. Beugnot, t. Ier, p. 417. Revu sur ms. fr. 11652.

6. Ce même tarif est inscrit dans l'accord de 1276 entre l'évêque de Beauvais et la commune (Archives municipales de Beauvais, *Registre aux cinq clous,* fol. 137).

« il est gentix hons, l'amende est de dix livres[1]. Et encore m'ac-
« cordé-je, se uns honz dit villenie à un vaillant home, que il
« ait peine de prison, si que par la peine de prison li musart
« en soient chastié. Se villenie est dite devant juge, si
« coume là où li prevos tient ses ples, ou li baillis, entre gens
« de poosté, l'amende est de soixante sols, et entre gentix
« hommes l'amende est de soixante livres..... Se villenie est
« dite as prevos, ou as serjans, d'homme de poosté l'amende
« est de soixante sols, et de gentil home de soixante livres. »
(LAURIÈRE.)

T. II, p. 418, lignes 3, 4. *Mais fame ne paie que demie
amende*. — « De là vient que Loisel, dans ses *Institutes cou-
« tumieres*, livre VI, titre II, art. 33, dit que *de toutes amendes
« estant en loy, les femmes n'en devoient que la moitié*. Voyez
« l'art. 460 de la Coûtume d'Orléans avec le commentaire de la
« Lande et mon *Glossaire du droit françois* sur *Amende de
« loi*. » (LAURIÈRE.)

La même disposition se retrouve dans les *Assises de Jérusalem*[2] : elle est très fréquente en Italie[3]. Faut-il en rapprocher
les textes qui attribuent à la femme la moitié du wergeld de
l'homme[4] ? La valeur pénale de la femme semblerait être acti-
vement et passivement la moitié de la valeur de l'homme.
Faut-il rappeler les textes nombreux qui, depuis la période
romaine inclusivement[5], diminuent de moitié certains impôts

---

1. Beugnot : *saus* au lieu de *livres*. La leçon *saus* est certainement mauvaise.

2. *Livre des Assises de la cour des bourgeois*, ch. 297 dans Beugnot, *Assises*, t. II, p. 222. Cf. Victor Foucher, t. Ier, 1re part.,
pp. 762, 764, et pour la Touraine, reg. JJ 274, f° 7 r° (Arch. nat.).

3. Voyez les textes cités par Pertile, *Storia del diritto italiano*,
t. V, p. 154. Voyez aussi pour les Statuts de Macerata, *Extrait du
catalogue de la bibliothèque du sénateur Hubé*, 5e partie, *Italie*, Var-
sovie, 1864, p. 76.

4. Cf. Grimm, *Rechtsalterthümer*, p. 407 ; Sohm dans *Deutsche
Rundschau*, janvier 1878, p. 96, note 1 ; pour les anciens Russes
Macieiowski, *Slavische Rechtsgeschichte*, II, § 153.

5. *Code de Justinien*, XI, XLVII, 10. Cf. Fossati, *Vicende della
proprietà*, p. 233.

ou certaines redevances[1] quand elles sont dues par une femme au lieu de l'être par un homme ? J'ai beaucoup réfléchi à ce problème historique, sans arriver à une solution très nette.

A lire : H. Sperling, *Zur Geschichte von Busse und gewette im Mittelalter*, p. 18, note 1 ; Wahlberg, *Die strafrechtliche Verantwortlichkeit der Frauen* dans Wahlberg, *Gesam. Kleinere Schriften und Bruchstücke über Strafrecht, Strafprocess*, t. Ier, Wien, 1875, p. 122 et suiv.

198. *Notes sur les Établissements, liv. II, ch.* 26

(ci-dessus, t. II, pp. 418-420).

Voyez, en général, sur ce chapitre, ci-dessus, t. Ier, pp. 71 à 75 ; 130 à 132 ; 369 à 371.

Rapprochez : *Établissements*, liv. Ier, ch. 11, 136 ; G. de Jumièges, *Hist. Northm.*, ch. 9, 10, édit. Migne, 1853, col. 783, 784 ; J. des Marés, *Décision* 236 ; *Anc. Cout. de Picardie*, édit. Marnier, p. 158 ; Beaumanoir, ch. 14, § 12, édit. Beugnot, t. Ier, pp. 229, 230 ; ch. 70, § 5, édit. Beugnot, t. II, p. 499 ; et surtout *Jostice et plet*, pp. 234, 252, 255.

Un de ces textes de *Jostice et plet* a été cité au t. Ier, p. 72. Voici les deux autres :

Adam dit : quanquez pere et mere fet de ses choses resonablement au marier ses enfanz, est estable.

Uns hons et sa feme ont trois enfanz, et en marierent les deus ; emprès li peres et la mere morirent. Totes les remenances des choses mobles et escheetes et conquez, et patremoine seront as derreniers enfanz, qui remaindrent sanz partie.

Les décisions analogues sont très fréquentes au moyen âge. Voici un texte important qui concerne Amiens (XIIIe siècle) :

---

1. Voyez Beyer, *Urkundenbuch zur Geschichte... Coblenz und Trier*, t. 1er, p. 275, acte n° 216 (acte d'Otton II) ; Hanauer, *Les constitutions des campagnes de l'Alsace au moyen âge*, p. 68 (constitution de la marche de Marmoutier et territoire de Saint-Martin, Bas-Rhin) ; *Inventaire des archives de la chambre des comptes* à Lille, t. Ier, p. 290, acte n° 709 (acte de 1240 intéressant Renaix) ; *Le cabinet historique*, nouvelle série, 1882, p. 45 (acte du 26 janvier 1267, cartulaire de la commanderie de Saint-Amand).

Derekief, se aucuns hom et se femme marient aucuns de leurs enfans et leur donnent de leurs biens, chil qui sont marié au vivant leur pere et leur mere ne poent riens demander au remanant de tous les biens leur pere et leur mere, soient moeuble, ou hyretage, ou acquestes, ne en l'iretage dont leur mere est douée, s'il n'est ensi que le condicions du mariage ne soit tele que pour cose que il emporte, ne quicte il mie le remanant; car toutes conditions de mariage qui sont faictes sans fraude sont à tenir.

Derekief, se aucuns ou aucune marie sen enfant puis le mort du pere ou le mere, et li donne de ses biens, chiex qui mariés est ne laira ja pour chou qu'il ne partisse à che dont se mere ara esté douée, et es hyretages qui venront du costé de chiaus qui seront trespassé, soit ses peres ou se mere, pour che qu'il n'a mie esté mariés du vivant de pere et de mere[1].

A lire : Giraud, *La Lex Malacitana*, p. 38 ; Sachsse, *Hist. Grundlagen des deutschen Staats und Rechts-lebens*, Heidelberg, 1844, p. 444 ; texte publié par M. Bordier dans *Bibliothèque de l'École des chartes*, B, I, 402, et les observations de M. Bordier, *Ibid.*, p. 434 ; Struvius, *Jurisprudentia heroica*, pars V, Ienæ, 1747, pp. 170, 171.

Je reproduis ici *in extenso* les observations importantes de Laurière que j'ai critiquées, mais non citées ci-dessus, t. Ier, pp. 71-74 :

« Ce chapitre est plus difficile qu'il ne le paroist. Et pour
« l'entendre, il faut sçavoir que dans le temps que ces *Esta-*
« *blissemens* furent faits, la puissance paternelle estoit en usage
« à Paris, dans l'Orleanois et dans la Touraine. Voyez ce que
« j'ay remarqué à ce sujet sur le ch. 128 du livre Ier, vers la fin
« (présente édition, livre Ier, ch. 132), et le titre 9 de la Coû-
« tume d'Orleans.

« Or tant que les enfans estoient sous la puissance de pere
« et de mere, le pere et la mere ne leur pouvoient rien donner,
« parce que la chose donnée estoit acquise de plein droit au
« pere et à la mere donateurs. Et ainsi il faut necessairement

---

1. *Cout. d'Amiens* dans A. Thierry, *Recueil des mon. inédits de l'hist. du tiers état*, 1re série, *Région du Nord*, t. Ier, pp. 166, 167.

« entendre ce qui est dit au commencement de ce chapitre, des
« enfans émancipez. Quant aux enfans mariez par peres et
« meres, comme ils estoient émancipez de plein droit par le
« mariage, les donations que les peres et meres leur faisoient
« estoient bonnes. Mais la question est de sçavoir si ces éman-
« cipez donataires pouvoient revenir à la succession de peres et
« meres, en rapportant. Et l'art. 132 du Ier livre (présente
« édit., liv. 1er, ch. 136) decide qu'ils y revenoient, en ces
« termes : *Et*[1] *se li hom costumiers avoit marié un de ses fiz
« et une de ses filles, et il en aüst autretant à l'ostel qui ne
« fussent pas marié et il se morust, et li marié venissent à ces
« qui seroient en l'ostel remains et demandassent partie en
« l'escheoite, cil qui seroient en l'ostel ne la lor porroient pas
« veer par droit; mais il covendroit as autres que uns chas-
« cuns raportast ce qu'il avroit aü en fraresche, fust terre, fust
« maison, fussent denier ou autre mueble*, etc. Et en cela on
« imita le nouveau droit romain qui admettoit les émancipez à
« la succession de leur pere avec les enfans qui estoient restez
« en puissance, du chef de l'édit *Unde liberi.*

« Mais à Paris on suivoit l'ancien droit romain[2]. Et les éman-
« cipez qui avoient esté avantagez ne revenoient plus à partage,
« comme il se void par la decision qui suit de Jean des Mares :
« *Se*[3] *enfans sont mariez de biens communs de pere et de mere,
« et autres enfans demeurent en selle, c'est-à-dire en domi-
« cille de pere et de mere, iceulx enfans mariés renoncent
« taisiblement à la succession de pere et mere ne n'i püent
« riens demander au prejudice des aultres demeurant en selle,*

1. Je reprends ici le texte du ch. 136 d'après la présente édition (ci-dessus, t. II, p. 258).

2. Je n'ai pas besoin de faire toucher du doigt l'invraisemblance de l'opinion de Laurière : comment suivrait-on à Paris un droit antéprétorien, un droit bien antérieur à Ulpien? (*Inst. de Just.*, III, I, 9; *Digeste*, XXXVII, VIII, 1.) Le droit romain primitif et le droit germanique devenu le droit coutumier français se ressemblent sur ce point comme sur beaucoup d'autres. Voilà la vérité.

3. Je reprends ici, au lieu de la citation de Laurière, le texte de la décision dite de Jean des Marés, n° 236 d'après le ms. fr. 5359, fol. 97 verso, dont s'était servi Brodeau.

« *supposé qu'il raportassent ce qui donné leur a esté en
« mariage, quar par le mariage il sont mis hors de la main
« de pere et mere,* etc. Voyez le liv. Ier, ch. 40 (présente édi-
« tion, livre Ier, ch. 44), et Beaumanoir, ch. 70, p. 253, au
« commencement.

« Les choses estoient ainsi quand les peres et meres marioient
« leurs enfans, pendant leur mariage, et peut-estre de biens
« communs, mais quand ils estoient en viduité, ils ne pouvoient
« avantager un enfant au prejudice de l'autre, sans leur con-
« sentement, parce qu'alors tous les enfans estoient également
« hors de puissance. Voyez l'art. 103 de la Coûtume de Char-
« tres, etc. » (Laurière.)

T. II, p. 419, ligne 3. *sans retour*. — Cette décision orléanaise n'était pas universellement adoptée à la fin du XIIIe s.
Voici pour le Beauvaisis ce qu'écrit Beaumanoir :

*Et ce c'on dit que cil que pere et mere marient ont le cois de
raporter et de partir, ou d'aus taire sans raporter et sans partir quant il se tiennent por paié de che qui lor fu donné à
mariage, c'est à entendre quant li don ne furent pas si outra-
geus que li autre en demorerent desherité*[1].

T. II, p. 419, ligne 3. *L*¹ porte : *ne li en vient;* Oⁱ porte : *ne
li done* au lieu de : *ne li avient.*

T. II, p. 419, ligne 4. Oⁱ porte : *Mes pere* au lieu de : *Ne pere.*

T. II, p. 419, lignes 4, 5. *L*¹ porte : *ne puet en sa veveté feire
meilleur partie à l'un que à l'autre.*

T. II, p. 419, ligne 5. Oⁱ porte : *plus grant* au lieu de :
meillor.

Les coutumes qui frappent ainsi la fortune d'inaliénabilité et
l'immobilisent entre les mains du survivant s'appellent : *Coutumes d'interdiction*. Nous retrouvons cette interdiction sur
divers points, notamment à Fribourg, pour les biens propres :

*Burgensis quilibet uxore sua vivente de omni possessione sua
quod vult disponit.*

*Si alter eorum moritur, de proprio et hereditate sua nichil
facere potest, nisi famis eum necessitas urgere ceperit; et illam
necessitatem juramento probabit. Si autem aliquis heredum*

---

1. Beaumanoir, ch. 70, § 5, édit. Beugnot, t. II, p. 499.

necessaria sibi ministrare voluerit, de rebus suis non habebit disponendi potestatem[1].

T. II, p. 419, lignes 6, 7. Au lieu de *selonc l'usage d'Orlenois* O^i porte : *selonc l'usage de divers païs;* L^i porte : *selonc l'usage d'Orliens.*

199. *Notes sur les Établissements, liv. II, ch.* 27

(ci-dessus t. II, pp. 420, 421).

Voyez, en général, sur ce chapitre, ci-dessus t. Ier, pp. 40, 41.
Textes dérivés : *Abrégé champenois,* 44; *Livre des droiz,* 8.
Rapprochez : *Établissements,* liv. Ier, ch. 158; *Olim,* édit. Beugnot, t. Ier, p. 521.

« Ce chapitre est facile. Voyez Beaumanoir, ch. 2, et des « Fontaines, ch. 3. » (LAUBIÈRE.)

L'annotateur de *A* a mis en marge ces mots : *Pœna defectus. Qui pignora abstulit.*

T. II, p. 421, lignes 1, 2. *Et s'il esceut,* etc. — La Coutume dite de Lorris de 1494 porte : *Qui recoust ses bestes, gaige ou pan des mains de celluy qui a faict la prinse, il est amendable d'amande arbitraire, s'il est prouvé contre luy; et s'il ne peult estre prouvé, le preneur en sera creü, auquel cas n'y aura que cinq sols d'amende* [2].

T. II, p. 421, ligne 3. *aramir ou jurer.* — « *Adhramire* in « *Lege Sal.,* tit. 39; in *Capitul. Caroli Magni pro partibus* « *Saxoniæ,* § 31; in *Capit. Car. Magni,* liv. III, c. 58; liv. IV, « c. 28, 29; apud Marculph et alios; est *cavere se certâ die et* « *certo loco juraturum,* inquit Bignonius. *Arramire bellum* in « *Tabul. Major. Monast.,* n. 9, 159 est *promettre en jugement* « *de defendre sa cause par le duel.* Voyez M. du Bosquet sur « les *Épîtres d'Innocent III,* p. 146. Le mot d'*aramir* se trouve « aussi dans Phil. de Beaumanoir, ch. 61, dans Philippes

---

1. Charte de Fribourg dans *Fontes rerum Bernensium,* t. Ier, pp. 377, 378.

2. Coutume de Lorris de 1494, ch. 4, art. 13, dans La Thaumassière, *Coust. loc. de Berry,* p. 454. Voyez aussi les articles précédents.

« Mouskes, la *Chronique de Bertrand du Guesclin*, le *Roman*
« *de Garin* et autres anciens auteurs françois, qui l'emploient
« ordinairement pour une promesse solennele de faire quelque
« chose. » (Du Cange.)

« Voyez mon *Glossaire* sur ce mot et sur *Errame*. » (Laurière.)

On s'est beaucoup préoccupé, en ces derniers temps, du sens du mot *arramir*. Pour M. Sohm, comme pour notre du Cange, *adhramire*, *arramir*, c'est *engager solennellement sa foi*. M. Thévenin, dont je ne suivrais pas l'opinion, y attache une autre signification. Voyez l'étude si intéressante de M. Thévenin, intitulée : *Contributions à l'histoire du droit germanique*, Paris, 1880, p. 1 à 32. (Extrait de la *Nouvelle Revue historique de droit français et étranger.*)

200. *Notes sur les Établissements, liv. II, ch.* 28

(ci-dessus t. II, pp. 421-423).

Voyez, en général, sur ce chapitre, ci-dessus t. Ier, pp. 79, 303, 304.

Texte dérivé : *Très anc. Coutume de Bretagne*, 1re partie, ch. 6.

Rapprochez : *Livre des droiz*, 232 ; *Ét.*, liv. Ier, ch. 49 ; *Jostice et plet*, p. 286.

« Le sens de ce chapitre est qu'un seigneur qui est en con-
« testation avec son vassal, ne peut en estre juge, parce que
« personne ne peut estre juge en sa propre cause. Si donc il y
« a procés entre le seigneur et le vassal pour dette, ou pour
« promesse et convenance, et que la question ait esté portée
« devant le juge royal, le seigneur qui est partie au procés ne
« pourra demander d'estre renvoyé en sa court. Et il en est de
« mesme, si entre le seigneur et le vassal il est question de
« mouvance, ou de fief, ou d'heritage. Et la raison qui en est
« renduë, est que pour rendre un jugement, il faut trois choses :
« un juge, un demandeur et un deffendeur. Or, dans les cas
« proposez, il y a bien un demandeur et un deffendeur, mais il
« n'y a pas de juge, puisque le seigneur est luy-mesme *que-*

« *relleres* ou partie. En sorte que la cour ne seroit plus égale,
« ce qui est tres certain. » (LAURIÈRE.)

T. II, p. 422, lignes 3, 4. *nus ne doit estre juges ne dire droit en sa propre querele*, etc. — Pierre de Fontaines cite le même texte de droit romain (ch. 23, édit. Marnier, p. 317). La même idée est souvent exprimée, notamment dans les *Statuta Provinciæ Forcalqueriique comitatuum*, Aix, 1598, p. 2 : *Et quia de jure communi cavetur expresse pariterque prohibetur quod nullus in causa propria ordinarius judex esse debeat, vel existat, nisi papa, vel imperator, vel rex, vel alius habens jurisdictionem supremam*. A lire ici : Bouthors, *Cout. loc. du bailliage d'Amiens*, t. Ier, p. 343.

T. II, p. 422, lignes 5, 6. *in rubro et in nigro*. — C'est-à-dire *dans la rubrique et dans le texte*. Cette manière de désigner la rubrique et le texte n'est pas spéciale à notre compilateur; je trouve ailleurs la même expression *in rubro et in nigro* dans *Libri aurei de omni facultate* apud Varin, *Arch. lég. de Reims*, 1re part., *Cout.*, p. 426. Il ne faut point songer ici aux reliures *noire* pour l'Infortiat, *rouge* pour le *Digestum novum* qui étaient en usage [1].

T. II, p. 422, ligne 7. O[i] porte : *de son home de fié* au lieu de : *de son seignor de fié*.

T. II, p. 422, ligne 9. O[i] porte : *il n'en avra pas la cort ne l'obeïssance, en droit*.

T. II, p. 422, ligne 10; p. 423, ligne 1. *en jugement faut III choses et sunt necessaires : juges, demandanz et deffandanz*. — Aux rapprochements que j'ai proposés ci-dessus, t. Ier, pp. 303, 304, ajoutez ce texte d'Azo : *Judicium est legitimus actus trium personarum, scilicet judicis, actoris et rei. Nam testes, licet plerumque in judiciis utpote pernecessarii producantur, sine his tamen potest esse judicium* [2].

T. II, p. 423, lignes 2, 3. L[i] porte : *en ce cas, où il avront demandant et deffendant, li sires si orroit les querelles ; autre-*

1. Zoletus, *Index librorum juris pontificii et civilis,* Venetiis, 1566, p. 1.
2. *Summa excellentissimi juris monarche domini Azonis*, Lugduni, 1514, fol. XLVI verso.

ment, ne seroit. O^1 porte : *en ce cas où il avroit demandant et deffendant, se* (le mot *se* est exponctué) *li sires querelieres, si ne.*

T. II, p. 423, ligne 4. dans O^1 le mot *clochier* est rétabli avec une encre jaune et substitué à *estre* qui a été exponctué.

201. *Notes sur les Établissements, liv. II, ch.* 29

(ci-dessus t. II, pp. 423, 424).

Voyez, en général, sur ce chapitre, ci-dessus t. Ier, pp. 182, 183.

Texte dérivé : *Livre des droiz*, 375.

Rapprochez : *Anciens usages d'Artois*, XI, 2 ; *Livre des droiz*, 358 ; *Établissements*, liv. Ier, ch. 31, 41 ; liv. II, ch. 35.

« Comme l'usage des assuremens estoit ancienement tres fre-
« quent, il n'y a presque aucun de nos anciens praticiens qui
« n'en ait parlé, mais Beaumanoir est constament celuy qui en
« a traité le plus au long, dans le ch. 60 de ses *Coûtumes de*
« *Beauvoisis.* En l'an 1555, Petrus Premus, conseiller de l'elec-
« teur de Saxe, en donna un traité, qui a esté depuis réimprimé
« à Spire en l'année 1609.

« L'*assurement* estoit une *seûreté* que celuy qui craignoit
« d'estre opprimé par une personne plus puissante que luy
« exigeoit ; et la personne puissante à qui il estoit demandé
« devoit l'accorder, en promettant qu'il ne feroit aucun mal à
« celuy qui craignoit d'estre opprimé. Il n'estoit pas tout à fait
« inconnu aux anciens Romains qui le nommoient *securitatem.*
« Vide Premum, p. 10.

« Il devoit estre fait en justice, et la connoissance en appar-
« tenoit au seigneur haut justicier, comme le remarque Loisel
« dans ses *Institutes Coûtumieres*, liv. II, tit. II, n. 49.

« Que l'on suppose que celuy qui craignoit d'estre ruiné et
« opprimé, se soit plaint de son ennemi, en la justice du roy,
« qu'il y ait demandé asseurement, et que l'asseurement y ait
« esté donné par l'ennemy, qui couchoit et levoit sous un
« mesme seigneur haut justicier. Si dans la suite l'asseurement
« est enfraint, qui est-ce qui connoistra de l'infraction ? Sera-ce
« le seigneur haut justicier, dont le criminel sera homme levant

« et couchant, ou seront-ce les officiers du roy ? Et il faut dire
« que les officiers royaux en connoistront, parce que les officiers
« du roy doivent connoistre de ce qui a esté fait en sa cour. »
(Laurière.)

Les progrès de la juridiction royale sont particulièrement frappants en matière d'assurement : la coutume d'Anjou ne parle pas à ce propos de la compétence des cours royales ; rien, dans son texte, n'indique un rôle spécial de la juridiction royale. Le présent chapitre correspond à une première phase du développement ; cette phase vient d'être exposée par Laurière : la juridiction royale reste toujours compétente pour connaitre d'un assurement brisé, dès lors que l'assurement a été donné en cour royale, quel que soit le domicile de celui qui a brisé l'assurement. Un peu plus tard, un nouveau développement se produira : on soutiendra que le roi est toujours compétent pour connaitre des *assurements brisés*, c'est-à-dire des infractions à un assurement donné, et cela alors même que l'assurement dont il s'agit n'aurait pas été donné devant une juridiction royale. En 1288, Jean, sire de Joinville, verra cette théorie nouvelle invoquée contre lui, et cette théorie triomphera contre le sire de Joinville [1].

Pour compléter ces observations sur l'assurement et sur le rôle du roi en pareille matière, je publie ci-après une formule par laquelle le roi mande à un de ses baillis de contraindre un individu à donner assurement (fin du xiiie ou commencement du xive s.) :

De assecuramento. — *Ballivo Ambianensi salutem. Cum prout ex parte Johannis Scrabonis et ejus uxoris*[2] *nobis fuit expositum quod Petrus de Gardo et ejus fratres ac eorum amici carnales sint ipsorum conjugum capitalis inimici, ac propter metum eorum extra domum propriam non sunt ausi*[3]. *Mandamus tibi quod a predictis fratribus ac eorum amicis carnalibus de se et suis et predictis conjugibus, pro se et suis,*

---

1. Brussel, *Usage des fiefs*, t. II, p. 865, note *a*.
2. Ms. *uxor*.
3. Un mot exprimant l'idée de *sortir* a été probablement omis dans le ms.

secundum usum et consuetudinem patrie legitimum facias assecuramentum fieri, ipsos ad hoc per captionem et detractionem corporum et bonorum ipsorum[1], *meliori modo quo poteris, si necesse fuerit, compellendo*[2].

202. Notes sur les Établissements, liv. II, ch. 30
(ci-dessus t. II, pp. 424-428).

Voyez, en général, sur ce chapitre, ci-dessus t. Ier, pp. 2, 55, 77.

Texte dérivé : *Livre des droiz*, 387.

T. II, p. 424, ligne 11. *assene à son fié*. — « On void par là « que le fief que le vassal possede, est le fief du seigneur. « *Assener*, c'est *assoir, saisir et mettre sa main sur une chose.* » (LAURIÈRE.) Voyez plus haut, p. 251.

T. II, p. 424, ligne 12. *de rachat*. — Sur le *rachat*, voyez *Ét.*, liv. II, ch. 19 (ci-dessus t. II, pp. 395 à 400).

T. II, p. 425, ligne 2. *et cil qui est li domaines*. — « C'est-« à-dire *le vassal*. De sorte que le domaine utile de l'heritage « noble est au vassal et le fief au seigneur dominant. » (LAURIÈRE.)

T. II, p. 425, lignes 3, 4. *rendra la soe chose ou recreera*. — Voyez une expression analogue au ch. 31 (t. II, p. 432) : *je vos requier la delivrance de mes choses ou la recreance. Rendre* ou *delivrer*, c'est remettre la chose à titre définitif ; *recreer*, c'est la remettre à titre provisoire. Cf. *Ét.*, liv. II, ch. 14[3], 20 ; *Jostice et plet* (pp. 303, 319, 320) fournit un bon commentaire de ce passage.

T. II, p. 425, lignes 3, 4. *L*[i] porte : *chose et restorra et l'enmenra*.

« Anciennement la foy et l'aveu se faisoient en mesme temps « et par le mesme acte, et l'aveu se faisoit de tout le fief sans « aucun détail. Quand alors un seigneur avoit assené au fief « mouvant de luy par faute d'homme, et en mesme temps par

---

1. Ma copie porte : *ipsos*. Je corrige : *ipsorum*.
2. Ms. lat. 4763, fol. 6 recto (Bibl. nationale).
3. Voyez ci-dessus t. II, p. 368, lignes 1, 2.

« faute de rachat, ou de roussin, s'ils estoient dûs, dés que le
« vassal saisi avoit avoüé son seigneur, ce qu'il faisoit toûjours,
« comme on l'a dit, en portant la foy, le seigneur estoit obligé
« de lever sa main, et de rendre le fief, ce qui estoit dans ses
« regles. » (LAURIÈRE.)

T. II, p. 425, ligne 5. *dedanz les nuiz ou dehors les nuiz de quinzaine.* — Allusion à deux délais différents : *dedanz les nuiz*, c'est le délai moindre que la huitaine ; *dehors les nuiz*, c'est un délai plus long que la huitaine, c'est-à-dire soit la huitaine franche, soit la quinzaine ; ici le rédacteur exprime en toutes lettres sa pensée : *dehors les nuiz*, c'est, pour lui, le délai de quinzaine.

Voici des textes qui jetteront quelque jour sur ces expressions : *Tous adjournemens qui se font en toutes actions contre personnes nobles, gens d'eglise, chappitres et communaultez de villes se doibvent faire par commission et sergens à cheval, et hors huitaine et dedans quinzaine* [1].

Toutes personnes, nobles, colleges, gens d'eglise, de religion et communautez doivent, pour le premier adjournement seulement, estre adjournez hors huictaine ; excepté en cas de peril, delicts, provisions et arrests [2].

Nobles personnes, en toutes causes, actions et poursuittes qu'on veult impetrer contre eulx, doivent estre convenuz et adjournez hors huitaine ; c'est assavoir que entre le jour que l'adjournement se faict et le jour assigné à comparoir par devant tel juge, doibt avoir l'espace de huict jours francz du moins [3].

Ce privilège était confirmé, dès l'année 1315, aux nobles de Champagne, dans les termes suivants : *Doivent avoir jour de quinzaine, ou au moins dedens quinzaine, hors huitaine* [4].

---

1. *Coutume du duché de Valois* de 1496 (Bibl. nat., ms. fr. 4515, fol. 76 recto).

2. *Cout. de Clermont*, I, 2, dans Bourdot de Richebourg, t. II, p. 761, avec la note.

3. Varin, *Archives législ. de la ville de Reims*, 1re partie, *Cout.*, p. 858.

4. Ord. de 1315, art. 5, dans Bourdot de Richebourg, *Cout. général*, t. III, p. 235.

L'expression *nuiz* signifie souvent : *délai légal* : *Et la li doit fere valoir as nuiz; et puis les puet vendre en bone foi, par si que li autres les ait dedanz les nuiz* [1].

T. II, p. 425, lignes 6, 7. *entre les vavassors*. — « Les « vavasseurs sont ceux qui possedent les simples fiefs, ce qui « est bien expliqué dans mon ancien manuscrit qui est une « espece de conference du droit françois avec le droit romain, « en ces termes : *Duc* [2] *est la premiere dignité, et puis contes, « et puis vicontes, et puis baron, et puis chastelain, et puis vava- « sor, et puis citaen, et puis villain*. Et, selon Bouteiller, le « vavasseur estoit le simple seigneur de fief qui avoit haute « justice. Voicy comme il s'explique à ce sujet dans sa *Somme*, « p. 904 : *Du droit au vavasseur à usage de court laie, tu peus « et dois sçavoir que le gentilhome qui tient seigneurie de haute « justice tant seulement, si est appellé vavasseur, car il n'a « marché, ne tient autre droit que la haute justice et ce qui en « depend, non mie ce qui est en dessus, car si en appartient au « baron si comme dessus est dit, si sachez que li vavasseur ne « peut affranchir de corps sans le gré au baron de qui il tient.* » (Laurière.)

T. II, p. 425, ligne 6. O^i porte : *Orlienz* au lieu de *Orlenois*.

T. II, p. 425, ligne 7. L^i porte : *et josticera et les menra*. O^i porte : *et les justisera et les menra*.

T. II, p. 425, ligne 9; p. 426, ligne 1. *il ne puet ne ne doit puis assener au fié*. — « Cecy doit s'entendre du seigneur. « Voyez l'art. 45 et 48 de la Coûtume de Paris. » (Laurière.)

T. II, p. 426, lignes 1, 2. *cil la saisine*. — « C'est-à-dire, « l'homme qui a fait le desaveu. Voyez l'art. 45 de la Coûtume « de Paris. » (Laurière.)

Cette explication de Laurière n'est autre chose qu'un contresens causé par des mss. défectueux : les mots qui suivent *qu'il avra avoé* manquent dans O O^i P Q R S; Laurière n'a pas remarqué que L^i les donne, ainsi d'ailleurs que les autres mss.

---

1. *Jostice et plet*, p. 274. Laurière, sur l'expression que je viens de commenter, renvoie à ses notes très brèves du ch. 28 au liv. Ier (ci-dessus t. III, p. 292).

2. Cf. *Jostice et plet*, p. 67, dont je reprends exactement le texte.

non connus de Laurière. La saisine n'appartient donc pas à l'homme qui a fait le désaveu, mais bien au seigneur avoué, à cet « autre » (*et il avoe 1 autre*) dont il est question p. 425, ligne 9.

T. II, p. 426, ligne 7. *noveles avoeries* (joignez t. II, p. 434, lignes 6, 7; p. 470, ligne 4). — « Il paroist par là[1] qu'il y a eû « plusieurs ordonances sur ce sujet, parce qu'au registre *Olim* « il y en a une de Philippe le Hardy de l'an 1272[2]. Voyez le ch. 31 cy-après, » et la note. (LAURIÈRE.)

Voyez encore le présent ouvrage, t. Ier, p. 2.

Les rois ont souvent étendu leur influence par le moyen de ces avoueries : un individu dépendant d'un seigneur s'avouait *homme du roi* ; c'était une *avouerie nouvelle*, tout au profit de la royauté. Voyez un fait de ce genre, en l'année 1257, dans les *Olim*, t. Ier, p. 17. Saint Louis obtenait des avoueries nouvelles, en achetant des hommes : on peut dire qu'en 1253, il acheta Joinville moyennant une rente de 200 livres tournois. En 1248, Joinville n'était pas encore l'homme de saint Louis et lui refusait le serment : depuis 1253, il devint l'homme du roi[3].

Les seigneurs réclamèrent souvent[4] contre ces avoueries nouvelles qui les affaiblissaient au profit du roi : l'ordonnance de 1272, qui vient d'être citée et à laquelle le compilateur paraît faire allusion, fît droit à ces réclamations. On peut rapprocher de l'ordonnance de 1272 beaucoup d'actes analogues :

1278. *Recordata fuit curia quod alias dictum fuit per arres-*

---

1. *Par là.* Non pas ; bien qu'en effet il y ait eu plusieurs ordonnances ; le compilateur fait ici allusion précisément à l'ordonnance de 1272.

2. Laurière a laissé imprimer : 1275. Je corrige : 1272. Cf. Laurière, *Ord.*, t. Ier, p. 297 (voyez *Ibid.*, p. 319); Isambert, t. II, p. 649.

3. Champollion, *Documents hist. inédits*, t. Ier, p. 620. Joinville, édit. Nat. de Wailly, 1874, pp. 482, 483.

4. Voyez déjà sous saint Louis une décision qui doit être rapprochée de celle de 1272 et années suivantes, dont il va être parlé ; je veux parler d'une ord. de février 1255 (n. st.), art. 3 dans Laurière, *Ord.*, t. Ier, p. 76.

tum et inhibitum quod in terra comitis Blesencis, in Sigalonia, non reciperentur alique nove advoaciones; et ideo pronunciatum fuit quod, si per gentes domini regis, a tempore dicti arresti facti, alique nove advoerie in loco novo et de novo homine, in dicta terra recepte fuerint a tempore dicti arresti et inhibicionis predictorum, quod omnino cadant[1].

1290. *Quod advocationes et recognitiones novæ, quæ ab ecclesiarum subditis nobis fiunt, nullatenus admittantur et jam de novo factæ revocentur omnino*[2].

1303 (n. s.). *Nec accipiemus novas advocationes vassalorum seu hominum ecclesiarum, necnon et nostris baronibus subjectorum, et eas quas recepimus revocamus, nisi eas tanto tempore tenuerimus pacifice quod* (sic pour : *ut*) *de consuetudine patrie nobis fuerint acquisite*[3].

1304. (Promesse faite spécialement au chapitre de Reims.) *Quod advocationes et recogniciones nove, que ab eorum subditis fiunt nullatenus admittantur; et factas de novo faciemus penitus revocari.* Le procureur de l'archevêque de Reims songe évidemment à cette déclaration royale, lorsque, peu après, plaidant en Parlement contre l'Échevinage de Reims qui menace de faire aveu au roi, il s'exprime en ces termes : *Item que, se li procureres desdiz eschevins vest fere aveu de l'eschevinage au roy nostre seigneur, ce ne doit mouvoir la court, fors pour ledit arcevesque et contre lesdiz eschevins*[4].

Une ordonnance royale de 1287 avait déterminé les conditions auxquelles un bourgeois pouvait, par le moyen d'une avouerie nouvelle, devenir bourgeois du roi. Ces extensions de l'influence royale émurent à plusieurs reprises les seigneurs féodaux : les textes que nous venons de relever sont autant de promesses et de concessions temporaires accordées à leurs réclamations. Elles

---

1. *Olim*, t. II, pp. 117, 118.
2. *Ord.*, t. Ier, p. 319; Isambert, t. II, p. 685.
3. Ord. du 23 mars 1303 (n. s.), art. 8, dans *Ord.*, t. Ier, p. 358. Cf. ord. de mai 1302, art. 23, dans *Ord.*, t. Ier, p. 343; dans Isambert, t. II, p. 746.
4. Varin, *Archives administratives de la ville de Reims*, t. II, 1re partie, pp. 48, 84, note.

semblent interdire d'une façon absolue toute avouerie nouvelle; mais, au fond, la royauté ne se considéra comme tenue à récuser une avouerie nouvelle que dans le cas où les conditions assez sévères de l'ordonnance de 1287 n'avaient pas été remplies [1].

Cf. liv. II, ch. 31 (ci-dessus, t. II, p. 434).

T. II, p. 426, ligne 8. *cil perdra le demoine*. — Rapprochez *Jostice et plet : Se aucuns tient d'aucun aucun heritage [en] fei ou vilenage, et est tenu par droit titre et par longue tenue qui vaille, se il desaveue de son seigneur, la paine est que il doit perdre l'eritage*. Et la suite [2]. On trouvera dans les *Olim*, à l'année 1311, un exemple de fief confisqué pour fausse avouerie [3].

Ce principe est souvent reproduit dans les Coutumes : la *Coutume de Reims* de 1556, notamment, s'exprime ainsi : *Le vassal desadvouant son seigneur feudal et denyant tenir de luy, doibt avoir pendant le procès main-levée; mais s'il se trouve, par l'issue dudict procès, qu'il l'ayt mal desadvoué, ledict fief et fruictz d'icelluy tumbent en commis, et sont confisquez audit seigneur* [4].

Cf. *Ét.*, liv. II, ch. 38 *in fine* (ci-dessus t. II, p. 469).

T. II, p. 427, ligne 9. *hors de l'obeïssance le roi*. — « Voyez
« les ch. 3 et 4 du 1er volume (présente édit., livre Ier, ch. 4, 5). »
(Laurière.)

T. II, p. 427, lignes 9, 10. *car l'en met bien le fié encontre le demoine*. — « On vient de remarquer qu'il y a différence
« entre le *fief* et le *domaine*; que le fief qui consiste au *domaine*

---

1. Voyez l'ordonnance de 1287 dans *Ord.*, t. Ier, pp. 314-316; une ordonnance de 1312 pour la Champagne, confirmée en 1315; une autre ordonnance de 1315, art. 8, dans Bourdot de Richebourg, *Coutumier général*, t. III, pp. 230, 231, 233.

2. *Jostice et plet*, pp. 285, 286. Cf. Pierre de Fontaines, ch. 13, § 15, édit. Marnier, p. 77.

3. *Olim*, t. II, p. 547.

4. Varin, *Arch. lég. de Reims*, 1re partie, *Coutumes*, p. 952. Cf. Paris, 43, 45; Vitry, 40; Laon, 199, 218; Châlons, 203, 218; Saint-Quentin, 81; Ribemont, 28; Auxerre, 251, 252.

« *direct*, appartient au seigneur dominant, et que le *domaine*
« *utile* est au vassal. Et il faut remarquer à présent que le
« désaveu fait au seigneur dominant emporte la confiscation du
« *domaine utile*. Mais, dira-t-on, la condition du seigneur et
« du vassal ne doit-elle pas estre égale et reciproque? Et si le
« seigneur, quand il outrage ou fait injustice à son vassal, ne
« perd que son *fief*, pourquoy le vassal qui le desavoüe perdra-
« t-il son *domaine*, où est la justice de mettre le *domaine* en
« parallele avec le *fief*? Mais on repond en un mot que le vassal
« qui desavoüe ne peut estre puni que par la perte de son
« *domaine*, parce qu'il n'a que son *domaine* à perdre. Ce qui
« est tres juste. » (Laurière.)

En rédigeant les observations d'ailleurs justes qui précèdent, Laurière paraît avoir entendu les mots : *en met bien le fié encontre le demoine*, au sens de *mettre le domaine en parallèle avec le fief* et s'être posé, à ce propos, une difficulté juridique qu'il résout victorieusement. Le jurisconsulte du XIIIe siècle, en disant : *en met bien le fié encontre le demoine*, voulait exprimer tout simplement cette pensée : *le duel judiciaire est admis entre le suzerain et le vassal*. Le problème que se pose Laurière était à cent lieues de son esprit.

T. II, p. 427, lignes 10, 11. *selonc l'usage de la cort laie*. —
« Parce que la Cour d'Eglise ne connoissoit pas des matieres
« feodales, au prejudice des seigneurs feodaux. » (Laurière.)

T. II, p. 428, lignes 1, 2. *L*[i] porte : *le roi de Sauloigne*. —
Les mots *de Sauloigne* écrits à l'encre noire après *roi*, au lieu de l'être à l'encre rouge quelques lignes plus bas après le mot *usage* de la rubrique du ch. 31, présentent tout à fait dans *L*[i] l'aspect d'une faute d'impression moderne. Il est clair que *L*[i] procède d'un manuscrit sur lequel l'éditeur avait ajouté, comme il avait pu (d'après quelque manuscrit voisin de *AI*; voyez t. II, p. 428, note 45), les mots *de l'usage de Sauloigne* à la fin de la rubrique du ch. 31. Le copiste n'a pas compris.

203. *Notes sur les Établissements, liv. II, ch.* 31

(ci-dessus t. II, pp. 428-440).

Voyez, en général, sur ce chapitre, ci-dessus t. Ier, pp. 44-46, 52, 53, 77, 79, 111, 112, 166, 167, 174-179.

Textes dérivés : *Livre des droiz*, 376, 379 ; *Liger*, 373.

Rapprochez : *Abrégé champenois*, 28 ; *Livre des droiz*, 377 ; *Jostice et plet*, pp. 54, 55, 198, 294.

T. II, p. 428, ligne 6. *aubains.* — « Ce mot se prend de
« deux manieres, et pour celuy qui est né dans un autre dio-
« cese que celuy où il est domicilié, duquel il est parlé dans les
« ch. 85 et 96 du livre Ier (présente édition, livre Ier, ch. 90,
« 100). Icy il est pris pour celuy qui est né hors du royaume et
« qui est venu s'y establir. Vide Potgieserum, *De conditione
« servorum*, lib. I, cap. 3, pp. 77, 78, 79 ; mon *Glossaire* sur
« ce mot, et ma note sur les *Institutes coutumieres* de Loisel,
« liv. Ier, tit. I, regle 49. » (LAURIÈRE.)

Les droits anciens des seigneurs à la succession des bâtards sont affirmés, et les prétentions royales combattues dans *Coustumes des pays de Vermandois*, édit. Beautemps-Beaupré, p. 80.

Voyez *Olim*, t. Ier, pp. 668, 846, 913, 495 ; *Jostice et plet*, p. 255.

A lire : Morillot, dans *Revue historique de droit français et étranger*, t. XII, p. 370.

On a vu bien à tort dans ce court passage des *Établissements* une sorte de révolution juridique : on a cru que ce texte consacrait la notion nouvelle d'un aubain étranger au royaume et non à une province (Sapey, *Les étrangers en France*, p. 29). Rien n'autorise cette conclusion, qui a pour origine l'observation de Laurière ci-dessus reproduite.

T. II, p. 428, ligne 7. *li rois est oirs.* — « Ainsi du temps de
« ces establissemens le droit d'aubaine et de bâtardise estoit
« royal[1]. » (LAURIÈRE.)

T. II, p. 428, lignes 7, 8. *ou li sires souz cui il est, s'il muert ou cuer de son chastel.* — « De sorte que le seigneur ne succe-

---

1. Plus exactement : était prétendu royal en Orléanais.

« doit au bastard, ou à l'aubain que quand l'aubain et le bas-
« tard estoient decedez dans sa terre. Aujourd'huy il ne succede
« au bastard que quand le bastard y est né, y a esté domicilié
« et y est mort. Voyez Bacquet, *Du droit de bastardise.* » (Laurière.)

Laurière rend l'éxpression *ou cuer de son chastel* par *dans sa terre*, ce qui ne me paraît pas exact; il faut entendre : *dans le château même, au cœur du château*. A la fin du même chapitre (t. II, p. 439), cette condition est encore requise pour que l'homme du roi relève juridiquement du seigneur dans le fief duquel il se trouve.

T. II, p. 428, lignes 8, 9. *Ne nus batarz, ne aubains ne puet faire autre seignor que le roi en s'obeïssance ne en autrui seignorie.* — « Depuis [1], les seigneurs en plusieurs lieux usur-
« perent le droit d'aubaine, comme il se void par les art. 44 de
« la Coûtume d'Anjou et 48 de celle du Maine, avec les notes
« de du Molin, mais ces entreprises ont esté reprimées. Voyez
« mon *Glossaire* sur le mot *Aubain* et *Aubenage.* »

Cf. *Abrégé champenois*, ch. 18, et même chapitre des *Établissements*, t. II, p. 434.

Les contestations entre le roi et les seigneurs au sujet des aubains et des bâtards étaient perpétuelles : voyez une ordonnance de 1304, où le roi Philippe le Bel se montre plus large pour les seigneurs que ne l'est ici l'*Usage d'Orlenois* [2].

A lire : Kœnigswarter, *Essai sur la législation des peuples anciens et modernes relative aux enfants nés hors mariage*. Paris, 1842, p. 56.

T. II, p. 429, ligne 4. *Et se aucuns s'avoe hom le roi.* — « Cet
« aveu se devoit faire dans la justice des seigneurs inférieurs,
« où l'homme du roy estoit poursuivi. Et les officiers du roy, à
« qui il devoit notifier son aveu, devoient le revendiquer. Cette
« procedure est expliquée sur le ch. 2 de ce livre. » (Laurière.)

---

1. *Depuis* est inexact. Le désaccord s'explique par la différence des lieux : l'Orléanais était plus soumis aux influences royales que l'Anjou et le Maine : et nous sommes, avec le livre II, en Orléanais ; ce qui avait échappé à Laurière.

2. *Ord.*, t. Ier, pp. 338, 339.

T. II, p. 429, ligne 11; p. 430, ligne 1. *Se aucuns le suit de servage.* — « C'est-à-dire *le poursuit*. Tout serf et sur tout s'il
« estoit serf de corps estoit *de suite;* c'est-à-dire [1] que le seigneur
« pouvoit le suivre par tout, pour estre payé de sa *taille* et de
« son droit de *mortaille* ou de *morte-main*. Voyez la note qui
« suit le ch. 13 de l'establissement [2] fait entre le sires le roy et
« les barons, sous Philippe-Auguste. » (LAURIÈRE.)

T. II, p. 430, lignes 2, 3. *car il est mes hom de cors*. —
« C'est-à-dire qu'il est homme dont la personne m'est serve.
« L'art. 145 de la *Coûtume de Vitry* donnera de la lumiere à ce
« chapitre : *Tous homes et femmes de corps sont audit baillage*
« *de poursuite, en quelque lieu qu'ils aillent demeurer, soit lieu*
« *franc ou non, et les peuvent les seigneurs reclamer et faire*
« *reclamer, si bon leur semble, car tels hommes et femmes de*
« *corps sont censez et reputez de la terre, et se baillent en aveu*
« *et denombrement par les vassaux, avec leurs autres terres.*
« Joignez l'art. 3, 4 et 5 de la Coûtume de Troyes. » (LAURIÈRE.)

T. II, p. 430, ligne 5. *contanz*. — Ici Laurière signale un
ms. qui porte *des conteuz* [3]; « ce qui approche, dit-il, assez de
cateuz, » et il ajoute : « Voyez mon *Glossaire* sur Catel et
Cateux, » et la note sur le ch. 33 cy-après. — Cette correction
et cette explication ne me paraissent pas heureuses : *contanz*
ou *contenz*, c'est *différends*.

T. II, p. 430, lignes 6 à 8. O^i porte : *muebles et de fiez de
cors et d'eritages comme son serf; et je, après la mort mon pere,
en demant la justice comme de mon serf. L^i* porte : *muebles et
du fet de cors et d'eritage come son serf et puis la mort mon
pere, le jousticé come mon serf.*

T. II, p. 431, ligne 4. Dans O^i le mot *response* est substitué
à *demande* qui a été exponctué.

T. II, p. 431, ligne 10. L^i porte : *poinne tout avant; et li.*

---

1. Pour le XIIIe s. cette explication me paraît trop atténuée.
Elle est bonne pour le temps de Laurière; voyez mon *Précis de
l'hist. du droit français,* pp. 269, 270.

2. Texte dans Laurière, *Ord.*, t. Ier, p. 39.

3. Variante qu'on peut considérer comme nulle : *u* et *n* se confondent continuellement dans les mss.

T. II, p. 432, ligne 2. *et en tien mes muebles.* Voyez ci-après note sur t. II, p. 467, ligne 1.

T. II, p. 432, ligne 3. O^i porte : *je requier les delivrances de mes choses ou la recreance, droit.* L^i porte : *je vos requier la recreance de mes choses ou la delivrance, droit.*

T. II, p. 432, ligne 5. L^i porte : *vous. Si la.*

T. II, p. 432, lignes 6, 7. *ma mere fu franche fame le roi.* — En ce passage et plus loin, p. 432, lignes 10, 11, *je doi sigre la condition de ma mere* et p. 433, ligne 3, *puis la mort de la mere,* l'intéressé insiste sur la franchise de sa mère, parce qu'il a en vue le principe romain : *partus sequitur ventrem.* Parmi divers axiomes de droit consignés au xive siècle sur le fol. 55 v° du ms. français 5248, je relève celui-ci où est exprimée la même pensée : *Chilx est naturelment frans qui est nés de franche mere, ja fust elle serve par avant et li peres sers ou de pourcachement (?).*

Ce principe se retrouve, dès le commencement du xiiie siècle, en Danemark : *Matris conditionem sequitur semper partus, ut sit liber partus ex libero ventre procreatus, licet pater servili conditione premeretur*[1]. Je suis surpris qu'on n'ait pas aperçu ici une influence romaine : elle ne me paraît pas contestable[2].

Voyez Loisel, *Institutes,* liv. Ier, tit. i, règle 22, avec les notes de Laurière, et ci-dessus t. Ier, pp. 174 à 179.

Un peu plus loin, notre jurisconsulte cesse de supposer exclusivement la franchise de la mère : il lui suffit que l'intéressé soit fils de la *franche femme le roi* ou du *franc home le roi*

---

1. Andreas Sunesen (1201-1222), cité par Dargun, *Mutterrecht und Raubehe,* p. 39. Cf. *Loi de Valdemar,* III, 12 (*Ibid.*).

2. Aux textes germaniques que j'ai relevés ci-dessus, t. Ier, pp. 177, 178, ajoutez cette loi légendaire de Frode III le Pacifique : *At si libera conseruisset(?) in servum, ejus conditionem æquaret libertatisque beneficio spoliata servilis fortunæ statum indueret* (Lois de Frode III dans Saxo Grammaticus citées par Steenstrup, *Études préliminaires pour servir à l'hist. des Normands et de leurs invasions,* Paris, 1881, p. 170). Cf. Spangenberg, *Die Lehre von dem Urkundenbeweise in Bezug auf alte Urkunden,* Heidelberg, 1827, t. II, pp. 123, 124.

(p. 435, lignes 4, 5). C'est que, dès lors que le père ou la mère relève du roi, le principe *nul ne part au roi* lui permet d'élargir encore la sphère de la liberté. Ceci n'est plus romain : c'est une thèse libérale toute française et coutumière.

T. II, p. 432, lignes 7, 8. *Nuns ne part au roi fors Sainte Croiz et Sainz Aignienz* (ceci est répété p. 436, lignes 2, 3).

Il y a ici un principe général et une exception à ce principe; le principe général : *Nuns ne part au roi* s'applique en des cas très divers : ainsi l'évêque de Paris n'a voirie à Paris que là où les maisons sont siennes des deux côtés de la rue; il n'a pas voirie, si les maisons ne sont siennes que d'un côté; car *nul ne part au roi*[1].

Il s'agit ici des partages d'enfants serfs entre propriétaires du père et de la mère de ces enfants. Le principe *Nuns ne part au roi* fut, à dater de l'affranchissement des serfs royaux en Orléanais, très favorable à la liberté; mais il existait antérieurement à cet affranchissement, et il avait alors pour effet d'assurer au roi la propriété de tous les serfs issus de mariages mixtes, de mariages contractés entre serfs du roi et serfs d'un autre seigneur, à moins que cet autre seigneur ne fût Sainte-Croix ou Saint-Aignan : et c'est là l'exception au principe général. En ce cas le partage avait lieu. Vers l'an 1126, le roi voulut appliquer contre Sainte-Croix le principe général *Nul ne part au roi*, et s'approprier à ce titre un serf du nom de Pierre; mais Sainte-Croix protesta et le partage fut admis pour toutes les possessions de cette église.

Voici l'acte auquel je fais allusion :

In nomine sanctæ et individuæ Trinitatis, Ludovicus, Dei gratia, Francorum rex. Notum esse volumus tam præsentium quam futurorum Sanctæ Dei Ecclesiæ curam gerentium sollertiæ homines sive clientes nostros nobis in aurem misisse ut Petrum Sanctæ Crucis majorem in nostrum servum proprium clamaremus, ea scilicet ratione quod mater ejus ex eo genere sive familia nostrorum servorum erat qui inter duas aquas Uxan-

---

1. Tanon, *Hist. des justices des anciennes églises et communautés monastiques de Paris,* p. 117, note 4.

tiam[1] scilicet et Bionam[2] habitant, ubi consuetudo usque ad nostra tempora extiterat cum regibus in servis sive ancillis neminem posse partiri.

Quorum verbis adquiescentes, ut ipsi nobis intimaverunt, eum in nostrum servum clamavimus. Unde, ecclesiæ Sanctæ Crucis canonicis mirantibus, immo perturbatis, quia pater ipsius ecclesiæ jamdictæ servus extiterat, adierunt serenitatem nostram Johannes Aurelianensis ecclesiæ episcopus, et cum eo Stephanus, ejusdem ecclesiæ decanus, adhibitis secum prædictæ ecclesiæ venerabilibus canonicorum personis, orantes et supplicantes quatinus eorum ecclesiæ misereremur, neque res suas, quas antecessores nostri reges pro animarum suarum remedio ampliaverant, minueremus aut inquietaremus. Quorum rationabilibus et modestis precibus flexi, ad consilium et concessionem uxoris nostræ, Adelaidis scilicet reginæ, baronum etiam nostrorum, pro peccatorum nostrorum remissione, pro antecessorum quoque nostrorum animabus, totam calumpniam sive rectitudinem prædictam, quam super Petrum majorem ponebamus, Sanctæ Crucis canonicis quietam dimisimus[3], et quod Petrus et ejus uxor et omnes eorum heredes servi Sanctæ Crucis essent concessimus; hoc insuper addentes quod si prædictus Petrus sine herede masculo moreretur, canonici prædicti fratrem ipsius Johannem qui cognominatur Paganus et omnes quos habebit heredes, habeant. Et ne ultra super hujusmodi inter nos et ipsos lis sive controversia oriretur, hoc in perpetuum eis concessimus, ut in toto regno nostro, sive servi eorum sive ancillæ nostris servis vel ancillis maritali jure conjuncti fuerint, nos cum eis et ipsi nobiscum, nullo loco penitus excepto, omnes qui ex eis processerent heredes partiantur.

Quod ut inviolabile futuris temporibus maneat, sigilli nostri impressione corroborari præcepimus. Astantibus in palatio

---

1. Rivière du Cens qui se jette dans la Loire au-dessus d'Orléans.

2. La Bionne, petite rivière qui se jette dans la Loire au-dessus d'Orléans, près de Combleux, un peu en aval de l'embouchure du Cens. — Je dois ces deux identifications à l'obligeance de mon savant ami, M. Aug. Longnon.

3. Dans la copie de Baluze : *clamavimus*.

nostro quorum nomina subscripta sunt et signa. S. Anselmi dapiferi. S. Hugonis constabularii. S. Gisleberti buticularii. S. Widonis camerarii.

Actum publice Aurelianis in palatio nostro, anno Incarnati Verbi M C XVI, regni autem nostri VIII, Adelaidis autem reginæ II. Datum per manum Stephani cancellarii[1].

Nos cum eis et ipsi nobiscum..... partiantur. Voici un exemple de partage entre le roi et Sainte-Croix : *Partiti etiam sumus et filios et filias Landrici Fabri ad nostram partem, uxorem Rainaudi et Ducardum, fratrem suum accipientes; sororem autem aliam Aremburgim nomine et alium fratrem, Hubertum scilicet Grossinum, Sanctæ Cruci dimittentes*[2].

Quant au mode de partage, une contestation fort curieuse, relatée par un arrêt de 1262, nous fournit d'intéressants détails :

Inquesta facta per Gerardum de Kevresis Aurelianensem, de mandato regis, super Ascelina unica nata Johannis hominis de corpore Capituli Sancti Aniani Aurelianensis, et Osanne femine de corpore domini regis, ante libertatem concessam hominibus de Yenvilla, quam Ascelinam idem Capitulum dicit esse feminam suam de corpore, ea racione quia talis est consuetudo in Sigalonia et in Belsia, quod, quando homo de corpore Sancti Aniani predicti ducit in uxorem feminam servam vel liberam domini regis, habeant ille homo et illa femina plures liberos vel unum tantummodo, quod Capitulum Sancti Aniani predicti capit primum, et sic, vice versa, quod, quando homo de corpore domini regis ducit in uxorem feminam de corpore Sancti Aniani predicti, quod dominus rex debet capere primus, et capit secundum formam superius expressam. Contra hoc dicente dicta Ascelina, et dicente quod moris est in Belsia, quod, quamvis hujusmodi matrimonium fuerit quandoque contractum, quod dominus rex capit primus, habeant ille homo et illa femina plures liberos vel solummodo unum; et super omnibus premissis inquirenda est plenius veritas, secundum

---

1. Bibl. nat., *Collect. Baluze*, t. LXXVIII, fol. 29 r° et v°.
2. Cartulaire de Sainte-Croix copié dans Baluze, *Ibid.*, fol. 28 v° (Bibliothèque nationale).

quod fuit usitatum. Nichil probatum est pro Capitulo Sancti Aniani, quantum ad istam Ascelinam de qua agitur, per quod debeat ipsum Capitulum eamdem Ascelinam habere; nec habeat [1].

Le mode de partage préconisé ici par le Chapitre de Saint-Aignan et qui paraît rejeté par le Parlement, c'est précisément celui de l'*Usage d'Orlenois* et des *Établissements de saint Louis* : *Et doit avant prandre la seignorie par de vers le pere;* c'est-à-dire le seigneur du père des enfants choisit le premier ; ensuite le seigneur de la mère. (T. II, p. 435, lignes 7, 8.)

Il paraît résulter de ce texte de 1262 que, malgré l'affranchissement général du xiie s., le roi conservait, au xiiie s., quelques serfs en Orléanais ; mais la position de ces serfs était probablement très douce et meilleure que la position des serfs de Sainte-Croix et de Saint-Aignan.

Nous retrouvons encore au xve siècle un partage entre le roi et Sainte-Croix : la mère est franche femme le roi et libre ; le père est homme de corps des marguilliers-clercs en l'église de Sainte-Croix : l'acte est donné au siège royal de Ville-Neufve sur Beuveron, le 14 août 1412 [2].

T. II, p. 432, ligne 9. *d'Orlenois et* manque dans *L*[1].

T. II, page 432, ligne 10. *li generaus*. — C'est-à-dire le principe général : *Nuns ne part au roi.*

T. II, p. 433, lignes 3, 4. *L*[1] porte : *mere, sire, nos*. *O*[1] porte : *mere, je esté justisable le roi*. — « Voyez Beaumanoir dans ses « *Coûtumes de Beauvoisis*, ch. 45, *Des aveux*, p. 252, ligne 34. » (Laurière.)

T. II, p. 433, ligne 4. *L*[1] porte : x, xii *anz*, xx *anz ou plus*. *O*[1] porte : x *anz*, xx *anz ou* xxx *et*.

Sur ces prescriptions romaines de 10, 20, 30 ans voyez Paul, *Sent.*, V, 2, § 3; *Code de Justinien*, VII, xxxi; *Petri*

---

1. Beugnot, *Olim*, t. Ier, pp. 164, 165 ; cf. Boutaric, *Actes du Parlement de Paris*, t. Ier, p. 65, n° 712.

2. Le Maire, *Hist. et ant. de la ville et duché d'Orléans*, 2e partie, p. 42.

LIVRE II, CHAPITRE 31.

exceptiones, III, 10, dans Savigny, *Geschichte des röm. Rechts*, t. II, 1816, pp. 348, 349; Gratien, *Decretum*, Secunda Pars, Causa XVI, Quæstio III, c. 15, pars VIII, § 1, édit. Friedberg, p. 794; *Jostice et plet*, pp. 142, 264, 265.

T. II, p. 434, lignes 6, 7. *li rois deffant generaument les noveles avoeries.* — « C'est-à-dire que le roy deffend à ceux « qui relevent constament de certains seigneurs d'en recon- « noistre d'autres. Voyez le chapitre 29 cy-dessus (présente « édition, liv. II, ch. 30). » (Laurière.)

Voyez ci-dessus, p. 281, les notes sur t. II, p. 426, ligne 7.

T. II, p. 434, lignes 7, 8. *L*[i] porte : *Ne ne sont nelui fors.* — « Tout cela n'est pas bien net, mais le ch. 30 (présente édi- « tion, liv. II, ch. 31, au commencement) prouve manifeste- « ment que les aubains et les bastards ne pouvoient avoüer « autre seigneur que le roy. » (Laurière.) Le rédacteur veut donc dire : le roi n'a de prétention (ne suit, ne poursuit) que sur les bâtards et les aubains.

T. II, p. 434, ligne 9. *faire feauté.* — Au lieu de *feauté* O[i] porte : *fauté*; *L*[i] porte : *fiance.* — « Voyez l'autheur du *Grand* « *Coûtumier*, liv. II, ch. 31. » (Laurière.)

T. II, p. 435, ligne 2. *qu'il a en son cors.* — « Dans ces « temps-là les aubains et les bastards estoient en plusieurs « lieux *serfs de corps*. Voyez mon *Glossaire* sur *Aubain* et sur « *Bastard*. »

T. II, p. 435, lignes 3, 4. *L*[i] porte : *Et cil qui est apelez de servage, se il puet prover.* O[i] porte : *Et se cil qui est apelés puet prover.*

T. II, p. 435, ligne 5. *son* manque dans *L*[i].

T. II, p. 435, lignes 5, 6. *il demorra par devers le roi, s'il n'est hom ou fame de Sainte Croix.* — « Lorsqu'un serf d'un « seigneur s'estoit formarié, et qu'il avoit épousé une femme « franche, levante et couchante d'un autre seigneur, en plu- « sieurs lieux les enfans *se partageoient*, en sorte qu'une moitié « qui suivoit la condition de la mere, estoit franche, et l'autre « moitié qui suivoit la condition du pere estoit serve. Et dans « ce cas tous les enfans estoient francs en plusieurs lieux, en « renonçant à la succession de leur pere serf. » (Laurière.)

T. II, p. 435, lignes 7, 8. *L¹* porte : *avant sivre seignorie par devers le pere.*

T. II, p. 436, lignes 7, 8. *possession des biens de coi ses peres estoit saisiz et vestuz au tens qu'il ala de vie à mort.* — « Par
« l'anciene Coûtume de la France, suivant le capitulaire de
« l'an 829, les gardiens, ou baillistres, et les mineurs de vingt
« ans, et les non nobles de quatorze ans ne pouvoient intenter
« action petitoire, ni estre contraints de deffendre à cette
« action, de ce dont ils estoient saisis comme heritiers, ce qui
« fut corrigé par l'ordonance de Philippe de Valois de l'an 1330,
« en pourvoyant à cette fin les mineurs de curateurs. Voyez
« Loisel dans ses *Institutes coûtumieres*, liv. Ier, tit. iv, regle 12
« avec ma note, et ce que j'ay remarqué sur l'art. 270 de la
« Coûtume de Paris. » (LAURIÈRE.)

T. II, p. 437, lignes 4, 5. — Laurière, qui avait sous les yeux la mauvaise leçon *devant aucune joutise le roi* (ci-dessus t. II, p. 437, note 39), la critique en ces termes qui font honneur à sa science juridique : « Il y a, ce semble, faute en « cet endroit. Joignez le chapitre suivant. »

T. II, p. 437, lignes 5, 6. *li home le roi ne doient pas plaidier de servage par devant aus.* — C'est-à-dire par devant les sergents de Sologne ; sur les droits de justice peu étendue des sergents voyez encore *Ét.*, livre II, ch. 20 (ci-dessus t. II, pp. 405, 406).

T. II, p. 437, ligne 9. *ne puet estre prisiée que en franchise.* — Brussel a conjecturé ici : *pledée* au lieu de *prisiée* ; il comprend : *ne peut être plaidée que dans une cour franche*[1]. Tous les mss. ont : *prisiée.*

T. II, p. 437, lignes 7, 8. *L¹* porte : *où il pent heritage.*

« On finira les notes sur ce chapitre[2] en observant que par la
« convention qui fut faite sous le regne de Philippe-Auguste,
« entre le roy et les barons d'une part et les clercs d'autre, il fut
« arresté au sujet des serfs par l'art. 14 : *Quod quando clerici*

---

1. Brussel, *Usage des fiefs*, II, 933.
2. Dans l'édition de Laurière, un chapitre nouveau, le 32e, commence avec les mots *Et se aucuns bers* (p. 439, ligne 3), qui font, dans mon édition, partie du ch. 31.

« *aliquem trahunt in causam de servitute, et ille dicit se esse*
« *servum alterius, volunt quod ille respondeat in curiá illo-*
« *rum, quamvis dicat se esse servum alterius, et cogant ipsum*
« *ad respondendum coram ipsis per excommunicationem, vel*
« *illos excommunicant qui illum manutenent, ad quod res-*
« *ponderunt quod ille debet respondere in curiá illius cujus se*
« *servum esse profitetur*, etc. » (LAURIÈRE.)

T. II, p. 439, ligne 3. *aucuns vavasors*. — « Voyez ce que
« j'ay remarqué sur le chapitre 31, sur le 38, 39, 40 du liv. Ier,
« et sur les chapitres 20 et 29 du livre II » (présente édit.,
« liv. Ier, ch. 34, 42, 43, 44; liv. II, ch. 21, 30). (LAURIÈRE.)

T. II, p. 440, lignes 4, 5. *la gent le roi en ont la quenoissance*. — « Il faut joindre à ce chapitre le 13e de ce livre (pré-
« sente édit., liv. II, ch. 14). Quand un homme levant et cou-
« chant sous un baron ou un vavasseur estoit semond ou
« ajourné en la justice le roy, il devoit y comparoir, pour
« sçavoir s'il en estoit justiciable ou non. Et s'il n'estoit pas jus-
« ticiable du roy, il devoit s'avoüer de son seigneur et demander
« son renvoy avant contestation de cause, parce que le roy est
« le souverain justicier de son royaume. Mais si l'homme le
« roy où le levant et couchant sous le roy estoit semond en la
« justice d'un baron, ou d'un vavasseur suivant ce chapitre, il
« n'estoit pas dans l'obligation d'y comparoir, à moins qu'il ne
« fût question d'heritages situez en la justice du vavasseur ou
« du baron, ou pour fait de son corps, comme lors qu'il estoit
« pris en present meffait. Et encore s'il nioit qu'il eût esté pris
« en present meffait, la connoissance en appartenoit au roy,
« suivant le chapitre second de ce livre. Voyez le chapitre qui
« suit. » (LAURIÈRE.)

T. II, p. 440, lignes 7, 8. *malfeitor en present fait*. —
« Voyez le chapitre second de ce livre, avec la note. » (LAURIÈRE.)

204. *Notes sur les Établissements, liv. II, ch.* 32

(ci-dessus t. II, pp. 441-446).

Voyez, en général, sur ce chapitre, ci-dessus t. Ier, p. 163.

Textes dérivés : *Abrégé champenois*, 87, 121 ; *Anciens*

Usages d'Artois, XIII, 2 ; *Somme rural*, édit. de 1621, pp. 901, 903.

Rapprochez : *Établissements*, liv. II, ch. 14.

T. II, p. 441, lignes 5, 6. *de fons d'heritage, ou de fié, ou de censive.* — « Il faut entendre cecy de fond d'heritage, de fief
« ou de censive, situez dans la justice d'un baron ou d'un
« vavasseur, car dans ce cas le procés devoit estre porté dans
« la justice du baron ou du vavasseur, comme Loisel l'a remar-
« qué dans ses *Institutes coûtumieres*, liv. Ier, tit. Ier, regle 20. »
(Laurière.)

T. II, p. 441, lignes 6, 7. *et les parties se soient mises en response, sans avoer autre joutise, ne autre cort*[1], *etc.* — S'il y a litiscontestation, les hommes du baron ou du vavasseur qui plaident en cour royale, et qui, avant la litiscontestation, n'ont pas avoué le seigneur dont ils relèvent, ne pourront être renvoyés devant lui que si ce dernier se présente lui-même et revendique l'affaire. Le ch. 14 au livre II contient une solution analogue (ci-dessus t. II, p. 366), exprimée rapidement par cet axiome imagé : *l'en ne rent pas cort par darriere*[2].

T. II, p. 442, ligne 9 ; p. 443, lignes 1, 2. *il en avroient le retor..... tot se fuissent mises les parties en ni et en deffense.*
— « Ce qui est dit icy est fort remarquable. Quand l'homme
« franc, levant et couchant d'un seigneur avoit esté semons en
« la cour du roy, s'il y avoit fourni de deffences, ou s'il y avoit
« fait ni, il ne pouvoit plus ensuite avoüer son seigneur, ni
« demander d'estre renvoyé dans sa justice, comme il est expli-
« qué dans le ch. 13 de ce livre (présente édit., liv. II, ch. 14).

---

1. Laurière n'a pas parfaitement compris ce passage. Voici son commentaire :

« Si les parties sont mises en reponse, et si, avant que la reponse
« soit faite, l'homme du vavasseur ou du baron s'avoüe d'eux et
« s'ils le font revendiquer, il sera renvoyé, mais après sa réponse
« il ne le sera plus, car comme il y a dans le ch. 13 (présente édit.,
« dont je reprends le texte, liv. II, ch. 14), *frans hom qui fait
« response, ou ni, sanz avouer joutise en cort, il ne la puet puis
« decliner emprès plait entamé.* Voyez des Fontaines, ch. 25, *Com-
« ment plet est entamé.* » (Laurière.)

2. Voyez ci-dessus p. 237.

« Mais si l'homme du roy, ajourné dans la justice d'un baron,
« ne s'y estoit pas avoüé du roy et y avoit contesté la cause
« volontairement, les gens du roy le pouvoient revendiquer, et
« toutes les procedures qui avoient esté faites en cour inferieure
« ne servoient de rien dans la justice du roy, en sorte qu'il
« falloit recommencer. » (LAURIÈRE.)

T. II, p. 443, lignes 1, 2. *tot se fuissent mises les parties en ni et en deffense.* — C'est la *litiscontestatio* au sens secondaire de ce mot. A cette phase de la procédure correspond la formule allemande : *Sage wahr, oder nicht wahr* (Schmidt, *Principia juris germanici*, 1756, p. 779).

T. II, p. 443, ligne 3. *li errement dou plait.* — « Voyez mon
« *Glossaire* sur ce mot et sur *Errame.* » (LAURIÈRE.)

T. II, p. 443, ligne 10 ; p. 444, ligne 1. *L'* porte : *Et soit de mueble ou d'eritage, ou d'escheoite ou de foi de cors.* (Déchirure dans O^i.) Laurière, dont le texte porte : *ou de heritages qui apartiegne à muebles* (t. II, p. 443, note 23), commente ainsi cette leçon : « Ces sortes d'heritages qui appartiennent à
« muebles, estoient les *cateux.* Voyez la note sur le ch. 31 et
« mon *Glossaire* sur *Cateux.* »

T. II, p. 444, ligne 3. *li sires n'avroit pas le retor de sa cort.*
— « Voyez le ch. 13 ci-dessus » (présente édit., liv. II, ch. 14).
(LAURIÈRE.)

T. II, p. 444, lignes 5, 6. *car frans hom puet faire juge.* —
Voyez sur *Ét.*, liv. II, ch. 14, la note de Laurière (ci-dessus, p. 236).

T. II, p. 445, ligne 5. *Et li sers, quant il s'en fuit de son seignor,* etc. — Le compilateur a exprimé ici très laconiquement sa pensée. Il songe évidemment à cette conclusion pratique, à savoir que le serf fugitif ne peut acquérir, par prescription, la liberté.

Cette idée est exprimée dans la *Coutume de Chalons* (bailliage de Vermandois) :

Art. 18. *Homme ou femme de corps, non reclamez ne poursuivis par les seigneurs, qui ont jouy de franchise et liberté par dix ans en la province dont ils sont hommes et femmes de corps, ont acquis, par droit de prescription, franchise et liberté contre leur seigneur ; tellement que ledit temps passé, se peu-*

vent defendre contre leur dit seigneur par le moyen de ladite prescription. Mais si tels hommes ou femmes de corps s'estoient retirez furtivement, sont reputez serfs fugitifs, et n'ont par ledit temps acquis franchise [1].

Si le serf fugitif ne peut acquérir la liberté, il ne peut davantage changer de maître : *Servum fugitivum sui furtum facere, et ideo non habere locum nec usucapionem, nec longi temporis præscriptionem manifestum est, ne servorum fuga dominis suis ex quacumque causa fiat damnosa* [2].

Voilà pourquoi dans certaines ventes d'esclaves ou de serfs, on avait soin de spécifier que l'individu vendu n'était pas fugitif : *Hoc est ancillam, eamque jure nostro, nomine Adaltrudis, non furem, non fugitivam, neque cadivam* [3].

T. II, p. 446, ligne 1. *Nuns vavasors, ne gentis hom ne puet franchir son home.* — « Voyez la note sur le ch. 29 de ce livre
« (présente édition, liv. II, ch. 30).

« J'ay déja expliqué ce chapitre dans ma dissertation sur
« l'origine du droit d'amortissement. »

« Suivant le droit romain et nostre ancien droit françois,
« les serfs appellez par les Romains *adscriptitii* et *coloni* et
« par nos anciens françois *mortaillables*, *mainmortables* et *gens*
« *de morte-main* faisoient partie des fonds, en sorte que, quand
« ces fonds estoient vendus, ils l'estoient aussi. Et quand en
« France on bailloit aveu des fiefs, on y comprenoit ces sortes
« de persones, comme l'on void encore par l'art. 145 de la Coû-
« tume de Vitry : *Tous hommes et femmes de corps sont au*
« *baillage de poursuite, en quelque lieu qu'ils aillent demeurer,*
« *soit lieu franc ou non, et les peuvent les seigneurs reclamer,*
« *et faire reclamer, si bon leur semble, car tels hommes et*
« *femmes de corps sont censez et reputez du pied et partie de*
« *la terre, et se baillent en aveu et denombrement par les vas-*
« *saux, avec leurs autres terres.* »

1. Bourdot de Richebourg, *Cout. génér.*, t. II, p. 476. Même idée dans la *Coutume de Vitry-le-François*, art. 146 *in fine* (Bourdot de Richebourg, t. III, p. 327).
2. *Code de Justinien*, VI, 1, 1.
3. Acte extrait des Archives de Saint-Hilaire de Poitiers, dans Thibaudeau, *Abrégé de l'histoire du Poitou*, t. II, 1783, p. 331.

« Il faut à present observer que, suivant l'ancien droit de la
« France, nul vassal ne pouvoit diminuer et abreger son fief au
« prejudice de son seigneur. Et, s'il le faisoit, la partie du fief
« abregée ou diminuée estoit devolüe au seigneur, dans le
« mesme estat qu'elle estoit avant l'abregement.

« Or, comme les homes de corps faisoient partie des fiefs, il
« est évident que celuy qui affranchissoit son homme de corps,
« esteignoit et abregeoit par cet affranchissement une partie de
« son fief, et ainsi ce serf affranchi retournoit, ou estoit devolu
« au seigneur superieur dans le mesme estat et la mesme con-
« dition qu'il estoit avant l'affranchissement. Et de là vient que
« l'affranchissement du serf ne se pouvoit faire, comme il est
« dit dans ce chapitre, sans l'assentiment au baron, ou du chief
« seigneur. Ce qui est très bien expliqué par Beaumanoir, dans
« le passage qui suit tiré du ch. 45 de ses Coûtumes de Beau-
« voisis, pp. 253, 254 : *Bonne chose est à chaus qui vüellent
« pourchacier franchise de leur servitude que ils facent confir-
« mer leur franchise par leur souverain, de qui leur sires
« tient, car se j'ai mes sers, les quiex je tiens de seigneur,
« et*[1] *je les francis sans l'autorité de li, je les pert ; car il con-
« vient, de tant comme à moy monte, que je leur tiengne la
« franchise que je leur ay promise ; mais mes sires les guain-
« gnera, car il devendront si sers. Et ainsi il gaingneroit. Et se
« je pris aucun loüier par le franchise donner, je leur suis tenus
« à rendre, puisque je ne puis leur franchise garantir, car*[2] *il
« est resons que par ce que je fis che que ne povoie ne ne devoie
« fere, que il viengnent aussi riche en la main de mon seigneur
« comme il estoient en le moie. Et suis encore tenus à amende
« fere à mon seigneur de che que je li avoie son fief apeticié.
« Et si seroit l'amende de soixante livres.*

« Quand le seigneur suzerain avoit donné son consentement
« à l'affranchissement, il avoit aussi diminué son fief, et ainsi
« ce serf affranchi estoit devolu successivement de seigneur en

---

1. Ces mots indispensables *et je ... de li* ont été omis par Laurière dans sa citation. Je me sers ici de l'édition de Beugnot.

2. La phrase *car ... moie* manque dans l'édit. Beugnot et n'y est pas représentée dans les variantes (t. II, p. 225).

« seigneur jusqu'au roy. Et de là vient qu'il n'y avoit que le
« roy seul qui pouvoit amortir ou affranchir les personnes et
« les terres. Voyez ma dissertation sur l'origine du droit
« d'amortissement, p. 86, 87 et 175. » (LAURIÈRE.)

Voici trois exemples d'affranchissements de serfs dans la région orléanaise avec la permission du suzerain :

1. *La quittance dou servage des homes saint Lomer maignanz dedenz la banleue de Blois, feite de l'abé et dou covent :*

Universis presentes litteras inspecturis L., Dei permissione dictus[1] *abbas et Conventus Sancti Launomari Blesis, salutem in Domino.*

Noveritis quod nos, laude approbata et confirmatione nobilis viri Galteri domini de Avenis, comitis Blesensis, et M. uxoris sue, comitisse Blesensis, quittavimus omnes homines nostros Blesenses infra banlivam Blesis manentes et heredes eorum a servitute qua nobis tenebantur. Dicti vero comes et comitissa eisdem hominibus talliam in qua sibi tenebantur quittaverunt : porro iidem homines, de consensu nostro, eisdem comiti et comitisse et heredibus eorum tenentur ad festagium et ad alias consuetudines sicut et alii liberi burgenses infra banlivam Blesensem manentes. Habent etiam prefati comes et comitissa et heredes eorum in burgo Sancti Launomari, scilicet in fisco, altam justiciam scilicet exercitum, cavalcatam, multrum, raptum, duellum adjudicandum, fortunam[2]*, salva nobis omni alia justicia, sicut hactenus habuimus, salvis etiam nobis redditibus et consuetudinibus a nobis ab antiquo perceptis in eodem burgo, salva etiam nobis consuetudine omnium rerum que deinceps ab eisdem vel ab aliis hominibus vendentur vel ementur infra dictum fiscum, salvis etiam nobis redditibus et consuetudinibus quas antea habuimus in burgis nostris super liberos homines infra banlivam Blesis, etc., etc.*

. . . .

1. Ce mot *dictus* s'est introduit dans le cartulaire par cette circonstance que l'acte précédent émanait du même abbé.

2. Dans la *Coutume de Touraine-Anjou*, comme dans cet acte, les fortunes (d'argent) appartiennent à ceux *qui ont grant joutise en lor terres*. (*Ét.*, liv. Ier, ch. 94.)

Quod ut ratum permaneat presentem paginam sigillorum nostrorum munimine fecimus roborari. Actum anno Gratie M° CC° vicesimo sexto, mense Maio[1].

2. *Universis Christi fidelibus Franco, divina permissione, Beati Maximini Miciacensis monasterii dictus abbas totusque ejusdem loci Conventus salutem in perpetuum. Noverint universi quod cum Guillelmum, majorem nostrum de Roseriis et heredes ipsius, de assensu et voluntate karissimi domini nostri Ludovici, illustrissimi Francorum regis, a jugo servitutis corporalis manumiserimus, sicut in ejusdem regis et nostris litteris plenius continetur, ipsum Guillelmum et quemcunque ex heredibus suis qui majoriam tenebit, quandiu dictam majoriam tenebit, a communi tallia quam in homines liberos qui manent vel domos habent in terris et villis nostris pro ecclesiæ nostræ negotiis et nostris facimus vel facere possumus annuatim liberum esse volumus et immunem, salvo tamen eo quod idem major et quicunque ex heredibus ejus tenent majoriam prædictam nobis faciet juramentum in Capitulo nostro quod jus, commodum et honorem ecclesiæ nostræ et nostrum pro posse suo fideliter conservabit, et per idem juramentum tenebitur fideliter facere servicia quæ pertinent ad majoriam. Quotiens vero majoria personam majoris mutaverit, totiens tenebitur qui major erit nobis reddere rachatum quod eadem debet majoria, salvo etiam in omnibus jure regio, sicut in litteris domini regis plenius continetur. Quod ut ratum et firmum permaneat in futurum, præsentem paginam scribi et sigilli mei munimine fecimus roborari. Actum in Capitulo nostro, anno Dominicæ Incarnationis M CC XX quinto, mense Julio*[2].

3. *Philippus, Dei gratia Francorum rex universis ad quos litteræ præsentes pervenerint, salutem. Noveritis quod nos ad petitionem decani et Capituli Magdunensis volumus et concedimus quod ipsi omnes servos suos et ancillas suas, ubicumque potuerint inveniri extra terram suam manentes manumittant et intra terram suam, quos voluerint. Si vero aliqui dominium*

---

[1]. Bibl. nat., ms. lat. 10108, fol. 5 v°.
[2]. Ex *Chart. mon. sancti Maximini Miciacensis*, dans la *Collect. Baluze*, t. LXXVIII, fol. 146 r°. (Bibl. nat.)

eorum negaverint, per juramenta legitimorum hominum, sine duello approbentur et manumittantur. Illi autem qui voluerint manumitti, pro quantitate facultatum suarum ab eodem Capitulo tallientur. Actum apud Aurelianum anno Domini millesimo cc quinto, mense Maio [1].

Au ixe siècle, c'était le suzerain qui affranchissait à la requête du vassal [2]; il est donc bien naturel que, plus tard, le vassal, affranchissant lui-même, n'ait pu le faire qu'avec la permission du suzerain. Voici le texte du ixe s. auquel je viens de faire allusion : le suzerain est un abbé de Saint-Aignan, et le vassal un archevêque de Tours, appelé Adalaldus ou Adalardus :

Igitur ego, in Dei nomine, Ugo, misericordia Dei, abbas ecclesiæ gloriossimi Christi confessoris Aniani..... te clericum, nomine Raginaldum, ex familia ejusdem Sancti Aniani progeniem ducentem, hoc est ex Appiariis villa, ante sanctum altare et præsentiam fratrum S. Aniani, una cum collubentia eorumdem fratrum et deprecatione Adalaldi archiepiscopi qui jam dictam villam Appiarias scilicet in beneficium habet, ab vinculo servitutis ob amorem domini nostri Jesu-Christi, ad cujus miliciam eligeris, publice absolvo civemque Romanum instituo [3].

Le principe posé ici dans les *Établissements* avait cours encore à la fin du xvie siècle [4] : le suzerain pouvait s'opposer à tout affranchissement par le vassal. Guy Coquille est très net :

Le seigneur féodal, s'il... est advertiz avant la manumission, peut icelle contredire et empescher, comme emportant diminution perpetuelle.

Quant à la sanction de ce droit pour la Bourgogne et le Nivernais, écoutons encore Guy Coquille :

---

1. Ex *Chartulario Ecclesiæ Magdunensis ad Ligerim* (Baluze, *Ibid.*, fol. 168 r°). Cf. de Petigny, *Hist. arch. du Vendômois*, pp. 248, 249; Guérard, *Cartulaire de Saint-Père de Chartres*, t. II, p. 663.

2. Rapprochez ci-dessus t. Ier, pp. 162, 163.

3. *Ann. ord. s. Ben.*, t. II, 1704, p. 742. Cf. Hauréau, *Gallia Christ.*, t. XIV, p. 44, note 1.

4. Il était tombé au commencement du xviiie siècle, comme le prouve le commentaire de Laurière reproduit plus haut, p. 299.

Ceux qui ont esté manumis viennent cheoir et composer en la Chambre des comptes à Dijon ou à Nevers, afin de faire approuver la manumission, et pour eviter l'exercice du droict de dévolu[1].

« Voyez *Leges Scot.*, liv. II, c. 12, 13, 14. » (Du Cange.)

T. II, p. 446, ligne 2. *home de cors*. — Sur la différence entre l'*homme de corps* et l'*homme de poesté*, voyez M. Demante dans *Bibl. de l'École des chartes*, D, I, 38. L'*homme de corps* est ici exactement le serf. Du Cange, sans formuler nettement cette définition, commente ainsi ce passage : « *Home de cors et de
« chief*, *homo de corpore*, dans les titres. Voyez les Coûtumes
« de Vitry, de Châlons, etc. Tels serfs sont encore appellez
« *homes de chef*, *capite censi, qui persolvunt censum de capite*,
« d'où ils sont appellés *capitales homines*, en l'epitre de
« l'evesque de Noyon, t. IV. *Hist. Franc.*, p. 646, aux
« *Preuves de l'hist. de Guines*, p. 191, et dans le titre de la
« commune de Meaux de l'an 1179, in *Tab. Campaniæ*, *Bibl.*
« *Thuani*, fol. 298. — De là le cens que ces serfs paioient est
« appellé *capitale* dans Baldricus Dol. in *Hist. de capite*
« *s. Valentini mart.*, c. 3, n. 21, apud Boland.; par d'autres,
« *capitalitium*, *cavagium*, *capitagium*, *cavelicium*, *census*
« *capitis*, etc. J'espere parler ailleurs plus amplement de tous
« ces termes. » (Du Cange.)

205. *Notes sur les Établissements, liv. II, ch.* 33

(ci-dessus t. II, pp. 446-450).

Voyez, en général, sur ce chapitre, ci-dessus t. Ier, pp. 56-58, 77, 221, 222, 343, 355.

Textes dérivés : *Anciens usages d'Artois*, XI, 23-30 ; XII, XIII, 5, 6, 7, 8 ; *Somme rural*, édit. de 1621, p. 903 : *Item selon l'opinion d'aucuns coustumiers, vicontiers si ne peuvent ;* et encore *Somme rural*, p. 900 (par l'intermédiaire des *Anciens usages d'Artois*, XI, 23-30) ; *Livre des droiz*, p. 473.

Rapprochez : *Établissements*, liv. Ier, ch. 26.

---

1. Guy Coquille, *Questions et responses sur les coustumes de France*, 1634, pp. 208, 210.

T. II, p. 447, lignes 3, 4... 7. *Ne nuns vavasors n'a le murtre, ne le rat, ne larrecin..... car tel joutise apartient au baron.* — Dans le même sens, ce texte concernant Saint-Hilaire-sur-Yerre : (1227) *Salva tamen alta justitia nobis et heredibus nostris, scilicet homicidio, raptu, incendio, furto, sanguine et duello et aliis que ad altam justiciam dignoscuntur pertinere*[1] ; cet autre texte, concernant la haute justice de Villeau, canton de Voves : (1205) *Totam majorem justiciam, scilicet sanguinem, furtum, multrum, raptum, incisum et duellum et omnia alia ad majorem justiciam pertinencia*[2].

L'acte suivant détermine les limites de la haute et de la basse justice à Meung-sur-Loire, entre l'évêque d'Orléans et le Chapitre de Meung :

De contentionibus habitis inter reverendum patrem Philippum Aurelianensem episcopum ex una parte et venerabiles viros decanum et Capitulum Magdunense ex altera, ita est ordinatum :

De justitia hospitum ecclesiæ Magdunensis manentium in villa Magdunensi ita est ordinatum, quod tota minor justitia sit decani et Capituli Magdunensis, sicut inter eos justitia dividitur et totum emolumentum minoris justitiæ, sive veniatur ad duellum, sive non. In minori autem justitia intelligetur, sive sit quæstio de fundo terræ, vel debitis, vel contractibus, sive de conviciis vel aliis injuriis citra effusionem sanguinis et aliis hujusmodi minoribus, exceptis illis debitis et contractibus quæ ex ministeriis proveniunt, quorum justitia est episcopi. De minore etiam justitia intelliguntur viginti denarii qui capiuntur a præposito ecclesiæ et a Capitulo Magdunensi pro clamoribus. Major vero justitia, videlicet sanguinis effusio, latrocinium, vel furtum, falsa mensura, homicidium, multrum, raptus et alia hujusmodi majora sunt episcopi Aurelianensis, ita quod si aliquis per facti evidentiam, cujus non sit inficiationi locus, vel per confessionem, vel per judicium, vel alio modo convictus fuerit, episcopus habeat execu-

---

1. Mabille, *Cart. de Marmoutier pour le Dunois*, p. 219.
2. Mabille, *Ibid.*, p. 198. Cf. *Olim*, t. Ier, pp. 106, 107, 141 ; de Pétigny, *Hist. archéol. du Vendômois*, p. 304.

tionem justitiæ, sive punitionem facti, et emendam, et totum emolumentum quod inde proveniet. Et hoc habebit per mandatum Capituli Magdunensis vel per servientem ipsius episcopi secundum quod dominus episcopus Meldensis ordinabit. Si vero tale sit maleficium sive forisfactum quod cognitionem requirat, cum super cognitione sit controversia inter partes, asserente domino episcopo cognitionem omnium quæ ad majorem justitiam pertinent ad ipsum debere pervenire, decano et Capitulo Magdunensi e contrario dicentibus cognitionem supradictorum ad ipsos decanum et Capitulum, et non ad dominum episcopum pervenire, ita ordinatum est quod dominus episcopus Meldensis de jure utriusque partis, possessione, usu et consuetudine inquiret de plano, sine advocatis et sine attestationum publicatione, etc., etc.

Actum Aurelianis anno Domini M CC nono, die Dominica post Exaltationem Sanctæ Crucis[1].

T. II, p. 447, lignes 4, 5. *ne la force à oster, ne espée privée, ne estrange.* — *La force à oster* est une allusion aux procédures de *complainte et nouvelleté*, comme disaient les Angevins (voyez, à ce sujet, *Établissements*, liv. Ier, ch. 69, 70); aux procédures de *réintegrande*, comme on dira un peu plus tard, en se rapprochant des notions *romano-canoniques* (*Ét.*, liv. II, ch. 4. Cf. ci-dessus, t. Ier, pp. 112 et suiv.).

Les mots : *ne espée privée, ne estrange* font-ils allusion au *plait de l'espée* ou à la répression du port d'armes?

T. II, ligne 8. *Nuns vavasors ne puet relaschier larron.* — « Voy. *Quoniam attachiamenta*, c. 77. » (Du Cange.) « Voyez « la note sur le ch. 34 et 38 du 1er livre » (présente édition, livre Ier, ch. 34, 42). (Laurière.)

T. II, p. 447, ligne 8. *relaschier larron.* — « Mais quoyque « les vavasseurs ne puissent relâcher le larron, ils ne laissent « pas que de le faire pendre. Voyez le ch. 38 du liv. Ier, le « ch. 41 et le 59 » (présente édit., liv. Ier, ch. 42, 45, 62). (Laurière.)

---

1. Ex *Chartulario ecclesiæ Magdunensis ad Ligerim*, dans *Coll. Baluze*, t. LXXVIII, p. 169 (Bibl. nationale).

T. II, p. 447, lignes 13, 14, 15; p. 448, ligne 1. *ne il ne puet faire lever joutise, ne forches, se li faiz n'i avient jugiez. Et se les forches chient par cas d'avanture, il ne les puet relever.* — Les fourches sont ici le signe extérieur du droit de justice sur les larrons [1]. L'interdiction de relever les fourches tombées est appliquée aux hauts justiciers eux-mêmes dans certaines Coûtumes, avec cet adoucissement toutefois que l'interdiction en question n'a cours qu'au bout d'un an. Voici, à ce propos, un texte de la Coutume de Troyes : *Avoir signe patibulaire, ceps et pilory sont signes de haute justice. Et quand ils cheent, le seigneur les peut redresser dedans l'an, sans danger d'autrui. Et s'il passe l'an, ne le peut faire, sans le congé du roy ou de ses officiers* [2].

« Voyez Bacquet, *Des droits de haute justice*, ch. 9, n. 10 « et 11, p. 30 de la nouvelle édition. » (Laurière.)

T. II, p. 447, lignes 14, 15. *se li faiz n'i avient jugiez.* — « De là il resulte que les vavasseurs ou les seigneurs qui avoient « voirie, avoient des fourches, quand le larron avoit esté executé « en leur terre. Voyez la Coûtume du Loudunois, au titre *De « haute justice*, art. 3. » (Laurière.)

T. II, p. 448, lignes 7, 8. *ou titre D'apeler home de murtre.* — Laurière renvoie ici aux ch. 38, 44 et 59 du liv. Ier (présente édit., liv. Ier, ch. 42, 45, 62). J'ai discuté ce renvoi ci-dessus, t. Ier, pp. 57, 58 : il s'agit évidemment du ch. 24 au livre II des *Établissements*.

T. II, p. 448, ligne 10. *generaument nuns ne tient en baronnie*, etc. — « Le sens est que nul ne peut avoir portion de « baronie que par *frerage* ou *partage*, ou par *don*, c'est-à-dire « *permission du roy*. Et comme celuy qui a une portion de « baronie par *frerage* la tient aussi noblement que son aîné, à « la charge neamoins du ressort, il en est de mesme de celuy

---

1. Cf. *Olim*, t. Ier, p. 595.
2. *Coutume de Troyes*, art. 123, dans Bourdot de Richebourg, *Cout. général*, t. III, p. 249. Cf. *Ancienne Coutume de Troyes, Ibid.*, p. 275; *Cout. de Chaulmont en Bassigny*, art. 99 (*Ibid.*, p. 360); *anc. Cout. d'Auxerre*, art. 5, et *Cout. d'Auxerre de 1507*, art. 5 (*Ibid.*, pp. 569, 594).

« qui y a part par permission du roy. » Voyez le ch. 24 et 25 du 1er livre (*Ét.*, liv. Ier, ch. 26, 27).

Les Orléanais semblent avoir accepté l'expression *departir la baronnie*, mais rejeté l'expression plus tranchée *démembrer la baronnie*. En repoussant le mot *demembrer*, on gardait une ombre de l'indivisibilité primitive de la baronnie. Voici les textes orléanais qui me suggèrent cette réflexion : *Baronie et contez est departie ivelment à filles, et si sanz desmembrement la baronie. — La sole baronie n'est pas desmembrée, mes l'en fet avenant as menuez sor rentes ou sor terres et la digneté remaint à l'ainzné ou à l'ainznée. Et s'il i a dui ou trois baronies, es sont departies sanz desmembrer*[1].

Rapprochez l'expression française *nuns ne tient en baronie* de l'équivalent latin : *terram in baronia tenere*. (*Guillaume de Nangis*, dans D. Bouquet, t. XX, p. 398.)

A lire : Thaumas de la Thaumassière, *Assises et bons usages du royaume de Jérusalem*. Paris, 1690, p. 412.

T. II, p. *449*, lignes 3, 4. Lⁱ porte : *marchié et parage et chastelerie et lige estage, cil tient*. « Voyez l'art. 2 de la Coûtume « du Loudunois au titre *De baronie*, l'art. 49 de la Coûtume « d'Anjou, et l'ordonnance d'Henry III du 17 aoust 1579 dans « la *Conference*, t. II, p. 295. » (Laurière.)

T. II, p. *449*, ligne 3. *chastelerie*. — « La Coûtume d'Anjou, « art. 47 : *Droite baronie doit avoir trois chastellenies sujetes « du corps de la baronie, ville clause*, etc. » (Laurière.)

T. II, p. *449*, ligne 4. *lige estage*. — « Voyez le ch. 53 du « 1er livre avec la note et mon *Glossaire* sur *Lige estage* » (prés. édit., liv. Ier, ch. 57, et ci-dessus, t. III, p. 337 à 344).

T. II, p. *449*, ligne 5. Lⁱ porte : *Et penroit bien lor cort resort* (au lieu de *recort*)[2].

---

1. *Jostice et plet*, pp. 236, 234. Cf. pp. 224, 233, 236, 252.
2. Sur ce mot *recort* Laurière : « Ce qui est dit icy ne signifie « autre chose sinon qu'en baronie la justice du parageau ressortit « en la justice de son chief parageur. Voyez la Coûtume du Lou- « dunois, au titre *De baronie*, art. 4. » (Laurière.) — Cette interprétation me paraît tout à fait erronée. Il s'agit du *record de cour* ; l'auteur explique que le *record* a lieu en cour de baronie.

T. II, p. 449, ligne 6. *mise.* — « Voyez le ch. 18 du *Conseil* « de des Fontaines. » (LAURIÈRE.)

T. II, p. 449, lignes 8, 9. *par certain sergent souffisanment ajorné comme ber.* — « Voyez ce que j'ay remarqué sur la « regle de Loisel, *Sergent à roy est pair à comte*, liv. Ier, « tit. 1er. » (LAURIÈRE.) Joignez un texte de 1276 dans *Collection du Puy* à la Bibl. nat., t. Ier, p. 74; *Ét.*, liv. Ier, ch. 71.

206. *Notes sur les Établissements, liv. II, ch. 34*

(ci-dessus t. II, pp. 450-454).

Textes dérivés : *Abrégé champenois*, 129; *Livre des droiz*, 964; *Liger*, 3e partie, tit. XVI, 481.

T. II, p. 450, ligne 6. *de servage.* — Voyez *Établ.*, liv. II, ch. 31.

T. II, p. 450, ligne 7. *ou de murtre.* — Voyez *Établ.*, liv. II, ch. 12, 24.

T. II, p. 454, ligne 1. *que il ait fait le fait.* — « Dans un « manuscrit de Monsr. le chancelier, il y a mieux : *que il n'ait* « *fet le fet.* » (LAURIÈRE.) Mes notes ne relatent cette variante ni dans L^i, ni dans O^i; en tout cas, Laurière se trompe en préférant cette négation; ce serait un non-sens.

T. II, p. 454, lignes 9, 10. O^i porte : *por celui escuser et apelé de.* La lettre *r* de *escuser* est due au correcteur de O^i.

T. II, p. 452, ligne 4. *Ex litteris tuis.* — « Adde legem « *Inter pares*, 38, *Dig., De re judicatâ;* legem *Si pars, De inof-* « *ficioso testamento* et legem *Arrianus, De obligationibus et* « *actionibus;* J. Gothofredum et P. Fabrum ad legem *Favora-* « *biliores*, 125, *De regulis juris.* » (LAURIÈRE.)

T. II, p. 452, lignes 8, 9. *car droit sunt plus prest à assoudre que à condampner.* — Rapprochez ce passage de Damasus : *Si producantur (testes) ex diversis partibus et contradicant sibi ad invicem, tunc stabitur majori numero, nisi minor numerus esset tantæ dignitatis, quod numero aliorum deberet præponi, Extra, De testibus*, 2, 12, *In præsentia*, 5, *lib. III* (c. 32, X, 2, 20). *Si vero pares sint partes, tunc feretur sententia pro reo, quia proniora sunt jura ad absolvendum quam ad condemnandum, Extra, De probationibus*, 2, 12, *Ex litteris*, 2, *lib. 1* (c. 3, X, 2,

19). *Fallit hoc in liberali causa, ut ibidem dicitur, et in causa inofficiosi testamenti, ut ff. eodem* 5, 2, *Si pars judicantium* 10. *Semper enim sententia ferenda est pro testamento, si pares sunt probationes, et in causa liberali pro libertate, sive sit reus, sive sit actor, qui stat pro libertate. Et idem dicendum est in causa matrimoniali, quod pronuntiandum sit pro matrimonio quia res est favorabilis, Extra, De matrimonio contracto contra interdictum,* 4, 17, *c.* 1 *in fine* (c. 3, X. *Qui matrimonium accusare possunt,* 4, 18)[1].

Joignez St Thomas qui s'exprime ainsi : *Dubia judicia de malitia alterius semper sunt in meliorem partem interpretanda*[2], et la très ancienne Coutume de Bretagne : *Nul juge ne doit homme ne femme condamner à mort, si justice ne trouve chose certaine et apert, ainçois doit estre justice plus emeue d'absoudre que de condamner*[3].

T. II, p. 453, lignes 3, 4. *jugier loiaument les fiłz des homes.* — Cette expression remarquable a déjà été employée au liv. II, ch. 16 (ci-dessus, t. II, p. 375, ligne 9).

T. II, p. 453, ligne 5. *L*[i] porte : *ne prent neant:*

T. II, p. 453, ligne 6. *jugeors.* — Voyez sur les jugeurs *Ét.*, liv. II, ch. 16 (ci-dessus, t. II, p. 375, ligne 8).

T. II, p. 454, ligne 3. *soit enterins.* — « Dans un manuscrit « de Monsr le Chancelier il y a mieux : *soit enteriné.* » (LAURIÈRE.) *L*[i] porte, en effet : *soit enterinez.*

T. II, p. 454, lignes 4, 5. *Et coustume de païs esprouvée et usages de cort laie s'i acorde.*— Cette remarque souvent répétée[4]

---

1. Damasus, *Summa de ordine judiciario*, dans *Anecdota quæ processum civilem spectant*, Gottingæ, 1841, p. 101. Cf. Hænel, *Corpus legum ab imp. rom. lat. quæ extra const. codices supersunt*, Lipsiæ, 1857, p. 54.

2. Saint Thomas, *Summa theologica*, Secunda Secundæ, Quæstio LX, art. 4.

3. *Très anc. Cout. de Bretagne*, 4e partie, ch. 99. La suite de ce texte est fort curieuse. Cf. *Jostice et plet*, p. 277; *Sexte*, V, XIII, reg. 11; Pierre de Fontaines, ch. 21, § 21, édit. Marnier, pp. 246, 247.

4. Voyez notamment ci-dessus, t. II, p. 460, ligne 5; p. 461, lignes 10, 11.

paraît vulgaire et banale : elle a cependant sa valeur et son intérêt; le compilateur vient de mettre en avant des idées romaines et canoniques; s'il n'avait aussi pour lui la coutume et la coutume bien établie (*esprouvée*), ses observations seraient sans aucune portée pratique : car *Coutume passe droit*. Voilà pourquoi le compilateur tient à invoquer ici la coutume à l'appui de ce qu'il vient d'avancer. Quant à l'axiome *Coutume passe droit*, voyez ci-dessus p. 265 mon commentaire sur *Ét.*, liv. II, ch. 23.

207. *Notes sur les Établissements, liv. II, ch.* 35
(ci-dessus t. II, pp. 454-458).

Voyez, en général, sur ce chapitre, ci-dessus, t. Ier, pp. 57, 58, 75, 76, 78, 201-203.

Texte dérivé : *Livre des droiz*, 326, 1er alinéa.

Rapprochez : Beaumanoir, ch. 40, § 12, édit. Beugnot, t. II, pp. 135, 136; *Jostice et plet*, pp. 176, 293, 295, 297, 298.

T. II, p. 454, ligne 8 ; p. 455, ligne 1. *de murtre*. — « Voyez « les chapitres 3, 4 et 162 du 1er livre et les 11 et 20 du second « livre (présente édit., liv. Ier, ch. 4, 5, 169; liv. II, ch. 12, « 21). » (Laurière.)

T. II, p. 455, ligne 6. *ou deschireure ou chaable*. — « *Chaple*, « c'est ce qui est appelé *capulatura* et *capulatio* in *Formul.* « *solemn.*, c. 119 : *Violenter super ipsam evaginato gladio venit,* « *unde livores vel capulaturæ atque colaphi* (colées) *manifestè* « *apparent. Et* plus bas : *et super ipsum livores et capula-* « *tiones misit.* Ce mot vient de *capulare*, c'est-à-dire *scindere*, « selon Joannes de Janua. Il se trouve souvent en ce sens dans « les loix anciennes : *mulieri ingenuæ crines capulare* in *Leg.* « *Burg.*, tit. 5, § 1; *aristatonem super mortuum capulare* in « *Leg. Sal.*, tit. 17, § 4; *concisam vel sepem alterius capulare*, « tit. 18, § 4, et in *Lege Rip.*, tit. 43, *Leg. Alem.*, tit. 99, « § 26; *arborem capulare* in *Leg. Sal.*, tit. 29, § 30; *pedem* « *capulare*, tit. 31, § 6; *capulare vestitus* in *Capit. Car. M.* « c. 1, § 81; *linguam capulare*, liv. VII, § 277[1], Et apud Hinc-

---

1. 360 dans l'édit. Baluze.

« mar. Laudun. in *Concil. Duziac.*, 1, part. 2, cap. 11. *Capil-*
« *lare* se rencontre en la méme signification in *Leg. Longob.*,
« liv. I, tit. 19, § 20, 26, et apud Miræum in *Diplom. Belg.*,
« liv. II, c. 60. Papias : *capillare, concidere.* Nos François ont
« usé du terme de *chapler.* Guill. Guiart :

> « *En telle maniere i chaplerent*
> « *Qu'à force les desbaraterent.*

« Ailleurs :

> « *Grand flot de gent après s'arrive*
> « *Desquiex chascun tant i chaploie*
> « *Qu'il metent Anglois à la voie.*

« Le meme auteur, en l'an 1264, use du mot de *chaple* :

> « *Le chaple commence aus espées*[1].

« En l'an 1298 :

> « *Le chaple assés longuement dure*[2].

« Ailleurs il se sert du mot de *Chapleis*. Parlant de l'ori-
« flame :

> « *Es chapleis des mescréans*
> « *Devant lui porter la fesoit.*

« Le *Roman de Garin* :

> « *La veïsiés un riche chapleis*[3].

« Berry, en l'*Hist. de Charles VII*, p. 232 : *Et durant le cha-*
« *pelis par l'espace d'une forte heure.* » (Du Cange.)
ou *deschireure* ou *chaable*. — « ... Du participe de *scindo*
« ou *discindo* on a fait *discireure* ou *descireure.* De sorte que
« M. Menage s'est, ce semble, trompé en faisant venir *deschirer*
« de *dilacerare*. Quant au mot *châple* (présente édition, *chaable*),
« il vient de *capillare* qui signifioit la mesme chose que *scin-*
« *dere*, selon Jean de Gennes et Papias. Et de là vient que l'on
« dit encore du *pain chaplé* ou *chapellé.* » (Laurière.)
T. II, p. 455, ligne 7. *car traïsons n'est pas de parole.* —

---

1. Vers 10886, dans *Rec. des Hist.*, t. XXII, p. 198.
2. Vers 14451, dans *Rec. des Hist.*, t. XXII, p. 233.
3. Cf. *Li romans de Garin*, édit. Paulin Paris, t. Ier, p. 16 : *Sor eus refu li riches chapleis.*

« Non seulement la treve n'estoit pas enfrainte par paroles,
« mais elle ne l'estoit pas mesme par les coups et les blessures,
« quand les blessures et les coups n'estoient pas une suite de
« la premiere querelle qui avoit donné lieu à la treve. » Beaumanoir, ch. 61, p. 306, 307 (édit. Beugnot, ch. 60, § 16) :
« *Il avient souvent que aucun lignage sunt en trives ou en
« asseüremens les uns vers les autres, et pour ce ne demeure
« pas que aucuns nouviax contens ne naisse entre aucuns de
« cix du lignage, si que par le novel fet il y a mellée ou fet
« apparent. Or veons doncques se trive ou li asseüremens est
« brisiés en tel cas. Nos disons que non, car en accuser autrui
« de trives ou d'asseürement brisié, il convient que li meffès
« dont li asseüremens ou le trive est brisiée naisse dou premier
« meffet por quoi le trive ou li asseüremens fu donés*, etc. »
(LAURIÈRE.)

T. II, p. 455, ligne 8; p. 456, ligne 1. *Et en puet on bien
jugier une bataille, selonc les paroles.* — « Si donc quelqu'un
« se plaignoit de treves enfraintes, s'il le prouvoit par ses bles-
« sures, et si celuy qu'il accusoit le nioit, au deffaut de
« preuves il falloit en venir au duel hors des domaines du
« roy. » (LAURIÈRE.)

T. II, p. 456, lignes 1, 2, 3. *et ne convient pas que on mete
en murtre le veoir et le savoir.* — Le texte de Laurière représente la version sans négation *et covient que* (t. II, p. 456,
note 26). Laurière signale la version que j'ai adoptée et qu'il
trouve « dans un des manuscrits de Monsr. le Chancelier » : (elle
figure dans L^i et O^i; dans O^i les mots *ne... pas* sont le fait du
correcteur) il ajoute, critiquant la négation : « ce qui est direc-
« tement contre les chapitres 2, 3 et 4 du 1er livre de ces *Esta-
« blissemens* » (présente édit., liv. Ier, ch. 3, 4, 5). — Cette
contradiction n'implique en aucune manière la condamnation
de la version que j'ai adoptée, puisque les ch. 3, 4, 5 du liv. Ier
des *Établissements* appartiennent à la législation de saint Louis
et que le présent chapitre fait partie de l'*Usage d'Orlenois*.

Sur le *veoir et le savoir*, lire Damasus, *An testes de auditu
recipiendi sint* dans *Summa de ordine judiciario*, édit. Wunderlich, *Anecdota quæ processum civilem spectant*, pp. 108, 109.

T. II, p. 456, ligne 5 et suiv. *come je fuisse, à tel jor*, etc.

— Rapprochez cette formule d'accusation criminelle fournie par Britton : JOHAN, *qi ci est, apele* PERES, *qi iloeqes est, de ceo qe, com il fu* EN CERTEYN LEU, A TEL CERTEYN JOR, A TEL AN, *là oy mesmes* CESTUI JOHAN *purparler* TELE *mort ou* TIEL *treysoun par entre cestui* PERES ET UN AUTRE TEL PAR NOUN ET PAR TIELES ALLIAUNCES ; *et qe cesti Perys issi fist, et issint le purparla felounosement cum feloun et traytouressement cum traytre, est cestui Johan prest de prover par soen cors en toles les maneres qe la court vodera agarder qe prover le deit* [1].

T. II, p. 456, ligne 9. *asseürement.* — Voyez sur l'assurement, *Ét.,* liv. Ier, ch. 34, 44 ; liv. II, ch. 29.

T. II, p. 457, ligne 4. *et sanz en issi.* — Cette préoccupation de l'écoulement du sang est tout à fait barbare : je la retrouve dans la *Loi Salique* : *Si quis hominem in caput plagaverit sicut sanguis ad terram cadat* [2]. Cf. *Jostice et plet,* pp. 293, 295.

T. II, p. 457, lignes 3, 4. *li sans si est li garans.* — A ce que j'ai dit ci-dessus, t. Ier, p. 75, joignez le texte suivant :

Quatre home luerent ou navrerent à mort Wautier de Fourmanoir en se maison nuitantre. Quant il fu ax moriam, on li demanda ki chou li avoit fait : il dit sour s'ame que che li avoient fait Jourdain Hiereus et trois autres k'il nomma. On li demanda qui avoit cheu veü : il nomma un sien cousin, sans plus ; chil jura et dist en sen sairement k'à chu faire il furent quatre ; mais par che k'il estoit nuis et faisoit tenicle, il n'en connut nul fors Jourdains Hiereus. On en demanda [3] *à Abbeville. On juga k'encore n'i eust il k'un seul tesmoing, li sans du mort valoit un autre tesmoing, et eust on, par le jugement, traisné et pendu chel Jourdain Hiereus ; mais il escapa de prison* [4].

T. II, p. 457, lignes 5, 6. *je l'offre à prover et à l'averer par champ de bataille.* — « Cela estoit ainsi dans les domaines, ou
« dans l'obéïssance du roy, comme on vient de le dire, et comme
« il est dit à la fin de ce chapitre, et du ch. 44 de ce livre (pré-

1. Britton, édit. Nichols, t. Ier, p. 100.
2. *Lex Salica,* tit. XVII, § 4 (God. 3), édit. Hessels, col. 102.
3. C'est-à-dire : on consulta le corps municipal d'Abbeville.
4. *Livre rouge de Rue ;* copie de D. Grenier reproduite par Ch. Louandre dans *Revue des Sociétés savantes,* t. II, 1857, p. 59.

« sente édit., liv. II, ch. 12). Joignez le ch. 27 et le 118 du
« 1ᵉʳ livre à la fin (présente édit., liv. Iᵉʳ, ch. 30, 122). » (Laurière.)

T. II, p. 458, ligne 2. *dit desus*, etc. — Laurière voit ici une allusion au ch. 12 du liv. II. Il s'agit du ch. 21. J'ai discuté ce point ci-dessus, t. Iᵉʳ, pp. 57, 58.

208. *Notes sur les Établissements, liv. II, ch. 36*
(ci-dessus t. II, pp. 458 à 461).

Voyez, en général, sur ce chapitre, ci-dessus, t. Iᵉʳ, pp. 46 à 48, 53, 77.

Textes dérivés : *Abrégé champenois*, 126 ; *Livre des droiz*, 368, 2ᵉ alinéa.

Rapprochez : *Ét.*, liv. Iᵉʳ, ch. 28, 29, 32. « Voyez les *Loix* « *d'Escosse*, liv. II, ch. 55, § 16. » (Du Cange.)

T. II, p. 459, ligne 2. O^t porte : *cors et il eut heritage en aucune chastelerie, et ;* — L^i porte : *cors ou avoir*.

T. II, p. 459, lignes 5, 6. *li sires avra les muebles et les heritages.* — « Cela se pratique ainsi aujourd'huy, en sorte qu'en « cas de crime et de confiscation *les muebles ne suivent pas le* « *corps*. Voyez Bacquet, *Des droits de justice*, ch. 13. » (Laurière.)

T. II, p. 460, lignes 1, 2. *murtrier et homicide n'ont point de suite.* — Cette phrase est devenue dans le *Livre des droiz*, 368 : *murtrier et homicide n'ont point de différence*.

Rapprochez : *Ét.*, liv. Iᵉʳ, ch. 171 (p. 315, lignes 5, 6). Le compilateur veut dire que le seigneur du domicile du meurtrier est primé par les autres seigneurs dont il est question dans le texte. Boutillier, dans la *Somme rural*, soutient, au contraire, que l'homme vilain était justiciable *de corps et de chastel où il levoit et couchoit*[1]. L'art. 35 de l'ordonnance de Moulins a définitivement généralisé les règles posées, dès le xiiiᵉ s., dans les *Établissements :* ces règles sont conformes à l'authentique *Qua in provincia* (*Code*, II, xv, sous loi 2) aux termes de laquelle les délits doivent être punis là où ils ont été commis[2].

---

1. Liv. Iᵉʳ, tit. 34, p. 225.
2. Laurière, préoccupé des textes qui sont en opposition de doc-

T. II, p. *460*, lignes 7, 8. *les vignes estreper et les maisons abatre*, etc. — « L'usage estoit ancienement de raser les mai-
« sons et d'estreper ou d'arracher les vignes et de couper les
« arbres des criminels condannez. On en trouve des exemples
« dans les chartes des communes, et entre autres dans les deux
« suivantes. La charte de la commune de Roye : *Si quis alium
« intra villam interfecerit, ubicumque malefactor inventus
« fuerit, de ipso vindicta accipiatur et, si domum habuerit,
« diruatur.* La charte de la commune d'Amiens : *Si vero ita
« superbus fuerit vulneratus, quod emendationem non velit
« accipere, ad arbitrium præpositi et majoris, vel sæcuritatem
« præstare, domus ejus, si domum habuerit, diruetur.* » (Laurière.)

T. II, p. *461*, ligne 6. *Des cas de haute joutise*. — « Voyez
« le ch. 25 et 29 du 1ᵉʳ livre et le 7 de ce livre » (présente édit.,
liv. Iᵉʳ, ch. 27, 32 ; liv. II, ch. 8). (Laurière.)

209. *Notes sur les Établissements, liv. II, ch. 37*
(ci-dessus t. II, pp. 461-465).

Voyez, en général, sur ce chapitre, ci-dessus, t. Iᵉʳ, pp. 229-231, 371.

Texte dérivé : *Abrégé champenois*, 88.

Rapprochez : *Compilatio*, 87 ; *Ét.*, liv. II, ch. 22 ; *Jostice et plet*, p. 311 ; *Olim*, édit. Beugnot, t. II, p. 329 ; *Archivio storico italiano*, t. X, livr. 5, 1882 ; ord. normande de juillet 1315, art. 23 dans *Ord.*, t. Iᵉʳ, p. 593 ; Beaumanoir, ch. 35, § 6 ; ch. 39, § 70.

trine avec les *Établissements*, nous donne ce commentaire qui est en opposition complète avec le texte commenté. — « Cela estoit
« vray quant aux biens, mais il n'en estoit pas ainsi quant à la
« personne, car par l'ancien droit *l'homme vilain estoit justiciable
« de corps et de chastel, où il levoit et couchoit*, ce qui est expliqué
« fort au long par Bouteiller, dans sa *Somme*, liv. Iᵉʳ, tit. 34, p. 225.
« Mais, par l'art. 35 de l'ordonance de Moulins, cet ancien droit a
« esté changé et il a esté statué suivant l'authentique *Quâ in pro-
« vinciâ* que les delicts seroient punis où ils auroient esté com-
« mis. Voyez ce que j'ay remarqué sur les *Institutes* de Loisel,
« liv. VI, tit. II, regles 19, 20 et 26. » (Laurière.)

A lire : Molinier dans *Recueil de l'Académie de législation de Toulouse*, t. VI, pp. 175, 176 ; Duverdy, *Dissertation sur la contrainte par corps*, pp. 43, 63.

T. II, p. 462, ligne 3. *L¹* porte : *connoissance, la court en.*

T. II, p. 462, ligne 4. *letres de prevost.* — Les débiteurs pratiquaient aussi la *confessio in jure* devant les archidiacres, doyens, archiprêtres. Voici un texte du concile de Saumur de l'an 1294, qui interdit à ces dignitaires de déléguer des *clerici cursores* pour recevoir ces *confessiones in jure* :

Prohibemus etiam ne archidiaconi, decani et archipresbyteri jurisdictionem ecclesiasticam exercentes, clericos cursores et quasi exploratores ad audiendas confessiones contrahentium, per archidiaconatus, decanatus, archypresbyteratus suos, de cætero teneant : nec ad relationem eorum litteras sigillent ac si in eorum præsentia factæ fuissent : decernentes, si aliter factum fuerit, tales processus et litteras nullius esse momenti [1].

T. II, p. 462, lignes 6, 7. *et cil vaingne plaintiz à la joutise por enteriner sa letre.* — « Ce mot *enteriner* vient d'*enterin*
« qui signifie *entier*. De sorte que *se plaindre pour enteriner*
« *une lettre*, c'est demander qu'elle ait son effect pour le paye-
« ment. » (LAURIÈRE.)

Le créancier s'adresse à la justice, afin de faire faire commandement au débiteur ; mais, à moins d'exception proposée par ce dernier (p. 463, lignes 5, 6), il n'y a pas procès proprement dit, il n'y a pas débat contradictoire.

En l'année 1303, les nobles d'Auvergne obtinrent, en leur faveur, une atténuation très sensible de l'effet des lettres munies du sceau royal : le roi accorda qu'on ne pût faire sur eux de saisie, *nisi vocatis partibus ac causa cognita legitime* [2].

T. II, p. 464, ligne 7. *chatel.* — « Voyez mon *Glossaire* sur
« *Catel* et *Cateux*. » (LAURIÈRE.)

T. II, p. 465, ligne 1. *Et doit abandonner ses biens.* —
« C'est ce qu'on appelle *faire cession de biens*, dont il est traité
« au long dans l'ordonnance du commerce du mois de mars 1673,

---

1. Labbe et Cossart, *Sacros. conc.*, t. XI, pars II, col. 1396.
2. *Ord.*, t. Ier, pp. 405, 406.

« titre 10, avec les autheurs qui ont traité de cette matière. » (Laurière.)

Je publie ci-après quatre formules orléanaises qui intéressent la cession de biens : la formule 1 est une formule de cession de biens devant l'official; les formules 2, 3, 4 concernent l'absolution obtenue par le débiteur qui, excommunié d'abord à la requête du créancier, obtient l'absolution en ajoutant à la cession de biens d'autres satisfactions de conscience :

1. CESSIO IN BONIS.

Universis presentes litteras inspecturis officialis, etc. Notum facimus quod in nostra presentia propter hoc personaliter constitutus, N. sponte sua confessus fuit et recognovit se debere et efficaciter teneri N. X SOL. PAR. ex TALI CAUSA et expensis factis contra eum, asserens[1] per suum juramentum se propter rerum inopiam DICTO TALI de DICTA SUMMA in toto vel in parte satisfacere non valere, promittens[2] per suum juramentum predictum quod debitum persolvet integraliter cum effectu, se et sua quoad hoc eidem obligando et nostre jurisdictioni supponendo ; propter hoc et propter fidem datam, etc.

Et antequam excommunicatus cedens[3] absolvatur, debebit simili modo cedere bonis suis coram preposito Aurelianensi, si hoc petat pars adversa. Qua[4] concessione, pacifficato cum registratore, ut dixi, eidem absolutio concedatur.

Que sic fieri poterit :

2. ABSOLUTIO QUANDO QUIS CEDIT BONIS.

Officialis Aurelianensis, etc. N. quem cum suis participantibus absolvimus absolutus a nobis publice nuntietur a sententia excommunicationis a nobis in ipsum lata, pro re cognita, ad instantiam N. cui cessit bonis suis coram nobis. Datum, etc.

---

1. Ms. *asserans.*
2. Ms. *promittans.*
3. Ms. *cedans.*
4. *Qua* paraît avoir été écrit une première fois, puis effacé et ensuite récrit sans rature. Ce commencement de phrase est quelque peu altéré.

Et nota quod cessio bonorum non sufficit registrari ad satisfactionem emende; sed si excommunicatus non habeat unde satisfacere possit, tunc nec corpore solet fieri penitentia loco emende videlicet processiones facere ab eodem excommunicato nudos pedes cum camisia et brachiis vel quod visites (sic) *quemdam locum; et tunc, hujusmodi penitentia perfecta, erit absolutus; et talis pena exprimitur in litteris absolutionis que sic fient.*

3. ABSOLUTIO CUM PROCESSIONE.

Officialis, etc. Mandamus vobis quatenus admittatis in ecclesia vestra, nudos pedes, in camisia et brachiis, ad duas processiones faciendas per duos dies dominicos vel festivos, hora missæ[1].... *Que cum*[2] *fecerit, ipsum quem in hiis scriptis cum suis participantibus absolvimus, absolutum a nobis publice nuntietis, etc., ut in formis predictis; sic ut eidem excommunicato injungatis ut visitet quemdam locum.*

Tunc pone sic :

4. ABSOLUTIO CUM PEREGRINATIONE.

Officialis, etc. Quum vobis bene constiterit N. limina ecclesie vestre peregrine visitasse, mandamus vobis quatenus ipsum quem in hiis scriptis cum suis participantibus absolvimus absolutum a nobis publice nuncietis, etc., ut in formis predictis.

Parte citata ad diem citationis minime veniente nec pro se mittente[3], *excommunicato comparente, ipse excommunicatus faciet proclamari in audientia, dicta parte ejusque absentia non obstante; pacifficato cum registratore, sue absolutionis beneficium obtinebit, salvis tamen interesse* (?) *dicte partis*[4].

210. Notes sur les Établissements, liv. II, ch. 38
(ci-dessus t. II, pp. 465-470).

Voyez, en général, sur ce chapitre ci-dessus t. Ier, pp. 49, 50, 77.

1. Ms. *missa.*
2. *cum* est répété deux fois.
3. Ms. *mitante.*
4. *Formulaire ms. de l'officialité d'Orléans* dans ms. 765 (663).

Texte dérivé : *Livre des droiz*, 385.

Rapprochez : *Établissements*, liv. Ier, ch. 69, 70, 71 *in fine;* liv. II, ch. 7, 30 ; *Abrégé champenois*, 97.

T. II, p. 466, lignes 5, 6. *ne prise, ne seignorie, ne vengement, ne joutise.* — Avoir *vengement* sur un lieu, c'est y avoir la *juridiction*. L'officier d'un seigneur instrumente dans un lieu où sa juridiction est contestée : il est dit qu'*il n'avoit pas en celuy lieu prise, ne vengence*[1]. Joignez l'expression *venger* dans cette phrase : *Et porroions nous ou notre commandement es leu dessus nommé prendre et venger pour la rante et pour l'amande, se defaute y avoit de paiement*[2].

T. II, p. 466, ligne 9. *lequel fié et laquele seignorie.* — « Joignez le ch. 50 et 63 du 1er livre vers la fin (présente édit., « liv. Ier, ch. 54, 67), et Beaumanoir, ch. 32. » (LAURIÈRE).

T. II, p. 467, ligne 1. *et en aporte ou fai aporter mes muebles* (Joignez *Ét.*, liv. II, ch. 32 ; t. II, p. 432, lignes 1, 2. *je sui hom le roi et bien m'i avoe et en tien mes muebles et mes choses*). — C'est-à-dire qu'en cas de confiscation c'est au roi et à nul autre que les meubles seraient dévolus. Ce détail tend à confirmer le rapport immédiat et direct avec le roi qu'il s'agit de prouver. En cas de confiscation du fief et des meubles, les meubles dévolus au suzerain étaient ceux garnissant le fief et non tous les meubles appartenant au délinquant et placés ailleurs : *Qui pert son fié et son meuble envers son seigneur, l'entencion est quel meuble il pert ; c'est assavoir cellui meuble qui de vers cellui fié vient ; car autre fié ne puet il perdre par de vers li que cellui qu'il tient de lui*[3]. On trouvera aux *Établissements*, liv. Ier, ch. 97, 107 des exemples des confiscations de meubles auxquelles je fais allusion.

de la Bibl. de Tours, fol. 167 verso et suiv. (seconde moitié du XIVe siècle).

1. *Assise de La Flèche* de 1395, dans ms. Chelt. 3680, fol. 160 v°. Cf. fol. 174 verso.

2. Acte du 29 août 1312 dans Vignat, *Cartulaire de Beaugency*, p. 13, acte n° 7.

3. *Livre des droiz*, 392 ; ce ch. 392 dérive de *Compilatio*, 26. Joignez Pierre de Fontaines, ch. 3, § 6, édit. Marnier, p. 14 : *li homs est justisables de cors et de châtel là où il couche et lieve.*

Le droit du suzerain sur le mobilier du vassal ou du tenancier paraît avoir été la pierre de touche la plus sensible, la mesure la plus exacte du droit dudit suzerain : ainsi, pour exprimer l'étroite dépendance du juif vis-à-vis de son seigneur, il est dit que les meubles du juif appartiennent à ce seigneur [1]; c'est probablement une manière de faire entendre que le juif fait partie de la domesticité de son seigneur. Ici il n'est pas dit que les meubles du vassal *sont* au suzerain; mais que le vassal en *aporte ou fait aporter* ses meubles, c'est-à-dire en *tient* ses meubles : l'expression est bien moins énergique.

T. II, p. 467, ligne 5. *le jor de la chevauchiée.* — « C'est-à-dire le jour de l'irruption et de la violence. » (LAURIÈRE.)

T. II, p. 467, lignes 6, 7. *einsinques com je ai dit.* — « C'est-à-dire, à force ouverte et à main armée. » (LAURIÈRE.)

T. II, p. 468, lignes 2, 3. *nus n'a jor de consoil.* — Cf. *Anciens usages d'Artois*, XLVI, 2.

T. II, p. 468, ligne 5. *qui sont ci dessus escrit.* — Laurière renvoie au ch. 21 du livre II, au commencement. Voyez ci-dessus, t. II, p. 468, note 47.

T. II, p. 469, ligne 2. *LX lb., se il est bers.* — Laurière examine ici la question de savoir quel est l'*establissement le roi* visé par Beaumanoir et soutient l'opinion que j'ai combattue au tom. Ier du présent ouvrage, p. 338 et suiv. Je reproduis *in extenso* les observations de Laurière, sans exposer à nouveau mes vues à ce sujet; car ce que j'ai déjà dit au tom. Ier me paraît suffisant :

« ... Ce qui suit de Beaumanoir... servira à l'intelligence de
« ce chapitre, p. 171, ch. 32 (éd. Beugnot, ch. 32, § 28) : *Il sou-*
« *loit estre quant aucuns gentix hons, qui avoit justice en se*
« *terre, prenoit sor un autre gentilhome, que cil sor qui il pre-*
« *noit, ne ralloit pas tant seulement querre le coze, qui li avoit*
« *esté tollüe ou esrachiée, més quanque il pooit trouver de chose*
« *au gentilhome, qui ce li avoit fet en se terre, ou en le terre de*
« *celi qui ce li avoit fet. Et por ce que ce estoit droictement*
« *esmouvement de guerre et de mortex haine, tix contregage-*
« *ment sunt deffendu dou pooir et de l'auctorité nostre souve-*

---

1. *Ét.*, liv. Ier, ch. 132, 133.

« *rain terrien, nostre seignor le roi de France. Et si est li*
« *establissemens tex que se je me doil de me coze que l'en*
« *m'a tollüe ou efforcie, et je le vois requerre par force, ou*
« *autre coze de celi qui ce m'aura fet, je sui tenu à celi*
« *ressaisir por le reson de le contreprise, et à li rendre son*
« *damage que je li aurai fet en contreprenant. Et sui queüs*
« *en l'amende le roi, por ce que je sui allé contre son establis-*
« *sement; lequelle amende, se je sui gentix hons, si est de*
« *soixante livres, et se je sui hons de pooté, de soixante sols,*
« etc. Voyez les ch. 147, 148 et 149 du 1ᵉʳ livre » (présente édition, liv. Iᵉʳ, ch. 153, 154, 155, 156).

« C'est ce chapitre, et le ch. 63 du liv. Iᵉʳ (présente édit.,
« liv. Iᵉʳ, ch. 67), que Beaumanoir appelle le *nouvel establisse-*
« *ment le roy*, que l'on a mal confondu avec l'arrest de 1277,
« rapporté par Chopin, *De moribus Parisiorum*, lib. III, tit. I,
« n. 2; ce qui paroist manifestement par ce qui suit de Guy
« Pape, dans sa decision 552, n. 2 : *In patriâ Lugdunensi,*
« *unde sum oriundus, et in ipso regno Franciæ est quod-*
« *dam statutum vulgariter appellatum* Arrestum querelæ de
« novis dessaisinis *tenoris sequentis* : Querelæ super novis
« dessaisinis non veniunt in Parlamento, sed quilibet baillivus
« in bailliviâ suâ adeat locum debati, et, vocatis secum probis
« viris, se informet de saisinâ et dessaisinâ, sine strepitu et
« figurâ judicii. Et si intervenerit ita esse, statim loco dessai-
« siat et ad manum regiam ponat et inde, coram se evocatis
« partibus, ministret justitiæ complementum. Quod statutum
« fuit conditum per beatum Ludovicum, regem [1] Franciæ. Mais
« cet autheur se trompe en partie. Ce fut saint Loüis qui fit le
« reglement sur les dessaisines, comme il paroist par le ch. 63
« du 1ᵉʳ livre de ces *Establissemens* (présente édit., liv. Iᵉʳ,
« ch. 67) et par celuy-cy. Et ce fut sous Philippes le Hardy que
« la cour rendit cet arrest, par lequel elle ordona que les baillis
« connoistroient ainsi des dessaisines. » (LAURIÈRE.)

T. II, p. 469, ligne 3. *Mais nuns ne garantist*, etc. — Conf. Beaumanoir, ch. 30, § 58, 59; ch. 34, § 42, édit. Beugnot, t. Iᵉʳ, p. 428; t. II, p. 23.

1. Laurière : *regni*.

La question de savoir si les gens qui se battent sous un chef sont tous punissables ou si le chef paye seul pour tous était très controversée : le chef, s'il est baron, ou le chevalier paye seul l'amende, d'après notre texte ; Beaumanoir conclut dans le même sens, et même, aux yeux de ce dernier, le chef est toujours le seul responsable : s'il est chevalier, il y a une amende unique qu'il paye seul ; s'il n'est pas chevalier, il y a plusieurs amendes ; mais ces amendes multiples, il les paye seul. L'auteur du *Miroir de Souabe* examine la même question et déclare que les subordonnés sont coupables comme le chef (et, par conséquent, payent l'amende). C'est une solution évidemment très favorable à la paix et à la civilisation ; voici le texte :

Se un hons vait ors de son hosteil à armes por derrober lo paix et moine avoeque li janz por lui aïdier et praingnient une proc et l'ammoinent, sunt il tuit an colpe de ceil fait ou non ? ou cil toz souz qui les ha ors menez ? Je dit que il sunt tuit colpable ; quar cil qui les ha ors menez ne peust mie avoir prise la proie ne menée, se ne fust per lour force et per lour aïe[1].

T. II, p. 469, lignes 4, 5. *O*[i] porte : *l'usage de divers païs, tout soit il bers ou tiengne en baronie.*

T. II, p. 469, ligne 6. *O*[i] ouvre ici un nouveau chapitre intitulé : *De desavoer son fié de son droit seignor.* Ce chapitre débute ainsi : *De* (sic) *aucuns desavoe manifestement le fié de son.*

T. II, p. 470, lignes 2, 3. *mes sires li rois deffant les armes et les chevauchiées.* — Voyez le commencement du chapitre. Par ce mot *armes* le compilateur vise peut-être une ordonnance perdue de saint Louis prohibant le *port d'armes*[2]. Cette hypothèse présente toutefois une assez grave difficulté : je crois ce passage écrit par le compilateur des *Établissements* et non par le rédacteur primitif de l'*Usage d'Orlenois* : il aurait donc été écrit après la mort de saint Louis ; dès lors, l'expression *li rois* désignerait le roi vivant, Philippe le Hardi, plutôt que saint Louis.

Par le mot *chevauchiées* le compilateur vise-t-il une ordonnance de saint Louis sur les guerres privées ? On attribue arbitrairement à l'année 1245 un fragment d'ordonnance de saint

---

1. *Miroir de Souabe*, édit. Matile, p. xlii verso.
2. Voyez *Olim*, t. II, p. 104, n° 23.

Louis contre les guerres privées ; enfin nous possédons aussi un mandement de lui, de l'an 1257, adressé aux fidèles du diocèse du Puy [1], mais mentionnant une interdiction générale des guerres privées. Même difficulté que ci-dessus pour admettre que le compilateur vise ces ordonnances.

De Philippe le Hardi je connais sur ces matières un acte intéressant qu'on a daté de l'année 1275 environ [2] : rien ne s'oppose, ce semble, à ce que cet acte sans date soit un peu reculé et placé avant le 19 juin 1273. Philippe le Hardi toutefois ne parle pas expressément du port d'armes. Si l'acte de Philippe le Hardi auquel je fais allusion n'est pas celui que vise ici notre texte, il révèle du moins, chez ce prince, des préoccupations qui ont pu donner lieu à une défense perdue qui serait visée par notre auteur. De ces préoccupations nous avons un autre indice, à savoir l'existence d'une décision intéressant Paris et qui parait se rapporter à l'année 1274 [3]. J'ai exprimé l'hypothèse que l'ordonnance visée était peut-être, dans la première édition de notre texte, copiée à la fin des *Établissements*. Voyez, ci-dessus, t. II, p. 468, note 47; p. 471, note.

Il y a des défenses locales du port d'armes bien antérieures à saint Louis; voyez notamment pour Arras une charte de 1211. Cf. du Cange, Dissertation 29.

T. II, p. 470, ligne 4. *et les noveles avoeries.* — Voyez ci-dessus, p. 284, mon commentaire sur t. II, p. 426, ligne 7.

T. II, p. 470, ligne 5. O^i porte : *Ci fenissent les establissemenz le roi de France selonc l'usaye de Paris et d'Orliens et de baronie.* — L^i porte : *Ci fenist li usages de Paris et d'Orliens et tout ce que l'en use en cort de baronnie.*

Je fais observer ici que toutes les variantes de L^i O^i ne sont pas notées dans cet ouvrage.

---

1. *Ord.*, t. Ier, pp. 56, 57, 84. Du Cange à la suite de Joinville, 1668, p. 344.

2. *Ord.*, t. Ier, p. 344, note b. D. Vaissete, *Hist. du Languedoc,* t. IV, Paris, 1742, *Preuves,* col. 64.

3. L. Delisle, *Restit. d'un vol. des Olim,* n° 213, dans Boutaric, *Actes du parlement de Paris,* t. Ier, p. 332. Cf. Langlois, *Nouveaux fragments du Liber inquestarum,* dans *Bibl. de l'École des chartes,* t. XLVI, p. 443, note 1.

241. *Notes sur le Prologue de promulgation par saint Louis,*
dans (P) Q R S

(ci-dessus t. II, pp. 473, 474).

Voyez, en général, sur ce prologue, ci-dessus, t. I*er*, pp. 2, 448-455.

Les notes de Laurière sur ce prologue ont toutes pour point de départ une notion fausse, puisque Laurière croit ces *Établissements* émanés de saint Louis et qu'il accepte, par conséquent, ce prologue. Je reproduis toutefois ce qu'il a dit de plus topique pour deux motifs : 1° parce qu'on y trouvera quelques observations et quelques faits exacts en eux-mêmes ; 2° parce qu'il peut être utile de ne laisser aucun doute sur le sentiment de Laurière touchant l'origine royale des *Établissements*, alors surtout que, tout récemment, un érudit croyait apercevoir dans le commentaire de Laurière quelque trace de l'opinion qui refuse aux *Établissements* tout caractère officiel.

« Ces *Establissemens*, dans lesquels saint Loüis comprit
« quelques loix de ses predecessours, et plusieurs de celles qu'il
« avoit publiées auparavant, sont comme une espece de *Code*
« qu'il fit faire peu de temps avant sa seconde croisade.
« M. du Cange, dans sa preface sur ces *Establissemens*, dit
« que ce sont eux que Beaumanoir cite souvent, sous le titre
« d'*Establissemens le roy*, ce qui est vray quelquefois, comme
« l'on peut voir en conferant le ch. 65 du livre I*er* intitulé :
« *D'homme qui se plaint de nouvelle dessaisine*, et le ch. 44 du
« livre second (présente édit., liv. I*er*, ch. 69 ; liv. II, ch. 38)
« avec ce qu'écrit Beaumanoir, ch. 32, p. 174. » (Laurière.)

Laurière a exposé toute sa pensée à ce sujet dans ses notes sur *Ét.*, liv. II, ch. 38 ; voyez, ci-dessus, pp. 320, 321.

T. II, p. 473, ligne 1. *En l'an de grace mil* cc lxx. —
« Plusieurs doutent de cette date sur l'autorité de Nangis, qui
« écrit, page 385, que saint Loüis partit d'Aiguemortes, pour
« son second voyage d'outremer, le mardy après la feste de
« saint Pierre et de saint Paul de l'année 1269 ; mais il y a au
« tresor des Chartes, *Registre cotté 20 depuis 1259 jusques en*
« *1272*, un eschange du mois de juin 1270 fait entre le roy
« d'une part et les Templiers d'autre, pour leur maison de

« Saint-Gilles, et daté d'Aiguemortes, lequel suffit pour prouver
« que Nangis s'est trompé, et qu'en 1270 ces establissemens
« ont esté publiez, comme il est dit dans cette preface.

« C'est d'ailleurs un fait constant dans l'histoire que saint
« Loüis mourut le 25 aoust de l'année 1270, presque aussitost
« qu'il fut arrivé à Tunis. De sorte qu'il n'y a nul doute que ce
« prince n'ait esté assez longtemps en France, en l'année 1270,
« pour y faire publier ces establissemens. » (LAURIÈRE.)

T. II, p. 473, ligne 1. *Li bon rois.* — « Ces mots nous
« marquent que cette preface a esté ajoûtée aprés la mort de
« saint Loüis, par une tierce personne. » (LAURIÈRE.)

T. II, p. 474, lignes 12, 13. *decepline de cors.* — « *Disci-*
« *plinam corporalem imponere,* dans Marculphe, liv. II, for. 27.
« Cette façon de parler se rencontre pareillement dans les *Loix*
« *des Wisigoths,* liv. III, titre III, § 4; liv. IV, tit. v, § 1; liv. VI,
« tit. v, § 8, 12; liv. VII, tit. IV, § 7 et dans celles des Lom-
« bards, liv. I, tit. IX, § 27; liv. II, tit. XIII, § 3, où toutefois
« souvent le mot de *disciplina* est employé pour la *fustigation*
« qui est aussi en usage dans les monasteres en cette significa-
« tion. Un ms. de celui de Corbie intitulé *De mensa abbatis,*
« dit qu'il estoit de la charge de l'amônier *providere discipli-*
« *nas, scilicet virgas de booul et vimiaus de kalre in Capitulo.* »
(DU CANGE.)

T. II, p. 474, ligne 16. *avons ordené ces establissemens.* —
« Il y avoit dans ce temps-là, comme on l'a tant dit, deux
« sortes de loix ou d'*establissemens.* Quand le roy ne les faisoit
« pas, pour avoir lieu dans tout son royaume, ils n'avoient lieu
« que dans ses domaines, tel fut l'*establissement* qui abolit les
« duels et qui introduisit au lieu des duels la preuve par
« témoins. Voyez cy-dessus l'ordonnance de 1260 touchant les
« batailles [1]. Mais quand nos roys faisoient les *establissemens*
« pour l'utilité generale de tous leurs sujets, ils devoient estre
« observez dans tout le royaume [2]. *Quant li rois,* dit Beauma-
« noir, p. 265, *fet aucun establissement especiaument en son*
« *domaine, si baron ne laissent pas pour ce à user en lor*

---

1. Présente édition, t. I*er*, p. 487 et suiv.
2. Voyez à ce sujet ci-dessus, t. III, p. 286.

« *terres, selon les anciennes coustumes, mais quant li establis-*
« *semens est generaus, il doit corre par tout le roiaume. Et*
« *noz devons savoir que tel establissement sunt fet par tres*
« *grant conseil*, etc.[1]. Tels furent ces *Establissemens*, et tel fut
« celui des guerres privées de l'an 1245 [2]. » (LAURIÈRE.)

212. *Manuscrit des Établissements non signalé au tome I*^{er}

(Bibl. Sainte-Geneviève, Lf. 12, in-fol.).

Papier : hauteur 0^{m}333 ; largeur 0^{m}225. — Écriture du xviiie s.
129 feuillets. Premiers mots du second folio recto du ms. :
« qui prent home coustumier » (rubrique de la table des *Éta-blissements*). Ce manuscrit contient cinq documents différents ;
le premier de ces documents est une copie de *R*. J'ai déjà
signalé ci-dessus t. Ier, pp. 415, 416, deux autres copies de *R*.

Anc. cote : « 40, Bibl. San. Gen. Par., » 1734. Autre cote :
« 41, Ex libris bibl. Sanctæ Genovefæ Parisiensis, » 1753.

213. *Supplément à la notice des manuscrits de l'Abrégé cham-penois et aux variantes de l'édition de cet Abrégé*

(ci-dessus t. Ier, p. 430 ; t. III, pp. 140-153).

Je ne connaissais pas, lorsque j'ai décrit les manuscrits de
l'*Abrégé* et que j'ai donné le texte de ce petit ouvrage, le ms.
lat. $\frac{4641}{A}$ (Bibl. nat.), intéressant à plus d'un titre.

Ce ms. qui est du xive s. contient, entre autres textes juri-diques, les 39 premiers chapitres de l'*Abrégé champenois ;* j'étais
donc dans le vrai en attribuant l'*Abrégé* au xive s., bien que je
n'eusse sous les yeux que des exemplaires du xvie ou du xviie s.

On trouvera ci-après : 1° une description sommaire du ms.
lat. $\frac{4641}{A}$; 2° le relevé des variantes de ce manuscrit.

---

1. Cette citation est revue sur l'édit. de Beugnot, t. II, p. 255.
2. On ne possède pas le texte de l'ordonnance à laquelle Lau-rière fait ici allusion et la date de 1245 est arbitraire. Laurière a
publié l'extrait d'une ordonnance du roi Jean où l'ordonnance de
saint Louis est visée (*Ord.*, t. Ier, pp. 56, 57, 58). Rapprochez la
conjecture que j'ai émise ci-dessus, t. II, p. 468, note 47.

1. *DESCRIPTION DU MS. LAT.* $\frac{4641}{A}$.

Parchemin : Hauteur 0^m310; largeur 0^m226. Écriture du xive siècle. Premiers mots du second folio recto du ms. : « nomine dignitatis ut verbi gratia. »

Le ms. lat. $\frac{4641}{A}$ contient : 1° le *Style* de du Breuil : « Habi-« lis est et de stilo curie ; » quelques gloses indiquent des changements au droit survenus depuis la rédaction du *Style* (fol. 1-46) ; 2° « *Question se ung advocat ou procureur peut demener* « *mauvaise cause* » (fol. 47 recto) ; 3° *Processus commissariorum* commençant par ces mots : « Debitus[1] honor commissariis « datis per curiam conservetur » (fol. 48-56) ; 4° *Stilus inquestarum* commençant ainsi : « Animarum[2] periculis, » et divers textes juridiques (fol. 56 r°-fol. 74 v°) ; 5° *Abrégé champenois des Établissements* : « Si commence le Establissement « de Parlement : Nulles causes ne seront apportées es parle-« mens ; » et plus loin : « De l'ordre de plait à l'usage de Cham-« paigne. La justice tendra ceste ordenance. » Ce texte de l'*Abrégé* s'arrête au ch. 39 (fol. 74 v°-76 v°) ; 6° divers textes juridiques commençant ainsi : « Si in terra consuetudinaria « partes petierint jus in scriptis » (fol. 76 v°-fol. 88 r°) ; 7° ordonnance de Philippe VI, datée de décembre 1344, commençant par ces mots : « Cum[3] facti experientia didicimus « pluraque per nos » (fol. 88 v°-92 v°).

Anciennes cotes : « M D XIX ; 612 ; 9849. »

---

1. Ce *Style* ms. se trouve encore dans le ms. fr. 5359, fol. 74 v° et suiv. Il faudrait : « Ut debitus honor. » Voyez ce *Style* imprimé dans du Moulin, *Stilus antiquus*, Parisiis, 1558, p. 146 et suiv.

2. Il faudrait : « Ut animarum. » L'auteur du *Grand Coutumier* a copié ce *Style*; voyez L. Delisle dans *Mém. de la Société de l'hist. de Paris*, t. VIII, p. 143, 144. Cf. *Grand Coutumier*, édit. Laboulaye et Dareste, p. 474 ; et liv. IV, ch. 3, *Ibid.*, pp. 604, 605. Ce *Style* se trouve encore dans le ms. fr. 5359, fol. 57-74 ; voyez ci-dessus t. Ier, p. 426.

3. Voyez ce texte dans *Ord.*, t. II, p. 210 et suiv.

2. VARIANTES DES CH. 1-39 DE L'ABRÉGÉ CHAMPENOIS D'APRÈS LE MS. LATIN $\frac{4641}{A}$.

T. III, p. 141, ligne 9. *selon sa demande et ne die chose qui ne appartiegne à la demande.*
— Ligne 10. *proposez et menez de partie.*
— Ligne 13. *Les faiz mis en escript soyent envoyez aux auditeurs du pays dont seront.*
— Ligne 17. *chevaliers* au lieu de *clers*.
— Ligne 22. *que il faille adjouster.*
T. III, p. 142, ligne 1. *le jour au l'andemain.*
— Ligne 5. *consoil, il l'ait à ce jour ou l'andemain.*
— Ligne 7. *an* manque.
— Ligne 13. *De la semonce de.*
— Ligne 17. *tiex* manque.
— Ligne 21. *ordenance* au lieu de *forme*.
— Lignes 22-23. Les mots *de marchié... dite* manquent.
— Ligne 30. *demandera* au lieu de *demande*.
— Ligne 31. *fors de l'eritage.*
— Ligne 32. *se il a demande ou debte.*
T. III, p. 143, ligne 1. *ses mariz seront mors nouvellement, ou debte.*
— Ligne 3. *de leurs parens.*
— Ligne 7. *Et se celluy qui la demande cognoist.*
— Ligne 8. *li juges commandera que il luy face son gré.*
T. III, p. 143, lignes 9, 10. *et s'il ne fait, il sera en amande par devers le.*
T. III, p. 143, ligne 13. *et se li demanderres* manque.
T. III, p. 143, ligne 14. *demandeur* au lieu de *deffanderres* — *contre lui* manque.
— Ligne 16. *niroit* au lieu de *meist an ni.*
— Ligne 17. XL s. au lieu de LX s.
— Lignes 17, 18. *lettres scellées soubz seel de la justice ou du roy qui.*
— Lignes 18, 19. *car aucunes lettres ne sont creües (sic) que pour ung tesmoing.*
T. III, p. 144, ligne 2. XL s. au lieu de LX s.
— Lignes 2, 3. *et en secret.*
— Ligne 3. *pour* au lieu de *porra.*
— Ligne 7. *au desfandeor* manque.
— Ligne 8. *ne lettres scellées, se elles.*
— Ligne 10. *ne le vouloit octroyer.*
— Ligne 11. *demandeur ne le vouloit ou povoit prouver.*
— Ligne 13. *et il ne dit que.*
— Ligne 14. *regardera* au lieu de *esgardera.*
— Ligne 15. *dira que s'il.*
— Ligne 16. *met en sa demande, il — aura* au lieu de *arramira.*

VARIANTES DES CH. 1-39 DE L'ABRÉGÉ CHAMPENOIS

(suite).

T. III, p. 144, ligne 20. *la demandera* au lieu de *l'amandera*.
— Lignes 22, 23. *et le feroit la justice celluy jour, se.*
T. III, p. 145, lignes 5-8. Le § 5 manque ici; il est placé après le § 7.
— Ligne 10. *et le leu* manque.
— Ligne 11. *se plaint* manque.
— Lignes 11-14. *de celle mesme heure que li autre de dessus avra dit, il semble que il en doye respondre.*
T. III, p. 145, ligne 16. *pas et que se il.*
— Ligne 19. *se en l'en quiert.*
— Ligne 21. *De tous qui.*
— Ligne 25. *à justice* au lieu de *la joutise*.
— Ligne 25. *que ne emporte pas le droit.*
— Ligne 28. *demanderoit.*
— Ligne 28. *doit nommer tiltre.*
T. III, p. 146, ligne 4. *juste* au lieu de *droite*.
— Ligne 5. *droite* manque.
— Lignes 5, 6. *il croit... et que* manque.
— Ligne 7. *pour* au lieu de *pendant*.
— Ligne 9. *tesmoins chose que il.*
— Ligne 10. *que bon soit.*
— Ligne 11. *demandoit que il.*
— Ligne 15. *nye* au lieu de *met an ni*.

— Ligne 17. *ou repris* manque.
— Ligne 18. *por l'amandé* manque.
— Ligne 19. *donrra plaiges pour l'amende tout.*
— Ligne 23. *villenie que l'on luy ait dite ou faite : ou.*
— Ligne 23. *n'est marchande. En ces cas, elle a response, et nou autrement.*
T. III, p. 147, ligne 4. *demande; ne doit dire tiltre.*
— Lignes 6, 7. *prouvé son entencion sur la possession.*
— Lignes 8, 9. *force ou par repost ou par emprunt.*
— Lignes 10, 11. *main ou en saisine soit meubles, ou heritages.*
— Ligne 13. *certains mandemens du seigneur.*
T. III, p. 148, lignes 1, 2. *je met ceste chose en la main et saisine de mon seigneur, soit meubles, ou heritages.*
— Lignes 3, 4. *ostera et fera oster et qui force y fera faire, il sera.*
— Ligne 5. *XL* au lieu de *LX*.
— Ligne 5. *et le leu* manque.
— Ligne 7. *demourer* au lieu de *ester*.
— Ligne 9. *seigneur du lieu* au lieu de *seignor*.
— Ligne 10. *et sans lignage* manque.
— Ligne 12. *sire, ses debtes et ses laiz.*

VARIANTES DES CH. 1-39 DE L'ABRÉGÉ CHAMPENOIS

(suite).

T. III, p. 148, lignes 13, 14. *luy soit, ycelluy.*
— Ligne 14. *sires du lieu, se il veult avoir.*
— Lignes 15, 16. *dedens le nuis.*
— Ligne 17. *Terres et terrages.*
— Ligne 18. *prendre et mettre à sa charrue ou en son demaine et ne.*
— Ligne 22. *ce dont il avient (ou il a nient) pour ses cens.*
— Ligne 24. *cens à jour nommé, il est.*
T. III, p. 149, lignes 4, 5. *rendre les cens du temps passé sans amande; se il le laisse.*
— Ligne 8. *aucun heritage* manque.
— Ligne 9, 10. *à qui est faite l'aumosne doit venir.*
— Lignes 11, 12. *se il vous plaist* (un long trait qui indique une lacune) *nous l'osterons.*
— Ligne 12. *lor* manque.
— Ligne 13. *de lor main* manque.
— Ligne 15. *se aucun eschangent.*
— Ligne 16. *le seigneur feroit.*
— Ligne 21. *du* au lieu de *d'un.*
— Ligne 22. *d'un lignage.*
— Ligne 23. *et* au lieu de *de.*
T. III, p. 150, ligne 2. *mais li... condition* manque.
— Ligne 13. *demeurent* au lieu de *sont.*
— Ligne 14. *li preuz et* manque.

— Ligne 20. *de son heritage en ce païs et en.*
T. III, p. 151, ligne 4. *y* manque.
— Ligne 5. *terre* au lieu de *teneure.*
T. III, p. 152, ligne 5. *avra* au lieu de *tanra.*
— Ligne 6. *venra au terme* (dans mon édit. il faut lire *vandra*).
— Ligne 8. *et mettre* au lieu de *et meste.*
— Lignes 11, 12. *sires avroit eü en la gageure, mais de celuy à qui a esté faite l'engageure ne venait dedanz les.*
— Ligne 16. *Retrait* au lieu de *Retraite.*
— Ligne 18. *droit le povoit souffrir et accorder.*
— Ligne 19. *avenens.*
— Ligne 20. *por conquest* manque.
— Ligne 21. *qui veut (ou vent) heritage.*
— Ligne 25. *loyaux despens et coustz et je suis prest de les vous paier. Et se il ne le fait audit acheteur, ainsi cil ne sera pas.*
T. III, p. 153, ligne 3. *n'est du consentement des parties. Ne.*
— Ligne 4. *que* au lieu de *don.*
— Ligne 7. *n'a le bail.*
— Ligne 9. *la* au lieu de *leur.*
— Ligne 12. *feit* manque. (Le reste manque.)

TABLE

NOTES DES PRÉCÉDENTS ÉDITEURS

ET NOTES NOUVELLES.

(SUITE ET FIN.)

			Pages
73. Notes sur les Etablissements,	liv. Ier, ch. 72	. .	1
74. — —	liv. Ier, ch. 73	. .	3
75. — —	liv. Ier, ch. 74	. .	5
76. — —	liv. Ier, ch. 75	. .	5
77. — —	liv. Ier, ch. 76	. .	5
78. — —	liv. Ier, ch. 77	. .	9
79. — —	liv. Ier, ch. 78	. .	10
80. — —	liv. Ier, ch. 79	. .	14
81. — —	liv. Ier, ch. 80	. .	15
82. — —	liv. Ier, ch. 81	. .	18
83. — —	liv. Ier, ch. 82	. .	20
84. — —	liv. Ier, ch. 83	. .	20
85. — —	liv. Ier, ch. 84	. .	23
86. — —	liv. Ier, ch. 85	. .	25
87. — —	liv. Ier, ch. 86	. .	27
88. — —	liv. Ier, ch. 87	. .	29
89. — —	liv. Ier, ch. 88	. .	30
90. — —	liv. Ier, ch. 89	. .	31
91. — —	liv. Ier, ch. 90	. .	35
92. — —	liv. Ier, ch. 91	. .	37
93. — —	liv. Ier, ch. 92	. .	39
94. — —	liv. Ier, ch. 93	. .	42
95. — —	liv. Ier, ch. 94	. .	52
96. — —	liv. Ier, ch. 95	. .	56
97. — —	liv. Ier, ch. 96	. .	60

				Pages
98.	*Notes sur les Etablissements,*	liv. Ier, ch. 97		62
99.	—	—	liv. Ier, ch. 98	63
100.	—	—	liv. Ier, ch. 99	65
101.	—	—	liv. Ier, ch. 100	68
102.	—	—	liv. Ier, ch. 101	72
103.	—	—	liv. Ier, ch. 102	74
104.	—	—	liv. Ier, ch. 103	77
105.	—	—	liv. Ier, ch. 104	79
106.	—	—	liv. Ier, ch. 105	80
107.	—	—	liv. Ier, ch. 106	81
108.	—	—	liv. Ier, ch. 107	83
109.	—	—	liv. Ier, ch. 108	84
110.	—	—	liv. Ier, ch. 109	86
111.	—	—	liv. Ier, ch. 110	88
112.	—	—	liv. Ier, ch. 111	91
113.	—	—	liv. Ier, ch. 112	94
114.	—	—	liv. Ier, ch. 113	95
115.	—	—	liv. Ier, ch. 114	96
116.	—	—	liv. Ier, ch. 115	97
117.	—	—	liv. Ier, ch. 116	99
118.	—	—	liv. Ier, ch. 117	100
119.	—	—	liv. Ier, ch. 118	102
120.	—	—	liv. Ier, ch. 119	103
121.	—	—	liv. Ier, ch. 120	104
122.	—	—	liv. Ier, ch. 121	107
123.	—	—	liv. Ier, ch. 122	108
124.	—	—	liv. Ier, ch. 123	112
125.	—	—	liv. Ier, ch. 124	114
126.	—	—	liv. Ier, ch. 125	116
127.	—	—	liv. Ier, ch. 126	118
128.	—	—	liv. Ier, ch. 127	119
129.	—	—	liv. Ier, ch. 128	122
130.	—	—	liv. Ier, ch. 129	124
131.	—	—	liv. Ier, ch. 130	126
132.	—	—	liv. Ier, ch. 131	128
133.	—	—	liv. Ier, ch. 132	128
134.	—	—	liv. Ier, ch. 133	131
135.	—	—	liv. Ier, ch. 134	135
136.	—	—	liv. Ier, ch. 135	141
137.	—	—	liv. Ier, ch. 136	141
138.	—	—	liv. Ier, ch. 137	144
139.	—	—	liv. Ier, ch. 138	145

				Pages
140.	*Notes sur les Etablissements,*	liv. Ier, ch. 139	. .	147
141.	— —	liv. Ier, ch. 140	. .	147
142.	— —	liv. Ier, ch. 141	. .	148
143.	— —	liv. Ier, ch. 142	. .	149
144.	— —	liv. Ier, ch. 143	. .	151
145.	— —	liv. Ier, ch. 144	. .	153
146.	— —	liv. Ier, ch. 145	. .	156
147.	— —	liv. Ier, ch. 146	. .	156
148.	— —	liv. Ier, ch. 147	. .	158
149.	— —	liv. Ier, ch. 148	. .	161
150.	— —	liv. Ier, ch. 149, 150		162
151.	— —	liv. Ier, ch. 151, 152		164
152.	— —	liv. Ier, ch. 153	. .	165
153.	— —	liv. Ier, ch. 154, 155		167
154.	— —	liv. Ier, ch. 156	. .	169
155.	— —	liv. Ier, ch. 157	. .	170
156.	— —	liv. Ier, ch. 158	. .	171
157.	— —	liv. Ier, ch. 159	. .	174
158.	— —	liv. Ier, ch. 160	. .	175
159.	— —	liv. Ier, ch. 161	. .	177
160.	— —	liv. Ier, ch. 162	. .	181
161.	— —	liv. Ier, ch. 163	. .	182
162.	— —	liv. Ier, ch. 164	. .	184
163.	— —	liv. Ier, ch. 165	. .	185
164.	— —	liv. Ier, ch. 166	. .	188
165.	— —	liv. Ier, ch. 167	. .	188
166.	— —	liv. Ier, ch. 168	. .	189
167.	— —	liv. Ier, ch. 169	. .	190
168.	— —	liv. Ier, ch. 170	. .	191
169.	— —	liv. Ier, ch. 171	. .	194
170.	— —	liv. Ier, ch. 172	. .	195
171.	— —	liv. Ier, ch. 173	. .	197
172.	— —	liv. Ier, ch. 174	. .	201
173.	— —	liv. Ier, ch. 175	. .	203
174.	— —	liv. II, ch. 1	. .	205
175.	— —	liv. II, ch. 2	. .	206
176.	— —	liv. II, ch. 3	. .	209
177.	— —	liv. II, ch. 4	. .	211
178.	— —	liv. II, ch. 5, 6	. .	216
179.	— —	liv. II, ch. 7	. .	217
180.	— —	liv. II, ch. 8	. .	220
181.	— —	liv. II, ch. 9	. .	222

TABLE.

				Pages
182. Notes sur les Etablissements,	liv. II, ch. 10	. .	231
183. — —	liv. II, ch. 11	. .	231
184. — —	liv. II, ch. 12	. .	232
185. — —	liv. II, ch. 13	. .	234
186. — —	liv. II, ch. 14	. .	235
187. — —	liv. II, ch. 15	. .	238
188. — —	liv. II, ch. 16	. .	242
189. — —	liv. II, ch. 17	. .	246
190. — —	liv. II, ch. 18	. .	247
191. — —	liv. II, ch. 19	. .	250
192. — —	liv. II, ch. 20	. .	255
193. — —	liv. II, ch. 21	. .	258
194. — —	liv. II, ch. 22	. .	261
195. — —	liv. II, ch. 23	. .	264
196. — —	liv. II, ch. 24	. .	265
197. — —	liv. II, ch. 25	. .	267
198. — —	liv. II, ch. 26	. .	269
199. — —	liv. II, ch. 27	. .	273
200. — —	liv. II, ch. 28	. .	274
201. — —	liv. II, ch. 29	. .	276
202. — —	liv. II, ch. 30	. .	278
203. — —	liv. II, ch. 31	. .	285
204. — —	liv. II, ch. 32	. .	295
205. — —	liv. II, ch. 33	. .	303
206. — —	liv. II, ch. 34	. .	308
207. — —	liv. II, ch. 35	. .	310
208. — —	liv. II, ch. 36	. .	314
209. — —	liv. II, ch. 37	. .	315
210. — —	liv. II, ch. 38	. .	318

211. *Notes sur le Prologue de promulgation par saint Louis dans* (P) *Q R S* 321
212. *Manuscrit des Etablissements non signalé au t. Ier.* 326
213. *Supplément à la notice des manuscrits de l'Abrégé champenois et aux variantes de l'édition de cet Abrégé* 326

AVERTISSEMENT POUR LA TABLE-GLOSSAIRE.

Le glossaire et la table sont fondus dans un ordre alphabétique unique.

Les mots qui figurent dans les textes anciens publiés ou cités dans cet ouvrage sont imprimés en italiques. A moins d'indication contraire, les mots de l'ancienne langue figurent sous la forme du cas-régime.

D'abondantes explications ayant été fournies dans la préface et dans les notes, on a cru devoir dresser cette table-glossaire sous une forme très concise; mais on a fait de grands efforts pour être complet et pour rendre les recherches faciles et rapides.

Les chiffres romains désignent les tomes; les chiffres arabes désignent les pages.

TABLE-GLOSSAIRE

A, avec, III, 178.
A divo Pio, loi du Digeste, II, 3, 463,
Aage, âge, majorité, II, 280, 281; III, 79, 161.
Abandon de biens, I, 227, 228; II, 411-413, 465; III, 164. Voy. *Cession de biens*.
Abatis de maison, II, 460; IV, 315. Voy. *Ravage*.
Abbé, IV, 226.
Abbeville (Corps de ville d'), consulté sur une question de droit, IV, 343.
Abeilles, I, 224, 225; II, 316-319; III, 102, 103; IV, 195, 196. Voy. *Hés*.
Abel, III, 118.
Abollagium, droit aux abeilles fugitives, IV, 196.
Abrégé champenois, observations critiques, I, 323-328; — manuscrits, I, 429, 430; IV, 326-330; — texte, III, 141-187.
Abrégement de fief, I, 163; II, 217-219; III, 72, 73; IV, 104-106, 125, 126, 299.
Absence, I, 32; II, 303, 310, 311; IV, 179, 182-184, 189.
Absolution après la mort, IV, 50, 51, 120; — d'excommuniés pour dettes, IV, 317, 318.
Abstraction, inconnue dans les périodes primitives, I, 86, 87.
Accent (A), sciemment, IV, 249.

Accessoire et *principal*, III, 205.
Accusateur, mis en prison avec l'accusé, I, 199, 200; II, 187, 190, 410; III, 177; IV, 261.
Accusatoire (Procédure), I, 292; II, 11, 44; III, 175, 293, 294.
Accuseor, accusieres (suj. sing.), accusateur, I, 499; II, 357.
Achaison, achoison, raison, circonstance, II, 244; III, 79.
Achaz (rég. plur.), achats, acquêts, II, 20, 26, 257, 269; III, 3, 5, 84, 87, 122, 198, 255, 256.
Achaz des homes, mauvaise leçon, I, 472.
Achier, ruche, IV, 196.
Achoisonner, inquiéter, poursuivre, accuser, II, 97; III, 32, 354, 355.
Acoustumance, habitude, récidive, II, 55; III, 17.
Acquêts, *acquestes, aquestes* (plur.), I, 127, 134, 138, 354; III, 254. Cf. *Achaz*.
Acre (*Jean d'*), bouteiller de France, III, 255.
Acteur, demandeur, I, 303, 304.
Action publique, ses progrès, I, 198, 199.
Acuvert, asservi, I, 275.
Ad legem Aquiliam, titre du Digeste, II, 390.
Ad legem Corneliam de siccariis, titre du Code, III, 111; — du Digeste, III, 113.

Ad legem Juliam magestatis (sic), titre du Digeste, III, 112.

Ad legem Pompeiam de parricidiis, titre du Digeste, III, 113.

Adalaldus, Adalardus, vassal de l'archevêque de Tours, IV, 302.

Adfatomia, I, 120, 121, 122, 126.

Adonques, alors, II, 392.

Adultère. Voy. *Avoutire*.

Advenant, avenant, convenable, suffisant, I, 295; II, 22, 23, 27, 102, 120, 168, 170, 443; III, 4, 6, 40, 64, 174, 194, 200, 225, 258-260; — *avenant bienfait*, usufruit convenable, II, 36; III, 285.

Adveour, demandeur, III, 201, 204, 205.

Advocatis (De) diversorum judiciorum, titre du Code, II, 138.

Advocatus à Rome, IV, 239.

Afaitier, réparer, II, 200, 201; III, 67, 160; IV, 94, 95.

Afferra, fut. ind., 3e pers. sing. du verbe *Afferer*, convenir, I, 507; II, 401.

Affinité, III, 141.

Afflebloier, être faible ou malade, II, 99; III, 33, 357.

Affranchissement, I, 169, 170; — soumis à l'assentiment du suzerain, I, 516; II, 446; IV, 298-303.

Afiert, ind. prés., 3e pers. sing. du verbe *Afferer*, convenir, être reçu, II, 16, 329.

Agait de chemin, guet-apens, I, 497, 499; II, 343, 358.

Agastir, gâter, abîmer, II, 260; III, 170.

Age (Preuve de l'), II, 128; III, 44. Voy. *Aage*.

Agherland (mot scandinave), terre labourable, I, 214.

Agout, égout, III, 155.

Agrevé, grevé, I, 504.

Agricultores, authentique insérée au Code, III, 112.

Aguet-apensé, guet-apens, I, 238, 239; III, 180.

Aïde, aïe, aïdes (plur.), aide, aides, I, 31, 275, 291; II, 64, 65, 132, 248; III, 20, 21, 46, 81, 132, 195, 196, 319, 320; IV, 18-20.

Aïdier, aider, I, 204, 461, 489; II, 11.

Ainçois, mais, II, 374; — avant que, III, 44.

Aînesse, I, 122-125, 291, 292, 294, 295, 315-322, 358, 360, 384; II, 20-24; 31, 33, 36, 213-217; III, 3, 6, 8, 92, 129, 193, 198-200, 213, 225, 261, 277; IV, 103, 104.

Ainz, mais, II, 206.

Ainzné, aîné, II, 21, 282; III, 9.

Airiers, arrière, II, 165; III, 57.

Aït, aïst, I, 204, 207, 275; III, 177, temps du verbe *Aïdier*, aider. Voy. ce mot.

Ajournement, I, 32, 40, 191-194, 378, 427, 500, 511, 515; II, 39-44, 111, 112, 342, 353, 363, 425, 439; III, 11, 38, 44, 45, 76, 77, 122, 129, 141, 142, 176, 194, 195, 227, 233; IV, 2, 279, 280; — ajournement o jugement, I, 193; III, 373, 374 et *passim*; — ajournement par les pairs, II, 116; III, 39; IV, 1, 2.

Albigeois, IV, 35, 36.

Alençon (Coutume d'), a-t-elle été influencée par les *Etablissements?* I, 281.

Aliance, allegeance, III, 138.

Alignager, prouver sa parenté, I, 496; II, 336.

Alleu, alue, IV, 193.

Alliaunce (forme anglo-normande du mot *aliance* ci-dessus), convention, IV, 313.

Alne, aulne, aune, mesure de superficie, II, 298; III, 97.

Aloé, alloué, officier, II, 77; III, 25, 215, 330.

Amalaisé, maltraité, II, 188; III, 63.

Ambedui, tous deux, II, 270; III, 88.

Ambler, voler. Voy. *Embler.*
Ambleure, démarche du cheval qui va l'amble, III, 342.
Amende, amande, I, 49, 170, 174, 242, 243, 245-248, 258, 263, 371, 392, 393, 470, 510, 511, 520; II, 18, 60, 73, 74, 85, 94, 95, 162, 167, 187, 190, 203, 228, 240, 265, 274, 283-286, 290, 292, 293, 314, 403, 415-418, 424, 431, 469; III, 28, 31, 55, 57, 63, 66, 75, 79, 92, 94, 95, 96, 118, 122, 133, 136, 143, 144, 146, 148, 149, 154, 155, 158, 159, 161, 162, 164, 180, 190, 200, 254; IV, 164, 169, 175, 266, 322; — femme ne paye que demi-amende, I, 38-40, 371, 510; II, 418; IV, 268; — amende de cinq sols, II, 418; IV, 267, *passim;* — amende de dix sols, IV, 162; — amende de soixante sols, I, 245, 246; II, 265; IV, 146, *passim;* — *amende de sa loi,* I, 245, 246; II, 227, 273, 274; III, 89; IV, 93, *passim;* — amende d'une loi, de deux loix, III, 374; — amende taxée, critiques de Beaumanoir, IV, 170, 171. Voy. *Gage de sa loi.*
Amendement, amendement de jugement, I, 24, 35, 204, 218, 219; II, 85, 134, 135, 137, 138, 273, 381, 382; III, 46, 47, 48, 161, 171, 236, 237, 344; IV, 21, 22, 25, 26, 245. Voy. *Appel.*
Amendements du mari en la terre de sa femme, II, 280; III, 91.
Amenistrer, administrer, II, 345.
Amenuisement, amenuisemant, amoindrissement, diminution, I, 150; II, 103; III, 34.
Ami, parent, II, 189, 271, 272; III, 64, 73, 88.
Amicus, parent, III, 364.
Amiénois; la cession de biens doit y produire ses effets (ordre du roi), IV, 263.
Amiens; donation par père et mère à un enfant pour mariage, IV, 270.
Amiens (Renaud d'), III, 339.
Amolu, III, 180. Voy. *Esmolu.*
Amortissement, I, 30, 164, 285; II, 244-246; III, 213; IV, 124-126.
Ampans, contestation, III, 203.
An et jor (Délai d'), I, 30, 110, 113; II, 299, 303, 310, 311; III, 101, *passim.*
Ancement, de même, également, III, 110.
Ancherie, faute pour *Avouerie,* I, 355.
Ancis. Voy. *Encis.*
Angaigeure, fait de donner en gage, III, 152.
Angers (Garde au château d'), III, 340, 341; — indemnités en raison de travaux à ce château, IV, 63, note 4.
Ango, Anjou, I, 469; II, 473. Voy. *Anjou.*
Angoumois, I, 281, 322.
Animal, causant mort d'homme, I, 233, 234; II, 233-236; III, 77; — poursuivi en justice, IV, 117. Voyez *Beste.*
Anjou. Coutume de Touraine-Anjou, Coutume d'Anjou et Maine, renseignements divers, I, 8-12, 17-21, 281, 295, 300, 306, 307, 315, 316, 318, 360, 381, 382, 427, 469, 482; — Coutume de Touraine-Anjou dans *Etablissements,* II, 19-325; — texte isolé de cette Coutume, III, 2-104. — Coutume glosée d'Anjou, I, 21, 372-376.
Annalité de la possession, I, 115.
Anoblissement à la tierce foi, I, 169; II, 35; III, 284.
Anquerre, enquérir, I, 501. Voy. *Enquerre.*
Anqueste. Voy. *Enquête.*
Anschütz, son interprétation du ch. 26 au liv. II des *Etablissements,* I, 73.
Antain, tante, III, 277.

Antan, l'année précédente, II, 105, 106; III, 35; — autrefois, III, 191, note.
Antancion. Voy. *Entencion*.
Anteriner. Voy. *Enteriner*.
Apaieiz (suj. sing.), apaisé, calmé, satisfait, IV, 245.
Aparageor, celui qui tient en parage, I, 292; II, 64, 66, 248; III, 20, 81; — ne fait pas hommage au chef parageur, I, 125, 126; II, 66, 67. Voy. *Parageor*.
Aparissant, qui paraît, visible, II, 416, 455; III, 180.
Apartenance, dépendance, I, 487; II, 405.
Apartenir à heritage, dépendre d'un immeuble, II, 124; III, 43.
Aperz (suj. sing.), public, I, 504; II, 381; — *en apert*, en public, ouvertement; II, 361; III, 144.
Apiaut, ind. prés., 3e pers. du sing. du verbe *apeler*, I, 493; II, 18. Voy. ce mot.
Aporter ou faire aporter ses muebles, I, 520; II, 467; — cette expression est expliquée, IV, 319, 320.
Appel, apiaus (suj. sing.), I, 24, 218-220, 278, 279, 357, 504; II, 381, 383, 385; III, 236; IV, 21, 26-28, 244-246; — les appels fréquents exercent une influence sur le régime du Parlement, IV, 150.
Appeler, apeler, actionner, II, 144, 187, 188, 228, 454; III, 169, 242; — cf. *en apeler*, expression et sens moderne, I, 504; II, 381.
Appellacion, appel, I, 426, 427. Voy. *Appel*.
Appellationibus (De), titre du Code, II, 143.
Applegement et contr'applégement, procédure spéciale en matière possessoire, I, 113-116, 427; III, 119, 370, 371. Voy. *Complainte*.

Appleger, appleger (s'), fournir caution, III, 207.
Appoinctement, jugement préparatoire, I, 25.
Aprendre, aprandre, se renseigner par l'enquête dite *aprise*, I, 71, 510; II, 390, 415; IV, 247.
Aprise, enquête, I, 270; II, 387, 415; IV, 247, 265. Voy. *Aprendre*.
Aquestes (plur.), acquêts, II, 26; III, 6. Voy. ce mot.
Aquilia (Loi), ne formule pas la section abstraite du dommage, I, 87.
Arabes (Chiffres) du XIIIe s., I, 421, note 1.
Aramir, arramir, promettre solennellement, I, 511; II, 421; III, 144; IV, 273, 274.
Arbitre, III, 138.
Archevêque, *arcevesque*, I, 67.
Archiprêtre, *arcepreste*, II, 320; III, 103.
Ardeor, incendiaire, I, 48, 519; II, 461.
Ardist, imp. subj., 3e pers. sing. du verbe *Ardoir*, brûler, II, 47. — Voy. le mot suivant.
Ardoir, brûler, I, 47, 61; II, 51, 57, 147, 240, 287; III, 11, 14, 15, 17, 93, 304.
Arer, labourer, I, 46, 47; II, 460; III, 11.
Areüre, labourage, III, 155.
Argent, diminution de sa valeur, I, 247, 263; — sou d'argent substitué au sou d'or, I, 247, 248; — trouvaille d'argent, II, 152; III, 52, 249; IV, 56.
Arme, âme, III, 126.
Armes (Attaque avec), I, 520; II, 465, 466, 468, 470.
Arpent, sa dimension, I, 306, 307; III, 218; — mentionné, I, 316.
Arrest (Voye d'), I, 330, note 3. — Voy. *Saisie extrajudiciaire*.
Arrestation de meurtrier ou de larron; frais à ce sujet, II, 64, 89, 90.

Arrhes, *erres de mariage*, I, 146, 147; II, 242-246; III, 79; IV, 122-124. Voy. *Erres*.

Arse (fém.), brûlée, II, 55; III, 213, participe passé du verbe *Ardoir*. Voy. ce mot.

Arson, incendie, I, 490, 497; II, 14, 175, 343; III, 247.

Arthanne, Artenne (*Guillaume, Guilielmus de*), IV, 56, 89; — *Macé de Arthanne*, III, 310.

Artois (Anciens usages d'), I, 342-347, 349, 350; — la cession de biens n'existe pas en Artois; devrait y être introduite, IV, 262.

Ascelin, fils d'Ohelme, serf de Marmoutier, I, 43-45.

Ascelina, nata Johannis hominis de corpore, IV, 291, 292.

Asentement, asantement, assentiment, permission, II, 36, 50; III, 10.

Asolons, absolvons, ind. sing., 1re pers. du pluriel du verbe *asoldre*, absoudre, II, 380.

Asolz, asouz (part. suj. sing.), absous, III, 79, 161.

Assassinat, appelé jadis meurtre, I, 238, 239; III, 289.

Assenement, dot, II, 31, note 20, 494.

Assener, asener, assigner, 94, 291; III, 125; — assigner une part à, II, 19; — *assener au fié, à son fié*, assigner à son fief, saisir, I, 52, 55, 506, 512; II, 396, 424, 426, 469; III, 171, 173; IV, 250, 278, 280.

Asseoir, imposer, II, 431.

Assertione (De) tollenda, titre du Code, III, 111.

Asseürer, assurer, III, 13, 17. Voy. *Assurement*.

Asseürté, assurement, III, 112. Voy. *Assurement*.

Assignation. Voy. *Ajournement*.

Assise de balif, assise de bailli, II, 355; — Assise du comte Geoffroi, I, 290, 294, 295; — prétendue assise ou constitution de Jean II, I, 290-301, 307; III, 188-211.

Assurement, *assegurement, asseürement*, expliqué, I, 181-183; — mentionné, I, 91, 512; II, 46, 47, 56-58, 423, 424; II, 57, 456; III, 17, 112, 179, 244, 296, 307, 308; IV, 236, 276-278, 312.

At si clerici, chapitre des Décrétales, II, 147.

Atente, attente, délai, II, 125; III, 43.

Atermer, ajourner, II, 113, 114, 247; III, 37, 39, 81, 136.

Atout, avec, III, 173.

Aubain, I, 79, 512, 513; II, 149, 170, 428, 434; III, 51, 121, 148; IV, 39-41, 68-72, 285, 286, 293.

Aubervilliers (Lingot d'or trouvé à), IV, 53.

Aubre, arbre, I, 46, 47; II, 260, 460; III, 6.

Auleguer, alléguer, II, 364.

Aulmosner, aumosner, aumoner, donner en aumône, I, 378; III, 135, 213.

Aulne. Voy. *Alne*.

Aumone, aumosne, legs ou don pieux, II, 26, 170, 245, 263; III, 6, 58, 80, 121, 123, 269; IV, 71; — don (d'une femme à son mari), II, 212; III, 70.

Aumoniere, aumosniere, bourse, II, 84; III, 27, 343.

Auques (suj. sing.), égal, II, 242; III, 79.

Aurilleor, celui qui jouit du droit d'aurillerie ou droit sur les abeilles, IV, 196.

Autantique (Persone), personne authentique, c'est-à-dire probablement ayant droit de sceau, I, 67, 497; II, 348; III, 153; IV, 224-227.

Autresi, aussi, II, 77; III, 25, 67.

Autretant, autant, II, 258, 277-279; III, 41, 65, 90; IV, 147.

Autrui, d'autrui, II, 279, 280, 317.

Auvergne, I, 281, 282.
Aux (Hugues d'), propriétaire d'un manuscrit, I, 413.
Avaine (Hugues, comte d'), III, 338.
Avancement de droit successif, IV, 143.
Avantparlier, avocat, I, 4, 502; II, 371; IV, 238, 239.
Avenant. Voy. *Advenant*.
Aveneaulment, aveneaument, convenablement, III, 192, 207.
Avesnes (Seigneur d'), pair du comte de Hainaut, IV, 7.
Aveu par le criminel, I, 198.
Aveu, adveu, mandat, procuration, III, 202.
Aveu, déclaration qu'on relève de tel suzerain; *aveu emporte l'homme*, II, 365; III, 314, 318; IV, 195, 208, 209, 236, 255.
Avocat, I, 4, 345, 459, 502; II, 370, 371; III, 141, 163; — ses honoraires, I, 289; IV, 239-241. Voy. *Avantparlier; Conteor; Pledcour.*
Avocaz (Des) et des divers juges, titre du Code, II, 381.
Avocaz (Des) au prince, titre du Code, II, 406.
Avoir (Pierre d'), IV, 89.
Avoir, bien, probablement bien mobilier, I, 509, 518; II, 412, 459; III, 163.
Avois, exclamation comme *hélas!* oh! I, 172.
Avolé, banni, étranger, sans aveu, I, 513.
Avouer, avoer, reconnaître (un suzerain, un seigneur justicier comme sien), I, 512; II, 425, 441, 444; — *s'avoer au roi*, reconnaître le roi comme son seigneur justicier, I, 507; II, 401. Voy. *Avouerie*.
Avouerie, avoerie, mandat, II, 45; III, 13, 178, 295; — *avoerie le roi*, fait de reconnaître le roi pour seigneur justicier; — *avoeries nouvelles* défendues, II, 426, 428, 434, 470; IV, 281, 282, 293; — *fausse avoerie, mauvaise avoerie*, fait de reconnaître pour seigneur tout autre que le suzerain véritable, I, 509, 512; II, 426, 427; I, 355. Voy. *Désaveu*.
Avoutire, adultère, II, 344; IV, 222.
Ay (Église de *l'*) (L'Hay, Seine), IV, 208.
Azay (Chapelle de) (Indre-et-Loire), IV, 17.

Bail, bal (suj. sing. *baus*), garde, tutelle. Exposition, I, 14-17, 22; — discussion avec Laferrière, I, 28, 29; — mentions, I, 70, 71; — textes, I, 506; II, 28, 29, 126, 127, 133, 219-222, 271, 272, 398-400, 523, 527; III, 7, 46, 73, 88, 118, 130, 137, 153; — observations diverses, IV, 107, 108, 254, 255; — gardien (ici gardienne), I, 150; II, 103; III, 34, 117; — celui qui exerce le bail, baillistre, II, 127; III, 43, 44.
Bailli, balif, bailliz (suj. sing.), I, 71; 167, 168, 286, 491, 504, 510; II, 14, 15, 138, 140, 355, 405, 413, 438; III, 48, 136, 141, 142, 232; IV, 257; — le bailli, en certains lieux, ne doit pas faire le jugement; en d'autres, le fait, I, 210, 335; IV, 8, 243, 244; — baillis de robe courte depuis 1560, III, 247.
Baillistre, I, 155, 344. Voy. *Bail*.
Bains (chevaliers des), IV, 139.
Ballum, bail, I, 91. Voy. *Bail*.
Ban, criée, ordre, édit crié, II, 36; III, 10; 11, 285, 286; — deux textes postérieurs remplacent *ban* par *costume*, redevance, III, 214; IV, 286; — temps pendant lequel la vente du vin est réservée au suzerain, II, 294; III, 95, 137; IV, 173.

Ban et arrière-ban, service militaire, III, 350-355.
Banalité du four et du moulin, II, 196-199, 202-206 ; III, 66-68, 219 ; IV, 91-97 ; — vues sur les origines des banalités, I, 104-106.
Bandoul (Seigneur de), pair du comte de Hainaut, IV, 7.
Banlieue, *banliue*, II, 196, 205, 206 ; III, 68 ; — sa dimension, IV, 92.
Bannie, convocation par ban, par criée, I, 40, 511 ; II, 40.
Bannissement, I, 197 ; II, 50 ; III, 301, 302.
Bar-sur-Seine (Comte de), pair du comte de Champagne, IV, 6.
Barat, tromperie, ruse, fourberie, III, 113, 182, 343.
Barbançon (Seigneur de), pair du comte de Hainaut, IV, 7.
Barbaris (A), paragraphe du Digeste, II, 429.
Baron, ber, bers (suj. sing.), seigneur féodal supérieur au vavasseur, I, 11, 21, 47, 67, 151, 167, 168, 382, note 1, 497, 514, 515, 517, 520 ; II, 36, 39, 50, 62, 63, 68, 88, 89, 93, 94, 124, 141, 145, 147, 149, 151, 168, 204, 206, 208, 217-219, 231, 249, 250, 252, 348, 447, 469 ; III, 10, 19, 22, 28, 30, 31, 42, 50, 68, 72, 82, 153, 170, 171, 214, 285, 303 ; IV, 264.
Baronnie, n'est jamais démembrée, I, 122 ; III, 129, 284, 285 ; IV, 307 ; — mentions diverses, I, 49, 50, 295-301, 316, 322, 323, 343, 376, 377, 391, 459, 507-509, 513, 516, 517 ; II, 14, 36, 139, 223, 327, 332, 348, 369, 401, 402, 415, 424, 427, 431, 433, 438, 443, 445, 448, 450, 469 ; III, 9, 68, 165 ; IV, 306 ; — *cort de baronnie*, cour de baronnie, I, 495 ; II, 440, 473. Voy. *Cort*.
Barre, exception, I, 502 ; II, 374 ; III, 163, 374 ; IV, 241 ; — *barre peremptoire*, exception péremptoire, II, 373 ; — siège de justice, IV, 241.
Basse justice, I, 161-166 ; II, 459 ; III, 247. Voy. *Justice*.
Bastard, bâtard, I, 53, 79, 512, 513 ; II, 172-175, 428, 434 ; III, 58, 59, 130, 150, 214, 220 ; IV, 74-78, 293. Voy. *Bordes; Treguier*.
Bataille, duel judiciaire, I, 68, 487, 488, 491, 512, 517, 518 ; II, 8, 9, 11, 12, 15, 18, 45, 59, 60, 68, 142, 143, 158, 161, 208, 227, 322, 323, 355, 356, 427, 456, 457 ; III, 13, 18, 22, 55, 69, 75 ; IV, 108, 112, 128, 130, 133, 177, 197, 239, 322 ; IV, 59, 266. Voy. *Duel judiciaire*.
Batier, baptiser, II, 128 ; III, 44.
Baudre, donner, remettre, II, 229 ; III, 76, 159.
Baus (suj. sing.), III, 43, 44, 153. Voy. *Bail*.
Beaumanoir, I, 328-342.
Beauvaisis, I, 328-342.
Belsia, Beauce, IV, 291.
Bénéfice, comment aliéné ; traces du bénéfice au moyen âge, I, 160, 162, 163.
Ber, bers (suj. sing.). Voy. *Baron*.
Berry, I, 281.
Beste, bête volée, II, 48 ; — vicieuse, II, 233, 234, 236 ; III, 77, 160 ; IV, 116 ; — bête de gentilhomme, quand exempte de péage, II, 91 ; III, 30, 196 ; — bête en vigne ou pré en temps défendu, III, 154. Cf. II, 294 ; III, 95, 134.
Bestialité (Cas de), IV, 35.
Bibliothécaire de l'Université de Nantes au XVe siècle, I, 431.
Bienfait, usufruit, I, 295 ; II, 36 ; III, 194, 285.
Bigot, manuscrit lui ayant appartenu, I, 414.

Bléer, emblaver, mettre en blé. *Bleanz et desbleanz* (suj. sing.), semant et coupant le blé, I, 496; II, 335.
Blésois, I, 372.
Blessures, I, 38; II, 242, 243, 417.
Blois, IV, 300.
Bois, *boays* (Bœufs, vaches, chèvres dans les), I, 99, 100; — coupes par le mari et la femme. Quid du second mari, lors du rachat?, I, 147, 291; II, 98, 99; III, 32, 197; — coupes par la douairière, Quid?, III, 207.
Bonart (*Pierre*), IV, 17.
Bonne, borne, I, 213, 379; II, 265; III, 86, 117.
Bonner, boner, borner, II, 264; III, 159.
Bons-Hommes de Grammont, leur requête au roi Henri II d'Angleterre, IV, 99, 100.
Booul, bouleau, IV, 325.
Bordelais (Droit de chasse en), IV, 172.
Bordes (Bertram et Guillaume de), bâtards, autorisés à acquérir en France, IV, 76.
Bornage, *bonage*, II, 264-266; III, 86; IV, 145, 146, 257.
Boucaige, bocage, IV, 191.
Bouche (*La*) et les mains, IV, 251-253.
Bougre, hérétique, I, 61; II, 240; III, 79; IV, 35.
Bougrerie, hérésie, I, 61; II, 147; III, 50; — *Bougrie*, Bulgarie, IV, 36.
Bouin (*Johan*), IV, 163.
Bourbon (Pierre de), excommunié pour dettes, absous après sa mort, IV, 50, 51.
Bourc, bourg, II, 203; III, 68.
Bourgeois, *bourgois, bourjois*, siégeant comme juges en Orléanais, I, 212, 496; II, 338; — possesseurs de fiefs, III, 132, 133; — *bourjois le roi*, IV, 207; — mentions diverses, I, 37, 51, 507, 510; II, 417, 446.
Bourgogne (Jean, comte de), donne une mouvance à son fils Hugues, IV, 16, 17.
Bourse, borse, fortune, ensemble des biens. *Borse le roi*, I, 71; — *bourse marcheande, coutumiere*, I, 380; — *borse à vilain si est patrimoines*, II, 258; III, 84; IV, 142.
Boutillier, I, 348-357.
Braire, crier, II, 24; III, 5.
Branc, brant [d']acier forbi, épée d'acier fourbi, IV, 140.
Branchiere, poteau auquel le péager suspendait la billette; lieu où était placé ce poteau, IV, 162.
Bras seculier, II, 238-242; III, 78, 79; IV, 118, 122.
Brenne (Comte de), pair du comte de Champagne, IV, 6.
Bres, brais, vagitus, cri, III, 264.
Bretagne. Influence des Etablissements et de la Coutume de Touraine-Anjou en Bretagne, I, 281, 287-307; — description de manuscrits intéressant le droit breton, I, 430, 431; — textes bretons dérivés du droit tourangeau-angevin, III, 188-227.
Brienne (Comte de), pair du comte de Champagne, IV, 6.
Brisier, briser (prison), s'échapper de (prison), II, 144; — *chemin brisié*, probablement chemin passé sans acquitter le péage, II, 62; III, 19.
Britton, similitude d'expression avec les *Etablissements*, I, 285.
Brocards, fréquents dans l'*Usage d'Orlenois*, I, 89.
Brodeau, I, 410, 411, 427.
Bruneau (Fief de), III, 341.
Bucy (Simon de), III, 370.
Bues (rég. plur.), bœufs, I, 100; II, 73.
Bulles (Mention de la charte

communale de), I, 330, note 3.
Burau (Borrel et Crestien de), IV, 196.

Caïn, III, 118.
Calatis comitiis (Testament), son analogie avec l'*adfatomia*, I, 122.
Calomnie (Serment de), I, 265, 276-278, 484; II, 3.
Canonique (Droit) dans les *Etablissements*, I, 83, 84.
Capitale, capitalitium, cavagium, capitagium, cavelicium, cens payé par les serfs, IV, 303.
Capitalium, loi du Digeste, III, 111.
Carbay (Roi de), III, 341.
Carboniano (De) edicto, titre du Code, II, 437.
Castelerie, II, 484. Voy. *Chastellerie*.
Castelet, Châtelet, II, 488. Voy. *Châtelet*.
Castres, I, 281, 358-361, 389.
Cateulx, catix (rég. plur.), meubles, I, 333; IV, 262. Voy. *Chatel*.
Catherinot, a connu un manuscrit perdu des *Etablissements*, III, 231, 232.
Caude (adj. suj. fém.), chaude, II, 477. Cf. *Chauds*, II, 44.
Causam quæ, chapitre des Décrétales, II, 39.
Cause (De) de possession et de propriété, titre des Décrétales, II, 369.
Caution. Voy. *Plege*.
Cellée (A la), en cachette, I, 330, note 3.
Cenitum, cinitum, expression de la Loi Salique, IV, 168.
Cens, I, 422; II, 105, 171, 176, 177, 312; III, 35, 58-60, 118, 148; IV, 71, 72, 190; — doublé, III, 132; — payé par les serfs sous le nom de *capitale, capitalitium*, IV, 303.
Censier, probablement celui qui touche le cens, I, 507; II,
400; IV, 254; — celui qui doit le cens, III, 126.
Censive, censif, censis (? corrigez peut-être *censif*), territoire qui doit le cens, I, 496, 498, 515; II, 175, 335, 353, 441; III, 126, 127, 149, 153, 155, 158; IV, 76, 79, 245.
Cerner, décortiquer, I, 46, 47; II, 11; III, 11, 292.
Cession de biens, I, 227, 228, 263; II, 411-413, 461-465; IV, 260-264, 316-318.
Cestui, celui-ci, III, 38.
Chaable, chaple, meurtrissure, blessure sans effusion de sang, I, 38, 461, 510, 517; II, 415, 416, 455; IV, 310, 311.
Chabrol (Bertrand), ses écoles à Orléans, III, 331.
Chaillé (Guillaume de), propriétaire d'un manuscrit, I, 427.
Chalangeur, demandeur, celui qui revendique, IV, 57.
Chalant, bateau, II, 285, 286; III, 93; IV, 163, 164.
Chalonge, revendication, réclamation, II, 299; III, 97, 124; IV, 179.
Chalongier, chalengier, revendiquer, I, 459; II, 227, 297, 311, 391; III, 75.
Châlons (Evêque de), arrêt contre lui en 1267, IV, 8, 9.
Champ, champ de bataille, III, 54, 177. Peut-être faut-il substituer *champion*, II, 160.
Champagne,*Champeaigne,Champaigne* (Les *Etablissements* en), I, 323-338; — nommée dans l'Abrégé, III, 142, 166, 167.
Champagne (Comte de) a sept pairs, IV, 6.
Champart, campart, mode de tenure, IV, 77, 193, 194.
Champion dans les duels judiciaires; — coûts du champion restitués au vainqueur, II, 160 (en substituant *champion* à *champ*); III, 55, 178, note 1; IV, 59; — champion vaincu, a le poing coupé, III, 243; —

mentions diverses, II, 227, 228, 323, 356; III, 130, 133, 177, 179; IV, 232.
Change, échange, II, 168; III, 57.
Changier, changer, faire un échange, II, 103, 296; III, 34; — *changier, se changier*, prendre un champion, II, 227, 324, 325; III, 75, 104.
Chanteau (Le) part le vilain, III, 282.
Chantereau le Febvre, I, 415, 481, note 1.
Chapel de roses, chapeau de roses, III, 259.
Chapitre, peut se faire représenter par procureur, I, 67, 497; II, 226, 348; III, 153.
Chapleis, combat, lutte, IV, 311.
Charbonneau (Colin), clerc, IV, 159.
Charles d'Anjou ; — ordonnance de 1251 sur les honoraires des avocats, I, 288-290; — fait emprisonner un chevalier qui interjetait appel contre lui, IV, 27, 28; — veut exproprier un de ses sujets, perd son procès devant saint Louis, IV, 64.
Charles IV, a-t-il fait allusion aux *Etablissements de saint Louis*? I, 285.
Charles VII, mineur; bail du royaume et garde de la personne distincts, IV, 107, 108.
Charondas le Caron, I, 418.
Charpentier (Renaud), sa lutte contre le Chapitre d'Angers; explication juridique, I, 151.
Chartre, prison, IV, 207.
Chasse, I, 102, 103; 392; II, 294; III, 95; IV, 172.
Chastel, château, I, 378, 513; II, 80, 94.
Chasteleric, chastelenie, châtellenie, territoire relevant d'une justice seigneuriale, I, 12, 57, 377, 518; II, 30, 50, 59, 63, 89, 90, 92, 149, 168, 204-207, 250, 252, 273, 297, 315, 448, 449; III, 7, 15, 20, 29, 31, 51, 68, 82, 89, 102, 149, 195, 214, 274, 302, 309; IV, 96, 97.
Chastoier, châtier, II, 149.
Château-du-Loir, *Castrum Ledi*, III, 255, 311.
Chatel, meuble, I, 505, 519; II, 392, 464; IV, 248.
Chatelain, *chastelain*, IV, 261.
Châtelet, *Chastelet* (Règlement relatif au), observations diverses, I, 7, 337, 338; — manuscrits, I, 423; — textes, I, 483-487; II, 1-8; — *Coustumes notoires du Chastelet*, I, 426.
Chatiau, château, I, 32.
Chaumont (Jehan de), III, 255.
Chausses, *chauces, chauces* (plur.) *de fer*, armure de la jambe, II, 255; III, 83, 173.
Chef seigneur, chieff-seigneur, suzerain, III, 196; — seigneur foncier, IV, 77. Voy. *Chief*.
Cheff respons, réponse principale, III, 219. Voy. *Chief*.
Chemin, I, 89, 379; II, 19, 283; — *chemin le roi, de roy*, III, 126, 133.
Chesé, chezé, contenance d'environ deux arpents autour de l'hôtel, II, 23, 35; III, 5, 9, 213, 261, 283.
Cheval (Vol de), I, 250; II, 48; III, 14, 15, 298; — cheval de service dû par le vassal, IV, 16, 17. Voy. *Roncin*.
Chevalcrie, II, 252, 327.
Chevalier; qui peut l'être ?, II, 252, 253; III, 82, 165, 220; IV, 135; — ses devoirs, II, 329; — don du père à son fils fait chevalier, II, 31; III, 193, 275; — décision judiciaire ajournée jusqu'au moment où le défendeur sera chevalier, II, 125; III, 43; IV, 9, 10; — mentions diverses, I, 49, 496, 520; II, 446, 469; III, 49.

Chevauchiée, chevachée, chevauchie, chevauchée, expédition armée, I, 13, 49, 520; II, 92, 94, 96, 465, 467, 468, 470; III, 24, 30, 31, 128; IV, 320.

Chevestre, licou, collet, lien servant à la pendaison, III, 195.

Chèvre, *chievre,* I, 99; II, 294; III, 95; IV, 174.

Chiée, chiet, chient, indic. présent du verbe *Cheoir, choir. Qui en chiet de ledanges,* qui succombe en cause d'injure, I, 38; — *riens ne li chiet,* rien ne lui arrive. Cf. I, 57; II, 373, 447.

Chief, tête, III, 136; — *en chief,* en principal, II, 160; III, 54, 55; — *chief seignor, chiés sires* (suj. sing.), suzerain, I, 57, 165; II, 61, 66, 132, 141, 165, 381, 430, 448; III, 19, 21, 28, 46, 49, 195.

Chiés (suj. sing.). Voy. *Chief.*

Chimay (Seigneur de), pair du comte de Hainaut, IV, 7.

Choichent (?), III, 135. Ce mot me paraît altéré; corrigez peut-être *touche l'en* ou *juge l'en.*

Cholet (Pratique de), citée par Laurière, III, 288, 291, 302.

Chômage, à la suite de coups ou blessure, indemnité due, I, 499, 510; II, 359, 416; III, 180; IV, 233.

Choppin, I, 410, 411, 418.

Chorier (Nic.), propriétaire d'un manuscrit, I, 405.

Chose jugiée, I, 53, 209, 210; II, 261, 262.

Choses (Des) *qui sunt faites par force ou par peor,* titre du Digeste, II, 266.

Chosete, petite chose, II, 328.

Chrétiennes (Influences), I, 245, *passim.* Voy. *Evangile; Canonique* (Droit).

Chu, ce, cela, IV, 313.

Citaen, citoyen, habitant d'une ville, bourgeois, IV, 261, 280.

Cité, peut se faire représenter par procureur, I, 67; II, 348.

Civile, loi du Code, I, 3; II, 43, 395.

Civis romanus, dans un acte d'affranchissement du IXe s., IV, 302.

Clain, clein, clains (suj. sing.), plainte en justice, demande, I, 488, 492; II, 16; III, 240; — *clein engigné,* débat engagé, III, 204, 218.

Clameur de haro, sa nécessité, sa persistance, I, 188-191; IV, 249, 250. Voy. *Cri.*

Clamor, demande, accusation, I, 488, 489; III, 175, 242.

Claudien (Sénatus-consulte), I, 175, 176.

Claveurier (Nicolas), son testament, I, 319.

Clerc, II, 145, 146; III, 50; — clercs mariés, IV, 34.

Clermont (Comte de), ses créances, I, 333.

Clermont (Comté de), le duel judiciaire y est à la volonté des cours, IV, 233, 234.

Clermont (Ville de), obtient droit de sceau et armes, IV, 229; — mention, I, 281.

Clochier, clocher, boiter, II, 423.

Clotaire Ier, connaît la prescription romaine, I, 95.

Coilli, cuilli, part. passé de *coillir,* recueillir, II, 317-319.

Cointe, gentil, agréable, joli, IV, 253.

Cointoier, orner, parer, II, 83, 84, 102; III, 34, 342.

Coislin (Duc de), I, 415, 430.

Coite, couette, II, 276; III, 89.

Cojurateurs, I, 95; — subsistent au XVIe siècle, I, 201-202.

Colée, coup, I, 510; II, 359, 416; III, 180; IV, 233, 266.

Collibertus, IV, 69.

Combatre (Soi), se battre, III, 161.

Comes carolingien, se continue

par le bailli au moyen âge, I, 167, 168.
Commerce, interdit à la noblesse, I, 390.
Commise, I, 55; II, 73, 75, 79, 119, 142, 426; III, 171, 328; IV, 2, 3; *commis*, commise, IV, 283.
Communauté des terres; ce qu'elle a laissé, I, 98, 106.
Communauté d'habitants, représentée par procureur, IV, 227.
Communauté entre époux; vues sur son histoire, I, 108, 109, 132-143, 147; — textes, II, 26, 27, 275; III, 89, 131, 269.
Communaux, I, 102, 391.
Compainz, conpainz (suj. sing.), II, 53; III, 16, 305, compagnon, celui qui est au même pain.
Comparimini, libelle envoyé par le juge spirituel, IV, 121.
Compétence (Questions diverses de), I, 12, 13, 70, 151, 167, 495, 500, 501, 507, 508, 509, 511, 515, 516, 518; II, 61-64, 67-69, 86-89, 131, 145, 146, 249-251, 314-316, 331-333, 363-370, 400-407, 439-446, 460; III, 19, 28, 82, 86, 102, 126, 127, 130, 139, 170, 192, 215, 314, 322, 345, 347; IV, 99, 129, 130, 195, 207-209, 236, 255-258, 295, 314. Voy. *Cort*.
Compilatio de usibus Andegavie; opinion de Laferrière sur cet ouvrage et critique de cette opinion, I, 25-33; — utilisée par l'auteur du Livre des droiz, I, 312-315; — manuscrit, I, 404, 429; — texte, III, 116-139; — observations diverses, I, 376, 378-380.
Complainte; action possessoire, I, 112-116, 263, 339; II, 164; III, 369; IV, 62, 211, 212.
Complicité, II, 50-53; III, 15, 16, 304.

Compoignie, communauté de biens entre époux, I, 140, 141. Voy. *Communauté entre époux*.
Comte, *conte, cuens* (suj. sing.), I, 67, 211; II, 212, 217; III, 50, 70, 72, 365; IV, 207, 261, 280.
Conciliation (Préliminaire de), I, 208-210, 503; II, 377.
Condicion, probablement condition servile, III, 149, 150.
Confès, s'étant confessé, ayant mis ordre à ses affaires, ayant testé, II, 237; III, 78; IV, 118.
Confessio in jure, I, 229-231, 462; IV, 316.
Confessis (De), titre du Code, II, 363.
Confiscation, I, 46-48, 62, 107, 108, 253, 352, 393, 497; II, 82, 83, 148, 150, 151, 153, 154, 467; III, 122; IV, 319, 320.
Conflit de juridiction, II, 62, 63, 366, 441; III, 19; IV, 237, 296. Voy. *Compétence (Questions diverses de)*.
Confrontation, I, 275.
Congruit, loi du Digeste, II, 54, 389; III, 112.
Conin, connin, lapin, II, 78; III, 25, 215.
Conneü, coneü, avoué, confessé, reconnu, part. pass. de *Connoistre*, II, 411, 461, 464; III, 29.
Connoissance, aveu, I, 497; II, 145, 146, 342.
Connoistre, quenoistre, reconnaître, avouer, II, 120; III, 143.
Conpainz (suj. sing.). Voy. *Compainz*.
Conquerir, acquérir, I, 140, 141; II, 284; III, 91.
Conquester, acquérir avec le conjoint, II, 277.
Conquets, *conquez, conquestes* (plur.), I, 127, 140; II, 20,

257; III, 3, 87, 122, 151, 152, 161, 208, 254.

Consoil, consaus (suj. sing.), conseil, réunion de conseillers (ici Parlement du roi), II, 140; III, 48; — conseil, avis, délibération; *jor de consoil,* délai de conseil, II, 354, 399, 408, 468.

Contendre, contandre, débattre, I, 67, 496, 503; 338, 377; — être l'objet d'un débat, d'une contestation, II, 191, 192; III, 64; — attaquer (un jugement), II, 273; III, 88, 237; — *jugement contendu,* jugement débattu, c'est-à-dire que les jugeurs ne peuvent rendre parce qu'ils ne tombent pas d'accord, I, 67, 496; II, 338; IV, 87, 88; — *jugement contendu,* avec un sens qui paraît un peu différent, peut-être procès entamé, litiscontestation engagée, III, 137, 138.

Content, contenz, contanz (suj. sing.), discussion, débat, I, 213, 222, 379; II, 190, 405, 430; III, 117, 119, 128; IV, 287, 312.

Content, ind. prés., 3ᵉ pers. sing. du verbe *Contendre,* être l'objet d'un débat, II, 191. Voy. ce mot.

Conteor, avocat, II, 160, 228, 304; IV, 59.

Conter, exposer, prouver, II, 130, 133, 134; III, 44, 45, 46.

Contrainte par corps pour dette, son abolition, I, 79, 333; — conservée pour les créances du roi, I, 54, 509; II, 412; IV, 263. Cf. I, 226-229.

Contre apleger, fournir un pleige en opposition au pleige fourni par la partie adverse, I, 427.

Contregagement, reprise de gage avec représailles, IV, 220.

Contremant, remise à jour certain, I, 488, 497; II, 12, 344, 349, 350; III, 175, 241; IV, 230.

Contumace, I, 293; III, 111.

Convenant, redevance convenue, III, 204.

Convenence, convenance, contrat, obligation, II, 422; III, 142.

Cop, coup; *cous, cos* (rég. plur.), coups, I, 499; II, 359; III, 180. Voy. *Coups et blessures.*

Copropriété de tribu ou de famille, I, 98, 106, 107; voy. *Communauté des terres;* — ses débris, I, 117, 118; — partage, comment demandé, II, 192-195; III, 65, 66; IV, 88-91.

Copu le Saige, I, 301, note 1, 307.

Corde, délimitant l'arène dans les duels judiciaires, III, 128.

Cormery (La majorité à), IV, 157.

Corpable, coupable, II, 390.

Corre, coure, courir, III, 75; IV, 137.

Cors, corps (notamment d'un château), I, 509; II, 60; III, 18, 31; — *cors* (homme, femme de), serf, serve, II, 446; IV, 287, 303.

Corse (Pacage en), I, 98.

Cort, court, corz (suj. sing.), cour, tribunal, I, 193, 517; II, 16, 229, 318, 339, 360, 457; III, 86; — *cort laie,* cour laïque, juridiction civile, I, 57, 67, 226, 488, 496, 503, 505; II, 41, 161, 164, 258, 287, 340, 343, 348, 352, 364, 369, 374, 381, 383, 385, 413, 427, 439, 440, 443, 449, 454, 464; III, 55, 56; — *cort le roi,* cour de bailli royal, I, 511, 512, 515; II, 88, 89, 124, 137, 231, 263, 264, 421, 447; III, 24, 28, 42, 47-49, 139, 170; cf. I, 217; — *cort le roi,* cour de Parlement, II, 383, 405; IV, 257; — l'un ou l'autre de ces deux derniers sens paraît possible dans II, 141; III, 163; — *cort de Sainte*

Iglise, cour d'Eglise, I, 151; II, 30, 264; III, 220; — *cort de baronnie, cort au baron,* cour de baron; souvent, en un sens plus vague, cour de seigneur féodal, I, 67, 459, 497; II, 249, 316, 333, 334, 348, 407; III, 76; — *cort au vavassor,* cour du vavasseur, II, 249; — *avoir la cort,* avoir la juridiction, être compétent, I, 511; II, 62, 87, 88, 250, 251, 315, 422; III, 19, 28, 29, 82, 102; — *requerir sa cort,* réclamer la compétence, I, 515. Voy. *Darriere.*
Costemenz (rég. plur.), coûts, II, 301; III, 97.
Costume, coustume, coutume, usage, II, 353; — *costume passe droit,* coutume vaut plus que droit romain, II, 414; IV, 265, 309, 310; — redevance, II, 91, 92, 171, 195, 312, 313; III, 29, 58, 101, 196, 214; IV, 163.
Costumier, coustumier (c'est-à-dire qui paye redevance), vilain, roturier, II, 34, 93, 97, 104, 143, 167, 171, 187, 257, 271, 277, 319; III, 9, 49, 57, 84, 95, 101, 161, 281, 282. Cf. I, 168, 354.
Couchant et levant, domicilié, I, 378, 500, 512, 515, 518; II, 364, 424, 439, 459.
Coucy (Sire de), est-il baron? III, 285.
Coulé, colé; coulé en jugement, engagé dans la litiscontestation, I, 503; II, 375, 378; IV, 242.
Coups et blessures, I, 38, 510, 517; II, 415-417; IV, 265, 266.
Cour féodale; combien d'hommes pour la constituer; moyen de s'en procurer, IV, 7, 9. Voy. *Cort, corz.*
Coure. Voy. *Corre.*
Coûts, *couz, coustz* (rég. plur.), I, 10; II, 90, 108, 110, 140, 161, 163, 164, 201, 202, 228; III, 36, 48, 56, 67, 75, 119, 178; IV, 330, 2º col.
Coutume glosée, I, 372-374, 380, 428. Voy. *Costume.*
Coutumier. Voy. *Costumier.*
Couvent, comment se fait représenter en justice, IV, 226.
Craciaco, Crachy (Raynaud de), IV, 89.
Créances, I, 187, 188, 203, 519; II, 119-122; — du roi, 208, 209; — des juifs, I, 12, 13; II, 249, 250; — du père réclamées au fils, II, 237, 238.
Creil, I, 330.
Cresson (Guillaume), IV, 102.
Cri, criz (suj. sing.), I, 179, 188-191, 505; II, 155, 156, 387, 394; III, 53, 153; IV, 58, 247, 249; — opinion publique, III, 180.
Crime (De) de demandé, titre du Code, II, 315.
Criminel (Divers points intéressant le droit), I, 196-199, 232-254, 263, 292, 293, 490, 491, 508; II, 14, 42-44, 342, 343; III, 10, 49, 63, 64, 293, 294; IV, 220-222. Voy. *Pendaison; Cri; Mort (Peine de); Action publique; Délits communs,* etc., etc.
Croisés, *croisiez* (rég. plur.); leurs privilèges; répit pour le paiement de leurs dettes, III, 50; IV, 32, 33, 120.
Ouens (suj. sing.). Voy. *Comte.*
Cuer, cœur, centre, I, 378, 513, 515; II, 428, 439; IV, 286.
Cugucia, adultère, rapt, IV, 43.
Cuider, croire, I, 489; III, 59.
Cuillir (Se), III, 162, probablement pour *se couler.* Voy. *Colé, coulé.*
Cuir, cuirs (suj. sing.), peau, I, 75, 499, 517; II, 359, 456; III, 180.
Cuire, cuire le pain, III, 68.
Cum dilectus filius, chapitre des Décrétales, II, 342.

Cum inter priorem, chapitre des Décrétales, II, 242, 423.
Cum non ab homine, chapitre des Décrétales, II, 147.
Cum olim abas, chapitre des Décrétales, II, 347.
Cum te transegisse, loi du Code, II, 9.
Cumandé, cumandez (suj. sing.), recommandé, IV, 251.
Curatelle, I, 158.
Curateur, *curatour*, III, 206, 226, 227.
Custodia (De) reorum, titre du Digeste, III, 111.
Cuvert, cuvers (suj. sing.), à peu près synonyme de serf, IV, 68, 69.
Cyrographe, IV, 262.

Dainteis (plur.), daintiers, testicules du cerf, IV, 90.
Dalemant (Erart), IV, 76.
Dame, femme d'un gentilhomme, I, 13, 91, 150; II, 99, 103; III, 31-34, 117.
Damnum corpore corpori datum, I, 88.
Damnum injuria datum, I, 88.
Damoisele, fille noble, I, 144, note 2.
Dampné, condamné, I, 70.
Darreien, darroien, dernier, I, 268; II, 276; III, 54, 71, 90.
Darriere, derrière; *en ne rent pas cort par darriere*, on ne rend pas cour, on ne reconnaît pas la compétence d'un absent, I, 501; II, 366; — commentaire de cette expression, IV, 237.
Deain, doyen, III, 162.
Débiteurs; leur situation en Orléanais et dans la législation de saint Louis, I, 226-229. Voy. *Créances; Dete*.
Decepline du cors, peine corporelle, II, 474; IV, 325.
Déclinatoire (Raison), IV, 260.
Decois, décès, IV, 17.
Deconfès, desconfès, non confessé, intestat, I, 128-130; II, 150-152; III, 51, 164; IV, 42-49, 118.
Dedanz les nuiz ou dehors les nuiz, dans un délai moindre que la huitaine ou dans un délai plus long que la huitaine, I, 512; II, 425; — commentaire de cette expression, IV, 279, 280. Voy. *Nuit*.
Dedisseur. Voy. *Desdiseur*.
Deeld (mot scandinave), partie, I, 214.
Defaes (Michiel de), IV, 159.
Defaut, defaute, absence (d'une des parties), I, 68, 194, 195, 292, 427, 498, 509, 511; II, 62, 88, 89, 110, 112-115, 121, 124, 161, 228, 229, 232, 233, 353, 354, 356, 426, 447; III, 19, 38, 40, 42, 55, 76, 124, 135, 170, 314, 315, 347, 372, 373-375; IV, 4, 60, 61; — *deffaute de joutise*, II, 123, même sens; — manque (d'un service, d'une obligation due), II, 27, 179; III, 29, 61; — *defaut, defaute de droit*, déni de justice, I, 63, 67, 220, 459, 492; II, 17, 18, 339, 340, 371, 385; III, 142, 249, 252, 334; — *defaute*, même sens, I, 496. Voy. *Déni de justice*; — *defaute d'ome*, manque d'homme, l'hommage n'ayant pas été rendu, I, 512; II, 396, 424; III, 171, 173, 396; IV, 250.
Deffaille, défaut, III, 204, 209. Voy. *Defaut*.
Deffansable, dont l'accès est interdit, III, 134.
Deffanseur, défendeur, III, 209.
Deffendierres (suj. sing.), défendeur, II, 474.
Defois, bien interdit, défendu, I, 103; II, 73, 294; III, 24; IV, 172, 173.
Defor, du dehors, de l'extérieur, III, 68.
Defuier, forme suspecte pour *Defier*, II, 78; III, 25, 331.
Degaster, gâter, détériorer, por-

ter atteinte à, II, 81; III, 27, 341.
Degenez (suj. sing.), dégénéré, I, 173, note 1.
Déguerpissement, III, 149.
Délais d'ajournement et divers, I, 32, 54, 55, 191-194, 484; II, 309, 354, 381, 399, 425, 468. Voy. *Ajournement ; Consoil ; Mostrée*. Cf. le mot *Délai*, I, 342.
Délits communs; — ecclésiastiques; — privilégiés, IV, 34.
Deloi, délai, I, 530.
Déloyale (Injure), valeur de ce mot, I, 243, 247. Voy. *Desloial*.
Demande, sens moderne, II, 378.
Demandeur, *demandeor, demendierres*(suj.sing.), *demanderres* (suj. sing.), I, 485, 486, 502; II, 6, 473 ; III, 142.
Démembrement de fief, II, 217-219; IV, 104, 105, 106.
Demeure, délai, II, 396, 408.
Demoine. Voy. *Domaine*.
Déni de justice, II, 75-77, 79, 80; II, 339; III, 334; IV, 215, 216. Voyez *Defaut*.
Denique, chapitre des Décrétales, III, 108.
Denunciamus, loi du Code, II, 58, 59; III, 112.
Departir, partager, II, 36, 282, 449 ; III, 9, 213.
Depecier, depiecer, despecier, mettre en pièces, mettre à néant, I, 487, 504; II, 7, 16, 377, 384; III, 163, 252.
Dépens, *despens*, I, 215-217, 484; II, 3, 109, 161-164, 201; III, 36, 56, 371; IV, 60-62, 330, 2e col. Voy. *Coûts*.
Depôt, *depost*, III, 147.
Depry, déclaration de marchandises faite à une barrière sans payer de droit, IV, 163.
Desadvouance, désaveu, III, 201.
Désaveu mal fondé, méconnaissance de son suzerain légitime et reconnaissance d'un autre suzerain; conséquences de cet acte, I, 512, 513; II, 424-427, 469; III, 201; IV, 283, 322. Voy. *Avouerie*.
Desavoer (Se), desavoer, faire un désaveu, I, 512; II, 465, 469. Voy. *Désaveu*.
Desbarater, mettre hors de combat, mettre en fuite, IV, 311.
Desblée, récolte du blé, I, 506; II, 399.
Desbléer, couper le blé, I, 496; II, 335. Voy. *Bléer*.
Descendue, succession directe, I, 506; II, 256, 397; III, 276.
Deschireure, déchirure, I, 517; II, 455; IV, 310, 311.
Desconfès. Voy. *Deconfès*.
Descorder (S'en), être en désaccord, III, 87.
Descort, désaccord, III, 141.
Desdire, nier, III, 56.
Desdiseur, dedisseur, défendeur, III, 204, 205.
Deservir, desservir, mériter, III, 69, 172.
Desleauter, déshonorer (?) ou constituer en contravention légale (?), III, 135.
Deslivre, libre, quitte, III, 120.
Desloi, desloy, ce qui est opposé à la loi, crime, II, 315 ; III, 102, 125.
Desloial, desloiau, prohibé par la loi, déshonorant(?); *folie desloial*, injure prohibée par la loi, déshonorante (?), II, 288; III, 93, 94, 118.
Desmant, ind. prés., 3e pers. sing. du verbe *Desmantir*, donner un démenti à, II, 78.
Despicement du corps, titre d'une pièce de vers, IV, 206.
Despire, offenser, nuire, I, 304 ; II, 331; III, 142; — mépriser, IV, 206.
Despoillié, dépouillé, dessaisi, I, 89, 113, 304, 345, 495, 497; II, 341 ; III, 147; IV, 249.
Despuelle, récolte, IV, 194.
Desrainier, desrenier, soutenir une action judiciaire, II, 45; III, 120, 126, 139; IV, 178.

Ce mot paraît désigner de préférence le rôle du défendeur qui démontre que les prétentions du demandeur sont contraires à la raison et impliquer souvent une allusion à la procédure par le duel.

Desrein, dernier, III, 121.

Desrene, duel judiciaire, III, 123, 126, 133, 137.

Desrompeure, déchirure, III, 118.

Dessaisine, dépossession, I, 113, 285, 286, 339, 340; II, 104, 126; III, 43, 372.

Dessaü, insu, II, 78; III, 25.

Destraindre, contraindre, II, 102; III, 34, 214, 366.

Destrainsist, imp. subj. du verbe *Destraindre,* contraindre, II, 238.

Destrier, cheval de bataille, I, 383.

Dete, dette, I, 509; — créance, I, 203, 208, 509; — sur les dettes voyez en outre, II, 26, 27, 83, 246-248, 461-465; III, 3, 6, 69, 150, 160, 163, 172, 269, 342; IV, 118, 119, 315-318. Voy. *Créances; Cession de biens.*

Deteur, deteres, detieres, deteurs (suj. sing.), débiteur, II, 119, 223, 266, 462, 463; III, 40; — créancier, I, 226, 509, 519, 223.

Deveer, défendre, II, 102; III, 34.

Devisance, partage, III, 156.

Devise, division, partage, IV, 257.

Devolu (Droict de), IV, 303.

Diex (suj. sing.), Dieu, I, 204, 207.

Dilatoire, III, 106.

Dilectus filius, chapitre des Décrétales, II, 436.

Diligenter, loi du Digeste, II, 346.

Diocèse, son rôle dans la notion de l'absence, I, 94; II, 299, 303; III, 97, 98; IV, 39.

Dit, diz (suj. sing.), déposition, I, 486, 490. Dans ces deux exemples ce mot est au pluriel.

Diversis (De) temporalibus præscriptionibus, titre du Digeste, II, 350.

Divi Adrien, div. Adrien (Renonciation à l'*epistolle*), III, 215, 216.

Divortiis (De) et repudiis, titre du Code, III, 110.

Divus, loi du Digeste, III, 111.

Doer (verbe act.), doter (sa femme) d'un douaire, IV, 125.

Doing, ind. prés., 1re pers. sing. de *Donner,* I, 144, note 2.

Dolo (De) et contumacia, titre des Décrétales, II, 39, 110; III, 106, 107.

Domaine, domoine, demoine, propriété, I, 46, 48, 512, 520; II, 313, 460, 466; III, 155, 255; — domaine direct, II, 427; — domaine utile, II, 179, 425; III, 61; IV, 278; — domaine royal, I, 69, 493; II, 8, 9, 19, 356, 458.

Domicile. Voy. *Gouchant et levant.*

Dommage, domache, domaiche, domaige, I, 87, 105, 509, 510; II, 109, 113, 122, 123, 140, 187, 198, 199, 204, 205, 218, 222, 226, 227, 233-236, 293, 313, 346, 359, 400, 408, 416, 427, 434, 467; III, 6, 36, 42, 48, 63, 67, 74, 135, 146, 158, 160, 162, 164, 180; IV, 116-118, 233.

Don. Voy. *Donation.*

Donation; — par père noble, II, 19, 20, 103, 104; III, 254; — pour mariage, I, 72, 73, 137, note 3, 369, 370, 510, 511; II, 210-212, 418-420; IV, 269-273; — entre conjoints, I, 149, 150; II, 212, 213; III, 70, 71, 160; IV, 102, 103; — donation ne donne pas lieu à retrait, III, 152.

Donroit. Voy. *Droiz.*

Dot, I, 72, 118, 132, 133, 510, 511; III, 71, 207, 265; IV, 156. Voy. *Mariage.*
Dotalitium, dot germanique ou douaire, I, 133, note 3, 136.
Dote (De) post divortium non repetenda, titre des Décrétales, III, 110.
Douaire, docre; vues historiques, I, 118, 119, 132-143, 151, 291; — textes, I, 507; II, 25, 27, 28, 30, 32, 172, 210-212, 263, 264, 319-322, 399; III, 5-7, 59, 70, 86, 103, 118, 121, 125, 127, 136, 160, 161, 162, 169, 192, 193, 207, 213, 214, 219; — notes diverses, 262, 263, 267, 268, 270, 273, 274, 276, 277, 364; IV, 100-102, 144, 145, 197-200.
Double lien, III, 208.
Draps, *dras* (suj. sing. et rég. plur.), II, 157; — *faus dras,* draps qui ne sont pas dans les conditions légales, II, 286; III, 93, 162.
Droit, droiz, droez (suj. sing.); — *Droiz donroit...,* il serait de droit que..., II, 262, 325; III, 104; — *Droiz donra...,* II, 120; — *Droiz ne donroit mie...,* II, 303; — *Li droiz au clerc de Voudoi,* titre d'une pièce de vers qui a servi de thème au prologue en vers du liv. II des *Etablissements,* I, 34, 428, 429; — *par droit,* suivant le droit, II, 184, 227, 308, *passim.*
Droit (adj.), légal, légitime, régalien, II, 171, 178; — *droite escheoite,* succession directe, II, 219; discussion sur ce passage difficile, I, 73-75; — *droite avenue,* succession directe, II, 33; III, 8; — *advenues droittes,* expression qui n'a ici aucun sens, III, 193.
Droiture, droit, ensemble des droits, I, 10, 71, 426; II, 124, 126, 136, 137, 185, 206; 328, 339, 400, 415; III, 36, 42, 47, 62, 68, 150, 177; IV, 25.
Duboys (Michiel), IV, 163.
Du Breuil (Mss. du Style de), I, 426; IV, 327.
Duc, dus (suj. sing.), occupe le premier rang dans la hiérarchie féodale, II, 217; III, 72; IV, 261, 280.
Du Cange; son édition des Etablissements, I, 415, 481, note 1; — son opinion sur les Etablissements, I, 26, 27; — son commentaire des Etablissements reproduit, III, p. 230-375, *passim;* IV, *passim.*
Du Chesne (Hugues), chevalier, IV, 135.
Duel judiciaire, I, 68, 69, 92, 97, 183-185, 209, 262, 282, 291, 325, 332, 423, 499, 500, 512; II, 59, 68, 69, 143, 144, 158, 159, 322, 323, 355, 360, 456, 457; III, 13, 49, 54, 55, 104, 136, 238, 242, 310, 311; IV, 28, 29, 59, 158, 201-204, 233, 234; IV, 312-314; — prohibé par saint Louis dans ses domaines, I, 5-8, 80, 265-276, 487-493; II, 18, 19, 356; III, 238-240; IV, 232; — vues de Laferrière en relation avec son opinion sur l'origine des Etablissements, I, 27, 28. Cf. *Bataille; Desrene.*
Duollum, duel judiciaire, I, 209. Voy. ce mot.
Dui, dus, deux, I, 193; III, 108, 154, 164.
Duobus (De) reis stipulandi et promittendi, authentique insérée au Code, III, 216.

Eaux courantes, II, 248-249; III, 81, 82; IV, 128. Voy. *Eve.*
Eaux pluviales, III, 109, 119, 156.
Echange, *eschange, eschainge,* II, 176, 177, 296-298; III, 96, 97, 124, 125, 149, 152, 174, 198.

Ecrite (Preuve), II, 359; III, 143.
Ecuier, escuier, II, 255.
Edendo (De), titre du Code, I, 473; II, 361.
Edicto (De) divi Adriani tollendo, titre du Code, II, 337.
Église, iglise, son influence sur le droit, I, 261; — protège les orphelins, les veuves, les pauvres, I, 152; — ses biens, I, 163, 164; — sa compétence, II, 145, 146, 148, 149, 264. Voy. Cort.
Eglises (Vol dans les), I, 47.
Egyptien (Droit), I, 270.
Einçois, mais, II, 382; III, 49; — einçois que, avant que, II, 102; III, 34.
Einsinc, ainsi, II, 207; III, 41, 47, 66, 77.
Eive. Voy. Eve.
Elisabeth, reine d'Angleterre, se réserve exclusivement les minerais d'or et d'argent, IV, 55.
Emancipation, I, 370; III, 300.
Embler, ambler, voler, I, 69, 116, 459, 500, 505; II, 48, 49, 72, 78, 154-160, 361, 391, 392; III, 14, 15, 23, 52, 178, 180, 219, 304; IV, 56-58, 208; — s'embler, se dérober (à un péage), II, 285; III, 93.
Emeri de la Chevriere, III, 137.
Emparlier, avocat, II, 329.
Empirier, dégrader, rendre plus mauvais, II, 261; III, 85.
Emporter cort, retenir une cause, avoir la compétence, III, 133.
Emprès, après, II, 327, 365.
Empris, part. passé de Emprendre, entreprendre, II, 56.
Emprunt, amprunt, III, 147.
Enchoisonner, accuser, II, 67.
Encis, ancis, meurtre d'une femme enceinte ou de l'enfant dont elle est grosse, I, 17, 88, 241, 242, 263, 497; II, 37, 343; III, 10, 175, 194, 287, 288.

Encontrer, rencontrer, IV, 249.
Endroit (D'), par endroits, III, 153.
Ene, âne, II, 51; III, 15.
Engingnier, enginer, engager dans une procédure trompeuse, I, 275; — engager, commencer (un procès); clein engigné, procès commencé, III, 204, 218.
Enguerrand, seigneur de Piquigny, III, 339.
Enheritance (Estate d"), état héréditaire, IV, 160.
Enquerre, enquérir, II, 407, 415.
Enquête, enqueste, anqueste, I, 70, 71, 197, 212-215, 265, 268, 269, 398, 484-486, 501, 504, 505, 508, 510; II, 70, 71, 387, 389, 404, 428, 453, 467; III, 22, 23, 131, 180, 235; — enqueste jurée de la gent dou païs, I, 213-214; II, 136; III, 47; IV, 23, 24.
Ensaisinement, II, 397.
Ensaisiner, mettre en possession, II, 164.
Ensivre, poursuivre, III, 17.
Entalenté, excité, IV, 137.
Entencion, antancion, conclusion du demandeur, I, 519; II, 464; — intention au sens actuel, II, 414; IV, 264.
Enterin, entier, II, 20, 21; III, 34, 199, 256, 257; — loyal, sincère, II, 454.
Enterinement, entièrement, I, 498; II, 353, 467.
Enteriner, exécuter, I, 504; II, 2, 385, 450, 464; III, 29, 233, 385; IV, 245; — terminer, parfaire, I, 503; II, 377; III, 163, 170; — faire exécuter, I, 231, 519; II, 88, 462; III, 347; IV, 316; — exécuter ou peut-être accorder, II, 352.
Enterrement des femmes, I, 245, note 2.
Entiercement, I, 69, 223, 224, 262, 500; II, 360-363, 391; IV, 234, 235, 248.

Entiercier, revendiquer suivant une certaine procédure, I, 505; II, 391.
Envier (*En*), provoquer, IV, 140.
Epave, espave, I, 383; IV, 56.
Eperons, esperons (rég. plur.), attribut du chevalier, I, 171, 172; II, 252; III, 82, 221; — surtout si dorés, IV, 136-141; — redevance due au suzerain, II, 178; III, 60, 171.
Episcopale judicium, loi du Code, II, 239.
Episcopali (*De*) *audientia,* titre du Code, II, 55, 239.
Episcopis (*De*) *et clericis,* titre du Code, II, 240.
Epistola divi Adriani, III, 192 et note 5.
Epreuve judiciaire, laisse une place ouverte au préliminaire de conciliation, I, 209.
Equité (Procédure d'), I, 214, 215.
Eritage. Voy. *Heritage.*
Erremenz (rég. plur.), procédures, I, 492, 498, 515; II, 7, 16, 353, 442, 443; — origine étymologique d'après Laurière : *erremenz, arremenz,* gages du procès, III, 241.
Erres (plur.), arrhes, II, 242, 243; III, 79.
Error (*De l'*) *des avocaz,* titre du Code, II, 372.
Errore (*De*) *advocatorum,* titre du Code, I, 4, 462. Cf. II, 372.
Es, ées (plur.), abeilles, IV, 195, 196. Voy. *Hés.*
Esceut, ind. prés., 3ᵉ pers. sing. de *Escourre,* reprendre, I, 511; II, 421; IV, 273.
Eschaete, escaoite, II, 483; III, 213. Voy. *Escheoite.*
Escharpelerie, escherpelerie, crime défini, II, 38, 39; III, 10, 11, 194; — commentaire, I, 89; — remarques et textes divers, I, 351; III, 111.
Escheoite, eschoite (part. passé fém. de *Escheoir*), échue, tombée, II, 33, 168; III, 57, 174, 197. Ce part. est devenu le substantif suivant :
Escheoite, eschoete, eschoitte, eschaete, succession, I, 295, note 1, 508, 516; II, 31, 32, 33, 126, 172, 258, 261, 262, 405, 430, 443, 483; III, 8, 43, 57, 84, 129, 149, 158, 169, 193, 277; — *droite escheoite,* succession directe, I, 73; II, 419; III, 213, 278. — *Escheoite* signifie plus particulièrement succession collatérale dans I, 506; II, 169, 397, 398. Cf. III, 277; IV, 252.
Escherroit, cond. prés. du verbe *Escheoir,* échoir, arriver par succession, II, 173; III, 45, 59.
Escireure, déchirure, III, 118.
Escondit, excuse, amende honorable, IV, 169.
Escourre, reprendre un gage, II, 77; III, 25, 215, 330.
Escousse, rescousse de gage, reprise de gage, I, 40; II, 294; III, 95; IV, 174.
Escout, ind. prés., 3ᵉ pers. sing. du verbe *Escourre.* Voy. ce mot.
Escrouser, creuser, IV, 196.
Escuage, service militaire dû par un fief noble, III, 358.
Esgardor, prendre, rendre (une décision judiciaire), II, 121, 139, 233, 235, 245, 248, 285, 290, 291, 307, 308, 318; III, 41, 48, 56, 57, 144; — *esgarder que,* décider judiciairement que, II, 71, 72, 113, 119, 134, 163, 184, 190, 194, 197, 225, 227, 260, 379, 457, 467; II, 55, 62, 65, 74, 75, 92, 94, 180; — *esgarder droit,* rendre la justice, prendre une décision judiciaire, I, 334, 495; II, 333, 370, 403; III, 163, 165; — *esgarder un serment,* ordonner la prestation d'un serment, II, 61; III,

19, 313; — *esgarder lou domache*, déterminer judiciairement le dommage, III, 81; — *esgarder*, en un sens neutre, rendre une décision judiciaire, I, 496, 502; II, 226, 337, 374, 383; III, 38.

Esgart, décision judiciaire, I, 513; II, 139, 430, 431; III, 48, 249, 313.

Esloignement de terme, délai, répit, I, 519; II, 463, 464.

Esloignier, ajourner, proroger, II, 349.

Esmaus, IV, 137. Ce passage de l'*Ordene de chevalerie* est donné par du Cange d'après quelque manuscrit corrompu; il faut lire, avec Méon, *tout autressi isniaus*, tout aussi prompt, ardent (pour ardemment).

Esmolu, émoulu, affilé, aiguisé, I, 499; II, 359.

Espandailles (plur.), ce qui tombe à terre, IV, 90.

Espave, épave, IV, 197.

Espavité, droit d'aubaine, IV, 70.

Espée privée ne estrenge, sens douteux, I, 516; II, 447. Voy. IV, 305.

Espletable, exploitable, III, 148.

Espleteurs, *espleteors* (plur.), hommes pratiques, experts, I, 379; III, 117.

Esploit, *esploiz* (suj. sing.), exploit, acte de procédure, I, 515, 516; II, 149, 434, 442, 443, 447.

Esploitable, justiciable, II, 149; III, 51.

Esprovée, prouvée, II, 468, 470.

Espurgier, justifier, II, 61.

Esqueus, part. passé du verbe *Escourre*, ressaisir, reprendre, II, 223, 224; III, 74.

Esqueusse, *esquousse*, reprise d'un gage, I, 511; II, 77, 225, 226, 420, 421; III, 25, 74, 75, 153.

Essoigne, *essoine*, *exoine*, excuse sans indication de jour certain, I, 497, 498, 518; II, 41, 181, 229, 230-233, 344, 349, 351, 454, 457; III, 11, 61, 76, 159, 160, 241; IV, 114, 115; IV, 83; — en quoi l'*essoigne* diffère du *contremant*, IV, 230, 231.

Essoignier, excuser, I, 497; II, 349.

Essoinement, I, 51; IV, 83, synonyme d'*Essoigne*. Voy. ce mot.

Essorillement, II, 48; III, 299.

Estable, valable, I, 304, 305; II, 104, 371, 419; III, 34, 62, 86, 87.

Establir (De) oir, titre du Code, II, 174.

Establissement, ordonnance, I, 51, 67; II, 1, 61, 62, 356, 358, 360, 383, 386, 405, 428, 431, 467, 468, 473, 488; III, 180, 232. — Etablissements dits de saint Louis, par qui compilés, I, 81-85; d'après quelles sources, I, 1-81; à quelle époque, I, 2; ne sont pas de saint Louis, I, 452, 453; leur influence, I, 280-394; opinion de Laurière sur ces questions, IV, 320, 321, 324-326.

Estage, maison, logement, III, 337, 341; IV, 94; — domicile, II, 169; III, 57, 174; IV, 66. — *lige estage*, garde au château du seigneur, II, 81, 82; III, 27, 337-341. Voy. *Lige*.

Estagier, *estaiger*, domicilié, I, 382; II, 196; III, 66, 128, 337, 341, 350; IV, 92, 94, 96.

Estanc, *estang*, *estant*, étang, I, 103; II, 30, 168, 293, 294; III, 57, 197, 272; IV, 63.

Estance, état, II, 132, 134, 263, 272, 476; III, 7, 46, 88.

Estant (En), sur place, II, 276; III, 89.

Estat (De l') des homes, titre du Digeste, II, 174.

Estefier, édifier, III, 155.
Estefierres (suj. sing.), constructeur, celui qui édifie, III, 155, 156.
Ester en jugement, ester en justice, III, 226. — Droit d'ester en justice accordé dans plusieurs cas à la femme mariée, I, 147, 148.
Estor, bataille, IV, 140.
Estorroit, cond. prés. du verbe *Estovoir,* convenir, II, 215; III, 72.
Estouper, fermer, interdire l'accès, III, 155, 158.
Estrange, étranger à la famille, II, 271, 304, 310; III, 88; — étranger à la châtellenie, II, 149; — étranger à la localité, II, 169. Voy. *Aubain.*
Estrangier, aliéner, II, 406.
Estreper, arracher, I, 46, 47, 48; II, 39, 48, 460; III, 11, 14, 292; IV, 315.
Estroissier (et non *estroillier*), diminuer, élaguer, couper, IV, 196.
Estuet, convient, ind. prés. 3e pers. sing. du verbe *Estovoir,* II, 247; III, 81.
Eum quem, loi du Digeste, II, 110.
Evangile; règle juridique qui en dérive, I, 203-204; — influence, I, 205.
Evasion, II, 144, 145, 251; III, 176; IV, 31.
Eve, eive, eau, I, 213, 232, 379; II, 248, 249, 285; III, 81, 93, 117, 125.
Evêché, *eveschié,* I, 94; II, 299, 303, 311; III, 97, 98, 101, 195.
Evêque, *evesque,* I, 61, 67, 497; II, 147, 348; III, 50, 153.
Evre, œuvre, fait. *Avant tote evre,* avant tout, I, 497; II, 332, 341, 431, 495.
Ex litteris tuis, chapitre des Décrétales, II, 452.
Exception. Voy. *Barre.*
Exceptionem, loi du Code, III, 106.

Exceptionibus (De), titre des Décrétales, II, 242; III, 108. Ce titre est mis en français, II, 423.
Excommuniants, contraints à absoudre par le pouvoir civil; en quel cas, IV, 120.
Excommunié, *escomenié, escoumenié,* I, 31, 238-242, 256-259; II, 238-242; III, 78, 119, 151, 214; IV, 50, 51, 119, 120, 122, 295, 317, 318.
Excumenge, excommunication, III, 107.
Excuse. Voy. *Essoine.*
Exécuteurs testamentaires, III, 269.
Exécution, I, 427; — parée, I, 133, 134, 229-234.
Executione (De) rei judicatæ, titre du Code, II, 463.
Exercendis (In) litibus, loi du Code, II, 360.
Exhibere, paragraphe du Digeste, III, 107.
Exigendi, loi du Code, II, 183.
Exil, I, 505; II, 388; III, 180. Voy. *Forsban.*
Exoine, excuse, III, 209. Voy. *Essoigne.*
Exoiner (Se), s'excuser, III, 209.
Expropriation au profit du seigneur par voie d'échange, II, 167, 168; III, 57, 174, 197, 198; IV, 63, 64.
Extat enim decretum, loi du Digeste, II, 266.

Fait, voie de fait, I, 510; — *fait présent,* flagrant délit, I, 80, 81. Voy. *Fet,* flagrant délit.
Faitiz, ce qui est de la maison, III, 196, 197.
Faiz, faix, poids, II, 308; III, 100.
Faloie (Abraham de), juif, affranchi, IV, 133.
Falsa (De) monêta, titre du Code, III, 112.
Falsus procurator, loi du Code, II, 345.

Fame, femme, II, 51 et *passim*. Voy. *Femme*.
Familiance, fameliance, domesticité, vie dans la famille, II, 49, 477.
Famille; ses droits collectifs, I, 118, 119; — sa constitution, I, 119-157, 261.
Faucon, I, 383.
Faug. (G. de), I, 308; III, 108.
Faulconnière (La), I, 72.
Fauseor de monnoies, fauseour de fausses monoies, faux monnayeur, I, 47, 48, 519; II, 461.
Fauseté, injure déloyale, III, 135.
Fausist, imp. de l'ind. 3ᵉ pers. sing. du verbe *Falloir*, manquer.
Faussement de jugement, déclaration qu'un jugement est *faus*, II, 16; III, 252. Voy. le mot suivant.
Fausser, fauser jugement, déclarer un jugement *faus*, en appeler, I, 51, 63, 492; II, 16, 134, 135, 273-274; III, 46, 88, 161, 237, 249; IV, 27, 149, 150, 246.
Faussieres (suj. sing.), celui qui appelle de faux jugement, III, 253.
Fautrage et préage, droit de pacage, I, 100.
Faux, *faus. Faus* est une injure, III, 93. — *Faus jugement*, jugement contraire au droit, I, 279, 459; II, 140-142, 371, 383, 385; III, 48, 49, 89, 142, 249; IV, 246. — *Fause, fausse mesure*, II, 60, 78, 283, 286; III, 25, 92, 93, 162, 312. — *Fausse monnoie*, I, 47, 48, 244, 263; II, 48; III, 14, 298. — Faux témoignage, I, 51, 493; II, 18, 19. — *Faus dras*. Voy. *Draps*.
Féauté, feauté, fidélité, II, 398, 434; III, 173; IV, 293.
Femier, fumier, II, 253.
Femine, loi du Digeste, III, 113.

Femme, *fame*, I, 294; II, 80, 287; III, 15, 93, 109, 118, 158, 159; — exclue, en droit germanique, de la succession aux propriétés immobilières, I, 121-123; — son triple wergeld, I, 241, 242; — comment donnée en mariage, I, 144. — *Quid* de la femme, mère avant d'être mariée?, I, 144; II, 24, 25; III, 5, 165, 266; — femme anoblie par son mari, III, 82; — ses renonciations au Velléien et à l'Epistola divi Adriani, III, 192; — veuve sous le mundium de son fils, III, 367; — veuve, ayant héritier mâle, n'est que bail de sa terre, III, 117; — peut-elle ester en justice?, I, 148; II, 287, 288; III, 93, 136, 146, 221; IV, 165-167; — paye demi-amende, I, 38-40, 371, 510; II, 418; IV, 268; — criminelle, est brûlée ou enterrée vive, I, 244, 245; II, 50, 51; III, 15, 303, 304.
Fenêtres, *fenestres* (plur.), III, 158.
Ferir, frapper, I, 38, 461; II, 45, 184, 234, 293, 358, 456; III, 62, 95, 180.
Fermail, fermaus (suj. sing.), agrafe, II, 84; III, 27.
Ferme, IV, 257; — bail à *ferme*, III, 174.
Ferry III, duc de Lorraine; décision au sujet des jugements en dernier ressort, III, 248.
Feru, frappé, part. passé de *Ferir*, II, 45; III, 136, 162. Voy. *Ferir*.
Fet, fais, fez (suj. sing. et rég. plur.), fait, faits, I, 47; II, 372.
Fiançailles, I, 146, 147; — à quel âge valables? IV, 123.
Fianciêr, affirmer solennellement, mais sans serment, II, 44, 198; III, 12, 13, 66.
Fide (De) instrumentorum, titre du Code, II, 359.

360 TABLE-GLOSSAIRE.

Fidejussoribus (De), titre du Code, II, 224.

Fief, *fié, fiez* (suj. sing.), I, 13, 55, 160, 163, 212, 295, 377, 378, 392, 421, 422, 427, 496, 498, 506, 511, 512, 515, 519, 520; II, 20, 26, 35, 69-72, 98, 119, 142, 172, 179, 206, 208, 246, 248, 296, 297, 353, 396, 397, 398, 422, 426, 441, 466; III, 3, 21-23, 25, 26, 32, 40, 58, 60, 68, 69, 81, 89, 99, 122, 132, 153, 158, 165, 169, 173, 282, 283, 340; IV, 170; *fié encontre le demoine*, I, 512; II, 427; — valeur de cette expression, IV, 283, 284; — fief, ressort et justice n'ont rien de commun ensemble, IV, 97, 98. — Cf. II, 206-208. Voy. les mots : *Abregement de fief; Baronnie; Enterin; Commise.*

Fiert, ind. prés., 3e pers. sing. du verbe *Ferir*. Voy. ce mot.

Fievé, fievez (suj. sing.), qui a un fief, fieffé; ici probablement, qui reçoit en fief des gages réguliers, I, 193; II, 111, 137, 229; III, 36, 47, 76, 372; IV, 112.

Fille noble dotée, exclue de la succession de son père, I, 132; III, 129, 213; — fille bretonne dotée en mobilier peut succéder à son père, III, 207; — mariée par son frère, II, 22; III, 194, 200, 260; — fille noble séduite, II, 24; III, 5, 266; — renseignements divers, I, 144, 145, 317, note 1, 344, 387; II, 79, 80; III, 4. Voy. *Femme.*

Fils, *filz, fiz, fix* (suj. sing.), représente son père en justice, II, 183; — commun en biens, ses dettes, III, 119; — *fiz à putain*, injure, I, 32; III, 135; — *filz, fiz des homes*, expression biblique, II, 374-376, 453; IV, 243, 309.

Fin (Mettre à), poursuivre judiciairement, prendre des conclusions, I, 499, 517; III, 120, 124, 201.

Finem litibus, chapitre des Décrétales, II, 110.

Finer, financer, composer, II, 399.

Finport (Procédure de), I, 294.

Fisci advocatus, loi du Code, II, 406.

Flagrant délit, I, 79, 198, 345, 500; II, 316, 331, 332; III, 113, 118, 165; IV, 207.

Flandre, I, 347-357.

Flandre (Comte de), en contestation avec le roi; qui jugera? IV, 210; — les douze pairs, IV, 7.

Floibe, faible, II, 181.

Fœminæ a publicis judiciis, loi du Digeste, II, 288.

Foi, *foy*, affirmation solennelle sans serment, I, 105, 501; II, 102, 198; III, 34; — au sens de foi et hommage, I, 427; II, 34, 35, 248, 281, 282; III, 9, 81, 213, 257. Cf. IV, 16; — paraît distincte de l'hommage, III, 91; — relation féodale née de la foi et hommage, ou de la foi distincte de l'hommage, I, 520; II, 102, 128, 131, 282, 390, 397, 466; III, 34, 44, 45, 70, 91 (paraît ici distincte de la relation née de l'hommage), 132, 138, 171, 173. *Home de foi*, celui qui a prêté foi (et hommage), vassal, II, 218, 504; III, 23, 72, 73; IV, 105, 106. — *Foi* est probablement pour *home de foi* dans II, 217.

Foibleté, faiblesse, III, 159.

Foire (Chose achetée en), II, 394; IV, 248; — *foire de Pâques* à Orléans, I, 37; II, 394.

Fol, fous (suj. sing.), prodigue, se conduisant mal, II, 24, 236, 277, 278, 279; III, 81, 90; — *fole joutise*, chef d'une juridiction lequel agit inconsidérément, II, 188; III, 63.

Folie, injure, II, 290; III, 94; IV, 167. — *Folie desloial, desloiau, desleal*, injure déloyale (c'est-à-dire prohibée par la loi ou déshonorante), II, 73, 288, 289, 291; III, 24, 93, 118, 135, 169, 327. — Ce mot est comme perdu et sans signification dans III, 221; il manque un peu plus bas, *Ibid.* Voy. *Injures*.

Fondre, s'effondrer, s'écouler, III, 7, 85.

Fontainebleau; propriété privée respectée par Louis VII, IV, 64.

Fontaines-les-Blanches (Abbaye de), reçoit des dons de Bouchard de Vendôme, IV, 17, 18.

Fontaines (Pierre de), I, 328, 361, 408, 419.

Fontevraud (Maine-et-Loire), abbaye, III, 256.

Fontgombault (Indre), III, 371.

Forain, étranger, III, 145.

Forbenir, exiler, I, 54, 505; II, 38, 388; III, 180; IV, 247.

Force, violence, I, 340, 516, 519, 520; II, 106, 108, 164, 319-321, 447, 466, 468; III, 35, 212. Voy. *Complainte*.

Forcié, forcé, victime de la force, I, 275.

Forêt, *forest*, I, 102; II, 73; III, 24, 327.

Forfaire, forfere, agir criminellement, II, 474; — perdre par confiscation, I, 137, note 2.

Forisfamiliatio, I, 72, 73, 130-132, 369, 370; II, 418, 419.

Forjur, renonciation solennelle à la parenté d'un meurtrier, III, 302.

Fornier, fournier, boulanger, I, 105; II, 94, 204.

Foro (De) competenti, titre du Code, II, 39, 365.

Forpaïsier (Se), quitter le pays, III, 138; — *forpaïssié*, éloigné du pays, II, 528.

Fors, fors que, excepté, I, 283; II, 209.

Forsban, jugement qui condamne à l'exil, I, 57, 505; II, 38, 50; III, 15, 301.

Forsconsoillié, qui a reçu un mauvais conseil, II, 100; III, 33, 365.

Forsjurer, forjurer, quitter, abandonner, I, 54, 57; II, 50; III, 15, 214, 301, 302, 303, 448.

Fortaa (mot scandinave), terrain, lieu vague derrière les enclos, I, 214.

Fortraire, enlever, II, 329.

Fortune, trouvaille sous terre, II, 154; III, 52; — *fortune d'argent*, I, 382, note, 383, note; II, 153; — *fortune d'or*, I, 24, 382, 383; II, 152, 153; III, 52, 164; IV, 52, 54. — Cf. IV, 300.

Fouage, IV, 134.

Fouiz (S'en est), s'est enfui, parfait indéfini du verbe *Fouir (S'en)*, s'enfuir.

Foulques Réchin, protège Charpentier contre le Chapitre d'Angers; explication juridique, I, 150, 151; — sa femme brûlée vive, III, 303.

Four banal, I, 104-106, 382; II, 202-204; III, 67, 68, 219; IV, 95, 96.

Fourches, *forches* (plur.), I, 516; II, 447; IV, 306.

Fourmanoir (Wautier de), IV, 313.

Fournier, *fornier*, III, 30.

Franc, franche (fém.), libre, II, 432, 435; IV, 288, 289; — noble, 169, note 2, 173, note 1.

Franc fief, *fié franc*, III, 118, 284.

France (Usage de), I, 11, 80, 81; II, 316; — *Costumes de France*, I, 51.

Franchement, noblement, II, 66.

Franchir, anoblir, I, 173; II, 34, note 25, 253, 428, 437; III, 221, 279; — exempter d'imposition, II, 91.

Franchise, liberté, II, 434, 450, 451, 452; — exemption d'impôt, II, 91; — *franchise de roi*, privilège accordé par le roi, II, 468; — partage, I, 376; II, 23, note 34. Cf. III, 280; II, 267, note 2.

Frarechau, partageable également, III, 136; — qui partage également, III, 137.

Fraresche, freresche, fraraige, frarage. partage, I, 507; II, 22, 217, 259, 261, 399, 449, 507; III, 4, 9, 84, 85, 213, 260; IV, 88; — part, II, 279; III, 91, 125, 267; — parage, II, 34; III, 279, 280; — sens douteux, partage ou parage, I, 516.

Frareschier, partager, II, 260, 278; III, 85, 90, 125; IV, 153.

Frédéric II, abolit le duel, sauf certaines réserves, I, 266.

Frère, dotant sa sœur, I, 91; II, 22; III, 4.

Fresche, frichesse, friez, friche, II, 313, 314; III, 101; IV, 193, 194.

Fribourg; coutume d'interdiction pour les propres, IV, 272, 273.

Fructibus (De) et litis expensis, II, 163.

Fruits tombés chez le voisin, I, 87.

Fucil, feuillet, III, 109.

Fuer, prix, valeur, II, 99; III, 32, 170.

Fui, passé déterminé, 1re personne sing. du verbe *Estre*, I, 172.

Fuitif, fuitis (suj. sing. et rég. plur.), fugitif, II, 441.

Furtis (De), titre du Code, I, 3; II, 345, 362.

Furtiva (Res), IV, 57.

Furtum, paragraphe des Institutes, II, 362.

Gaaigner, labourer, IV, 152. Voy. *Gueaignier*.

Gage, gaje, répondant d'une créance, III, 127, *passim*; — saisi par un officier, repris ensuite, III, 511; — saisi extrajudiciairement, I, 97, 179-183, 331 note; II, 222-228; — *gage d'argent*, somme d'argent (volée), I, 500; II, 361; — *gage de bataille*, duel judiciaire, I, 315, 499, 500; II, 355, 360; III, 75, 114, 123, 137, 177, 248; IV, 233, 234; — *gage de sa loi* ou *amende de sa loi*, origine et valeur de cette expression, I, 245, 246; III, 327; — textes, II, 73, 74, 115, 177, 178, 180, 295, 309, 313; III, 24, 60, 61, 75, 100, 169, 171. Cf. IV, 80, 81; — expression corrompue dérivant de *gage de sa loi*, III, 374.

Gain de survie, III, 87, 88.

Gants, *ganz* (rég. plur.), redevance féodale, II, 177-180; III, 60, 171; IV, 81.

Garanne, garenne, I, 103; II, 294; IV, 172.

Garant, garent, garaunt, lat. *garantus*, I, 36, 37; II, 154, 155, 156, 195, 290, 355, 392, 393, 505; III, 53, 94, 131; IV, 57, 248.

Garantisseor, garantissieres (suj. sing.), garant, II, 157, 158; III, 53, 54.

Garde, bail, tutelle, I, 14, 15, 153-157; II, 221, 270-272; III, 73, 86, 150, 172, 226, 359, 364; IV, 11, 148. Voy. *Bail; Charles VII*; — service militaire, II, 80-82; III, 26, 169, 170, 335, 336, 340, 341; — surveillance, II, 264, 265; III, 86, 87; — peur, méfiance, II, 46, 47; III, 13.

Gardo (Petrus de), IV, 277.

Garentise, garantie, II, 281; III, 91.

Gariour, garant, III, 123.

Garir, garantir, I, 49; II, 24, 35, 91, 92, 97, 169, 247, 282,

400; III, 5, 9, 30, 81, 92, 170, 199, 262, 349; IV, 127; — guérir, I, 510; II, 416.
Garra, fut. ind., 3ᵉ pers. sing. de *Garir*. Voy. ce mot, II, 24.
Garroit, cond. prés. du verbe *Garir*, II, 217.
Gâtine (Régime successoral en), I, 316.
Gaucerand de Pinos, IV, 43.
Gaulois (Droit), à peu près inconnu, I, 93, 94.
Generaus (*Li*) (suj. sing.), le principe général, I, 514; II, 432.
Gent le roi, les gens du roi, I, 501, 512; II, 424, *passim*.
Gentil homme, gentis hom (suj. sing.), I, 297, note 1; II, 91, 104, 319, 469; III, 5, 8, 37, 48, 57, *passim*. Cf. sur la noblesse, I, 168-174; III, 282, 283.
Gentilment, noblement, II, 35, 282.
Geoffroi (Assise du comte), I, 290, 294, 296, 297, 430.
Germaniques (Éléments), dans Établissements, I, 94-96, 107, 110, 111, 116, 117, 235-242, 261, 262.
Gesir, coucher, I, 161; II, 81; III, 26, 170.
Geü, part. passé de *Gesir*, III, 51. Voy. *Gesir*.
Gisoit, imp., 3ᵉ pers. sing. de *Gesir*, I, 161; II, 80. Voy. *Gesir*.
Gist, ind. prés., 3ᵉ pers. sing. de *Gesir*, III, 65.
Giton, essaim, I, 225, 226.
Glands, tombés chez le voisin, I, 87.
Glose poitevine, III, 106-114.
Glosée (Coutume), I, 21, 374-376.
Goffridus Pulcherrimus et les religieuses du Ronceray, IV, 61.
Gouttière, *goutiere*, III, 156.
Grace, relève du roi, III, 142.
Grandpré (Comte de), pair du comte de Champagne, IV, 6.
Grant joutise, haute justice, III, 176. Voy. *Justice*.
Grant piece, longtemps, III, 21; depuis longtemps, II, 66.
Greer, agréer, accepter, III, 88, 196, 204.
Greignor, plus grand, II, 99; III, 32, 170, 197.
Grosparmi (Guillaume), I, 326, note 2.
Guarentiziæ (*Pactum*), I, 230.
Gueaignage, profit, revenu, II, 276, 277; III, 90; IV, 151; — exploitation directe, II, 175, 312, 313; III, 59; IV, 77, 78, 192.
Gueaignier, gaaigner, labourer, cultiver, II, 277; III, 91; IV, 151, 152; — gagner, II, 280; III, 91.
Guerre privée, I, 18, 49, 179-183, 263, 520; II, 74, 75, 77, 469-470; III, 238, 328, 329, 340; IV, 321, 322, 323.
Guet-apens, I, 238, 239; II, 343.
Guido (Prétendu), I, 361, 362.
Guimples (plur.), voiles de tête, II, 84; III, 343, 344.
Guines (Comte de), ses douze pairs, IV, 7.
Guy Pape, a cité saint Louis au lieu de Philippe-le-Hardi, I, 285, 286.
Gymardes (Symon de), I, 403.

Habergemant, habitation, III, 174. Voy. *Herbergement*.
Habergier (*Se*), se loger, III, 156. Voy. *Herbergier*.
Habit fet moine, IV, 35.
Hactenus, loi du Digeste, III, 110.
Hæreticis (*De*) *et Manichæis*, titre du Code, I, 41; II, 251.
Hainaut, I, 347-357.
Hainaut (Comte de), ses pairs, IV, 6, 7.
Harcley (André), comte de Carlile, IV, 140.
Haro (*Clameur de*). Voy. *Clameur*.

Haster (Se), demander, provoquer, II, 194; III, 65.
Haubert, cotte de mailles, II, 255; III, 173.
Haute justice, haute joutise, I, 47, 53, 57, note, 164, 166, 167, 168, 291, 459; II, 342, 415, 424, 425, 458, 459, 461, 511; III, 175, 176, 177, 179, 247, 297; IV, 99, 304, 306. Voy. *Justice*.
Hautoys (Nicolas), I, 415.
Hébraïque (Influence), I, 261, 270.
Hées (plur.), abeilles, III, 162. Voy. *Hés*.
Heir, hoir, héritier direct, héritière directe, I, 140, 141; II, 270.
Henri II, roi d'Angleterre; règle édictée par lui et qui a passé dans les Établissements, II, 208, 209; IV, 99-100.
Herbergement, herbergemant, hebregement, habergemant, habitation, II, 23, 27, 35, 167, 168; III, 5, 6, 9, 57, 200, 213.
Herbergier, loger, II, 167, 168; III, 57, 174.
Hérétiques, I, 61, 92, 252, 253, 261; II, 147, 148; III, 79; IV, 35-37, 46, 47.
Heritage, heritaige, eritage, eritaige, yrelage, immeuble, I, 47, 167, 226, 333, 354, 379, 422, 483, 487, 495, 497, 503, 509, 511; II, 2, 112, 123, 124, 125, 126, 168, 263, 333, 334, 335, 344, 353, 380, 398, 405, 420, 430, 441, 459; III, 21, 37, 42, 175, 177, 208; — pleine propriété opposée à usufruit, I, 299; — succession directe, II, 25, 169, 398; III, 5, 57; IV, 252; — propre, II, 173, 213; III, 70, 152, 161, 225.
Herite, probablement sodomite, I, 254; II, 147; IV, 35.
Heritel, successoral, III, 220.
Heritier, propriétaire, II, 134; III, 46.

Hermes (Terres) (plur.), terres en friche, IV, 193.
Hés (plur.), abeilles, II, 316, 317; III, 102.
Hiereus (Jourdain), IV, 313.
Hiis, his (De) quæ vi metusve causa fiunt, titre des Décrétales, I, 35; II, 409.
Hiis (De) quæ vi metusve causa gesta sunt, titre du Code, II, 322.
Hiis (De) qui ad Ecclesiam confugiunt, titre du Code, II, 58; 59; III, 112.
Hiis (De) qui ingrediuntur ad appellationem, novelle, III, 107.
Hilduin (Vicomte), I, 99.
Hoc ita (Renonciation à l'authentique), III, 216.
Hoir, héritier direct, II, 270. Voy. *Heir*.
Homicide, omicide, I, 46, 48, 55, 56, 58, 235-240, 497, 518; II, 343, 458; III, 114; — involontaire, causé par un animal, I, 232-234; II, 233-236; IV, 117.
Homme, *home, hom* (suj. sing.); — *home de cors*, serf, II, 436, 444; III, 174; — *home de cors et de chief*, serf, II, 430; — *home de foi*, I, 383; III, 164, 172. Voy. *Foi*; — *home le roi*, homme dépendant du roi, II, 331, 401, 432; IV, 255; — homme vivant et mourant, fourni par l'Église, lorsqu'elle acquiert un fief, I, 163; — *home de religion*, moine, II, 146; III, 50.
Hommage, homage, omage, I, 377, 421, 506; II, 67, 115, 129, 131, 132, 133, 206, 207, 284, 435; III, 39, 44, 45, 46, 69, 91, 171, 173, 225; — description de l'hommage, IV, 251-253; — qui tient en parage ne rend pas hommage, I, 125; II, 67; III, 21; — hommage sans foi, III, 138, 139. Voy. *Foi*.

Honoraires des avocats, I, 289; IV, 239-241.
Hore par coi l'en pert et gueaigne, heure où le défaut est encouru, II, 354; IV, 232.
Hospital (Pierre de L'), III, 216.
Hosteil, hôtel, IV, 322. Voy. *Ostel*.
Hôte, *hoste*, IV, 207.
Huche, II, 276; III, 89.
Hum (suj. sing.), homme, IV, 251. Voy. *Homme*.
Hurault, I, 405.

Iconomus, paragraphe du Code, II, 53.
Iert, futur ind., 3ᵉ pers. sing. du verbe *Estre*, II, 328; II, 431; IV, 251.
Igal, semblable, II, 187, 188.
Igaument, également, II, 410.
Illicitas, loi du Digeste, II, 389.
Illuec, là, I, 512; — *d'ilueques en avant*, désormais, III, 69.
Illustres, représentés par des procureurs, IV, 226.
Immeubles, confisqués en Orléanais en cas d'hérésie, I, 62; — ne garantissent pas la créance en Touraine-Anjou, I, 108; — vendus pour payer les dettes dans la Coutume de Clermont, I, 333; — souvent non confisqués, I, 253, 263, 352.
Imperium, loi du Digeste, II, 461.
In aliis, paragraphe des Décrétales, II, 352.
In majoribus et in minoribus negotiis, loi du Code, II, 143.
Incendie, I, 239, 240; II, 48; III, 14.
Incivilem rem, loi du Code, I, 3; II, 43, 395.
Indivision, III, 65.
Infames (Personnes), III, 203.
Infanticide, I, 248-250; II, 55; III, 16, 17, 213, 307.
Injures, I, 32, 243, 247, 503, 510; II, 288, 289, 291, 417, 418; III, 93, 94, 118, 135, 142, 145, 154, 221; IV, 168, 169, 267. Voy. *Folie*.
Inofficioso (De) testamento, titre du Code, II, 414.
Inquisitionis (Jus), I, 213-215.
Instrumentorum, loi du Code, I, 35.
Inter pares, loi du Digeste, I, 337; II, 339.
Interdiction (Coutumes d'), IV, 272.
Intérêt (Prêt à), I, 255, 256.
Interpositas, loi du Code, II, 322.
Interrogationibus (De) ac interrogatoriis actionibus, titre du Digeste, III, 107.
Intestat, I, 128-130; II, 150-152; IV, 42-49.
Investiture, III, 173, 174.
Isnellement, rapidement, IV, 137.
Issi, parf. défini de *Issir*, sortir, I, 75, 499; II, 359.
Issir, sortir, procéder, II, 318, 323; III, 70, 104.
Issirent, parf. défini, 3ᵉ pers. plur. du verbe *Issir*, sortir, II, 318.
Issue, revenu, II, 97, 98, 272; III, 32, 88.
Ita vulneratus, loi du Digeste, II, 390.
Itant, autant, II, 46; III, 178; — tant, II, 119; III, 40; — *o itant, par itant*, moyennant autant, moyennant cela, avec cela, II, 42, 166, 285, 292; III, 92, 95, *passim*, — *et itant gueaigne*, et voilà ce que gagne, II, 280; III, 91.
Itel, tel, *itieu* (plur.), tels, telles, II, 224, 265; III, 90.
Ivelment, également, IV, 307.

Jargueau, I, 72.
Jean Sans-Terre, perd l'hommage de ses vassaux d'Aquitaine, III, 335; — s'intéresse aux affaires de ses juifs, IV, 131.
Jean Iᵉʳ, duc de Bretagne, or-

donnance sur les honoraires des avocats, I, 289.
Jean II, duc de Bretagne, sa prétendue assise ou ordonnance, observations historiques, I, 293-299; III, 188; — manuscrits de cette ordonnance, I, 430-432; — son texte, III, 189-211.
Jean de Caux; son registre du trésor des chartes, cité, I, 6.
Jenvre, plus jeune, II, 324; III, 104.
Joigny, *Jooigni* (Comte de), IV, 207; — doyen des sept pairs de Champagne, IV, 6.
Jor, jour, délai. — *Jor de consoil,* jour de conseil, délai pour prendre conseil, I, 35, 37, 49, 58, 498, 507, 508, 513, 520; II, 408, 468; III, 142, 180; IV, 259; — *jor de mostrée,* délai pour descendre sur les lieux, I, 507; II, 399; — *jor jugié,* jour jugé, jour de comparution assigné par le tribunal, II, 229; III, 76; IV, 113; — *jor o jugement,* II, 113, 116, 229; III, 37, 39, 40, 75; — commentaire de cette expression, I, 193; III, 373, 374.
Jostice et plet (Livre de), son origine orléanaise, I, 83-84; — comparaison avec les Établissements, I, 50-77; — manuscrit de cet ouvrage, I, 423; — opinion de M. Anschütz critiquée, I, 406, note 2. Voy. *Justice.*
Joubert, manuscrit lui ayant appartenu, I, 413.
Jouer (Soi), s'amuser, II, 279; IV, 155, 156.
Jubemus, loi du Code, II, 53, 152.
Judiciis (De), titre des Décrétales, II, 147, 149, 240.
Judiciis (De), titre du Code, II, 110, 111, 166, 376.
Judiciis (De), titre du Digeste, II, 364, 365.

Juge, II, 403; — l'un des trois personnages nécessaires en tout jugement, I, 303, 304; — président du tribunal, ne doit pas faire le jugement, I, 210, 211; II, 378; IV, 243, 244 et note 1; — *nus ne doit estre juges ne dire droit en sa propre querele,* II, 421-423; IV, 274-276.
Jugé, jugié, sens moderne, II, 124; — équivalent du latin *res in judicium deducta,* II, 229; IV, 114; — *jugée, jugiée (Chose),* I, 209, 210, 497, 499, 517, 62; II, 119, 122, 162, 343, 355, 464; III, 55; IV, 61.
Jugemens (Des), titre du Code, II, 445.
Jugement, jugemant, arrêt, sentence, I, 487, 503, 504; II, 7, 15, 16, 137, 139, 162, 165, 191, 192, 273, 338, 345, 380, 451; III, 36, 47, 48, 55, 373, 451; — trois personnes y sont nécessaires, I, 303, 304; II, 422, 423; IV, 275; — comment et par qui rendu? I, 210-212, 496; II, 374-386; IV, 242-244, 246. Voy. *Contendre;* — rendu par pairs ou par bailli? I, 19; II, 124, 125; III, 171; IV, 149, 246; — *veer le jugement,* refuser de juger, faire un déni de justice, II, 75-77; III, 24-26; — litiscontestation; *jugement contendu,* litiscontestation engagée (?), III, 137; — *coulé en jugement,* engagé dans la litiscontestation, II, 378. Voy. *Contendre; Coulé;* — séance du tribunal, I, 513; II, 110, 111, 121, 123, 363, 374, 373, 466, 467; III, 36, 42; sur l'expression *jor o jugement,* voy. I, 193, 194; III, 373, 374. Cf. *Jor.*—Voy. *Amendement; Faux.*
Jugeur, jugeor, juigeor, celui qui juge; en quoi diffère du *juge,* I, 211, 222, 335, 503; II, 163,

375, 453; III, 55, 163; IV, 244, note 1, 246, note 1.
Juif, juef, juis (suj. sing.), I, 11-13; — ce mot est l'origine de la leçon fautive *mes*, I, 11-13; — privilège de juridiction du juif, II, 249-251; III, 82, 215; IV, 131-135; — juif doit assurer par un gage ses créances sur des chrétiens, III, 127.
Juise, épreuve judiciaire, II, 330.
Jurable et rendable (Chateau), IV, 100.
Juramento (De) calumpniæ, titre du Code, II, 166; III, 107.
Juré, qui a prêté serment; — *par tesmoinz jurez*, par témoins qui déposent sous la foi du serment, I, 488; — *jurez du païs*, synonyme de *jurée dou païs*, I, 379.
Jurée dou païs; en quoi consiste-t-elle? opinion de Brunner; vues nouvelles, I, 212-215; IV, 23, 24; — textes, I, 379; II, 135-137; III, 47, 125.
Juridiction, du roi, — de baron, — d'Église, II, 263, 264. Voy. *Cort*; *Compétence (Questions diverses de)*.
Juridition (De la) de tous juges, titre du Digeste, II, 461.
Juris (De) et facti ignorantia, titre du Digeste, III, 106.
Juris ordinem, loi du Code, I, 39.
Jury, I, 213. Voy. *Jurée dou païs*; *Juré*.
Justice, *joutise*, définition et notion romaine, I, 343; II, 327, 330; III, 142; IV, 206; — droit de juridiction, I, 378, 391, 515; II, 61, 145, 194, 206, 405, 407, 409, 440, 447, 466; III, 19, 196; IV, 258; — justice royale, *laie* ou laïque, d'Église, I, 23, 24; III, 78, 214. Voy. *Cort*; — haute ou *grant justice*, I, 17, 377, 518; II, 37, 206; III, 69, 287, 302, 309; IV, 304, 305; — simple ou *basse justice*; moyenne justice, I, 516, 518; II, 447, 461; III, 287, 302, 309; IV, 304, 305; — *toutes joutises*, tous droits de juridiction, réunion des droits de justice, haute, moyenne et basse, II, 36; III, 10, 52, 69; — territoire d'une juridiction, I, 509; II, 332, 459; — exécution, II, 59, 329, 330; III, 310; — chef de la cour, I, 64, 211, 503; II, 47, 184, 191-194, 235, 317, 331, 366, 390; III, 50, 65, 74, 159; — chef ou gens de la cour, I, 500; II, 163, 348, 349, 368, 418; III, 86; — *joutise le roi*, chef ou gens de la cour du roi, II, 231, 403; III, 32, 170, 364; — *les joutises*, les gens composant les cours, II, 368. Voy. *Fief*.
Justitia (De) et jure, titre des Institutes, II, 331.
Justitia (De) et jure, titre du Digeste, II, 391.
Juveigneur, puîné, cadet, III, 225.

Kalre (forme picarde), coudrier, IV, 325.
Kevresis (Gerardus de), IV, 291.
Klimrath, I, 419.
Konings-Herstraetha (mot scandinave), grand chemin royal, I, 214.

La Croix-de-Bléré (Indre-et-Loire), III, 255.
Laferrière; son opinion sur les Établissements, I, 27-30.
La Ferté, IV, 68.
Lai, fém. *laie*, laïque, II, 167, 272; III, 50. Pour les *justices laies*, voy. *Cort*; *Justice*.
Laid dit, plur. *laiz diz*, parole laide, injure, IV, 267; — *lait*, injure, IV, 169.
Lairra, lerra, laira, lairront, fut. ind.; *lairoit*, condit. prés. du verbe *Laissier*, laisser, II, 65, 248, 325; III, 20, 104, 195.
Lais, legs, III, 148, 150.
Lait, injure. Voy. *Laid dit*.

Lamoignon, voulait abolir le serment de calomnie en matière criminelle, I, 277, 278.
Lancelot, manuscrit lui ayant appartenu, I, 423.
Larcin, *larrecin*, I, 37, 51, 490, 500, 510, 516, 517; II, 14, 63, 64, 144, 160, 314, 343, 360, 361, 417, 445, 447, 455; III, 14, 50, 54, 102, 175, 176, 180, 247, 299; — *larrecin* est injure qui *desleaute*, III, 131.
La Rochelle (Droit de tester à), IV, 47.
Larron, lerres (suj. sing.), II, 53, 63, 89, 287, 330, 447; III, 14, 20, 29, 93, 132, 174, 297, 309; IV, 305, 306; — est pendu par le voyer en Anjou, I, 56, 57; II, 59; III, 18; — ne peut être relâché par le voyer, I, 165; II, 64; III, 19; — le mot *larron, larronesse* est une injure déloyale, II, 289; III, 93, 94, 221.
Larronnesse, voleuse, II, 61. Voy. *Larron*.
Larrons (Des) et dou serf corrompu, titre du Code, II, 395.
La Thaumassière, manuscrit des Établissements lui ayant appartenu non retrouvé, I, 420. Cf. I, 406; III, 231, 232.
Laurière; son opinion sur les Établissements, I, 26, 484, note 1; ses notes reproduites, III, 232 et suiv., *passim*; IV, *passim*. Cf. III, 230.
Le Borngne (Y.), copiste d'un manuscrit décrit, I, 431.
Ledange, injure, I, 38.
Leges, loi du Code, III, 106.
Legibus (De) et senatusconsultis et longa consuetudine, titre du Digeste, II, 414.
Legibus (De), titre du Code, III, 106.
Legier, facile, II, 223.
Législatif (Pouvoir) du roi, II, 36; III, 10, 286; IV, 325, 326.
Légitime défense, I, 517.

Legs pieux, I, 129, 130. Voy. *Aumône*.
Lens (Seigneur de), pair du comte de Hainaut, IV, 7.
Lerra, laissera. Voy. *Lairra*.
Lèse-, leze - majesté, I, 137, note 2; III, 112; IV, 140.
Letré, connaissant les lettres de l'alphabet, II, 146; IV, 34.
Leu, leue, lieu, II, 317, 320; III, 362.
Lever, enlever, III, 133.
Lez, près de, II, 329.
L'Hospital (Pierre de), I, 306.
Libertas, loi du Digeste, II, 434.
Liberté sous caution, III, 126; IV, 85; — l'enfant d'une femme libre est libre en Orléanais, I, 175.
Libri feudorum, utilisés par l'auteur du *Livre des droiz*, I, 309, note 3.
Licet, loi du Code, II, 345, 346.
Lige, adjectif qui désigne une certaine relation féodale étroite au sens actif ou passif, I, 520; II, 74, 75, 79, 80, 99, 337, 466, 467; III, 24, 130, 138, 169, 201, 215, 255, 357; — *lige estage* ou *estaige*, garde au château du seigneur, I, 516; II, 81, 82, 449; III, 27, 128, 170, 337; IV, 307. Voy. *Estage*.
Ligement, en manière d'homme lige, II, 396.
Ligence, relation féodale entre le seigneur et l'homme lige, III, 225.
Liger; critique de cette compilation angevine, I, 376-380, 383.
Lignage, famille, ensemble des parents, I, 8; II, 74, 79, 170, 243, 253, 298, 305, 428; III, 12, 13, 82, 88, 91, 97, 176; — *hom de grant lignage*, homme de grande famille, I, 173; II, 253; III, 82; — parenté, I, 18, 513; II, 32, 45, 66, 67, 100, 129, 130, 173, 221, 270, 297; III, 21, 33, 45, 46, 79, 141, 203, 222.

Lit, *lis* (suj. sing.), III, 34.
Litiscontestation, II, 441-444; IV, 229, 230.
Littérale (Preuve), I, 488; II, 9, 15; III, 143, 202, 203.
Liue, lieue, II, 255.
Livre à la Reine, I, 361, 419, 422.
Livre (Le) des droiz et des commandemens d'office de justice; composition et sources de cet ouvrage, I, 309-315; — est une des sources de *Liger*, I, 376-380.
Lods et ventes, II, 296; IV, 77, 175-177.
Loi dou païs (Faire la), jurer, promettre, conformément à l'usage du pays, I, 226, 509; II, 412.
Loial, conforme à la loi, II, 380; — *loiaus* (rég. plur.), II, 381, 382; — qui agit conformément à la loi, II, 388; — *loiaus aïdes*, aides conformes à la loi, à l'usage, II, 132.
Loïer, louer, II, 114; III, 36; — *loié* (part. passé), loué, II, 227, 323.
Loin, lointain, éloigné, III, 126.
Loire, *Leire*, fleuve, III, 135.
Longue tenue, longi temporis præscriptio, II, 434.
Longueville (Seigneur de), pair du comte de Hainaut, IV, 7.
Lorris-Montargis-Orléans (Coutume de), I, 363-372.
Lorris-Orléans (Coutume de), I, 363, 364.
Lorz, borgne, II, 324; III, 104; IV, 204.
Louage, *louaige*, III, 147.
Loudun, *Lodun*, III, 121.
Loudunois; parenté de son droit avec celui de la Touraine, de l'Anjou et du Maine, I, 24, 25, 388. Cf. I, 315-322.
Loueau (Jean), *chevalier*, IV, 159.
Louis VII; sa délicatesse en matière d'expropriation, lors de la fondation de Fontainebleau, IV, 64.
Louis (Saint), n'est pas l'auteur des Etablissements, I, 1, 2, 452-455; — deux de ses ordonnances, I, 5, 6; — sa législation, I, 264-276, 423; III, 238; IV, 233, 234; — sa pseudo-pragmatique, I, 284; — prologue qui lui attribue les Etablissements, II, 473, 474; — sa justice, IV, 28; — accorde un répit pour les dettes des croisés, IV, 32, 33, 120; — se plaint des empiétements de certains évêques, IV, 33; — protège un propriétaire contre Charles d'Anjou, IV, 64; — ses paroles au sujet des usuriers et des juifs, IV, 132, 133; — qualifié *li bon rois Looys*, II, 473.
Louis (Comte de Clermont); charte pour Clermont, I, 329, 330.
Lous (?), peut-être lods, I, 422.
Loys (Rois) (suj. sing.), personnage imaginaire cité dans *Jostice et plet*, I, 64; — dans le même ouvrage ces mots désignent aussi saint Louis, I, 65, note 1.

Mador Dilland, bibliothécaire de l'université de Nantes, vend un manuscrit, I, 431.
Magdunense (Decanus et Capitulum), doyen et Chapitre de Meung-sur-Loire (diocèse d'Orléans), IV, 301, 302, 304, 305.
Mahé le Léal, I, 301, note, I, 307.
Mai (et non *mois*), mois de mai, végétation du mois de mai, II, 294; III, 95.
Maillé, petite monnaie de cuivre valant la moitié d'un denier, II, 308, 309.
Maillé (Marie de), III, 255.
Maillé (Seigneur de), III, 255.
Main. Mettre hors ses mains dans l'an et jour; explication de cette expression, I, 30; — *mener son home par la main*,

II, 61, 62; III, 19; cette expression est expliquée, IV, 130; — *la main guarnir*, se mettre en saisine; *la main garnie*, ensaisiné, I, 426; IV, 210; — *main de joutise, de justice*, main mise de la justice, II, 110-111; III, 372; *la main de justice ne dessaisit et ne préjudicie à personne*, IV, 209, 210. Voy. le mot *Roi*; — *main le roy*, main du roi, saisine du roi, III, 133, 134; — *main morte*, succession dévolue au seigneur, I, 421; III, 150; IV, 71.

Main morte (Biens de), I, 30, 92, 163, 164; II, 244-246; III, 80, 149; IV, 124-126.

Mainbourg. Mari mainbourg; roi mainbourg, I, 147, 152.

Maine. Manuscrit de la Coutume glosée d'Anjou et Maine, I, 427; — la Coutume dite d'Anjou et Maine n'a pas été rédigée dans le Maine, I, 23; — renseignements divers intéressant le droit manceau, I, 22, 295, 300, 306, 307, 372-382, 387.

Maior, I, 501; II, 367.

Maisnie, ménie, II, 81.

Maistres (des requêtes), III, 142.

Majorité, précoce chez les peuples primitifs, I, 157; — majorité de douze ans chez les Francs Saliens; de quinze ans chez les Ripuaires, I, 157; — majorité du gentilhomme différente de celle du roturier, I, 158; — observations diverses et textes, I, 291, 324; II, 28, 125, 280, 281; III, 43, 91, 136, 161, 165-168, 197, 206, 226, 271; IV, 9-13, 156-158.

Mal, mau respit, mauvais égard, mauvaise intention, III, 162, 169. Voy. *Respit*.

Maladie (Excuse de), II, 181; III, 61.

Malfaiteur, *maufaitor*, II, 386-387.

Malingeux, estropié. Voy. *Meaignié*.

Malle ou Marle (Henri de); lecture juridique faite par lui à Orléans, III, 331.

Malmetre, détériorer, II, 28.

Mandali, titre du Digeste, II, 346.

Mandatis (De) principum, novelle, III, 106.

Mandato, chapitre des Décrétales, II, 350.

Mandemenz (Des) aus princes, titre du Code, II, 367.

Manecier, menacer, II, 478.

Mannitio, ses débris au moyen âge, I, 193, 262.

Manra, fut. ind., 3e pers. sing. de *Mener*, II, 425.

Manrre, corrigez *maurre*, moudre, II, 484.

Manus regis, I, 340. Voy. *Main*.

Manuscrits; description, I, 395-433; — classement, I, 433-482.

Marchande, *marcheande*, peut ester en justice, I, 148; II, 287.

Marcheander, faire attention à, aviser quo, I, 459; II, 391, 395.

Marcheant, marchand, II, 285.

Marchié, marché, I, 516; II, 449; — convention, contrat, I, 483; II, 2; III, 32, 142.

Marchir, avoir un différend, I, 495; II, 135, note 33, 333, 404; III, 165; IV, 24, 210.

Marès (Jean des), I, 426.

Mari; ses amendements en la terre de sa femme, II, 279, 280; IV, 156.

Mariage, union conjugale; — empêchements de mariage à raison de la parenté, I, 18, 146; III, 295, 296; — conception du mariage pendant la période germanique, I, 145; — le mariage relève, au moyen âge, de la juridiction ecclésiastique,

I, 146; — rôle du suzerain à l'occasion des mariages, II, 99, 100; III, 357, 358-366; — mentions diverses, I, 91, 132-143, 145, 147, 148; II, 67, 97-102, 242, 243; III, 21, 33, 71, 79; — dot de la femme, I, 91; II, 22, 24, 30, 31, 213-215, 260; III, 4, 7, 126, 213, 219, 221, 225, 258, 259, 260, 274. Voy. *Arrhes de mariage; Fiançailles; Secondes noces.*
Maritagium, dot, III, 265.
Maritale (Autorité), dérive du mundium, I, 147.
Marmoutier; histoire d'Ascelin, fils d'Ohelme, moine de Marmoutier, I, 43-45.
Marnier (Xavier), I, 404, note 1, 423, 428, note 1.
Marraine, III, 44.
Matire, matière, II, 328.
Mau, mal, II, 204; III, 68.
Maufaisant, malfaisant, II, 184.
Mauffetor, malfaiteur, II, 390.
Mauger (Perrette), enterrée vive, III, 304.
Mauvaise renommée, I, 31, 504; II, 386-388.
Maximus (Beatus) Miciacensis, Saint-Mesmin de Micy (diocèse d'Orléans), IV, 301.
Mazière, muraille, III, 119.
Meaignié, estropié, mutilé, II, 323-324; III, 104; IV, 203, 204.
Mechine, femme de mauvaise vie, III, 119. Voy. *Meschine.*
Médecin; ses honoraires, IV, 240.
Méfait, *meffait,* II, 144, 145, 188, 190, 209.
Meffaire, faire mal, faire tort, procéder par voie de fait, II, 185, 186, 187; — perdre par son méfait, encourir la confiscation de ..., II, 28.
Mehain, meain, mutilation, blessure, I, 499; II, 323, 357; III, 104.
Meintenir, prétendre, soutenir, III, 128.

Mellée, II, 44; III, 13, 294.
Menant, manant, I, 37, 507, 310; II, 417.
Menard, maire et advocat de Tours, I, 481.
Menestrel, malfaiteur, II, 52; III, 16.
Menie, *mesnie,* III, 170.
Menoir, manoir, II, 27; III, 6.
Menra, futur ind. 3ᵉ pers. sing. du verbe *Mener,* II, 368.
Mense archiépiscopale, IV, 125.
Mer (Jugements de la), I, 432.
Merc, marque, IV, 196.
Mère tutrice; sous quelles influences, I, 154. Cf. III, 137.
Mes, erreur pour *Jues,* juif, I, 11-13, 256; IV, 129.
Mescheance, malheur, III, 306.
Meschief, situation malheureuse (ici situation d'une femme qui a tué son enfant), II, 55.
Meschiet, meschet, ind. prés. 3ᵉ pers. sing. du verbe *Mescheoir,* arriver malheureusement, verbe imp., II, 55; III, 16, 213.
Meschin, jeune homme, IV, 154; — *meschine,* jeune fille, servante, fille de mauvaise vie, III, 119; IV, 154.
Meschinage (rég. sing.), service (d'après Laurière); plutôt mauvais lieu, II, 279; III, 91; IV, 153-155.
Mescreant, hérétique, II, 147.
Mescroire, se défier de, ne pas croire, II, 85; III, 28.
Meseau, lépreux, III, 132.
Mesprison, offense, III, 155.
Mesqueneü, inconnu, aubain, II, 170, 395; III, 58.
Mestier, besoin, I, 496; II, 96, 102, 239, 254, 336; III, 31, 34, 78, 83.
Mesures, conservées par les vavasseurs, II, 60; III, 18; — — fausses mesures, II, 60; III, 18, 25.
Mettre. Mettre affin, terminer, IV, 90. — *Mettre sus que,* accuser de, II, 109. — *Se*

mettre en plait, engager un débat contradictoire, I, 509; II, 408; IV, 259; — *se mettre en droit*, s'engager dans la litiscontestation, II, 378.

Meubles, muebles; corrélation entre les meubles et les dettes, I, 108; — meubles ont souvent servi à évaluer la fortune, I, 109; — sont sujets, en Anjou, à la confiscation et non les immeubles, I, 62, 107; — diverses causes de confiscation des meubles, I, 253, 263; II, 77, 82, 83, 167, 187; IV, 62, 63; — droit du suzerain sur le mobilier du vassal ou du tenancier, II, 467; IV, 319, 320; — mentions diverses des meubles, I, 11, 36, 47, 116, 117, 319, 333, 334, 354, 378, 497, 503, 508, 511, 515, 516, 548, 520; II, 20, 26, 27, 41, 60, 73, 77, 81, 82, 102, 121, 140, 147, 148, 150, 151, 154, 167, 170, 209, 228, 250, 251, 257, 263, 274, 275, 276, 344, 380, 405, 420, 430, 440, 443, 459, 464, 467; III, 3, 6, 11, 18, 25-27, 48, 50-52, 57, 58, 69, 75, 82, 85, 89, 109, 121, 122, 125, 130, 131, 137, 151, 158, 161, 164, 169, 172, 175, 177, 203, 205, 207, 208, 215, 217, 220, 256, 269, 312, 327.

Meule, *muele*, II, 199, 200; III, 67.

Meung-sur-Loire, I, 72; IV, 304, 305.

Meunier, *monier*, II, 94, 105, 197, 198.

Meurtre, *murtre*, définition, I, 88, 235-240; II, 37; III, 10; — mentions diverses, I, 34, 35, 37, 57, 58, 75, 263, 459, 488, 497, 508, 510, 517, 518; II, 10, 37, 63, 89, 144, 160, 187, 188, 314, 323, 324, 343, 357, 407, 417, 447, 450, 452, 456, 458; III, 10, 49, 50, 54, 63, 64, 102, 104, 122, 175, 176, 177, 194, 242, 287, 288, 289.

Meurtrier, *murtrier*, I, 46, 48; II, 460, 461; III, 15, 20, 29, 94; IV, 314; *murtrier et homicide n'ont point de suite*, II, 460, expression expliquée, IV, 314. Voy. *Meurtre*.

Mi denier (Retrait de), I, 292.

Miauz, mieux, II, 272.

Mie, pas, II, 373.

Miel, IV, 195.

Mignot (Jean), rédacteur d'une Coutume perdue du Poitou, I, 309.

Militaire (Service), I, 13, 105, 174; II, 92-95; III, 350-355. Voy. *Ost*.

Mine, gîte de minerai dans la terre, I, 382, note 1; IV, 53, 55. Cf. *Fortune*.

Mine, mesure de capacité, IV, 90.

Minoribus (De), titre du Digeste, I, 35; II, 384.

Minorité, I, 11-17, 153-157, 159; II, 126-128, 133, 134; III, 6, 7, 43, 206.

Mirebalais (Régime successoral dans le), I, 320-322.

Mitoyen (Mur), I, 325; III, 156.

Moie, mienne, II, 159.

Moine, est laïque, s'il n'est tonsuré, IV, 34; — est souvent exempté du serment, I, 205. Voy. *Homme*.

Moiner, mener, II, 285; III, 93.

Mois; erreur pour *Mai*. Voyez ce mot.

Molant, moulant, celui qui doit moudre au moulin banal, I, 105; II, 197, 198; III, 66, 67; IV, 93.

Monier, meunier, I, 105; III, 30, 66.

Monnaie (Fausse), I, 244, 263; II, 48; III, 14.

Monstrée, mostrée, descente sur les lieux qui permet de montrer l'objet litigieux, I, 507; II, 86, 228, 351, 352, 447; III, 345, 346; — *monstrée d'heritage*, monstrée d'immeuble,

I, 68, 498; II, 350, 353; — monstrée de fief, II, 69; III, 22, 23, 323, 324; — *jor de mostrée*, délai pour descente sur les lieux, II, 354, 399. Voy. *Veüe*.

Monstrer, *mostrer*, montrer, II, 69, 70. Les expressions *mostrées en còrt, mostrées en jugement*, II, 121, 123; III, 42, sont expliquées IV, 4.

Montagu (Jean de), surintendant des finances, III, 283.

Montargis (Coutume de); discussion sur la vaine pâture lors de sa rédaction, I, 101; — sa rédaction, I, 363-369.

Montchal (De); manuscrit lui ayant appartenu, I, 412.

Montferrand, I, 282.

Mordrida, meurtre, I, 237.

Mordris (et non *Mordum*), meurtre, I, 237.

Morir, faire mourir, tuer, II, 45; — *se morir*, mourir, III, 89, 91.

Mort (Le) *saisit le vif*, I, 66, 89, 90, 497; II, 337; IV, 213-215.

Mort (Peine de), I, 35, 46, 47, 233, 244, 250, 251, 252-254, 505; II, 144, 145, 390, 459; III, 63, 176. Voy. *Pendaison*.

Morthbrand (mot scandinave), incendie mis en secret. I, 239, 240.

Mortmer (Seigneur de), IV, 138.

Mortritum, meurtre, I, 237.

Mostier, moustier, mouttier, église, II, 24, 30, 31, 39, 44; III, 5, 7, 71, 195, 219.

Mostrée. Voy. *Monstrée*.

Moter, nommer, III, 119; IV, 4.

Moulant. Voy. *Molant*.

Moulin, *molin*; expropriation pour établir un moulin, II, 168; III, 174, 197; — moulin à eau, meuble, III, 125; — *molin parçonnier*, moulin commun, II, 199-202; III, 67, 159, 160; IV, 95; — moulin banal, I, 104-106, 394; II, 196-199, 204-206; III, 66, 67, 68; IV, 91-94, 96, 97.

Moustier. Voy. *Mostier*.

Mouture, revenu provenant de la mouture, III, 67.

Mouz (rég. pl.), mots, III, 127.

Muance, changement, IV, 17.

Mueble, muebles. Voy. *Meubles*.

Muer, changer, IV, 254.

Mulier, paragraphe du Digeste, III, 109.

Mulierem, chapitre du Décret, III, 109.

Multrum, meurtre, I, 38.

Mundium, I, 147, 152, 153.

Murtre, meurtre. Voy. ce mot.

Mutation (Droits de), II, 296, 297.

Murtrise, meurtre, II, 330.

Mutilation pour divers crimes, I, 243, 244, 254, 263; II, 48, 49, 287, 293; III, 14, 93, 162, 243, 298, 299, 300; IV, 165, 170, 202, 204.

Nanée, année, I, 140, 141.

Nantir, saisir, II, 222.

Narbonne (Juifs de), IV, 133.

Navré, part. passé de *Navrer*, blesser, II, 45.

Ne quis in sua causa judicet, titre du Code, II, 422.

Nec dampnosa fisco, loi du Code, II, 406.

Nécessité jurée, IV, 178, 180.

Nelui, nului, personne, I, 90, 283; II, 370, 434, 405, 456; III, 175.

Nemo, loi du Code, II, 55, 366.

Nes, pas même, II, 265.

Neuville-en-Hez (Oise), I, 330.

Nez coupé, I, 37, 243.

Ni, dénégation, I, 484, 497, 501, 516, 520; II, 342, 365, 366, 443, 444, 458, 468; III, 146, 180.

Niés, neveu, III, 76.

Nobile, noble, I, 172.

Noble home d'assise, synonyme breton de *Baron*, III, 194.

Noblesse, I, 144, 145, 168-174, 259-264, 297, note 1, 298,

299, 345-323, 389-394; II, 252, 253; III, 82; IV, 69, 70, 135, 136, 159.
Noier, nier, II, 120; III, 19, 41.
Noise, querelle, II, 377.
Non aage, minorité, II, 242; IV, 122.
Non aagé, mineur, IV, 254.
Noncier, II, 392. Au lieu de *nonce* lire *avoe,* IV, 248.
Non injuste, chapitre des Décrétales, I, 4; II, 183.
Non omnes, loi du Digeste, II, 429.
Non permittere (pour *permittas*), c. 5 de nov. 17, III, 106.
Non recte, loi du Code, II, 224.
Normandie; localités normandes qui suivent la coutume angevine, I, 361; — mention, I, 295.
Notaires; renonciations qu'ils insèrent dans les contrats, III, 215.
Noureture, troupeau, II, 92, 157; III, 30, 54, 170.
Nouveau trouble (Complainte de), IV, 212.
Nouvelet, diminutif de nouveau, II, 328.
Nouvelle dessaisine, novele desesino, I, 113, 285, 286, 340; II, 104, 107, 163, 164; III, 142; IV, 212, 259, 321.
Nouvelleté, I, 9; IV, 211.
Novel (De), à nouveau, II, 105; III, 56.
Novel torble, nouveau trouble, I, 340.
Novit, chapitre des Décrétales, II, 149.
Noxal (Abandon), I, 234.
Nu à nu, nûment, directement, II, 466.
Nublé, I, 405.
Nuepce, alias *nuesse,* étendue de la seigneurie immédiate, I, 382, note 1.
Nuit, pl. *nuiz.* Délai compté par nuits, I, 89, 192; II, 39, 42-44; III, 292, 293; — *dedanz les nuiz ou dehors les nuiz,* I, 512; II, 425; expression expliquée, IV, 279, 280. Voy. *Dedanz.*
Nuitantre, pendant la nuit, I, 237; II, 294, 358; III, 95, 179.
Nului. Voy. *Nelui.*
Nuns, personne, II, 432.

O, avec, I, 193, 194; II, 42, 44, 110, 125, 163, 179, 198.
Obeïssance, mouvance, I, 67, 377, 500, 511, 515; II, 61, 206, 217, 218, 219, 248, 339, 356, 364, 383, 422, 435, 441; III, 172; — *obeïssance le roi,* mouvance du roi, I, 507; II, 355, 356, 360, 362, 385, 401, 427; IV, 232, 235, 245, 246; — sens flottant entre domaine et mouvance, II, 428; — l'expression *obeïssance le roi* est employée avec intention pour étendre à la mouvance ce qui légalement ne concerne que le domaine, II, 458; — hommage, II, 396; III, 73.
Obligationibus (De) quæ ex delicto, titre des Institutes, II, 362.
Obligations, I, 106, 262.
Occir, tuer, III, 51.
Odoardus, chapitre des Décrétales, II, 412, 465.
Oeil, *oel,* détruit, I, 37; II, 417; — du voleur, crevé, I, 243, 244.
Oés (plur.), abeilles, II, 529. Voy. *Hés.*
Office (De l') au procurator Cesaire, titre du Digeste, II, 406.
Office (Poursuite d'), I, 270, 294; — contre les hérétiques, IV, 37.
Official, officiaus (suj. sing.), II, 30, 238, 320; III, 78, 103, 274.
Officio (De) judicis delegati, titre des Décrétales, II, 53, 347, 453.
Offres réelles en matière de re-

trait, II, 300-301, 307; III, 97, 99.
Offrir (D') au prince les prieres, titre du Code, II, 384.
Oï, passé défini de *oïr*, entendre, II, 113, 420.
Oïr, entendre, I, 486; II, 10, 382, 403, 464, 486; III, 37.
Oïr, héritier, I, 512, 513; II, 25, 70, 103, 170, 172, 211, 214, 236, 243, 335, 429; III, 5, 7.
Oiré (Raoul d'), IV, 67.
Oléron, IV, 258.
Oleron (Rotulus d'), I, 432.
Omicide, II, 461. Voy. *Homicide*.
Omnibus, loi du Code, II, 366.
Omnium testamentorum solempnitatem, loi du Code, II, 338.
Or (Sou d'), abandonné pour sou d'argent, I, 247, 248; — fortune ou trouvaille d'or appartient au roi, II, 152; IV, 52, 53; au baron, d'après une Coutume bretonne, III, 219.
Ordine (De) cognitionum, titre des Décrétales, II, 342.
Ordine (De) cognitionum, titre du Code de Justinien, I, 10; II, 108.
Ore, heure, moment, II, 102; III, 34.
Orendroit, présentement, IV, 252.
Orléanais, *Orlenois*, patrie du compilateur des Établissements, I, 81-85; — plus avancé que l'Anjou, I, 108; — mouvement juridique en Orléanais, I, 362-372, 381; — servage en Orléanais, II, 428-440; IV, 285-293.— Usage ou *Costume d'Orlenois*, source du livre II des Établissements, I, 35-81; restitution conjecturale de ce texte, I, 494-520; allusions à ce document ou plus vaguement à la Coutume orléanaise, I, 11, 51, 52, 53, 55, 57, 65, 66, 67, 71, 77-81, 82, 458, 464, 467, 470, 475, 480, 482, 494-520; II, 174, 326, 340, 391, 394, 398, 399, 411, 419, 429, 435, 440, 448, 462, 465.
Orléanaises (Formules), relatives aux cessions de biens, IV, 317, 318.
Orléans; charte de 1183, I, 38; — centre d'études romaines au IXᵉ siècle, I, 97; — droits du doyen de Sainte-Croix d'Orléans sur les biens des intestats, abandonnés pour 5,000 livres, I, 129; — ses écoles juridiques, III, 331; — mentions, I, 281, 469; II, 327, passim. Voy. *Saint-Aignien; Sainte-Croix*.
Orphelins, III, 172. Voy. *Tuteur*.
Ors, hors, dehors, IV, 322.
Ost, *oust*, service militaire, I, 13; II, 94; III, 128; — armée, II, 97; III, 30, 31, 130; — *ost et chevauchée*, pléonasme pour service militaire, II, 92, 94, 96; III, 350-355. Voy. les mots *Ost* et *Chevauchie*, synonymes dans Joinville, édit. N. de Wailly, 1874, p. 388. Cf. *Chevauchiée*.
Ostage, résidence en qualité d'hôte, II, 169; III, 58; IV, 68.
Ostagier (Se), se cautionner, IV, 217.
Ostel, hosteil, hôtel, II, 407; IV, 322.
Ot, prés. indic., 3ᵉ pers. sing. du verbe *Oïr*, entendre, II, 75, 141, 479; III, 24, 48, 169.
Où il convient de crime demander, titre du Code de Justinien, I, 46; II, 460.
Ouan, cette année, II, 105; III, 34.
Ous (rég. plur.), II, 522. Voy. *Ost*.
Oust. Voy. *Ost*.
Outrée (Bataille), duel judiciaire poussé jusqu'à la mise de l'un des champions hors de combat.

Ouvrer, ovrer, agir, II, 178; III, 93, 119; — *ouvrer de,* agir avec, III, 50.

Paage, péage, I, 422, 516; II, 91, 92, 283-285, 449; III, 29, 30, 92, 93, 162, 170, 348, 349.
Paageor, paagiers (suj. sing.), préposé au péage, II, 284, 285.
Pacage, I, 98, 99; III, 95.
Pace (De) tenenda et ejus violatoribus, titre des Libri feudorum, III, 108.
Pactis (De), titre du Code, II, 9, 444.
Pactum quod bona fide interpositum, loi du Code, II, 9.
Paiant, payant; — *o les deniers paians,* en payant les deniers, II, 302, 303; — *chemin paiant,* chemin pour le passage duquel on paye, II, 283.
Pain (Mise hors de), III, 300. Voy. *Emancipation.*
Pairs, *pers* (rég. plur.) (Jugement par les), I, 19, 457, 458; II, 124, 125; III, 43, 171; IV, 5-8; — ajournement par les pairs, II, 116; III, 233; IV, 1; — mention, III, 252.
Païs, pays; ancienne civitas, I, 94.
Pais, transaction, paix sur chose jugée, I, 162; II, 162, 209, 210, 377, 378; III, 55; IV, 61, 62, 243.
Palefroi, cheval de marche ordinaire, II, 83, 103; III, 27, 34, 341, 342.
Pan, gage, IV, 273.
Pape (Guy), I, 285, 286.
Parage, paraige, mode de tenure, en quoi il consiste, I, 18, 125, 126; — mentions diverses, I, 92, 146, 291, 350; II, 21, 33-35, 64-67, 125, 129, 130, 132-134, 216, 246-248, 282; III, 4, 5, 9, 20, 21, 44, 46, 72, 80, 92, 138, 165, 196, 199, 257, 278, 283, 284, 319, 320, 321; IV, 14, 15, 20, 126-128.
Parage, noblesse par le père, haute noblesse, I, 172; II, 252; III, 82; — observations sur ce sens, IV, 135, 136.
Parageor, parageour, parageur, celui qui tient en parage, I, 292; II, 65, 66; III, 20, 196.
Parçonier, commun, I, 20; II, 199; III, 65, 67, 159, 160; — mitoyen, III, 156.
Parcreü, augmentée, II, 474.
Parée (Exécution), I, 229.
Parenté (Empêchements de) au mariage, I, 146, 261; II, 67; III, 21.
Parigal, égal, I, 517; II, 451; III, 175.
Paris, I, 7, 281, 467; II, 1, 2.
Parjure, *parjur,* ne peut ester en justice, III, 126.
Parjure, faux serment; accusation de *parjure* est injure déloyale, III, 135.
Parlement; sa compétence spéciale en certaines matières, IV, 257; — pourquoi devenu sédentaire et continuel, IV, 150; — mentions, I, 323, 427; III, 141.
Paroisse, I, 32.
Parole de prevoire, parole de prêtre (opposée au serment), I, 204, 205.
Paroles, conclusions; leur importance, II, 191, 375, 456; III, 64, 163; IV, 88, 312.
Parrain, II, 128; III, 44.
Parroisage, paroisse, III, 126.
Parson, parti, IV, 137.
Partage, I, 20, 380, 389, 390, 426; II, 192, 193; III, 65, 279, 280.
Parthenay (Seigneurs de); leur régime successoral, I, 317, note.
Partie, partage, I, 376, 516; II, 23, 248, 261, 262, 449; III, 72, 125, 172, 248; IV, 105; — part, II, 264, 265; III, 122.
Partir, partager, II, 19, 192, 195; II, 256, 267, 432; III, 9, 65, 89, 164, 172; IV, 289; — *parti,* partagé, séparé, I, 295; II, 193, 272; III, 65; — *se*

partir de, se séparer de, II, 131 ; III, 45, 171.
Partum ancillæ, loi du Code, II, 433.
Partus sequitur ventrem, IV, 288.
Pasques (*Foire de*), II, 394.
Passer (*S'en*), en être quitte, III, 133 et *passim*.
Paterna paternis, materna maternis, III, 149.
Paternels (Parents); leur rôle prépondérant, I, 145.
Patrimoine, patremoine, patremoigne, bien divisible également entre garçons et filles, III, 84, 118, 123, 161.
Patronus à Rome, IV, 239.
Péage, II, 283 ; III, 196 ; IV, 162. Voy. *Paage*.
Pêche, I, 102, 103, 379 ; II, 77, 249, 293, 294 ; III, 81, 82, 95 ; IV, 172.
Pêcherie, lieu où l'on pêche, III, 117.
Pedaneis (*De*) *judicibus*, titre du Code, II, 438.
Pelerinage, III, 11.
Pelice (Abbaye de la) (Sarthe), IV, 68.
Pena (sic), loi du Digeste, III, 113.
Pena (sic) (*De*) *temere litigantium*, titre des Institutes, III, 107.
Pénalité, I, 235, 243, 244. Voy. *Mort* (*peine de*); *Mutilation; Pendaison*.
Penaünce (anglo - normand), peine, punition, IV, 57.
Pendaison, I, 47, 243, 244, 250, 505 ; II, 46, 48, 49, 79, 144, 145, 236, 389 ; III, 13, 14, 16, 18, 26, 49, 50, 78, 113, 169, 180, 194, 215, 219, 294, 297 ; IV, 208.
Penis (*De*), titre du Digeste, III, 111.
Perche, I, 281.
Peremptoire (Raison), III, 106 ; IV, 260.
Peremptorias exceptiones, loi du Code, II, 373.
Periculo (*De*) *tutorum vel curatorum*, titre du Code, III, 110.
Perierius (*Jacobus*), *constantinas*, propriétaire d'un manuscrit, I, 413.
Perlatum, chapitre des Décrétales, I, 35 ; II, 409.
Peronelle, veuve de Pierre Bonart, IV, 17.
Pers (rég. plur.). Voy. *Pairs*.
Persecutio; sens de ce mot dans les Institutes de Justinien, I, 225, 226.
Personne morale, I, 67, 497 ; II, 348 ; III, 153 ; IV, 227-229.
Personnelle (Action), I, 511 ; II, 119-122 ; III, 40, 41, 232.
Pétitoire, I, 339.
Petronille de Chemillé, abbesse de Fontevraud, III, 256.
Petrus, Sanctæ Crucis major, IV, 289, 290.
Peur, engendre nullité, I, 87.
Philippe-Auguste ; ordonnance sur les douaires, visée par Beaumanoir, IV, 100, 101.
Philippe le Bel ; autorise, en 1306, les duels judiciaires dans certains cas, I, 268, 308 ; — a-t-il utilisé les Etablissements de saint Louis ? I, 283, 284.
Philippe le Hardi ; décision au sujet des nouvelles avoueries, visée dans les Etablissements, I, 2 ; II, 426, 434, 470 ; IV, 281 ; — décision relative à la saisine, I, 286 ; IV, 321 ; — ordonnance de 1275 relative aux acquisitions de fiefs, I, 392 ; — ordonnance dite *Li establissement de Parlement*, I, 323-325, 417 ; III, 141, 142 ; IV, 327 ; — ordonnances relatives aux guerres privées, II, 468, note 47, 471, note ; IV, 323.
Pi (Cerdaigne), IV, 43.
Picardie, I, 342-347.
Picquigny, *Pinchonium* (Somme), III, 338, 339.
Pied, *pié*, I, 37.
Pierre de l'Hospital, III, 216.

Pierre d'Etampes; son inventaire cité, I, 6, 7.
Picx (rég. plur.), pieux, II, 264; III, 86.
Pignoratio, I, 97, 230. Voy. *Gage (Saisie du)*.
Pithou, I, 419.
Placet nobis, loi du Code, II, 438.
Plaidoier, plaider, IV, 90.
Plaie, I, 517; II, 44, 45, 416, 455, 457; III, 178, 180; IV, 313.
Plaié, blessé, III, 136.
Plain. A plain, de plano, I, 340; — *plain sairement, seirement*, III, 131, 133; expression expliquée, III, 131, note 4.
Plainsist, pleinsist (Se), imp. subj. du verbe *Plaindre (Se)*, II, 62, 184; III, 82.
Plainte, demande, II, 185.
Plaintif, plaintis (suj. sing.), accusateur, demandeur, I, 4, 9, 509, 510, 519; II, 10, 182, 184, 292, 418, 462, 466; III, 95, 118.
Plait, plet, plaiz (suj. sing.), procès, I, 492, 509; II, 30, 164, 208, 365, 377; III, 65, 69; — *se mettre en plait*, s'engager dans la litiscontestatio, II, 408; — *plait entamé*, procès engagé jusqu'à la litiscontestatio.
Pledeor, pledeour, avocat, I, 289; II, 114, 162; III, 36, 38, 189, 190.
Plege, pleige, ploige, caution; ne jouissait pas, à l'origine, du bénéfice de discussion, I, 82, 187, 188; — hésitation à ce sujet en Orléanais, IV, 109; — se soumettait primitivement, en matière criminelle, à la même peine que l'accusé eût encourue, IV, 86; — mentions, I, 9, 10, 330, 333, 474, 497, 501, 514; II, 44, 102, 106-109, 111, 124, 179, 188, 189, 190; II, 222-228, 244, 340, 343, 368, 436; III, 12, 34, 35, 42, 61, 63, 74, 80, 120, 122, 126, 146, 153, 160, 172, 177, 216, 373; IV, 109-112, 217, 221; — *prendre plege dou serment*, exiger un serment avec cojurateurs, III, 123, 139.
Plegé (Serment), serment avec cojurateurs, I, 201, 202; III, 123, note 7, 131, note 4.
Plegement, caution, III, 207.
Plegerie, cautionnement, garantie, I, 333.
Plener, plenier, plain; *par plener lei*, probablement synonyme de *par plain serment*, par serment simple, sans cojurateurs, IV, 249.
Plenum, loi du Digeste, III, 113.
Plerumque, chapitre des Décrétales, III, 110.
Plet. Voy. *Plait*.
Plevine, cautionnement, II, 227; III, 75, 160.
Plevir, cautionner, II, 189; III, 64.
Plungeur (Richart le), sergent à verge du Châtelet, IV, 171.
Plurimum, loi du Digeste, III, 106.
Po, peu, II, 23.
Poer. Voy. *Pooir*, pouvoir.
Poine de sanc, peine de sang, peine entraînant l'effusion du sang, I, 35, 57, 58, 497, 499, 504, 508; II, 341, 343, 357, 387, 407, 408.
Poing coupé, I, 352; II, 287, 293; III, 93; IV, 165, 170, 202.
Poitou; les Etablissements et les textes angevins en Poitou; renseignements sur la glose poitevine des Etablissements et sur le Livre des droiz, I, 308-323, 376-380; — texte de la gloise poitevine, III, 105-114; — terrageries en Poitou, IV, 191, 192; — Poitou cité, I, 281, 300, 306, 307.
Pooir, poer, pouvoir, I, 196, 490; II, 12, 155, 232, 347; III, 77.
Poosté, poesté, pooté, poté, puissance, royaume, II, 473; — *home, femme de poesté*, rotu-

rier, roturière, sous la dépendance d'un seigneur, I, 354; IV, 94, 157, 169, 202, 267, 268, 303.

Porchacier, poursuivre, II, 70; — solliciter, traiter, II, 282; III, 91; IV, 160; — procurer, III, 83; — réclamer, demander, III, 100.

Porforcier, contraindre, I, 519; II, 199, 238, 463, 464; III, 22, 163.

Porprise, pourpris, enceinte, dépendances immédiates, III, 145. Voy. *Pourpris.*

Porsigre, poursuivre, I, 489; III, 175.

Porteure, fécondité, III, 363.

Possession, I, 9, 112-116, 226, 262, 304, 339-341, 509, 513; II, 104-110, 336, 411, 436, 438; III, 147; IV, 212, 213. Voy. *Reintégrande; Saisine.*

Possessoire (Action), I, 112-116, 263, 264.

Post cessionem, chapitre des Décrétales, II, 321.

Postulando (De), titre du Code, II, 372.

Pot, parf. ind., 3ᵉ pers. sing. de *Pooir,* II, 61.

Pour quoy, pourvu que, III, 127.

Pourcachement, poursuite, IV, 288.

Pourceaux, *porciaus* (rég. plur.), III, 155.

Pourpenser, porpanser (Se), réfléchir, II, 358; — *porpansé,* réfléchi, II, 70; III, 22.

Pourpris, *porpris,* II, 317; III, 102.

Poursuite (Serfs de), IV, 287, 298.

Præfecti, loi du Digeste, I, 35; II, 384.

Præsente, presente, authentique, II, 224; III, 216.

Præsentium, prescencium statuimus, chapitre des Décrétales, II, 13; III, 109.

Præses provinciæ, loi du Digeste, II, 389.

Præsumptionibus (De), titre des Décrétales, II, 429.

Precibus (De) imperatori offerendis, titre du Code, I, 6, 35; II, 7, 135, 384, 406.

Prejudice, prés. ind., 3ᵉ pers. sing. du verbe *Prejudicier.*

Préliminaire de conciliation, I, 208-210.

Préméditation, I, 239.

Premesse, retrait, III, 214, 220.

Prepens, préméditation, III, 113.

Prés, *prez* (rég. plur.), I, 46, 47; II, 39, 460.

Prescription germanique d'an et jour, I, 110-112, 309, note 5; III, 124, 129; — romaine, I, 95, 111, 112, 309, note 5; — observations diverses, I, 116, 117, 262, 263, 386.

Presencium, chapitre des Décrétales. Voy. *Præsentium.*

Present fait, flagrant délit, I, 495, 500, 501, 504, 512; II, 327, 331, 332, 363, 365, 387, 402, 424, 440; III, 118, 153, 165, 180; IV, 208, 235; — *present meffet,* flagrant délit, III, 298, 308; — *presant,* flagrant délit, II, 316.

Presente (Renonciation à l'authentique). Voy. *Præsente.*

Presomption, *presoncion,* II, 451.

Pressoir banal, I, 394.

Preu, profit, II, 99; III, 138, 150.

Preuve, *prueve,* I, 324, 331, 484-488, 491; II, 8-10, 12, 15, 205, 293, 303, 355, 358, 361, 362, 450, 453; III, 41, 68, 74, 78, 144, 145, 238, 239. Voy. *Témoins; Duel; Enquête.*

Prevoire, prestes (suj. sing.), prêtre; est souvent exempté du serment, I, 204, 205; II, 128; III, 44; IV, 13.

Prévôt, *prevost, prevoz* ou *prevos* (suj. sing.), I, 231, 501, 504, 511; II, 1, 54, 92-94, 239, 293, 294, 367, 375, 388, 420, 438, 462; III, 30, 31, 95, 132,

136, 142, 147, 155, 170, 171, 232, 310, 350; IV, 316; — compétence du prévôt, IV, 257; — procédure devant le prévôt de Paris, I, 7, 33, 85, 469, 483, 484, 485; II, 2, 4, 5, 7; — prévôt de Paris, cité, III, 311; — prévôt de la Flèche, cité, III, 350.
Prise, droit de saisir, de prendre, I, 520; II, 440, 466.
Prise à partie, I, 279.
Prisiée, II, 437; conjecture de Brussel sur ce mot, IV, 294.
Prison, I, 61, 144, 145, 199, 200, 345, 509; II, 187-190; II, 330; III, 50, 63, 125, 176, 177; IV, 84-86.
Privatis (De) delictis, titre du Digeste, II, 10.
Priviere, lieux d'aisances, III, 158.
Pro suo, titre du Digeste, III, 106.
Probationibus (De), titre du Code, III, 106, 108; — titre des Décrétales, II, 321, 452.
Procédure, I, 179-188, 262, 276, 483-487; III, 141-147; — procédure en parlement, III, 141, 142. Voy. *Barre*; *Duel judiciaire*; *Jugement*; *Prévôt*; *Retenue*; *Secrète (Procédure)*.
Proceis, procez, procès, procédure, III, 114; — *procez le roi*, procédure établie par le roi, I, 51.
Prochien, prochain, II, 334.
Procuratoribus (De), titre des Décrétales, I, 4; II, 183, 350, 351.
Procuratoribus (De), titre du Code, I, 4; II, 183, 345, 346, 347.
Procuratoribus (De), titre du Digeste, I, 4; II, 182, 183, 345, 349, 350.
Procureur, *procurator*, I, 67, 345, 497; II, 181-184, 343-352; III, 152, 159, 241; IV, 81, 82, 222-230.
Proditio, trahison, I, 38.
Productions, III, 202.
Profit du défaut, I, 68, 69.
Proie, proye, vache, bétail, II, 223; III, 215.
Projet criminel, I, 234, 235.
Prologue des Etablissements; critique, I, 448-455; — texte, II, 473, 474.
Properandum, loi du Code, II, 110, 166; III, 111.
Propres; primitivement inaliénables sans consentement de l'héritier présomptif, sauf nécessité jurée, IV, 178, 180; — quotité disponible du tiers en Anjou parmi les gentilshommes; du cinquième en Orléanais, I, 127; — mentions diverses, I, 324, 326, note 4.
Propriété; collective, ses débris, I, 98, 106, 107; — mentions, II, 351, 354. Voy. *Expropriation*; *Louis VII*; *Charles d'Anjou*.
Protestation, protestacion, mentions, I, 35, 459, 472; II, 334, 408, 409; — explication, IV, 259, 260. Voy. *Retenue*.
Prudentiam, chapitre des Décrétales, II, 454.
Publice utile est, paragraphe du Digeste, II, 349.
Publicis (De) judiciis, titre du Digeste, II, 344.
Puepleement, publication, I, 490; II, 13.
Pueploié, publié, I, 486, 490, 493.
Pugnais, pugnes, punais, qui sent mauvais, I, 32; II, 289; — *pugnais* constitue dans une opinion une injure déloyale, III, 94; — n'a pas ce caractère, suivant d'autres, III, 135; — rapprochements avec d'autres textes, IV, 168.
Puis, depuis, II, 361.
Puis que, après que, III, 128; — dès que, III, 124.
Puisné, cadet; textes, II, 20, 39; III, 3, 4, 10; — exposé des droits successoraux des

cadets, I, 122, 124, 125, 295, 317, note 1, 384, 385.
Puissance paternelle; Laurière aperçoit la puissance paternelle romaine dans le livre II des Etablissements; les vues de cet auteur sont contestables, I, 73; IV, 270-272.
Purparler, combiner, projeter, IV, 313.
Putain, putien, II, 290; IV, 169; — est injure déloyale, III, 94, 224.

Qua in provincia, authentique, 1, 46; II, 315, 460.
Quæ supplicatio gloriosis, authentique, I, 6.
Quæ sit longa consuetudo, titre du Code, II, 415.
Quæ supplicatio gloriosis, authentique, insérée au Code, II, 7.
Quamvis quis se filium defuncti, loi du Code, II, 337.
Quantique, quanque, quenque, tout ce que, I, 72, 380; III, 93, 136; — ce que, II, 160; III, 178.
Quarantaine le roy, III, 340.
Quarte foi, IV, 160. Voy. Tierce foi.
Quatre deniers dans la procédure d'entiercement, I, 223, 224.
Que (sic) res pignori obligari possunt, titre du Code, III, 112.
Queneü, avoué, reconnu. Voy. Quenoistre.
Quenoissance, reconnoissance, aveu, I, 501, 504; II, 363, 387; III, 180.
Quenoistre, avouer, reconnaître, I, 519; II, 437; — quenoist, ind. prés., 3ᵉ pers. sing., I, 484; II, 2; — quenoissant, part. prés., II, 462; — queneü, part. passé, I, 231, 509; II, 115, 410, 434; III, 20, 47, 52.
Quens (suj. sing.), comte, IV, 245. Voy. Cuens.

Querelam, chapitre des Décrétales, II, 351.
Querele, querelle, procès, I, 222, 487, 491, 514; II, 3, 8, 18, 109, 113, 164, 421; III, 35, 37, 56.
Quereleor, querelerres (suj. sing.), II, 423; III, 130.
Querone, tonsure; plus exactement couronne de cheveux autour de la tonsure, II, 146; III, 50; IV, 34.
Querre, quérir, chercher, III, 20.
Qui, de qui, duquel, II, 317.
Qui etate (sic), titre du Code, III, 112.
Qui acusare (sic) volunt, loi du Code, II, 361.
Qui tacuit, paragraphe du Digeste, III, 107.
Quia quæsitum, chapitre des Décrétales, II, 53.
Quibus, paragraphe des Institutes, III, 107.
Quibus (De) causis, loi du Digeste, II, 414.
Quidam existimaverunt, loi du Digeste, II, 378.
Quincy (Marquis de), propriétaire et donateur d'un manuscrit, I, 405.
Quisquis vult esse causidicus, loi du Code, II, 372.
Quiter, décharger, II, 132; — commentaire, IV, 15-18.
Quod metus causa, titre du Digeste, II, 321, 322.
Quoniam frequenter, chapitre des Décrétales, II, 352.
Quoniam multi judices, loi du Code, II, 11, 251.
Quota litis parte (Stipulation de), interdite, I, 289, note 3.
Quotité disponible, I, 127, 128, 324, 326, note 4; II, 20, 103, 104; III, 3, 34, 70, 71, 125, 131, 132, 150, 151, 160, 198, 368.
Quum dilecta in Christo, chapitre des Décrétales, II, 346.

Rachat, racat; origine de ce droit, I, 162, 163; — sa quotité à

Paris, III, 280; — mentions, I, 19, 91, 291, 422, 506, 512; II, 33, 34, 97, 98, 132, 424, 476; III, 9, 32, 126, 131, 137, 170, 173, 174, 356.

Rachimbourgs; leur rôle, I, 210.

Radraciet (Jugement), à Metz, IV, 87.

Ragnier, resnier, raisonner, discuter (extrajudiciairement), III, 106; — discuter judiciairement, plaider, III, 139.

Raigne, royaume, I, 275.

Raisnable, raisonnable, I, 507; II, 41, 229, 352, 402; III, 11, 76.

Ramage, ramaige, synonyme breton de *Parage*, I, 292; III, 200, 201, 225.

Ramagier, ramager, ramageur, synonyme breton d'*Aparageor*, I, 292; III, 195. Voy. *Aparageor*.

Rapport, I, 132; II, 259; IV, 143, 272.

Rapt, *rat, rap, raz* (suj. sing.), I, 35, 37, 58, 490, 497, 508, 510, 516; II, 14, 37, 324, 343, 407, 417, 447; III, 10, 104, 175, 194, 287, 288.

Raptoribus (De), titre du Code, II, 79.

Raptu (De) virginum, titre du Code, III, 111.

Ravage, ravage (Droit de), I, 46, 47, 48, 293; II, 38, 460, 477; III, 291, 292; IV, 315.

Re (De) judicata, titre du Digeste, I, 337; II, 3, 339, 463.

Re (De) militari, titre du Digeste, II, 429.

Reaume de France, royaume de France, II, 473.

Rebost, secret, caché, III, 114.

Recel, I, 251; II, 52, 53.

Receptatoribus (De), Receteors (Des), titre du Digeste, III, 112, 388.

Receter, recevoir, donner asile à, II, 52; III, 16.

Récidive, I, 252, 254.

Recœlleur, celui qui recueille, IV, 195.

Record, *recort;* définition et histoire, I, 221, 222; III, 315-317; — mentions, I, 193, 499; II, 63, 121, 355, 386, 446, 449; III, 20, 165; IV, 232.

Recorder, porter record, porter témoignage, II, 111, 116, 122; III, 36, 42.

Recours (Voies de), I, 217-220, 278, 279. Voy. *Amendement de jugement*.

Recoust, ind. prés. du verbe *Recourre*, reprendre, ressaisir, IV, 273.

Recreance, possession provisoire de la chose contentieuse, I, 53, 89, 497, 498, 508, 513; II, 220, 221, 340, 341, 343, 352, 368, 385, 400, 401, 403, 404, 432; III, 153; IV, 216, 217, 246.

Recredere, remettre à titre de recréance; vieux fr., *Recroire*. Voy. ce mot.

Recroire, remettre à titre provisoire, I, 71, 507, 508, 512; II, 187, 342, 368, 401, 403, 425; IV, 220, 221, 278 (corriger ici *Recreer* en *Recroire*).

Récusation de témoins, I, 484, 486, 489; II, 5, 6, 18.

Redevance, redebvance, II, 209, 311; III, 118, 172; IV, 100.

Réelle (Action), I, 24; II, 67, 68; III, 232.

Règles coutumières bretonnes; manuscrits, I, 432, 433; — texte, III, 212-227; — observations, I, 290-307.

Regulis (De) juris, titre du Digeste, II, 288, 434.

Rei (De) vindicatione, titre du Code, II, 433.

Reims (Archevêque de), en contestation avec l'échevinage de Reims, I, 220; IV, 282.

Reine, *roine*, III, 128.

Reintégrande, I, 112-116, 263, 497; II, 334, 341, 342; III, 147; IV, 217-220, 305.

Relevage, droit de relief, III, 126.

Relevoison, rachat ou relief dû au seigneur censuel, I, 71, 507; II, 399; IV, 253.

Relief, reliez (suj. sing.), rachat, I, 162, 163, 421; IV, 254; — *relief d'ome*, rachat d'homme, II, 190, 236; III, 64, 78; IV, 221; cette expression est expliquée, I, 233, 246; IV, 86.

Reliever, payer le relief, II, 400.

Religion, couvent, III, 80, 149; — *hom de religion*, religieux, III, 50.

Rem non novam, loi du Code, II, 376.

Remaindre, remanoir; ind. prés., *remain;* futur, *remaindrai;* part. prés., *remanant;* part. passé, *remains, remé,* I, 512; II, 97, 119, 137, 176, 258, 390; III, 27, 28, 30-32, 60, 72, 84, 171, 201.

Remenant, restant, II, 262. Voy. *Remaindre*.

Remué, changé, ajourné, III, 129.

Renaud d'Amiens, III, 339.

Renaud de Château-Gontier, débiteur du roi Jean et de ses juifs, IV, 131.

Rendre, randre, II, 187, 342; — *o les deniers randanz*, en rendant les deniers, III, 6; — *on ne rent pas cort par darriere*, II, 62, 63, 366; III, 19 : cette expression est expliquée, IV, 237.

Rennes, III, 195.

Renoé, renouvelé, III, 138.

Renonciations, *renunciacions*, insérées par les notaires dans les contrats, III, 215, 216; — renonciation à succession future, I, 132, note 1; IV, 143, 144, 201. — Voy. *Hoc ita; Præsente*.

Rente, *rante*, II, 24, 195, 399; III, 5, 132; — IV, 89.

Reproches contre témoins, III, 246, 253, 254.

Requenoissance, aveu.

Requerre sa cort, revendiquer la compétence, II, 441.

Requête (Simple), I, 220; — requête civile, I, 278, 279; — *maistres des requestes* paraissent visés, III, 142.

Rescourre, ressaisir, reprendre, II, 77. Voy. *Recoust*.

Rescousse de gage. Voy. *Escousse de gage*.

Rescriptis (De), titre des Décrétales, II, 346.

Resgarder, regarder, faire attention à, II, 416.

Reson, procès, III, 128.

Respit, répit, délai, I, 489; II, 12, 309, 310; III, 24, 175; — égard, intention, II, 74, 77, 292; III, 25, 63, 95, 162, 169; ce sens est un peu embarrassant; quelques manuscrits ont : *despit*, et Laurière, qui a accepté cette version, traduit : *dépit*, IV, 170. Voy. *Mal, Mau respit*.

Respons, response, deffense, I, 488, 492; II, 16, 146; III, 240; — *perdre ses responses*, perdre le droit de présenter sa deffense, II, 187; III, 63; — *se mettre en response*, s'engager dans la litiscontestation, I, 515, 516; II, 441; — *avoir response*, avoir le droit d'ester en justice, II, 126, 287, 288; III, 43, 93, 151, 221; IV, 11, 166, 167, 296.

Respons, paragraphe, II, 391.

Ressort, resort, I, 220, 376, 516; II, 385, 429; III, 165.

Restitution en entier, en faveur des mineurs de vingt-cinq ans; pénètre dans nos coutumes au XIVe et au XVe siècle, I, 158; III, 226.

Retenaille. Voy. *Retenue*.

Retenue, mot vulgaire équivalent de *Protestation*, mot savant. *Retenue* ou *Protestation* est la formule par laquelle un plaideur se réserve la faculté de changer ses moyens d'attaque ou de défense, ses conclusions ; — textes, I, 35, 57, 346, 496, 502, 509, 518 ; II, 334, 336, 356, 373, 407, 408, 411, 448, 457 ; III, 163 ; — commentaire, IV, 241, 259, 260. On a dit aussi *Retenaille*, IV, 259.

Rethel (Comte de), pair du comte de Champagne, IV, 6.

Retour, retor, future succession, 14, 15 ; II, 30, 183, 220, 221, 237, 274 ; III, 6, 7, 62, 73, 78, 88, 159, 168, 172, 272, 419 ; — rapport, II, 262 ; — récompense en argent, II, 280 ; — système successoral particulier, décrit, I, 317 ; — *retor, retour de cort,* renvoi d'une affaire à la juridiction qui la revendique, I, 516 ; II, 442, 444 ; IV, 297.

Rétractation, III, 236.

Retraire, retrere; imp. ind. 3e pers. sing. *retraisist;* I, 211, 503 ; II, 191, 192, 375, 377 ; III, 64 ; IV, 88 ; — faire l'opération appelée *Retrait,* II, 305.

Retrait, retraict, retraite, III, 159 ; — *retrait* lignager, I, 119, 120, 262 ; II, 20, 26, 173, 297-303, 310, 311 ; III, 97, 98, 99, 123, 152, 254, 255, 268 ; IV, 76, 178-190 ; — *retrait de mi denier,* I, 292 ; III, 198 ; — féodal, II, 304 ; III, 148 ; — *retraict,* renvoi d'une affaire à la juridiction qui la revendique, III, 192.

Reus, paragraphe du Code, III, 107.

Reüser, ruser, se retirer, I, 503 ; II, 375 ; III, 162 ; IV, 242.

Revage. Voy. Ravage.

Revagier, ravager, II, 41 ; III, 12.

Revendication d'objet mobilier, I, 223, 224, 505 ; II, 154-160 ; III, 52, 53.

Ribaut, injure non déloyale, III, 135.

Richard, roi d'Angleterre, prisonnier, réclame des éperons dorés, IV, 139.

Riere-fié, arrière-fief, II, 218 ; II, 218 ; III, 73.

Rioteus, querelleur, II, 21 ; III, 4, 258.

Rixe, II, 288.

Robe, vêtement, II, 157, 361 ; III, 14, 27.

Robeor, voleur, I, 48, 519 ; II, 461.

Rober, voler, II, 330.

Roberie, vol, I, 497 ; II, 343 ; — *roberie de chemin,* II, 144 ; III, 49.

Robin (Gacien), propriétaire d'un manuscrit, I, 431.

Robin (Jehan), propriétaire d'un manuscrit, I, 431.

Roi ; ne peut *mettre ban* en la terre du baron sans le consentement de ce dernier, II, 36 ; III, 10, 285, 286 ; — ses ordonnances restreintes au domaine, ses ordonnances générales, IV, 325, 326 ; — ordonnances de saint Louis, I, 264-279 ; — droits du roi sur les bâtards, I, 53, 79 ; II, 434 ; — sa compétence, quand son juif est créancier, I, 12, 13 ; II, 249, 250 ; — roi, juge et partie, I, 79 ; II, 333 ; IV, 209, 210 ; — roi ne plaide pas dessaisi, III, 114 ; IV, 210 ; — *n'anporte pas saisine d'autrui, mais l'en l'anporte de lui,* II, 333 ; IV, 210, 211. Voy. plus haut le mot *Main ;* — enquête quand les droits du roi sont contestés, I, 71 ; — *li rois ne tient de nului fors de Dieu et de lui,* I, 90, 283, 284 ; II, 135, 370, 405 ; III, 47 ; IV, 23, 238 ; — roi protecteur des orphelins, des pauvres et des veuves, I, 152 ; — *commandement de roy ou de roine ou de prince vaut ju-*

gement, III, 128; — créances du roi, I, 226, 330, note 3, 333, 509, 510; II, 411, 412; — mentions diverses, I, 23, 151, 343, 376, 382, note, 383, note, 487, 495, 500, 507, 508, 513, 515; II, 36, 75-77, 86-88, 93, 96, 97, 124, 135-137, 152, 153, 168, 208-211, 252, 263, 331, 332, 333, 355, 358, 363, 369, 400-407, 411-415, 423, 424, 428-443, 466-470; III, 24, 25, 28, 31, 46, 47, 50, 52, 69, 73, 82, 106, 128, 130, 133, 139, 163-165, 172.

Roine Blanche, I, 419, 422. Voy. *Livre à la Reine.*

Romain (Droit); son influence, I, 83, 84, 149, 150, 158, 171, 174-178, 218, 226, 332, 387; IV, 264, 265.

Ronceray (Meuniers du), III, 351.

Roncin, ronci, cheval, roussin. On traduit ordinairement *roncin* par cheval de charge, par opposition au cheval de guerre; *roncin* désigne certainement le cheval de guerre dans II, 253-256; IV, 141; — *roncin,* cheval, II, 83, 102; III, 27, 45, 341, 342; IV, 16, 17, 141; — *roncin de servise,* cheval dû pour service féodal, I, 512; II, 66, 67, 131, 132, 254, 424, 425, 485; III, 21, 46, 83, 171-173, 321.

Roturier, défini, III, 204; — soumis à des peines pécuniaires moins fortes que le gentilhomme, I, 170, 171; — *roturier* qui frappe son seigneur, III, 95, 220. Voy. *Vilain.*

Roucy (Comte de), pair du comte de Champagne, IV, 6.

Roue (Supplice de la), III, 291.

Royaume, *roiaume, reaume,* II, 388; III, 31, 106; IV, 326.

Rubique, rubrique, II, 475.

Rubrum et nigrum, la rubrique et le texte, II, 422; IV, 275.

Ruser. Voy. *Reüser.*

Sa... (G. de), I, 426.

Sacrosanctis (De) ecclesiis, titre du Code, II, 52, 53, 152.

Sacy-le-Grand (Oise), I, 330.

Sagrament. Voy. *Serment.*

Saignorie, seigneurie. Voy. ce mot.

Saïgon; l'emprisonnement préventif de l'accusateur y est encore possible, IV, 84, 85.

Saint (suj. plur.), *sainz* (rég. plur.), reliques, I, 55, 505, 509; II, 72, 128, 158, 166, 215, 235, 285, 290, 318, 320, 392, 412, 464; III, 23, 44, 45, 53, 54, 72, 77, 92, 94, 99, 103, 144, 177.

Saint Aignien, Sainz Aignienz (suj. sing.), Saint-Aignan d'Orléans; serfs de cette église; enfants d'une femme libre et d'un père serf de Saint-Aignan, sont partagés entre la liberté et la servitude, I, 41-43, 46, 178, 514; II, 432, 435, 436; — origines de cet usage, IV, 289-292; — Saint-Aignan cité, IV, 302. Voy. *Sainte-Croix.*

Saint-Hilaire-sur-Yerre (Eure-et-Loir), haute justice, IV, 304.

Saint Lomer (Abbaye de), à Blois, IV, 300.

Saint-Maixent (Régime successoral à), I, 316.

Saint-Pierre de Jusiers (près Meulant, Seine-et-Oise); droit de pacage rendu aux moines de cette abbaye, I, 99, note 2.

Saint-Quentin (Doyen de), pair du comte de Vermandois, IV, 6.

Saint-Theran (Maison de), arrêt de 1498 ordonnant de créer un tuteur ou curateur

au mineur pour agir en justice, IV, 12, 13.
Sainte-Croix, Sainte-Croix d'Orléans, serfs de cette église; enfants d'une femme libre et d'un père serf de Sainte-Croix sont partagés entre la liberté et la servitude, I, 41-43, 46, 178, 514; II, 432, 435, 436; — origines de cet usage, IV, 89, 289-292; — abandon par le doyen de Sainte-Croix de ses droits sur les biens des intestats, I, 129. Voy. *Saint-Aignien.*
Saintonge, I, 281.
Sainz Establissemenz (rég. pl.); méprise à l'occasion de ce mot, I, 39.
Sairement. Voy. *Serment.*
Saisie pour dette, I, 519; II, 461, 462; — saisie extrajudiciaire, I, 97, 185-188, 329, 330, 331, note; II, 222-228; III, 74, 75; — saisie féodale, II, 178, 179, 396; III, 173; IV, 81.
Saisine, saesine, possession, I, 10, 226, 495, 497, 498, 505, 508, 509, 513; II, 124, 165, 229, 332, 333, 334, 335, 337, 341, 351, 354, 361, 362, 370, 392, 403, 404, 411, 436, 438; III, 36, 37, 96, 114, 120, 137, 138, 147, 148, 165, 180, 209, 226; IV, 212, 294, 321; — *saisine brisiée,* II, 165-167, 293, 295; III, 56, 95; IV, 62, 171; — *saisine* du roi brisée, III, 133; — *saisine* est de fait, II, 295; IV, 174, 175; — saisine de l'héritier, I, 66, 496; II, 337; — complainte en cas de saisine et de nouvelleté, IV, 211, 212.
Sancimus omnes judices, loi du Code, II, 110.
Sang, *sanc, sanz, sans* (suj. sing.), I, 75, 461, 510, 517, 518; II, 415, 416, 418, 457; — *fere sanc,* blesser jusqu'au sang, I, 39; — *li sans si est li garans,* le sang est le garant, le sang sert de témoin, I, 75, 518; II, 457.
Satisdando (De), titre du Code, II, 350; — des Institutes, III, 107.
Saüe, su, I, 514; II, 142, 215. Voy. *Savoir.*
Saumur (Concile de), relatif aux excommuniés, I, 31; — ville de Saumur citée, III, 135.
Sauntz (anglo-normand), sans, IV, 24.
Sauve trive, synonyme d'assurement, II, 58; III, 18. Voy. *Assurement.*
Savoir, part. prés.; *savent,* sachant, III, 133; — passé défini *soi* (1re pers.), *sot* (3e pers.), I, 511; II, 42, 113, 420. Voy. *Veoir et savoir.*
Savoirmon (A), afin de savoir, I, 500; II, 363.
Sceau, *seel,* IV, 225-227, 328, 2e col.; — sceau royal, I, 371.
Scellés, IV, 171.
Scituri, paragraphe du Code, II, 376.
Scrabo (Petrus), IV, 277.
Scrutinio (De), titre des Décrétales, II, 429.
Secondes noces; questions de succession, questions diverses d'intérêt, II, 213-217, 267-269, 274-277; III, 71, 72, 87, 89, 121, 170, 217, 218, 221, 272; IV, 147, 150, 151.
Secrement, en secret, I, 486; II, 5.
Secrète (Procédure), I, 271, 273.
Sed et hæ personæ, loi du Digeste, I, 4; II, 183.
Sed his quidem, paragraphe d'une loi du Code, I, 11; II, 251, 252.
Séduction d'une fille noble, II, 24; III, 266.
Seeloigne, Sologne, I, 53, 513; II, 429, 432, 435, 437, 438.
Seigner, seigneir, marquer, II, 264; III, 159.
Seignor, signeur, seigneur, II,

77, 479; — mari, I, 147; II, 263; III, 93.

Seignorage, acte par lequel on se reconnaît un seigneur, un suzerain, II, 149; III, 151; IV, 40.

Seignorie, seigneurie, signerie, I, 501, 519, 520; II, 296, 332, 333, 356, 364, 368, 400, 405, 407, 424, 428, 435, 440, 460, 466, 474; III, 44, 50, 51, 59, 96, 165, 221; — *seigneurie* distincte de *justice*, II, 173, 405, 407; IV, 98, 258, 319.

Sele, domicile, maison paternelle, I, 131; II, 255; IV, 142, 143.

Sembler, sambler. — Samblanz chose est que, il semble que, II, 72; — *semblanz seroit*, il paraîtrait, II, 68; III, 22.

Semenge, subj. prés. du verbe *Semondre*, III, 132. Voy. *Semondre*.

Semondre, semonre, ajourner; part. passé, *semons*, ajourné, II, 125, 196, 229, 311, 423, 439; III, 12, 26, 30, 39, 43, 63, 83, 117, 171.

Semonse, semonce, ajournement, I, 500, 511; II, 41, 114; III, 38, 233.

Sen, adj. poss., son, II, 478.

Senatoribus (De), titre du Digeste, III, 113.

Sené, sensé, I, 173, note 1.

Senechal. — Seneschaulx obligés à la résidence, III, 221; — *senechaux* de robe courte depuis 1560, III, 247; — *seneschal de Rennes*, III, 216.

Sénéchaussée, *seneschaussie*, III, 221.

Senior; ses relations avec le *vassus*, I, 161.

Senlis, I, 281.

Sentence, II, 450, 451.

Sententiam rescindi non posse, titre du Code, II, 373.

Sententiis (De) præfectorum prætorio, titre du Code, I, 35; II, 7.

Sentis (An.), I, 412.

Serf, I, 516; — serfs fugitifs, II, 441, 445; III, 163; IV, 297, 298; — enfants de femme serve sont serfs, III, 283; cf. I, 41-45; — serfs sont mainmortables, IV, 71.

Sergent, sergant, I, 40, 212, 260, 426, 427, 496, 508, 511; II, 91, 92, 112, 113, 114, 116, 117, 118, 121, 137, 195, 197, 212, 229, 231, 293, 323, 338, 405, 437, 449; III, 26, 37, 40, 65, 76, 95, 142, 147, 153, 155, 169, 170, 232; IV, 2, 62, 207; — *sergent juré*, probablement sergent assermenté, III, 171; — *sergent fievé*, sergent qui tient son office en fief, I, 193; II, 137; III, 47; IV, 24, 25; — *sergent à roy est pair à comte*, I, 193; IV, 8, 308; — *sergent* en un sens large comprend les baillis et les prévôts; sergent rendant la justice, II, 405; IV, 258; — sergent rappelant en Sologne le vicarius carolingien; sa compétence, I, 166, 167.

Serment, *sacrement, sagrament, sairement, seirement*, I, 55, 105, 165, 204-208, 379, 382, note 1, 501; II, 42, 60, 61, 72, 82, 83, 85, 114, 153-155, 162, 198, 201, 226, 235, 287, 290, 307, 314, 318, 320, 464, 465; III, 12, 18, 27, 38, 52, 54, 66, 67, 72, 75, 93, 94, 99, 101, 103, 123, 131, note 4, 133, 137, 139, 144, 154, 159, 162, 170, 174, 176, 177, 186, 219, 235; IV, 58, 95, 117, 162, 187, 200, 201; — serment de calomnie ou de vérité, I, 265, 276-278, 484; II, 3; III, 146, 234; — serment opposé à *parole de prevoire*; oblitération de cette idée, II, 128; IV, 13. Voy. *Saint*.

Seror, suer, sœur, I, 94; II, 279; III, 91.

Servage, servaige, état de dépendance du serf, I, 41-45, 51, 178, 491, 513, 517 ; II, 15, 16, 428-430, 445, 450, 451 ; III, 248 ; IV, 285-295, 297, 298 ; — on ne plaide pas de servage devant les sergents de Sologne, I, 167, 514 ; II, 437 ; — *servage,* état de dépendance *lato sensu,* dépendance du vassal gentilhomme ou roturier vis-à-vis de son suzerain, II, 106 ; III, 35, 371. Voy. *Serf.*

Service, servise, devoir, obligation féodale, II, 177-180, 246, 247, 254, 281 ; III, 60, 61, 81.

Servis (De) fugitivis, titre du Code, II, 445.

Serviteurs ; leurs loyers ou gages, I, 330, note 3.

Servitudes, I, 325.

Servitutibus (De) urbanis, titre du Digeste, III, 106.

Servum quoque, loi du Digeste, II, 349.

Servus in judicio, loi du Code, II, 445.

Seües, part. passé, fém. plur. du verbe *Sigre,* suivre, III, 102, 203. Voy. ce mot.

Seurdois, qui entend avec peine ; l'emploi du mot se rapproche de : qui fait exprès de ne pas entendre, II, 101 ; III, 33.

Sèvre-Nantaise et Dive (Région entre), régime successoral, I, 317.

Si, adj. poss. (cas-suj. plur.), ses, III, 3.

Si adversus dotem, titre du Code, II, 369.

Si adversus fiscum, titre du Code, II, 412.

Si autem negotium, loi du Code de Justinien, I, 10 ; II, 108.

Si autem reus hoc sacramentum, loi du Code, II, 166.

Si causa cognita, loi du Code, II, 3, 463.

Si certum petitur, titre du Digeste, II, 378.

Si cujus, loi du Digeste, III, 110.

Si Diex m'aït, que Dieu m'aide ! ; valeur de cette formule, son origine, I, 207, 208. Voy. *Aïdier.*

Si donationis, loi du Code, II, 322.

Si pater, loi du Code, II, 174.

Si per vim, loi du Code, II, 322.

Si procurator, loi du Code, II, 347.

Si procuratorem, loi du Digeste, II, 349, 350.

Si qua mulier (Renonciation à l'authentique), III, 215.

Si quando talis, loi du Code, II, 414.

Si quis, loi du Code, I, 6, 35 ; II, 7, 135.

Si quis adversus, loi du Code, II, 384.

Si quis ex aliena, loi du Digeste, II, 364.

Si quis hominem, chapitre des Libri feudorum, III, 108.

Si quis in conscribendo, loi du Code, II, 444.

Si quis in hoc genus, loi du Code, II, 240.

Si quis servo alieno, loi du Code, II, 362.

Sien (Le), suen, pron. poss. ; *au sien,* à ses frais, II, 96 ; III, 31 ; — *le sien tenant,* un autre étant nanti du bien, I, 497 ; II, 342 ; IV, 220.

Siculte, poursuite, procès, III, 209. Voy. *Siute.*

Sigalonia, Sologne, IV, 291.

Signer, marquer, IV, 197.

Signerie, seigneurie, II, 478. Voy. *Seignorie.*

Signeur, seigneur, II, 479. Voy. *Seignor.*

Significations (Des) de paroles, titre des Décrétales, II, 148.

Sigra. Voy. *Sigre.*

Sigre, suivre, poursuivre, I, 495, 501, 512 ; II, 95 ; III, 31, 134 ; — *siut,* indic. prés., 3ᵉ pers. sing., I, 505, 513 ; II,

429, 434, 435; — *sigue*, subj. prés., 3ᵉ pers. sing., II, 316; — *sigra*, fut. ind., 3ᵉ pers. sing., II, 365.
Silly (Seigneur de), pair du comte de Hainaut, IV, 7.
Simopon (Hennery), I, 416.
Sine strepitu, I, 340.
Sires, sire (suj. sing.), seigneur, II, 167, 217, 347; III, 72; — mari, III, 4, 71; — *droiz ... jugemens et sire*, jugement juste et souverain, II, 328. Voy. *seignor* (cas-régime).
Siut. Voy. *Sigre*.
Siute, poursuite, I, 496. Voy. *Suite*.
Sodomie, I, 254. Voy. *Herite*.
Sœur, mariée par son frère, I, 91. Voy. *Seror*.
Soi. Voy. *Savoir*.
Solidarité, III, 215, 216.
Sologne, *Sauloigne, Seeloigne, Sigalonia*, I, 53, 513; II, 429, 432, 435, 437, 438; IV, 284, 291.
Sols, souz (cas-sujet), seul, IV, 215, 322.
Solutionibus (De), titre des Décrétales, II, 412, 465.
Sommier, cheval de somme, II, 83; III, 27.
Sorz (suj. sing.), sourd, II, 324; III, 104.
Soudre, renverser, III, 288.
Souc, sienne, II, 176, 396; III, 53.
Souffrance, permission, III, 239.
Soufisanz (cas-rég. plur.), suffisants, offrant des garanties ou peut-être en nombre suffisant, II, 182, 191; III, 62, 64.
Soufraite, manque, défaut, II, 179; — *soufraite de servise*, manque de service, III, 61; — *souffraite de home*, défaut d'homme, IV, 80.
Soupçoneus, suspect, I, 61, 461; II, 42, 54, 219, 240, 389; III, 12, 50.
Souploier, supplier, II, 383, 384.
Sourorgé, beau-frère, III, 190.
Souverain, soverain, supérieur, suzerain, I, 504; II, 382; III, 106; — *souverain*, épithète appliquée au roi et à sa cour, I, 512, 515, 520; II, 424, 443, 467.
Souz. Voy. *Sols*.
Spoliatus ante omnia restituendus, I, 114; IV, 218, 219.
Statu hominum (De), titre du Digeste, I, 472.
Stilus inquestarum, I, 426; IV, 327.
Stipulation de peine, non admise en matière de mariage, II, 244; IV, 123, 124. Voy. *Arrhes de mariage*.
Substitution fidéicommissaire; clause qui en produit les effets, II, 213-217; IV, 103, 104.
Succession; entre nobles, I, 122, 123; II, 19-25; III, 3-5; — aînesse en succession collatérale, III, 129; — fille noble débauchée privée de ses droits successoraux, I, 144, 145, 387; — successions roturières, I, 122-123; III, 84, 87, 90, 91, 110, 136, 137, 161; — succession féodale entre coutumiers, III, 91, 92; — quid des droits de l'enfant marié et doté ?, I, 74-75, 131, 132, 510, 511; II, 418-420; III, 129; IV, 269-273; — succession de l'affranchi, I, 169, note 3; — succession des bâtards, I, 79, 512, 513; II, 172; III, 130, 150; — droits successoraux des bâtards, III, 150; — succession des aubains, I, 512, 513; II, 428; — successions en Bretagne, I, 295-301; III, 188, 193, 194, 213, 225; à Castres, I, 359; en Normandie, I, 351, note 1; à Paris (et en Anjou), I, 359, 360; en Poitou, I, 315-322; en Touraine, I, 383-385; dans le Vendomois, I, 358; — observations diverses touchant les successions, I, 350, 369;

— textes divers, I, 354, 387; II, 33, 35, 213-217, 256-262, 267-269, 275, 276, 277-279, 281, 282; III, 4, 5, 9, 71, 72, 129, 149, 150, 158, 194, 198-200, 208, 213, 214, 217, 218, 259, 260, 277, 278, 284; IV, 142, 143, 147, 160, 161.
Suen. Voy. Sien.
Suicide, II, 150; III, 51; IV, 41, 42.
Suite, sieulte, siute, poursuite, action, I, 496; II, 63, 335, 460; III, 209; IV, 212.
Sujet, subget (rég. sing.), III, 350.
Super quibusdam, chapitre des Décrétales, II, 148.
Super spoliatione, chapitre des Décrétales, II, 342.
Supplicatio, supplication, forme détournée de l'appel, I, 35, 218, 219, 278; II, 26, 375, 383; IV, 21, 245.
Sursise, fait de surseoir, IV, 249.
Survie (Gain de), I, 142, 143; II, 24, 269, 270; III, 5, 122, 124, 263, 264; IV, 147, 148.
Suspects, III, 16. Voy. Soupçoneus.
Suzerain, I, 79, 92, 260, 291; — rappelle l'ancien senior, I, 161; — suzerain frappant son vassal, II, 74, 75; — le mot *suserain*, *suseraine* ne se trouve que III, 192, 201, 207.

Tabulis (De) exhibendis, titre du Digeste, III, 107.
Taillable, II, 169.
Taille, II, 168, 169; III, 57, 58, 174, 204, 205; — par qui due, IV, 67, 68; — règlement du temps de saint Louis, IV, 65, 66; — tailles distinguées des aides, IV, 19.
Taire, II, 400 (au lieu de *traire*).
Talion, II, 10; III, 242, 243.
Tantes, tant de, pluriel de l'adject. *Tant*, II, 178; III, 60.
Taoust (très probablement pour Toust ou Taüst), imp. subj. 3e pers. sing. du verbe Tolir, III, 125.
Targier, tarder, IV, 262.
Tarifs orléanais substitués à tarifs angevins, I, 40, note 1; — observation historique sur les tarifs d'amendes, I, 247.
Taverne, tabverne, II, 54; III, 16, 195.
Taverneret, qui fréquente les tavernes, II, 278; III, 90.
Teche, teiche, vice, II, 234, 236; III, 77, 78.
Témoin, *tesmoing*; témoins, *visores et cognitores*, I, 95, 202; — règle des deux témoins, son origine, I, 202-204; publication, III, 245; ne sera plus faite en parlement d'après une décision de 1276, III, 235; — témoins obligés de porter témoignage, III, 237; — reproches, III, 203, 204, 222, 223, 234; — discussion des témoignages, I, 332; — mentions diverses, I, 263, 269, 273, 275, 324, 325, 398, 484, 485, 488, 489, 490, 492, 499, 500, 510; II, 3, 4, 6-8, 10-13, 15, 18, 355, 359, 386, 421, 456, 467; III, 108, 109, 126, 143, 144, 146, 201-203, 205, 208, 218, 220, 222, 235, 236, 242, 245, 248, 253, 254; IV, 312.
Tencier, quereller, défier, I, 238; II, 38; III, 106, 290.
Tènement de cinq ans, I, 385, 386.
Teneure, tenure, III, 151.
Tenir, être parent, II, 75, 184; III, 328.
Tentative, II, 56; III, 17, 307.
Tenue, possession, saisine, III, 122, 129, 139.
Terrage, terraige, mode de tenure, II, 174, 175, 312-314; III, 59, 101, 102, 148; IV, 77, 78, 191, 192.
Terragerie, tenure à terrage, IV, 191.

Terre, probablement terre cultivée opposée à pré, I, 20, 47.

Terre effondrée, I, 303.

Terroier (rég. sing.), territoire, IV, 207.

Testament, inconnu dans les temps primitifs, I, 119; — sert dans une formule de Marculf à faire admettre une fille en partage avec les fils, I, 123; — pénètre assez vite chez les Barbares, I, 126; — le testament en Touraine-Anjou et en Orléanais, I, 127-130; — testament de Nicolas Claveurier, poitevin, I, 319; — texte sur les testaments cité, I, 404, 409; — mentions du *testament*, II, 152; III, 109, 129, 222. Voy. *Intestat*.

Testart (Johan), marchand, IV, 163.

Testée, tête, I, 295, note 1.

Testes, chapitre des Décrétales, III, 109.

Testibus (*De*), titre des Décrétales, II, 13; III, 109.

Testibus (*De*), titre du Code, II, 366.

Testibus (*De*) *qui testamento*, titre du Digeste, III, 108, 109.

Testibus (*De*) *cogendis*, titre des Décrétales, III, 107.

Testimonium, chapitre du Décret; — loi du Digeste, III, 109.

Thibaud, seigneur de Tilloy, III, 339.

Thiers (Démolition de la maison de M.), III, 292. Voy. *Ravage* (Droit de).

Thilhouse, *Tilose*, *Thelose* (Indre-et-Loire), IV, 89, 90.

Tierce foi, troisième foi et hommage, II, 35, 282; III, 284; IV, 160, 161.

Tilloy (Thibaud, seigneur de), III, 339.

Toille, subj. prés., 3e pers. sing. du verbe *Tolir*, enlever, II, 406. Voy. *Tolir*.

Tolerres (suj. sing.), celui qui enlève, II, 68; III, 22.

Tolir, enlever, II, 414; — ind. prés., 3e pers. sing., *toult*, *toust*, III, 10, 194; — subj. prés., *touge*, III, 125; — imp. subj., 3e pers. sing., *toust*, III, 125.

Tolnetum, tonlieu, IV, 58.

Tolons, ind. prés., 3e pers. sing. de *Tolir*, enlever, supprimer.

Tolu, part. passé de *Tolir*; *membre tolu*, membre coupé, I, 58.

Tornié, avocat, lègue un manuscrit, I, 412.

Tort, II, 164, 466; III, 35.

Toucher (*Se*), avoir relation, I, 501, 508; II, 407.

Touge, subj. prés., 3e pers. sing. de *Tolir*, III, 125. Voy. *Tolir*.

Toult, ind. prés., 3e pers. sing. du verbe *Tolir*, enlever, III, 194.

Touraine; observations diverses touchant l'ancien droit tourangeau, I, 23, 100, 284, 300, 318, 381-388, 482; — décision de Jean le Coq, relative à la Touraine, IV, 60.

Touraine ou Touraine-Anjou (Coutume ou *Usage de*); mentions, I, 22-24, 57, 92, 93, 381, 463, 479, 480; II, 325, 447; — ce texte est édité, III, 3-114.

Tours (Archevêque de), IV, 90.

Tours (Église de), a le droit de se faire représenter par un chanoine, sans procuration, IV, 229.

Tours (Ville de); exercice du droit de ban, IV, 173.

Tousjorz mais (*A*), désormais, I, 493.

Toust, ind. prés., 3e pers. sing. de *Tolir*, enlever, III, 10. Voy. *Tolir*.

Tout outre, entièrement, III, 171.

Tout soit il, quand même il serait, III, 149, 150.

Toute, enlèvement, vol, III, 126.

Trahison, *traïson, traïsons* (suj. sing.), I, 37, 57, 58, 76, 182, 346, 459, 499, 508, 510, 516, 517; II, 14, 47, 49, 75, 144, 160, 187, 188, 314, 324, 343, 357, 358, 407, 417, 447, 454, 455, 456; III, 14, 24, 49, 54, 63, 64, 102, 104, 114, 135, 175, 177, 178, 179, 215, 219, 247; IV, 233; — valeur de ce mot expliquée, I, 88, 237, 239.
Traire, lisez: *Taire*, II, 400; IV, 254.
Traire, tirer, prendre, amener, II, 83; III, 94; — part. passé, *tret*, II, 159.
Tranchier, trenchier, trancher, couper, II, 28, 73; III, 6, 24, 169; — *tranchier chemin*, passer un chemin sans payer, II, 73, 283; III, 92; IV, 162.
Transactionibus (De), titre du Code, II, 3, 9, 322, 344, 346, 463.
Transactionis placitum, loi du Code, II, 346.
Transigere vel pacisci, loi du Code, II, 344.
Treal le Fier, I, 301, note 1, 307.
Treffoncier, propriétaire, terme appliqué ici au preneur à champart, IV, 194.
Treguier (Petrus), bâtard, autorisé à tester, IV, 75.
Trésor, I, 382, note 1, 516; II, 447; III, 164, 219, IV, 54. Voy. *Fortune*.
Trespasser, omettre, ne pas acquitter, passer au delà sans payer, II, 177, 283, 284; III, 162.
Trestuit, tous, III, 51.
Tret, ind. prés., 3ᵉ pers. sing. du verbe *Traire*, II, 337; — part. passé du même verbe, II, 159. Voy. *Traire*.
Trève, trive, textes, I, 58, 497, 517, 518; II, 46, 58, 343, 423, 454, 455, 456; III, 14, 18, 296, 297, 307; IV, 259, 312; — commentaires, I, 181-183.

Trez, part. passé pluriel du verbe *Traire*, II, 102. Voy. *Traire*.
Tribunal; sa composition, I, 212-215; II, 338; IV, 215.
Trouble, *torble*, I, 340.
Trousé, part. passé de *Trouser*, attacher, II, 255; III, 173.
Trouvaille, III, 219.
Tuit (suj. plur. masc.), tous, I, 268.
Tutelle; trace de la tutelle perpétuelle des femmes, I, 150; — tutelle exercée par la mère, récente en droit, I, 153, 154, 261; — tutelle de la personne et tutelle des biens, I, 155; — l'orphelin roturier peut, en Touraine-Anjou, changer de tuteur à son gré, I, 159; — textes, II, 219-222, 271; III, 73, 226. Voy. *Bail*.
Tuteur, *tutour*, III, 206, 227.
Tutores seu curatores, dans une charte de 1279, I, 156.
Tutoribus, loi du Code, III, 110.

U, au, dans le, II, 473.
Ubi, loi du Digeste, II, 365.
Uevre, œuvre, ensemble des choses, II, 158; III, 154.
Unde vi (Interdit romain), I, 114.
Université, peut ester en justice par procureur, I, 67, 497; II, 348; III, 153; — université de Paris, quand devint-elle *personne authentique?*, IV, 227-229.
Urtheiler (mot allemand), jugeur, I, 211.
Usage d'Orlenois. Voy. *Orléanais*; — *Usage de Touraine*. Voy. *Touraine*.
Use, à peu près synonyme de sentier, III, 155.
Usu (De) et habitatione, titre du Digeste, III, 113.
Usufructu (De), titre du Digeste, III, 110.
Usufructuarius quemadmodum caveat, livre du Digeste, III, 110.
Usufruit, I, 296, 297.

Usure, I, 255, 256, 261 ; II, 148, 149 ; III, 121 ; IV, 37, 38, 132. Voy. *Juif*.
Usurier, userier, II, 148 ; III, 50, 164, 220 ; IV, 36, 50.
Ut lite non contestata, titre des Décrétales, II, 352.
Ut litigantes jurent, novelle, 124 ; III, 107.
Ut nemo invitus agere vel accusare cogatur, titre du Code, III, 109.
Utiene, huitaine, I, 427.

Vaarie. Voy. *Voierie*.
Vache, I, 100 ; II, 294.
Vaer, refuser, III, 153. Voy. *Veer*.
Vagabond, III, 305, 306.
Vaierie, voirie, III, 164. Voy. *Voierie*.
Vailaunce, valeur, importance ; *à la vailaunce de larun*, proportionnellement à la valeur, à l'importance du voleur, IV, 249.
Vaine pâture, I, 98, 99.
Vaisel, vessel, vase ; plur., vaisiaux, vaissel, vases, II, 276 ; III, 89 ; — au sens spécial de ruche, I, 225.
Valet, vallet, jeune homme, III, 130 ; — *valet gentil homme*, jeune gentilhomme non encore chevalier, III, 127.
Value, valeur, II, 166, 260, 261 ; III, 57, 85.
Vanchier (Se), venger (se), s'en prendre à, II, 209 ; III, 69.
Vandaiges (plur.), vendanges, III, 154.
Vannes, III, 190.
Vassal, I, 79, 161, 162 ; — transmis à un tiers pour son suzerain, I, 20, 21.
Vassalité, I, 260.
Vassus ; circonstances qui lui permettaient de quitter son senior, I, 161.
Vavasserie, seigneurie de vavasseur, III, 129.
Vavasseur, vavasor, vaaseur, vassal féodal inférieur au baron, I, 12, 57, 165, 343, 377, 390, 391, 512, 514, 515, 516 ; II, 36, 59, 60-62, 67, 68, 94, 141, 153, 171, 202, 204, 205, 207, 209, 219, 249, 251, 411, 425, 427, 439, 446, 447 ; III, 15, 18, 19, 20, 30, 31, 48, 49, 67, 69, 73, 82, 164, 172, 174, 195, 214, 301, 303, 308, 311, 312, 314, 350 ; IV, 128, 261, 280, 305.
Vayrie, I, 382 ; III, 219. Voy. *Voierie*.
Veer, vaer, vaier, voier, défendre, refuser, I, 161, 498, 500, 508 ; II, 54, 56, 75, 76, 79, 80, 122, 136, 258, 259, 295, 340, 352, 357, 374, 385, 403, 456, 520 ; III, 24, 26, 42, 84, 134, 179, 329, 330 ; IV, 246.
Velleien, velleyan (Renonciation au sénatus-consulte), III, 192, 215.
Vendôme, I, 281.
Vendomois, I, 57, note, 357-361, 385.
Vengement, droit de punir, I, 520 ; II, 466 ; IV, 319.
Vente, vante ; son caractère primitif, I, 106, 107 ; — historique, I, 119, 120 ; — mentions, II, 172, 173 ; — *vente celée, recellée*, vente cachée (pour laquelle on n'a pas payé dans un certain délai le droit de vente), III, 121 ; IV, 188 ; — *droit de mutation*, I, 291, 422 ; II, 91, 296, 297, 304, 305, 309 ; III, 30, 99, 100, 124, 125, 149, 152, 349 ; IV, 175, 176, 177, 185.
Ventre affranchit (Le), I, 261.
Veoir et savoir, I, 75, 76, 518 ; II, 456 ; IV, 312 ; — cette expression est expliquée, I, 203.
Verborum (De) significatione, titre des Décrétales, III, 109.
Vermandois, I, 350.
Vermandois (Comte de), a six pairs, IV, 6.
Vers (Préfaces d'ouvrages de droit en), IV, 205.

Vessel, ruche, I, 225. Voy. *Vaisel.*
Veüe, vue, syn. de *monstrée,* II, 87, 115, 120, 215; III, 120, 123, 138, 345, 346; — *à veüe et à saüe,* au vu et au su, II, 287, 289, 291, 299, 433, 436; III, 49, 94; IV, 60, 61.
Veuve, *vefve;* a le bail de ses enfants et de la terre, I, 91, 154; II, 28, 29; III, 6, 7; — veuve noble prend moitié des meubles et paye moitié des dettes, I, 108, 109; II, 26; III, 6; — ancien mundium du fils sur la veuve, I, 150; III, 367; — veuve ayant un fils ne peut disposer de ses propres biens, I, 150; II, 103; III, 34; — disparition de ce droit archaïque, I, 151; — droits de la veuve, I, 119; II, 27, 263; III, 6, 86; — protection dont elle jouit, I, 261; — ses privilèges de juridiction, I, 151, 152; II, 30, 263, 264; III, 86, 273; — mentions diverses, I, 344; II, 99-104; III, 6, 33, 165, 166, 368.
Veveté, veuvage, I, 73, 511.
Vézot, *Vesot* (Sarthe), IV, 159.
Via lacina (De), titre de la Loi Salique, I, 241.
Viage, usufruit viager, I, 296, 299; — système successoral dit du *Viage* ou *Retour,* I, 317, 319.
Vicarius, exécuteur des hautes œuvres, a donné naissance au voyer du moyen âge, I, 165, 166, 260.
Vicomte, *viconte,* IV, 261.
Vignes, I, 20, 46-48, 306, 307; II, 192; III, 65.
Vilain, villain, roturier, I, 392, 393; II, 143, 144, 167; III, 280-282; — est au-dessous du citoyen, *citaen,* IV, 261, 280. Voy. *Roturier.*
Vilenage, villenage, terre ou tenure roturière, I, 382, 507; II, 202; III, 67, 281; — roture, II, 281, 400; IV, 255.

Vilenie, villenie, injure, II, 372; III, 145, 154; IV, 169, 239, 267, 268; — roture, IV, 252.
Ville, vile, village, III, 137; — sens actuel, I, 67; II, 348; III, 153; IV, 227.
Villeau, canton de Voves (Eure-et-Loir), haute justice, IV, 304.
Vimiaus (rég. plur.), baguettes, verges, IV, 325.
Viol, II, 79; III, 215, 333.
Violence, engendre nullité, I, 87.
Vocher, voucher, appeler, IV, 57; — *voucher garant,* vocare, advocare *garentum,* II, 392; IV, 248.
Vodemont (Mgr de), reçoit le don d'un ms. des Etablissements, I, 415.
Voier, refuser, II, 521. Voy. *Veer.*
Voier (Pierre), notaire, I, 412.
Voierie, vaarie, vayrie, justice moyenne ou basse, I, 377, 382; II, 49, 59, 64, 153, 196, 203, 207; III, 14, 18, 20, 34, 52, 66, 67, 69, 219, 308, 309.
Voir, vrai, vraiment, II, 266; III, 27, 47.
Vois, ind. prés., 1ʳᵉ pers. sing. du verbe *Aller,* IV, 321.
Vol, revendication d'un objet volé (entièrement), I, 69, 116, 117; II, 391-393; IV, 248; — peine du voleur, I, 243, 244, 250, 298, 299; — vol domestique, II, 49; III, 178, 300; — mentions, I, 56, 57, 165. Voy. *Embler; Larcin.*
Vol du chapon, vol d'un chapon, petite mesure de terre autour de l'hôtel, I, 320; III, 262, 283. Voy. *Chesé.*
Vole, voile, IV, 153.
Voleur, pendu, III, 310; IV, 207, 208; — arrêté sur le territoire où il n'a pas commis le crime; indemnité due, II, 63, 64; III, 317, 318. Voy. *Vol.*
Voucher. Voy. *Vocher.*
Voudoi. Voy. *Droit.*
Voyer, justicier inférieur, ancien

vicarius, I, 164-166. Voy. *Voierie.*
Vue. Voy. *Veüe.*
Vueel, ind. prés., 1re pers. sing. du verbe *Vouloir*, II, 238.
Vulgo concepti, loi du Digeste, II, 174.

Warlaincourt (Seigneur de), pair du comte de Hainaut, IV, 7.
Wergeld, demi, I, 234; — triple, I, 235, 236, 241.

Yretage, II, 483. Voy. *Heritage.*

Zomerghem (Flandre orientale), IV, 89.

Nogent-le-Rotrou, imprimerie DAUPELEY-GOUVERNEUR.

www.ingramcontent.com/pod-product-compliance
Lightning Source LLC
Chambersburg PA
CBHW071948220426
43662CB00009B/1051